COLLECTION
DES MÉMOIRES
RELATIFS
A L'HISTOIRE DE FRANCE.

MÉMOIRES DE RICHELIEU, TOME II.

A PARIS, DE L'IMPRIMERIE DE A. BELIN,
rue des Mathurins-Saint-Jacques, n°. 14.

COLLECTION
DES MÉMOIRES

RELATIFS

A L'HISTOIRE DE FRANCE,

DEPUIS L'AVÈNEMENT DE HENRI IV JUSQU'A LA PAIX DE PARIS
CONCLUE EN 1763;

AVEC DES NOTICES SUR CHAQUE AUTEUR,
ET DES OBSERVATIONS SUR CHAQUE OUVRAGE,

Par M. PETITOT.

TOME XXII.

PARIS,

FOUCAULT, LIBRAIRE, RUE DE SORBONNE, N°. 9.

1823.

MÉMOIRES

DU

CARDINAL DE RICHELIEU

SUR LE RÈGNE DE LOUIS XIII,

DEPUIS 1620 JUSQU'A 1638.

NOTICE

SUR

LES MÉMOIRES DE RICHELIEU.

La publication des *Mémoires du cardinal de Richelieu*, écrits par lui-même ou sous ses yeux, peut être considérée comme un grand événement littéraire. On possédoit, il est vrai, dans l'*Histoire de la Mère et du Fils*, faussement attribuée à Mézeray, un morceau très-curieux sorti de la plume de ce ministre : mais ce morceau n'offroit que le récit des premières années du règne de Louis XIII, pendant lesquelles Richelieu n'eut aucune influence dans les affaires; au lieu que la continuation de cet ouvrage, jusqu'à présent inédite, et dont l'échantillon qu'on connoît renferme à peine la huitième partie, contient toutes les crises qui agitèrent la France et l'Europe depuis 1620 jusqu'en 1638, toutes les négociations qui les précédèrent et les suivirent, tous les détails qu'on peut désirer sur l'administration du royaume, et toutes les tentatives de ceux qui, essayant en vain d'entraver la marche du gouvernement, soit à l'intérieur, soit à l'extérieur, ne faisoient, par de continuelles défaites, que lui donner plus de force et de puissance.

Le public est en droit d'exiger qu'on lui prouve l'authenticité d'un manuscrit si précieux. Nous nous attacherons donc d'abord à démontrer qu'il appartient au cardinal ; ensuite nous marquerons dans quelles mains il a passé jusqu'au moment où il est tombé dans les nôtres ; puis nous chercherons de nouvelles preuves dans un examen rapide de l'ouvrage.

Richelieu, non moins jaloux de mettre la France au premier rang des États, que de rendre son propre nom illustre dans la postérité, forma, peu de temps après avoir pris le timon des affaires, le projet d'écrire l'histoire de Louis XIII. On voit ses motifs dans l'Épître au Roi qui précède le *Testament politique*. « J'estimai, dit-il, que les glorieux
« succès qui sont arrivés à votre Majesté m'obli-
« geoient à lui faire son histoire, tant pour empê-
« cher que beaucoup de circonstances, dignes de ne
« mourir jamais dans la mémoire des hommes, ne fus-
« sent ensevelies dans l'oubli par l'ignorance de
« ceux qui ne les peuvent savoir comme moi, qu'afin
« que le passé servît de règle à l'avenir. ». Richelieu annonce dans cette lettre, qui, selon M. de Foncemagne, paroît être de 1639, qu'il a déjà mis en ordre quelques parties de cette histoire ; mais il craint que le mauvais état de sa santé ne lui permette pas d'achever un si long travail ; et c'est pour cela qu'il adresse au Roi *quelques mémoires de ce qu'il estime le plus important pour le gouvernement du royaume, ouvrage qui*, ajoute-t-il, *verra le jour sous le titre de Testament politique.*

Le cardinal ne cessa point de s'occuper de cet immense travail, dont il n'avoit, comme il le dit, perfectionné que quelques parties ; mais, pour ne point trop se fatiguer, il suivit l'exemple de Sully, qui confioit à des secrétaires, ou à des amis, le soin d'écrire sous ses yeux les principaux événemens de son ministère; et il n'y eut d'autre différence entre la manière de ces deux grands hommes d'État que celle qui résultoit de leurs caractères : l'ami de Henri IV, moins sensible à la gloire, se bornoit à surveiller la rédaction des *Economies royales*, tandis que le ministre de Louis XIII traçoit lui-même le plan de ses Mémoires, les corrigeoit avec soin, et se chargeoit de composer les morceaux les plus importans.

Une foule de témoignages contemporains attestent que Richelieu s'occupa jusqu'à sa mort de ce grand ouvrage. « Il faisoit faire par d'autres, dit Richard « Simon, ce qu'il ne pouvoit faire lui-même, et il « n'épargnoit rien pour avoir des gens qui fussent « capables de lui donner des extraits. » Il avoit chargé Arnauld d'Andilly et Déageant de lui fournir des relations sur toutes les affaires dans lesquelles ils avoient été employés; et le maréchal d'Estrées, qui avoit eu beaucoup de part au gouvernement sous la régence de Marie de Médicis, lui avoit payé le même tribut. « M. le cardinal, qui pensoit à tracer un plan pour « l'histoire de son temps, dit le père Le Moine dans « une lettre qui précède les Mémoires de d'Estrées, « pria le maréchal de lui donner un sommaire des « choses qui s'étoient passées pendant la régence de « la Reine-mère; et il le choisit entre tous ceux de « ce temps-là, parce qu'il le crut le mieux informé « et le plus capable, comme le plus fidèle et le plus « sincère. »

Une preuve du soin extrême que Richelieu donnoit à la rédaction de ses Mémoires se trouve dans une instruction qui paroît écrite de sa main, et qui est placée à la fin du septième volume du manuscrit : elle a pour objet d'indiquer les sources où il faudra puiser pour l'histoire de l'année 1635. La brièveté de cette instruction nous permet de la transcrire ici tout entière.

« Outre le Gros Journal, qui est composé de diffé-
« rens papiers mentionnés dans celui-ci, il y a plu-
« sieurs autres journaux particuliers de ladite année
« 1635, qu'il est à propos de voir lorsqu'on travaillera
« à ladite année, savoir :

« Le Journal de Flandre, qui commence du jour
« du dernier traité fait avec messieurs les Etats, jus-
« ques à la fin de mars 1636;

« Celui d'Italie, qui commence aussi du jour du
« traité fait par M. de Bellièvre, jusques au dernier
« mars 1636;

« Celui de M. le cardinal de La Valette, qui com-
« mence du jour qu'il partit pour aller commander
« l'armée d'Allemagne, jusques à la fin de février
« 1636;

« Celui de messieurs d'Angoulême et de La Force,
« qui commence du jour que ledit sieur d'Angou-
« lême partit pour aller en l'armée, jusques à son
« retour;

« Celui du Roi et de messieurs de Bouthillier, qui
« commence du jour que Sa Majesté partit pour aller
« en Champagne et de là à Saint-Mihiel, jusques à
« son retour;

« Un autre sur le fait du clergé;

« Et celui du procès de Clausel. »

Quel autre qu'un premier ministre auroit pu, à

cette époque où la politique étoit entièrement renfermée dans le cabinet, avoir en sa possession tous ces journaux qui contenoient les secrets les plus importans de la guerre et des négociations? Cette dernière pièce, jointe aux autres témoignages que nous avons cités, prouve évidemment que les Mémoires du cardinal ont été écrits par lui-même ou sous ses yeux.

Après la mort de Richelieu, ce manuscrit passa, ainsi que son mobilier, entre les mains de la première duchesse d'Aiguillon, sa nièce chérie; et en 1675, époque de la mort de cette dame, il fit partie des papiers que recueillit la seconde duchesse d'Aiguillon, son héritière, qui mourut en 1705. Alors le ministère de Louis XIV conçut le projet de former le dépôt des affaires étrangères, et, jugeant que les papiers du cardinal devoient en être la partie la plus précieuse, il les retira de la succession de la seconde duchesse d'Aiguillon. Ce fait est attesté par une note que M. Le Dran, premier commis des affaires étrangères, remit en 1755 au maréchal de Richelieu, et que celui-ci communiqua à M. de Foncemagne, qui s'en servit dans sa seconde lettre sur le Testament politique. Voici la note :

« Le 2 mai 1705, il fut expédié par le marquis de
« Torcy un ordre du Roi pour autoriser le sieur
« Adam, l'un de ses premiers commis, à retirer des
« effets de la succession de madame la duchesse d'Ai-
« guillon les papiers du ministère du cardinal de
« Richelieu. Ces papiers furent remis au sieur Adam,
« et M. de Torcy les fit porter au dépôt des affaires
« étrangères, lorsqu'en 1710 il forma ce dépôt dans

« le donjon au-dessus de la chapelle du vieux Lou-
« vre. Ce dépôt fut confié au sieur de Saint-Prest. »

Les Mémoires de Richelieu faisoient partie de ces papiers : ils étoient en feuilles, on les fit relier, et sur la couverture on plaça les armes de Colbert, dont le marquis de Torcy étoit neveu. Si l'on n'étoit pas instruit de toutes les circonstances que nous venons de rapporter, ces armes de Colbert, mises sur les Mémoires de Richelieu, pourroient donner lieu à quelques doutes : au contraire, elles confirment nos assertions, puisqu'il étoit naturel que les manuscrits recueillis par le fondateur du dépôt des affaires étrangères portassent son cachet.

Ce fut M. de Foncemagne, éditeur du Testament politique, qui, en 1764, fit le premier connoître au public l'existence de ce manuscrit. Il avoit lu attentivement l'Histoire de la Mère et du Fils, et il n'avoit pu s'empêcher d'y reconnoître la main de Richelieu : « Je croyois, dit-il, rencontrer partout le cardinal, « qui, le plus souvent, se décèle en parlant à la pre- « mière personne. » Cette idée lui fit faire des recherches : le dépôt des affaires étrangères lui fut ouvert, et il découvrit que l'Histoire de la Mère et du Fils n'étoit que le premier volume des Mémoires de Richelieu. Il donna la description de ce manuscrit dans sa seconde lettre sur le Testament politique ; mais il paroît que des ordres supérieurs l'empêchèrent d'indiquer le lieu où il l'avoit trouvé.

Cette révélation ne manqua pas d'exciter l'attention des curieux ; et cinq ans après, en 1769, M. de Fontette, continuateur du père Le Long, usant d'une liberté que n'avoit pas eue M. de Foncemagne, fit connoître que les Mémoires manuscrits de Richelieu étoient au dépôt des affaires étrangères.

Convaincus de l'existence du manuscrit, et espérant qu'il nous seroit permis d'en enrichir notre collection, il nous restoit à savoir si, après plus de cinquante ans, et à la suite d'une révolution qui avoit dispersé les monumens les plus précieux, celui-ci se trouvoit encore dans le dépôt indiqué par M. de Fontette. Nous acquîmes bientôt la conviction qu'il n'avoit point été déplacé, et que même on l'avoit communiqué à quelques personnes, entre autres à M. Tabaraud, qui le cite souvent dans son *Histoire du cardinal de Bérulle,* publiée en 1817.

Nous priâmes donc le ministère, à la tête duquel étoit M. le duc de Richelieu, de nous permettre d'examiner ce manuscrit et de le publier, s'il étoit tel que l'avoient annoncé messieurs de Foncemagne et de Fontette. M. de Richelieu répondit avec bonté à notre vœu, M. le ministre des affaires étrangères n'y mit aucune opposition; mais M. le garde du dépôt, par des motifs respectables, mais peu fondés, arrêta pour le moment l'effet de la bonne volonté des deux ministres.

Nous devons à M. le vicomte de Montmorency, actuellement ministre des affaires étrangères, la communication de ce manuscrit, qui, après avoir été soixante-deux ans enseveli dans les archives de la famille de Richelieu, et cent dix-sept ans dérobé à presque tous les regards dans un dépôt inaccessible, va être enfin donné au public. Il appartenoit au caractère noble de M. de Montmorency, à son esprit éclairé et à son goût pour les connoissances utiles, de marquer l'époque de son ministère par ce service important rendu aux lettres.

Le manuscrit qui nous a été confié par ordre de ce ministre, est le même dont M. de Foncemagne a donné la description dans sa seconde lettre sur le Testament politique. Il est divisé en 8 volumes petit in-folio : chaque année forme un livre ; aucun titre n'est en tête de ces livres, mais sur le dos des volumes se trouve celui-ci : *France, Histoire du cardinal de Richelieu*. Ce manuscrit est de trois écritures différentes. Il offre un assez grand nombre de corrections marginales et interlinéaires où M. de Foncemagne *a cru reconnoître l'écriture de Richelieu* (1).

Toutes les preuves matérielles que nous avons jusqu'à présent produites pour démontrer que les Mémoires du cardinal ont été composés par lui ou sous ses yeux, nous semblent moins fortes que celles qui vont résulter de quelques observations sur cet ouvrage.

On peut le considérer comme renfermant deux parties entièrement distinctes : la première, qui va depuis 1610 jusqu'à 1624, et qui a été écrite par lui-même ; la seconde, composée par des secrétaires, et qui, commençant à l'époque de l'entrée de Richelieu au ministère, conduit jusqu'à l'année 1638 où naquit Louis XIV. Dans cette dernière partie, le cardinal ne parle plus à la première personne ; on trouve dans le style moins de force et de précision, mais on remar-

(1) Nous avons nous-mêmes confronté ces corrections avec des lettres du cardinal de Richelieu, qui existent à la bibliothèque du Roi ; et, d'après cet examen, nous partageons entièrement l'opinion de l'éditeur du Testament politique.

que plusieurs morceaux qui lui appartiennent évidemment: tels sont les portraits de toutes les personnes distinguées de ce temps, le développement des grandes combinaisons politiques, les entretiens avec le Roi, les délibérations du conseil, et le récit des intrigues qui agitoient la cour.

Ces deux parties, dont la seconde est bien plus curieuse que la première, présentent une multitude de détails secrets qui ne peuvent avoir été connus que de Richelieu. On suit, dans tous ses détours, une politique qui remuoit l'Europe entière; on voit une main de fer s'appesantir tout à coup sur les souverains et sur les peuples; on admire, dans un homme de la complexion la plus débile, une fermeté qui ne se laisse jamais étourdir par les succès, ni abattre par les revers; on remarque que cet homme a dû être le maître aussitôt qu'il a pris aux affaires une part active; on ne sait si l'on doit plus s'étonner de sa hardiesse que de son habileté, et l'on entrevoit, ce qui a été jusqu'à présent un mystère, quelle conduite il auroit tenue si la mort de Louis XIII, son unique soutien, l'eût livré à la rage de ses ennemis.

Nous allons mettre sous les yeux du lecteur quelques morceaux tirés des deux parties de ces Mémoires, où l'on reconnoît évidemment la main du cardinal, soit qu'on les compare aux productions qui ne lui sont pas contestées, soit qu'on les applique aux diverses positions dans lesquelles il s'est trouvé.

Avant d'être arrivé au ministère, Richelieu blâme avec amertume ceux qui tenoient le timon de l'Etat. Il n'épargne pas surtout le connétable de Luynes, qui, privé d'expérience, ne savoit, selon lui, employer ni la douceur, ni la sévérité. « Etant venu au pouvoir, « dit-il, sans avoir passé par les charges, il s'est trouvé « plutôt au-dessus que dans les affaires, et a été le « maître des conseils avant d'y être entré. Il ne se « connoissoit plus lui-même, comme un homme qui « est au haut d'une tour et à qui la tête tourne. » En critiquant ainsi l'administration de ce ministre, le cardinal donne une idée très-juste de ce que sera la sienne. « Il est impossible, ajoute-t-il, qu'un gouver- « nement subsiste où nul n'est satisfait, et chacun est « traité avec violence. La rigueur est très-dangereuse « où personne n'est content : la mollesse, où il n'y a « pas de satisfaction, l'est aussi ; mais le seul moyen « de subsister est de marier la rigueur à une juste sa- « tisfaction de ceux qu'on gouverne, qui aboutit à « punition des mauvais et récompense des bons. »

Après la mort de Luynes, il emploie tous ses efforts pour que la reine-mère Marie de Médicis, sa protectrice, fasse partie du conseil, dans l'espoir d'y entrer bientôt lui-même ; et, à cette occasion, il parle pour la première fois de lui avec une confiance qui, dans tout autre, seroit taxée d'amour-propre. « Les minis- « tres s'y opposèrent tant qu'ils purent, dit-il, tant « par aversion qu'ils avoient pour elle, que par la « crainte qu'y étant une fois elle ne m'y voulût in- « troduire. Ils connoissoient en moi quelque force de « jugement, ils redoutoient mon esprit, ils craignoient « que si le Roi venoit à prendre quelque connoissance « particulière de moi, il me vînt à commettre le prin- « cipal soin de ses affaires. » On doit remarquer que cette dernière phrase, fort délicate dans la bouche de Richelieu, est corrigée par lui. Elle commençoit d'a-

bord ainsi : « Ils connoissoient la force de mon juge-
« ment, ils en redoutoient l'esprit, etc. »

L'espérance de Richelieu se réalise enfin ; il est fait secrétaire d'Etat, et il entre au conseil à l'âge de trente-huit ans. Dès ses premiers entretiens avec Louis XIII, il prend sur lui le plus grand ascendant : le ministère est entièrement renouvelé, et ne se compose que d'hommes qui semblent dévoués au cardinal. A la première séance du conseil, il adresse au Monarque un long discours, et paroît en quelque sorte lui dicter des lois. Parmi les conditions rigoureuses qu'il lui impose, on doit remarquer celle-ci : « J'ai
« toujours estimé que votre Majesté doit ouvrir les
« oreilles à tous ceux qui voudroient parler contre
« les ministres, à condition de les récompenser s'ils
« prouvent quelque chose contre eux, et de les pu-
« nir s'ils leur imposent calomnieusement quelque
« faute non commise; car recevoir leurs inventions
« comme vérité, cela dégoûte, et tient en telle crainte
« ceux qui vous servent, qu'appréhendant de mau-
« vais événemens des meilleurs conseils, ils n'agis-
« sent pas librement.... Il faut, Sire, pratiquer un
« conseil trivial, d'autant plus nécessaire qu'il est
« dans la bouche et sentiment de chacun : récompense
« au bien, punition au mal. »

Ce qui distinguoit éminemment Richelieu, c'étoit une hardiesse qui, dans tout autre, auroit passé pour une témérité aveugle. Cette qualité devoit imposer à Louis XIII, qui, après avoir long-temps partagé son amitié entre des favoris peu capables, avoit tout à coup rencontré un serviteur digne de toute son estime. Effrayé de le voir s'opiniâtrer à des entreprises extraordinaires, et reculer en quelque sorte les bornes du possible, sa confiance redoubloit par des succès auxquels il n'auroit jamais osé s'attendre.

Cette hardiesse se montre, dès la seconde année du ministère du cardinal, dans une circonstance qui a échappé à presque tous les historiens. Les protestans, à la tête desquels étoient Rohan et Soubise, s'étoient emparés à Blavet de la flotte royale. Le cardinal, n'ayant plus de vaisseaux, se servit contre eux de ceux des Hollandais, dont il chassa les capitaines et les soldats dans la crainte qu'ils ne fussent pas très-zélés pour la cause du catholicisme, il y fit ensuite monter des troupes françaises. Un tel coup d'autorité auroit pu rompre l'alliance si utile de la France et de la Hollande, cette considération ne l'arrêta pas : « Les « princes, d'ordinaire, observe-t-il, jettent sur ceux « qui sont auprès d'eux les mauvais succès des choses « qui leur ont été bien conseillées. Qui se fût consi- « déré lui-même, n'eût peut-être pas pris ce chemin, « qui, étant le meilleur pour les affaires, n'étoit pas « le plus sûr pour celui qui les traitoit. Mais, sachant « que la première condition de celui qui a part au « gouvernement des Etats, est de se donner au pu- « blic et ne penser à soi-même, on passa par-dessus « ces considérations qui pouvoient arrêter ; aimant « mieux se perdre que manquer à une chose néces- « saire pour sauver l'Etat, auquel on peut dire que « les procédures basses et lâches des ministres passés « avoient changé et terni toute la face. » Richelieu en agit de même à l'égard des vaisseaux fournis par les Anglais : tout plia devant ses volontés inflexibles;

et il n'y eut de rupture ni avec la Hollande ni avec l'Angleterre.

Les personnes pieuses se plaignoient de son excessive sévérité, et trouvoient quelque chose de monstrueux à voir un cardinal ordonner des proscriptions, et faire tomber les premières têtes de l'Etat. Richelieu discute la question en théologien : il leur répond en établissant que, conformément aux principes du christianisme, les hommes isolés sont tenus de pardonner, mais que les devoirs des gouvernemens sont bien différens : « La raison de cette différence, ajoute-t-il,
« vient d'un même principe, mais appliqué à deux
« sortes d'obligations diverses. La première et la
« plus grande obligation de l'homme est le salut de
« son ame, qui doit laisser la vengeance à Dieu, et
« ne pas la prendre. La plus grande obligation des
« rois est le repos de leurs sujets, la conservation
« de l'Etat en son entier, et la réputation de leur
« gouvernement; à quoi est nécessaire de repousser
« si bien les injures faites à l'Etat, que la sévérité de
« la vengeance ôte la pensée d'y oser attenter une
« autre fois. Le salut des hommes s'opère définitive-
« ment en l'autre monde, et partant ce n'est point
« merveille si Dieu veut que les particuliers lui re-
« mettent la vengeance des injures, qu'il châtie par
« ses jugemens en l'éternité. Mais les Etats n'ont
« point de subsistance après ce monde; leur salut est
« présent ou nul, et partant les châtimens nécessaires
« à leur subsistance ne peuvent être remis, mais
« doivent être présens. » Les autres passages que nous avons cités portent l'empreinte du génie de Ri-

chelieu; mais il faut convenir qu'on le retrouve tout entier dans celui-ci, et qu'on croit en quelque sorte l'entendre parler.

Peu de temps après l'entreprise des Anglais sur l'île de Ré, Buckingham, qui en étoit l'auteur, fut assassiné. Les calculs de Richelieu avoient été souvent dérangés par l'extravagance de ce favori de Charles Ier, et il fait à ce sujet une réflexion parfaitement conforme à sa position : « La folie d'un ennemi, dit-il, « est plus à craindre que sa sagesse, d'autant que le « fou n'agit pas d'un principe commun avec les autres « hommes. La raison y perd son escrime; et n'est « jamais en sûreté contre lui : il tente tout, viole ses « propres intérêts, et n'est retenu que par la seule « impossibilité. » Un autre historien auroit donné de longs détails sur les vices de ce favori ; Richelieu se borne à lui reprocher d'avoir mis en défaut sa prévoyance.

Après la prise de La Rochelle, il veut arracher Louis XIII à sa cour, et l'entraîner en Italie pour secourir le duc de Mantoue. L'entreprise étoit difficile, parce que Marie de Médicis, à la tête de tous les mécontens, y mettoit opposition. Le cardinal sent la nécessité d'avoir une explication avec le fils et la mère ; et il leur demande une audience, où il est résolu de ne leur épargner aucune vérité. Son incroyable hardiesse éclate dès les premiers momens de l'entretien ; et l'on remarque, dans ce morceau curieux, l'ascendant irrésistible que le cardinal avoit su prendre sur un monarque dont il avoit subjugué l'estime et forcé la confiance. Il lui reproche d'être prompt, soupçonneux, jaloux, et quelquefois susceptible de diverses aversions, au préjudice du *tiers et du quart*. Il ne dissimule pas à la Reine-mère qu'elle est souvent ombrageuse et passionnée. Il leur représente que l'emportement n'est pas de la force : « Il faut, leur dit-il, être fort par raison et non par « passion. Cependant beaucoup sont comme ceux qui « ont la fièvre chaude, et se portent avec violence à « tout ce que leur cerveau leur suggère ; mais la cha-« leur de la fièvre n'est pas plutôt passée qu'ils de-« meurent foibles, languissans, sans parole et sans « action. En leurs passions, ils passent les bornes de « la justice, faisant souvent plus qu'elle ne permet ; « et, lorsqu'ils sont privés de ce feu qui les mouvoit, « ils font beaucoup moins que ce à quoi elle les « oblige. »

Il dit au Roi qu'il faut qu'il gouverne par lui-même, s'il ne veut pas soutenir celui entre les mains duquel il a confié le pouvoir. « Votre Majesté doit vaquer à « ses affaires avec assiduité et autorité tout ensemble, « ou autoriser qui les fasse avec ces deux qualités, « autrement elle ne sera jamais servie et ses affaires « périront. » Il lui répète qu'un roi peut entendre ce qu'on lui dit contre ses ministres, pourvu cependant qu'il punisse les calomniateurs. « Mais, ajoute-t-il fiè-« rement, il y a des personnes dont la fidélité est si « éprouvée, et les services si signalés, que ceux qui « voudroient parler à leur désavantage ne doivent rien « trouver d'ouvert en leur maître que la bouche pour « les menacer d'un tel châtiment, qu'ils n'osent plus « retourner à semblable matière. » Il termine son discours par l'offre de se retirer, et il ajoute que Louis XIII°, *après avoir entendu ce très-long ser-*

mon avec autant de patience que l'humeur des grands en donne aux affaires, le conjura de rester près de lui.

Les succès de Louis XIII en Italie, la ruine des protestans à son retour, affermirent la puissance de Richelieu, mais ne l'empêchèrent pas d'être en butte à de nouvelles attaques, souvent plus dangereuses que les premières. La Reine-mère, la Reine régnante, Monsieur, héritier présomptif de la couronne, la reine d'Angleterre et la duchesse de Savoie, sœurs du Roi, presque tous les seigneurs et les dames de la cour, se liguèrent contre lui, et employèrent en même temps, pour le perdre, la ruse, la trahison et la force. On le voit, dans ses Mémoires, faisant tête à tant d'orages, inébranlable dans ses résolutions, et parant les coups qu'on lui porte sans cesser de s'occuper de la grande révolution qu'il prépare en Allemagne. En effet, la *journée des dupes*, la fuite de la Reine-mère et de Monsieur, ont lieu presque en même temps que les premières entreprises de Gustave-Adolphe, appelé par lui du fond de la Suède pour accabler la maison d'Autriche. Richelieu semble triompher en racontant les succès de cette grande combinaison politique : il se vante « d'avoir, comme un Archimède, tiré d'en- « tre les peuples du Septentrion un prince qui l'a aidé « à détourner par force les armes espagnoles de l'in- « juste invasion des États de Mantoue, d'avoir guéri « la chrétienté d'un mal qui l'alloit détruisant, en « purgeant l'Allemagne de ses humeurs malignes « par un remède recherché de si loin, et d'avoir « fait jaillir, non d'une pierre froide, mais d'un cli- « mat glacé, un feu salutaire qui, consumant la mai-

« son de nos ennemis, a délivré celle de nos amis. »

Il trace avec complaisance les deux belles campagnes de Gustave, et l'on peut dire que l'historien est digne du héros. Cependant il ne dissimule pas les défauts de ce grand prince, dont il a pénétré tous les desseins. Il l'accuse d'une ambition immodérée; il prétend que son intention étoit, après avoir subjugué l'Allemagne, d'entrer en Italie, de renverser le Pape, et de détruire la religion catholique. On le voit disposer d'avance les moyens d'enchaîner l'impétuosité de ce conquérant.

Lorsque, en 1634, Monsieur, retiré en Flandre, faisoit un traité avec l'Espagne, le cardinal ne pouvoit se dissimuler le danger de sa position, si Louis XIII venoit à mourir. L'héritier présomptif de la couronne étoit son ennemi déclaré, et il avoit tout à craindre de sa vengeance. On a, jusqu'à présent, ignoré quelle auroit été sa conduite si ce malheur fût arrivé. Les Mémoires lèvent le voile qui couvroit ce mystère. On remarque que Richelieu prenoit en secret des mesures pour lutter avec avantage contre les partisans du nouveau roi. Il eût changé l'ordre de la succession, ou obtenu un traité avantageux. Cette particularité si curieuse est rapportée d'une manière très-claire; et ce qui paroîtra fort extraordinaire, c'est que le ministre a la hardiesse de rendre le Roi lui-même confident de ses desseins. « Il faut, lui dit-il à
« la suite d'un long entretien, il faut que les partisans
« de Monsieur puissent juger que s'ils faisoient va-
« quer la succession par mauvaise voie, ils trouve-
« roient au pied du trône des vengeurs d'un tel crime,
« et qu'ils aient lieu de douter s'ils pourroient même

« l'obtenir sans dispute, lorsqu'elle viendroit à vaquer
« par voie ordinaire. »

Les Mémoires prouvent qu'à cette époque l'idée de se maintenir, à quelque prix que ce fût, occupoit constamment Richelieu. La mort récente de Walstein, sacrifié par Ferdinand II, l'avoit vivement frappé : il avoit en France le même pouvoir que ce général avoit eu en Allemagne; et il apercevoit, entre Louis XIII et l'Empereur, des rapports de caractère qui l'effrayoient. Il fait donc de sérieuses réflexions sur la mort de Walstein; il pèse ses torts et ceux de Ferdinand; et il n'est pas besoin de dire qu'il fait pencher la balance au désavantage du maître, et en faveur du sujet. Ce morceau, l'un des plus singuliers de l'ouvrage, fait pénétrer dans les replis les plus cachés de l'ame de Richelieu, et révèle toutes les inquiétudes dont il étoit secrètement tourmenté.

« La mort de Walstein, dit-il, est un prodigieux
« exemple de la méconnoissance d'un serviteur, ou
« de la cruauté d'un maître; car l'Empereur, durant
« sa vie, qui a été traversée d'accidens mémorables,
« n'a trouvé personne dont les services approchas-
« sent de ceux qu'il lui avoit rendus : mais aussi
« difficilement les histoires fourniront-elles un exem-
« ple d'un serviteur si hautement récompensé de son
« maître qu'il avoit été du sien. Néanmoins nous le
« voyons terminer sa vie d'une mort violente, par le
« commandement de son maître, et, l'ayant si sou-
« vent exposée pour son service, lui être ravie par
« lui-même. Son maître se plaint qu'il lui a été infi-
« dèle, et qu'ayant tant reçu de sa libéralité qu'il ne
« lui restoit plus rien à espérer de lui, il le méprise

« et est las de le servir. Mais il faut qu'il avoue qu'il
« ne peut coter aucun desservice qu'il en ait reçu ;
« et Walstein lui pouvoit coter un million de ser-
« vices qu'il lui a rendus ; et si l'Empereur lui oppose
« les jalousies qu'il lui donne sujet d'avoir de lui, il
« pourroit, avec justice, lui répondre qu'auparavant
« de les croire il devoit peser en son esprit dépouillé
« de passion quels étoient les plus grands, ou les té-
« moignages effectifs de sa fidélité, ou les simples
« soupçons du contraire. Mais soit, ou que l'empe-
« reur ait été un mauvais maître, ou Walstein infi-
« dèle serviteur, c'est toujours une preuve de la
« misère de cette vie, en laquelle, si un maître a
« peine à trouver un bon serviteur à qui il doive se
« confier entièrement, un bon serviteur en a d'au-
« tant davantage de se fier totalement à son maître,
« qu'il a près de lui mille envieux de sa gloire, et au-
« tant d'ennemis qu'il a faits pour son service, qui,
« par mille flatteries, l'accusent envers lui ; que l'es-
« prit d'un prince est jaloux, méfiant et crédule ;
« qu'il a toute puissance d'exercer sa mauvaise vo-
« lonté contre lui ; que c'est un crime à ceux qui
« demeurent en vie de s'en plaindre, et que, pour
« lui plaire, chacun lui déguise du nom de justice
« les actions de sa cruauté ou de son inquiète
« jalousie. »

On n'a pas besoin de prouver que ce passage remarquable est un de ces morceaux dont Richelieu
s'étoit réservé la rédaction. Il jette de grandes lumières sur ses rapports avec Louis XIII, et il est à observer que ce fut précisément à cette époque que le
cardinal obtint l'autorisation d'augmenter la garde

particulière qui lui avoit été accordée dès les premières années de son ministère.

Les morceaux que nous venons de citer portent un caractère d'authenticité qu'il ne nous paroît pas possible de révoquer en doute : on y reconnoît le style du cardinal, et l'on voit qu'ils n'ont pu être écrits que par lui. Nous en aurions facilement produit un plus grand nombre, mais nous croyons plus utile, pour compléter la conviction, de puiser dans les Mémoires quelques observations sur le système de gouvernement qu'avoit adopté Richelieu.

Les plus grands obstacles qu'il rencontroit venoient de la famille royale, et surtout de la cour, composée presque entièrement d'hommes ambitieux et de femmes habiles dans l'intrigue. Il répétoit souvent que six pieds de terre, c'étoit ainsi qu'il désignoit le cabinet du Roi, lui donnoient plus de peine que tout le reste de l'Europe. L'héritier de la couronne, la Reine-mère, la Reine régnante, les sœurs du Roi, les princes du sang, faisoient mouvoir contre lui mille ressorts : il repousse leurs attaques sans s'écarter jamais ostensiblement du respect qu'il doit à ces augustes personnages ; mais s'il conserve les égards qu'exige leur rang, il n'en agit pas moins avec eux en maître absolu ; leurs efforts viennent échouer devant ses volontés inflexibles ; et, quand il a déconcerté leurs trames, il obtient souvent du Roi qu'il les contraigne à signer des écrits par lesquels ils se reconnoissent coupables : tactique qu'il emploie aussi avec les seigneurs mécontens, s'il n'a pas assez de preuves pour les envoyer au supplice.

Lorsque la Reine-mère a quitté la France, il continue de parler d'elle avec beaucoup de ménagement ; mais on remarque son embarras quand cette princesse, fatiguée de l'exil, conjure son fils de lui permettre de revenir. Il mesure avec soin toutes les expressions des discours qu'il tient au Roi à ce sujet : il paroît vivement désirer un accommodement, mais il y met des conditions qui le rendent impossible. On voit, dans tout ce qui concerne ce point délicat, plusieurs corrections écrites de sa main.

Il étoit parvenu à se faire un parti nombreux parmi les grands seigneurs, en accueillant presque toutes leur demandes, fussent-elles outrées ; mais il exigeoit d'eux une reconnoissance sans bornes ; et la moindre froideur de leur part excitoit ses soupçons. Il avoit pour règle de conduite de remplir, et au-delà, les justes prétentions de ceux qui s'adressoient directement à lui ; mais aussi, « une fois comblés, s'ils ne se « contentoient pas, si, au lieu de reconnoître ses « services, ils cabaloient contre lui, il les traitoit « sans miséricorde. » Quand il s'apercevoit que quelques-uns d'entre eux agissoient d'une manière contraire à ses vues, il leur donnoit, avant de sévir, des avertissemens salutaires ; mais il réussissoit rarement à les ramener, parce que ses conseils portoient toujours le caractère de la menace.

Sans cesse en défiance contre ceux qui lui sembloient le plus attachés, il confioit ordinairement les armées à deux ou trois maréchaux qui commandoient alternativement. Il ne se dissimuloit pas qu'il est impossible que plusieurs chefs s'accordent ensemble et conduisent bien une affaire ; mais, par ce système, il s'assuroit d'eux « au moyen, dit-il, des avis secrets

« qu'ils lui transmettoient les uns sur les autres. » On voit, dans ses Mémoires, qu'il ne pouvoit se défendre d'une secrète jalousie contre les généraux qui s'étoient distingués par de brillans faits d'armes; il en parle d'abord avec beaucoup d'éloge, puis il les rabaisse insensiblement, leur reproche des fautes et s'étudie à leur trouver des torts. Tels sont les jugemens qu'il porte sur Toiras, Châtillon, Schomberg, le cardinal de La Valette, etc.

Dans les crises, *il donnoit*, dit-il, *les places à des gens nouveaux, afin que l'intérêt qu'ils auroient au temps présent fût une bonne caution de leur fidélité.* Il faisoit condamner à d'effroyables supplices ceux qui, chargés de la défense d'une ville, la laissoient prendre avant d'avoir soutenu plusieurs assauts; quelques-uns même furent écartelés. Il justifie ainsi cette sévérité : « Ce que sont les gardes du corps à
« l'égard du Roi, ils le sont à l'égard de l'État : quand
« ils ouvrent leurs portes, ils mettent, en tant qu'en
« eux est, le royaume aux mains de l'ennemi, leur en
« livrant une des clefs qui leur a été donnée en
« garde (1). » Traitant ainsi avec la dernière rigueur les militaires qui manquoient à leur devoir, mais récompensant magnifiquement ceux qui rendoient de grands services, il maintint dans les armées une discipline exacte; et, pendant tout le temps de son ministère, elles ne cessèrent pas de lui être dévouées.

(1) Les maréchaux de France trembloient devant lui comme les commandans de place. En 1640, les maréchaux de Chaulnes, de Châtillon et de La Meilleraie furent chargés de prendre Arras. Les Espagnols s'avancèrent pour les attaquer; La Meilleraie fut d'avis d'aller au devant de l'ennemi; Châtillon vouloit qu'on restât dans les lignes, et il envoya Fabert consulter le cardinal, qui fit la réponse suivante : « Je ne suis

Il réduisit les parlemens, et surtout celui de Paris, à un abaissement dont on n'avoit pas encore eu d'exemple. Au moindre mécontentement, il faisoit emprisonner ou exiler les magistrats. Lorsque les besoins de l'État l'exigèrent, il créa un nombre considérable de nouvelles charges ; et toutes les remontrances furent étouffées. Sa maxime à l'égard des cours souveraines étoit celle-ci : « Les grandes com-
« pagnies ne sont bonnes qu'à faire exécuter sévè-
« rement ce qui a été délibéré et résolu par peu. »

Ses immenses relations avec les puissances étrangères occupent une grande partie des Mémoires. On y voit tout le mouvement de l'Europe, à une époque remarquable par les plus fortes commotions politiques. Richelieu remue à son gré les souverains et les peuples : il a l'art de leur persuader que leur intérêt est celui de la France ; il les attire par les promesses les plus séduisantes ; et, ce qui contribue le plus à ses étonnans succès, c'est qu'il montre presque toujours une franchise que ses ennemis les plus acharnés n'osent révoquer en doute. Ses rapports avec la cour de Rome sont quelquefois orageux : il affecte pour le Pape le respect le plus profond, mais il le fait constamment fléchir devant ses volontés. Dans une affaire où Urbain VIII avoit des vues contraires aux siennes

« point homme de guerre, ni capable de donner un avis sur ce sujet ; il est
« vrai que j'ai beaucoup lu, mais je n'ai pas trouvé que l'on soit sorti
« des lignes pour combattre les ennemis, après avoir demeuré dix-huit
« jours à les faire. Lorsque le Roi vous a confié le commandement de
« ses armées, il vous en a cru capables, et il lui importe peu que vous
« sortiez ou que vous ne sortiez pas ; mais vous répondrez de vos têtes
« si vous ne prenez pas la ville. » Arras fut pris quelques jours après, 10 août. (*Mémoires de Puységur.*)

et y croyoit sa conscience intéressée, il fournit à l'ambassadeur de France toutes les raisons dont il faudra qu'il se serve pour convaincre le pontife; mais il termine ainsi son instruction : « Après toutes ces raisons, « on donnera à entendre que, nonobstant la mau- « vaise humeur de Sa Sainteté, le Roi ne se relâchera « en façon du monde, et qu'il est souvent de la pru- « dence d'approuver les choses qu'on ne peut empê- « cher. »

La partie la plus intéressante des Mémoires se compose des discours que Richelieu prononçoit au conseil du Roi. Dans toutes les discussions importantes il épuisoit la matière, considéroit l'objet sous toutes ses faces, donnoit les raisons pour et contre, étoit toujours lumineux et souvent entraînant. Lorsqu'il étoit question de châtier ou de proscrire, *il aimoit mieux*, dit-il, *être rapporteur que juge, proposer les difficultés que les résoudre* : cependant, avec l'apparence d'une grande impartialité, il faisoit toujours pencher la balance suivant ses intérêts ou ses passions. Il avoit la prétention d'être savant dans les lois du royaume, mais il ne citoit ordinairement que les ordonnances du règne de Louis XI.

Il ne néglige rien dans son ouvrage, qu'on peut regarder comme une apologie, pour démontrer que les seigneurs qui, sous son ministère, périrent sur l'échafaud, avoient mérité leur sort. Il accumule les preuves contre eux, tire parti des plus foibles indices, et cet examen approfondi de leur conduite lui fournit l'occasion de raconter des anecdotes jusqu'à présent inconnues.

Sentant toute la force de son esprit, il mettoit de

l'amour-propre à employer la raison avant d'avoir recours à la violence; il avoit soin que les ordres qu'il donnoit fussent justifiés par des motifs plausibles. « Monsieur, lui disoit le maréchal de Schomberg au siége de La Rochelle, nous vous déférons beaucoup, mais nous déférons encore plus à vos raisons. » Il employoit souvent cette raison supérieure dont il étoit doué dans les disputes théologiques qui furent fréquentes alors, et où il trouvoit un délassement au milieu de ses immenses travaux. Edmond Richer avoit fait un livre qui contenoit des propositions condamnables (1) : « L'ayant appelé, dit-il, je lui parlai avec tant de vigueur et d'efficace, que je le contraignis par la force des raisons à se dédire sincèrement et volontairement de son erreur. »

Richelieu rencontroit un délassement plus doux dans les encouragemens qu'il donnoit aux lettres, et dans la société de ceux qui les cultivoient. Fondateur de l'Académie française, il ne parle pas de ce célèbre établissement dont les lettres-patentes furent, après quelque opposition, enregistrées au parlement le 10 juillet 1637. Il est probable qu'il se reposoit, à l'égard de l'opinion que la postérité concevroit d'une création à laquelle il attachoit une grande importance, sur l'obligation imposée aux académiciens de lui prodiguer des éloges continuels.

Le ton de ces Mémoires est constamment grave, et l'on y reconnoît à chaque instant un évêque et un cardinal. L'auteur traite rarement les matières de haute politique sans y mêler des vues religieuses. Sa morale est élevée; son zèle pour la prospérité de

(1) Ce livre étoit intitulé : *De ecclesiasticâ et politicâ potestate.*

l'Eglise catholique paroît sincère; et les intérêts de cette Eglise ne semblent jamais compromis par les alliances que les circonstances le forcent à contracter avec les protestans. L'ouvrage n'est pas, comme les Economies royales, un recueil de morceaux détachés; c'est un corps d'histoire, dont le plan est combiné de manière à faire valoir celui qui y joue le principal rôle : tous les événemens sont liés par des transitions; et il se trouve en tête de chaque année des préambules qui paroissent sortis de la plume de Richelieu.

Le style des parties qu'il a composées est parfaitement conforme à celui du Testament politique : il a quelquefois de la rapidité, de la chaleur et de l'élévation; mais on y remarque de la prétention à la profondeur, des figures outrées, de l'affectation, de l'enflure, et une fausse idée du nombre et de l'harmonie: défauts qui, suivant les contemporains, se retrouvoient dans les conversations du cardinal, et dont aucun prosateur ne savoit alors se préserver entièrement. Ces défauts n'empêchent pas que la lecture des Mémoires ne soit très-attachante, soit par l'importance des matières, soit par la fidélité avec laquelle ils peignent celui qui les a écrits ou dictés.

Nous avons déjà observé que le premier volume de cet ouvrage étoit, depuis long-temps, connu sous le titre d'Histoire de la Mère et du Fils, publiée comme un ouvrage posthume de Mézeray (1). Cette partie, la moins intéressante des Mémoires, puisqu'elle ne contient que ce qui a précédé l'entrée de Richelieu au ministère, a été imprimée sur un manuscrit inexact. Elle offre des fautes qui rendent plusieurs passages

(1) Ce livre parut en 1730.

inintelligibles, et l'on y trouve une lacune de six mois dans l'histoire de l'année 1615. Nous nous proposons de réimprimer ce volume sur le manuscrit original; et nous ferons, en faveur des souscripteurs qui ne voudront pas se le procurer, un errata où la lacune sera remplie, et toutes les fautes corrigées.

Quoique les Mémoires de Richelieu présentent des digressions un peu longues, des répétitions fréquentes et quelques détails arides, nous nous sommes décidés à n'y faire aucun changement, ni aucune suppression : il nous a paru qu'ils devoient être présentés au public tels qu'ils ont été conçus par leur auteur. Une lecture attentive donnera, nous n'en doutons point, de nouvelles forces aux preuves matérielles et morales que nous avons produites sur leur authenticité. Nous y avons joint quelques notes qui ont pour objet d'éclaircir des passages obscurs, de rappeler des particularités intéressantes, et de rectifier des jugemens dictés par la passion. Ces notes sont presque toutes puisées dans des écrits contemporains.

MÉMOIRES
DU
CARDINAL DE RICHELIEU.

LIVRE XI (1).

[1620] Si le traitement que la Reine reçut l'année dernière de messieurs de Luynes, fut peu convenable à eux et à elle, à ce qu'ils lui devoient et à sa qualité, et peu soutenable, quelques raisons ou prétextes qu'ils pussent apporter pour excuser ou déguiser leur procédé, celui qu'ils continuèrent à lui faire en celle-ci ne fut pas plus raisonnable, devenoit de jour en jour d'autant plus insupportable à Sa Majesté, que la continuelle succession de ses maux augmentoit le poids de sa douleur et diminuoit la force de sa patience.

Ils en firent tant, qu'à la fin nous la verrons contrainte de recourir à un remède qu'elle abhorroit le plus, et auquel nulle autre chose qu'une extrême nécessité ne l'eût pu persuader.

Après le traité d'Angoulême, elle espéroit commencer à vivre en repos, croyant que le cœur du favori se conformeroit à celui de son maître, et ne prendroit pas une voie toute contraire à sa sincérité; mais qui offense ne pardonne jamais. Leurs paroles étoient dorées, et il ne paroissoit rien que fiel en toutes leurs actions. Dès qu'elle fut à Angers, ils firent semblant de désirer qu'elle vînt à la cour; quand ils

(1) Les dix premiers livres font partie des t. X et XI de cette série.

la voyoient sur le point de vouloir partir, ils l'en détournèrent et lui firent savoir qu'elle n'y seroit pas la bienvenue. Et cependant ne lui tenoient rien de tout ce qu'ils lui avoient promis, soit pour elle, soit pour ses serviteurs, comme si les promesses d'un roi, et encore faites à sa mère, étoient des piéges pour la décevoir, et non des assurances, de la fermeté desquelles on ne peut douter sans crime. Tous ceux qui la révéroient furent persécutés, ses actions plus sincères et plus utiles au Roi et à l'Etat, qui ne peuvent être blâmées ouvertement avec aucune vraisemblance, le furent par conséquence et indirectement, comme il parut par la déclaration qu'ils firent faire, sous le nom du Roi, sur la liberté de M. le prince.

Elle en fit diverses plaintes, ils s'excusèrent vers elle avec force belles paroles aussi infidèles que leurs actions.

On lui écrivoit des lettres de soumissions et pleines de sermens d'affection à son service, comme s'il n'y avoit point au ciel de Dieu qui punît les parjures. Et continuèrent de ce même train à vivre avec elle, quoiqu'elle remontrât continuellement l'indignité de ces façons de faire, qu'elle savoit bien être contre le sentiment du Roi, et qu'elle se plaignît que, selon qu'on lui avoit promis, ou on ne faisoit point changer la susdite déclaration touchant M. le prince, ou on n'en fait point une nouvelle, par laquelle on mette l'honneur de son gouvernement à couvert.

Elle leur dépêche Chanteloube (1) le 13 janvier,

---

(1) *Chanteloube* : Jacques d'Apchon de Chanteloube, gentilhomme de Marie de Médicis; il étoit d'une ancienne famille du Forez. On a vu qu'en 1619 il avoit favorisé l'évasion de la Reine-mère du château de Blois. Il

avec ordre de représenter audit sieur de Luynes qu'elle n'a pas voulu s'acheminer à Paris, que premièrement elle ne jugeât qu'on fût disposé à lui donner contentement; ce qu'elle n'a pas eu occasion de croire par la déclaration, les lettres de M. le prince, les chevaliers, et autres actions;

Qu'elle souhaite qu'il prenne confiance en elle, ne désirant point être à la cour si cela n'est, jugeant bien qu'elle n'y auroit point de satisfaction;

Qu'elle a été extrêmement fâchée des bruits qu'elle a su qui courent, qu'elle avoit intelligence avec les huguenots, quoiqu'elle ait plusieurs fois mandé ce qu'elle estimoit sur ce sujet;

Qu'elle reçoit grand déplaisir des deux commandemens faits au sieur marquis de La Valette de la part du Roi : l'un, de faire transporter à Verdun tous les salpêtres qui sont dans Metz; l'autre, de surseoir la création de la justice qui a accoutumé de se faire tous les ans, dont le gouverneur en est possesseur depuis que Metz est en l'obéissance du Roi.

Elle lui donna ordre aussi de demander l'accomplissement de ce qui lui avoit été promis pour elle et pour les siens, savoir est de tirer assignation, pour le paiement des garnisons d'Angers, Chinon et le Pont-de-Cé, sur la généralité de Touraine; de solliciter le paiement des parties dont les sieurs de La Cochère et d'Argouges poursuivent les assignations il y a long-temps;

Prier le sieur de Luynes de tenir la parole qu'il

entra peu de temps après dans l'Oratoire, ce qui ne l'empêcha pas de jouer par la suite un grand rôle dans les divisions qui s'élevèrent entre Marie de Médicis et Richelieu.

lui a donnée de la faire payer des six cent mille livres pour la tirer des dettes qu'elle a été contrainte de faire depuis sa sortie de Blois;

De faire mettre sa compagnie de chevau-légers sur pied, selon qu'il l'a promis;

De faire payer les pensions des sieurs de Pont Courlay, Sardini, Charmel, et autres;

De faire donner contentement au sieur de Marillac pour sa pension et pour la charge que Sa Majesté, étant dans les affaires, lui a donnée pour le bien du service du Roi.

Le duc de Luynes lui dépêcha le sieur de Brantes, son frère, avec force belles paroles.

La Reine le pria, en partant d'auprès d'elle, qui fut le 26 janvier, de prier son frère de lui donner des effets et non point des paroles, exécuter quelque chose de ce dont elle l'avoit prié par Chanteloube, et dont il lui faisoit espérer l'effet par lui.

Tout cela fut en vain : c'étoit une suite continuelle de tromperies. Enfin, sur la réitération si fréquente des plaintes de la Reine, ils lui dépêchèrent, au nom du Roi, Marossan, avec une lettre de Sa Majesté, du 26 février, par laquelle il lui mande qu'il est fâché d'apprendre que les premières impressions faites en son esprit sur la déclaration de M. le prince, ne soient point encore effacées par les raisons et considérations très-fortes qu'il lui a déjà représentées; que s'il se fût seulement imaginé qu'il y eût eu quelques termes douteux et capables de porter les esprits plus subtils à une interprétation qui lui pût être préjudiciable, il la lui eût plutôt déniée absolument que de lui accorder en laissant quelque sinistre soupçon à la Reine;

que s'il jugeoit que la déclaration qu'elle désire en sa faveur sur celle de M. le prince lui fût non-seulement nécessaire, mais en quelque égard utile, il seroit très-prompt à lui octroyer; qu'il n'y a personne au monde qui soit plus intéressé que lui aux actions qui la regardent, ni qui soit plus désireux de les relever avec toute la gloire et tout l'honneur qui lui est dû, mais qu'il la supplie de considérer combien elle lui est dommageable : elle exciteroit des pensées qui n'ont à présent aucun objet à s'émouvoir; car toute déclaration publique présuppose une intention douteuse, et par cette voie ce seroit l'approcher plutôt que l'éloigner des mauvais jugemens qu'elle veut fuir; la postérité même en conserveroit une mémoire contraire aux intentions du Roi; que la Reine les a connues, tout le monde les sait, et de plus il lui envoie encore des lignes de sa main, qui sont les marques les plus certaines qu'elle sauroit recevoir de ses sentimens, qui l'assureront, comme il a déjà fait, qu'elle n'est nullement intéressée en ladite déclaration, la suppliant d'avoir ce repos en son esprit; car, s'ils usent de ce mépris envers la Reine, ils en usent bien encore davantage envers les grands, les princes, les compagnies souveraines, le peuple et tout l'Etat.

Encore se trouveroit-il quelques méchans devant lesquels ils seroient excusables du mal qu'ils font à la Reine-mère, pource qu'ils la tiennent irréconciliable avec eux, jugeant de sa colère par la grandeur de leur crime : mais il n'y a ame si barbare qui pût approuver le mal qu'ils font à la Reine régnante, divertissant le Roi des familiarités que le mariage apporte avec soi, au grand préjudice de cette couronne.

On vit avec tant d'audace avec elle, qu'il n'y a personne qui ne juge que le dessein de la femme de Luynes(1), qui étoit sa surintendante, est de l'être non-seulement de sa maison, mais aussi de sa personne.

Si elle reçoit une lettre, elle la veut voir la première; si elle en écrit, elle en veut savoir le sujet, lui défend même d'écrire à son père sans y apporter ses précautions.

Quoi qu'elle veuille acheter, si madame ne le trouve bon, l'argent qui se trouve en abondance pour elle manque à son dessein.

Si elle veut prendre l'air, et que madame ne l'ait pas agréable, il faut qu'elle demeure au logis par complaisance.

L'insolence de ces personnes est venue jusques à ce point, que, non contente de perdre le respect qu'ils lui doivent, ils ne le peuvent souffrir en d'autres; la Luynes prenant à partie la femme de Cadenet, sa belle-sœur, parce qu'elle rendoit à la Reine l'honneur qui lui étoit dû, ainsi qu'elle avoit appris en l'école de vertu dont elle étoit sortie.

Telles procédures lui rendent l'esprit si chagrin, qu'un déplaisir qui lui arrive de nouveau, par l'appréhension qu'elle a qu'on veuille chasser son médecin, nécessaire à sa personne, la porte, par excès

---

(1) *La femme de Luynes:* Cette dame, qui fut depuis beaucoup plus connue sous le nom de duchesse de Chevreuse, étoit au contraire la meilleure amie d'Anne d'Autriche. Vive, légère, et très-intrigante, elle présidoit à tous ses divertissemens, favorisoit ses relations avec son père, et cherchoit à lui inspirer du penchant pour la galanterie. On prétend que la jeune Reine fit alors une fausse couche en courant et folâtrant avec madame de Luynes. Les partisans de la Reine-mère cherchoient alors à brouiller ces deux amies.

d'une mélancolie couvée de longue main, à une maladie si extrême, que ceux qui ont soin de sa santé jugent que sa vie est en péril.

Pour avoir de l'argent, ils entreprennent de faire passer des édits à la honte du Roi, et à la foule de ses peuples.

Les sieurs de Villeroy et président Jeannin essaient d'en empêcher l'effet.

On leur ferme la bouche, en leur disant que le Roi les avoit envoyés quérir pour leur dire ses volontés, et non pas pour prendre leurs avis.

On les mène, par surprise, au parlement, de crainte que, s'ils ont loisir de reconnoître ce qu'on désire d'eux, ils perdent la volonté de le faire.

Le Roi s'y porte en personne pour lever, par le respect de sa présence, les difficultés que ce grand sénat y vouloit apporter.

Le parlement, quoiqu'il doive une entière obéissance aux volontés du Roi, néanmoins la devant raisonnable, et reconnoissant le tort qu'il faisoit à son autorité, conçoit une juste douleur de ce procédé, en parle librement à Sa Majesté, supplie Dieu de lui inspirer la connoissance de la perversité de ses conseils, et verser son ire sur ceux qui en sont les auteurs.

Ils conjurent Sa Majesté d'avoir agréable qu'ainsi que leurs noms sont en horreur dans le cœur des gens de bien, ainsi le soient-ils dans leurs registres pour en rendre la mémoire exécrable à la postérité.

Ceux à qui le fait touche, au lieu de profiter de ces avis, portent le Roi à les improuver et en bafouer les auteurs.

Le premier président et les gens du Roi sont appelés au Louvre, où ils sont reçus avec aigreur.

Mais ils persistent, en particulier devant le Roi, dans ces mêmes pensées qu'ils ont découvertes en public; et l'assurent n'avoir été induits à parler comme ils ont fait que par la force de la vérité, et le penchant au précipice auquel ils voient son Etat.

Quant aux ministres, ils ne sont pas plus épargnés; la plupart des choses d'importance se font sans en prendre leur avis. Elle apprend qu'on leur dit souvent qu'on les envoie quérir pour exécuter ce qu'on a résolu, et non pour délibérer ce qu'il faut résoudre. Elle sait de plus que l'on passe par-dessus leurs avis en toute occasion, quoiqu'en plusieurs leur sagesse ait paru à l'avantage de l'Etat.

Si le président Jeannin, dont le jugement n'est pas moindre que la prud'homie, touché de la perte de l'Etat, témoigne quelque sentiment libre, on le traite de rêveur.

S'ils se plaignent des profusions qui se font pour la faveur, on menace de les dépouiller de leurs charges.

Schomberg se plaint, on le contraint souvent, dans les fermes du Roi d'accepter, de deux partis qui se présentent, le moindre pour Sa Majesté, parce qu'il est plus avantageux aux favoris.

Bref, on diroit qu'ils ont pris à tâche de ne faire paroître de la grandeur que la licence, qui est celle qui a meilleure grâce d'être retenue, d'autant plus qu'on en a de pouvoir.

Vous diriez que la France n'est que pour eux seuls; que pour eux elle est abondante de toute sorte de richessés, et que ce ne soit que pour assouvir leur avarice que Dieu lui a rendu l'Espagne tributaire de tout l'or de ses Indes.

Les gouvernemens et les places dont nous avons parlé l'année précédente, leur semblent maintenant peu proportionnés à ce qui leur est dû ; il n'y en a aucune qu'ils ne marchandent, qu'aux dépens du Roi ils ne mettent au double prix de sa valeur ; si elles ne sont pas à prix d'argent, ils les ravissent par violence, jusques-là qu'ils en prennent par ces voies jusqu'au nombre de dix-huit des plus importantes.

Ils y entretiennent, en pleine paix, de très-fortes garnisons, en redoublent les arsenaux, les remplissent de munitions de guerre, et en avancent les fortifications.

Ils se fortifient de gens de guerre entretenus dans la cour, tiennent le régiment de Normandie, commandé par le sieur de Chaulnes, et créé en sa faveur, sur pied dans le bois de Vincennes, acquièrent le plus de compagnies qu'ils peuvent dans le régiment des gardes.

Achètent la compagnie de chevau-légers du Roi, et, au nom du sieur de Brantes, marchandent la compagnie de ses gens d'armes.

On détourne à ces traités particuliers les deniers qui se lèvent sur les peuples pour le bien public.

En un mot, si la France étoit tout entière à vendre, ils achèteroient la France de la France même.

En toutes ces excessives et dommageables dépenses, on ne paie les pensions accordées par le feu Roi à la noblesse, et acquises par leur sang.

Aussi sont-ils si hardis, que Luynes ose dire à Marillac qu'il étoit offensé du bruit qui couroit qu'il vouloit prendre appui en M. le prince; qu'il n'avoit besoin de personne, et que, quand le Roi lui viendroit à manquer, il subsisteroit par son propre poids. Et son cadet, sur ce que la Reine ne voulut pas souffrir, sans repartie, qu'il épandît partout, contre la vérité, qu'il étoit venu à Angers lui offrir la carte blanche pour son retour auprès du Roi, dit publiquement, à ses propres domestiques, qu'il vouloit bien qu'on sût qu'il n'étoit pas son serviteur, et qu'il avoit son amitié fort indifférente.

La Reine-mère, qui avoit l'esprit lassé des mauvais traitemens qu'elle recevoit, mais les souffroit avec patience, savoit tous ces désordres qui se passoient dans l'Etat, et les plaintes universelles de la France venoient à ses oreilles. Enfin, le naturel de mère la presse, le devoir de Reine touche son cœur, elle craint pour le Roi, elle pleure la désolation de l'Etat. Mais, quand on a bien considéré le mécontentement général de tous les endroits du royaume, de tous les grands, et principalement du parlement de Paris, qui avoit parlé avec courage, l'espérance commence à renaître aux gens de bien; on lui conseille de prendre ce temps pour parler.

Mais, afin qu'on ne pensât pas que ce qu'elle feroit par raison se fît par faction, elle différa ses sentimens en un temps où elle jugeroit qu'on ne pût interpréter ses paroles contre ses intentions.

Elle consulte si elle doit aller à Paris, et si elle peut prendre sûreté dans la mauvaise volonté de ceux qu'elle avoit pensé s'acquérir en oubliant leurs fautes.

Sur cette question les esprits se partagent; les uns estimant ce voyage nécessaire, d'autres le croient inutile; et le publient dangereux pour elle; son sens la porte au sentiment des derniers.

La connoissance qu'elle a de l'aveuglement auquel ceux qui lui en veulent sont, lui fait croire qu'elle n'y fera rien par raison, et leur puissance lui fait juger qu'elle n'y peut être sans péril.

Ces considérations la font résoudre à se tenir éloignée du lieu où elle se désiroit le plus.

On l'avertit qu'on a dessein sur Metz, qu'on veut, pour la décréditer, opprimer ses amis.

Elle sait bien que la défense est juste quand elle est nécessaire.

Elle n'ignore pas le pouvoir qu'en telles rencontres lui donne l'honneur qu'elle a d'être mère du Roi, et l'assistance qu'en cette considération on lui offre de toutes parts; mais, comme elle hait toute violence, elle a peur d'être contrainte, par quelqu'une dont on veuille user contre sa personne, de s'en garantir par les mêmes voies.

Elle s'arrête encore en son gouvernement.

La France voit avec regret les justes raisons qui la retiennent hors de la cour.

Les huguenots s'offrent à la servir. Le vidame de Chartres, qui présidoit à l'assemblée générale qu'ils tenoient lors, envoie expressément madame de Maintenon, qui étoit sa cousine, pour insensiblement la gagner; mais en vain, car elle aime mieux souffrir le mal que s'en garantir par leur moyen.

Les favoris, qui virent le danger où leur mauvaise conduite les avoit jetés, se résolurent d'y apporter un dernier remède, en se saisissant de ceux dont ils redoutent le courage.

M. du Maine fut averti qu'on avoit résolu de s'assurer de sa personne. Il se rit de cette nouvelle, se moqua de cette menace, jusques à ce qu'on lui rapporta qu'un de leur conseil l'écrit, vomit par la vertu du vin cette vérité, avec les raisons, les moyens et le lieu où se devoit exécuter cette violence.

La cause étoit qu'il avoit dit publiquement que c'étoit une honte de donner la charge de connétable au sieur de Luynes, homme qui n'avoit jamais tiré l'épée; le lieu c'étoit allant à vêpres à Picpus, d'où on le devoit mener au bois de Vincennes.

Cet avis, donné avec toutes ces circonstances, fit que, sans prendre congé du Roi, il se retira, vers la mi-mars, en son gouvernement, d'où il lui fit excuse de son subit partement sur le droit que chacun a de pourvoir à sa sûreté.

Ce prince, en son passage chez le marquis de Villars, fait savoir à la Reine que la réputation d'être son serviteur lui avoit pensé coûter la liberté, et qu'elle devoit donner ordre à s'en garantir elle-même; à quoi et à tout ce qui seroit de ses desseins il offroit sa vie et celle de ses amis; que de ce pas il les alloit rallier pour se mettre en état de lui être utile : sur quoi il la supplioit lui faire savoir ses volontés.

Chanteloube, qui avoit intelligence particulière avec lui, y fut envoyé, qui en reçut les offres et lui fit promesse de protection contre la violence de Luynes.

On écrivit lors en tous les gouvernemens voisins

dudit duc qu'on prenne garde à ses actions; mais on envoie quant et quant dans plusieurs places du gouvernement de la Reine les mêmes dépêches, sans lui en donner communication; quelques-unes prennent les armes et font garde sans attendre ses ordres.

Cette procédure ne fut approuvée de personne, et fut jugée pleine d'un extrême mépris. Cela la convia de se plaindre au Roi des mauvais conseils qu'on lui donnoit.

Luynes donna charge, quand il l'eut ouï, de ne point faire éclater cette plainte; n'ayant pas à payer d'une meilleure excuse, rejeta toute la faute sur le secrétaire d'État, et quant et quant fait partir le Roi de Fontainebleau sans prendre l'avis du conseil, et le mène à Orléans à la sollicitation de M. le prince, par le seul conseil de ses ennemis; d'où il dépêcha M. de Montbazon à la Reine, sans lui en avoir auparavant mandé aucune chose, pour la convier de venir se rendre auprès du Roi.

Ce changement si précipité lui fit croire qu'ils désiroient, pour sa perte, ce à quoi ils se sont toujours opposés au désavantage de l'État.

On parloit sourdement de la mener à Bourges ou en Picardie. Elle étoit avertie, de très-bonne part, de leur mauvais dessein. Cependant elle offre d'aller, pourvu que ce soit en lieu non suspect, et où plusieurs puissent être témoins de la netteté de sa conduite.

Elle propose Paris, le cœur de la France; on la refusa, et dit-on ouvertement que Luynes étoit si fort dans la haine de ce peuple, qu'il ne s'y pouvoit fier.

L'instruction du duc de Montbazon, qu'il montra ou par simplicité ou par industrie, portoit sur le front l'appréhension que le sieur de Luynes avoit de la Reine, et le désir qu'ensuite il avoit de s'en assurer une bonne fois pour toutes. Il étoit aussi chargé de menaces contre moi qui avois le soin de ses affaires.

Tout cela, néanmoins, étoit déguisé sous de belles paroles. Il devoit dire à la Reine que le Roi ne pouvoit plus patienter sans la voir; vouloit toutefois que ce fût sans la contraindre en quoi que ce pût être. Et afin qu'elle le vît clairement, et ne pût prendre ni ombrage ni fâcherie du désir de Sa Majesté, elle lui offroit de s'avancer, s'il lui plaisoit, ou à Blois ou à Tours où elle le verroit; que là il sauroit d'elle en la voyant si sa volonté n'étoit pas de s'en retourner avec lui à Paris, et ne se plus séparer l'un de l'autre. Si elle le vouloit, ce seroit contentement au Roi; si aussi elle n'étoit pas disposée de l'accompagner si promptement, il lui seroit permis de retourner à Angers; d'où même, si elle ne vouloit pas encore, pour quelque raison, partir de quelque temps et qu'elle fût en peine de voir le Roi s'approcher, il s'en retourneroit incontinent à Fontainebleau, pour faire connoître à un chacun que ce n'étoit que pour la voir de son bon gré qu'il étoit parti, et que pour rien du monde il ne la contraindroit en ce qu'elle ne voudroit pas.

Quant à moi, il avoit charge de me dire, en paroles expresses, que le Roi trouvoit fort étrange le procédé de la Reine;

Qu'on étoit averti des mauvaises impressions que la Reine donnoit de la conduite du Roi envers elle;

ce que Sa Majesté ne pouvoit souffrir, ni qu'on fâchât son bon naturel en une chose si sainte, et de laquelle il est aussi innocent que ceux qui sèment ces mauvais discours, peu reconnoissans envers lui, qui enfin, si cela continue, sera obligé d'en venir à la cause ;

Qu'elle n'a que deux moyens de se justifier vers le Roi, ou de venir promptement à sa cour, ou, n'y venant point, de publier dedans et dehors le royaume le contraire de ce qu'on y a fait entendre en son nom ;

Qu'elle ne doit trouver mauvais que le duc de Montbazon soit parti sans lui en avoir donné avis auparavant, pource que, si son voyage eût été su, on lui eût donné de vaines appréhensions, tout aussi bien que du partement du Roi pour aller à Orléans; dont les méchans sont autant marris qu'ils craignent le parfait accommodement de Leurs Majestés;

Qu'elle ne devoit s'arrêter à demander aucune chose auparavant que de voir le Roi, pour ce qu'en une heure, en le voyant, elle en obtiendra davantage qu'elle ne fera en son absence en dix années entières;

Que c'étoit à moi à lui représenter toutes ces choses, et lui persuader d'ajouter foi à la parole du sieur de Luynes, l'intérêt duquel étant au repos de l'Etat, son plus grand désir ne pouvoit être que d'une bonne et sincère intelligence entre Leurs Majestés;

Que je pouvois, ce faisant, tout espérer de Sa Majesté, et qu'il n'y avoit degré d'honneur en ma profession auquel je ne pusse et aspirer et atteindre;

Que si aussi les choses alloient autrement qu'on

ne désiroit, on m'imputeroit le tout, sachant bien la créance que la Reine avoit en moi, à laquelle ledit Luynes avoit contribué ce qu'il avoit pu, faisant agréer au Roi que je retournasse d'Avignon pour l'aller servir, et pour fin qu'on savoit bien que la Reine étoit bonne, et ne pouvoit partant avoir autres volontés que celles du Roi, et si elle en avoit d'autres, ce seroit que ceux en qui elle a confiance les lui feroient avoir, interprétant malicieusement à mal les bonnes et justes intentions de Sa Majesté.

Je ne lui fis autre réponse, sinon que j'étois assuré qu'en servant la Reine je ne mériterois jamais que la louange qui est due à ceux qui font leur devoir; que je ne savois pas si je me pourrois garantir du mal en bien faisant, mais que je le pouvois assurer que ses menaces ne me feroient aucune peur et ne produiroient autre effet en moi que de me redoubler le courage à bien faire.

La Reine lui dit aussi que c'étoit un mauvais moyen pour la persuader d'aller trouver le Roi de venir au-devant d'elle à main armée;

Que si on passoit outre, elle seroit obligée de rechercher d'autres moyens légitimes pour se garantir des mauvaises volontés de son gendre (1), en la parole duquel elle ne se pouvoit fier, vu qu'il l'avoit trompée en toutes celles qu'il lui avoit données, bien même que le prince de Piémont en fût répondant.

M. de Montbazon lui offrit lors faire retourner le Roi à Fontainebleau pour lui ôter les ombrages.

(1) *De son gendre* : le duc de Montbazon étoit beau-père du duc de Luynes.

Elle accepte le parti; et, de crainte qu'il ne rapporte assez fidèlement ses volontés, envoie le sieur Bouthillier en cour pour les faire exécuter;

Le charge de demander l'exécution du traité d'Angoulême, de faire plainte au Roi, de sa part, des avis qu'on a donnés ès places de son gouvernement sans lui en donner connoissance;

De lui représenter que son but va à deux choses, ou à être à Paris avec honneur près de lui, ou à demeurer chez elle sans mépris et sans persécution; que, sur le bruit qui court de la sortie de M. du Maine, elle ne se portera à chose qui lui puisse déplaire, pourvu qu'on ne lui veuille point faire de mal;

Qu'elle s'est proposée, premièrement d'avoir M. de Luynes pour ami; depuis, de ne l'avoir pas pour ennemi; que, demeurant en ce dernier point, elle prendra patience et vivra en son particulier, mais qu'elle seroit satisfaite ayant son amitié. M. de Luynes, qui ne chérissoit que les apparences de faire croire qu'il contribuoit ce qu'il pouvoit à faciliter leur entrevue, conseille au Roi de retourner à Paris, d'où il dépêche vers elle le sieur de Blainville à la mi-mai, la priant d'ajouter une même croyance aux choses qu'il avoit traitées de sa part, qu'elle feroit à lui-même.

En même temps il fait partir les ambassadeurs que le Roi envoie en Allemagne pour moyenner, par son autorité, l'accommodement des troubles dont nous avons parlé l'année précédente.

Les ambassadeurs étoient M. d'Angoulême, accompagné des sieurs de Béthune et de Préaux-Châteauneuf.

La guerre y étoit cruellement allumée, tous les princes d'Allemagne avoient armé ; Cologne et Trèves levèrent bon nombre de gens de guerre, qu'ils envoyèrent au duc de Bavière qui servoit l'Empereur, mais qui ne purent passer le long du Palatinat, que par une mutuelle promesse qui fut faite par les évêques de Wutzbourg et de Bamberg, de laisser semblablement passer les troupes qui seroient envoyées de Hollande et ailleurs au parti protestant.

Le duc de Saxe, voyant tout en armes autour de lui, arma aussi ; ce dont les Bohêmes lui ayant envoyé demander la cause et son assistance, il leur répondit que, d'assistance ni de conseil en leurs affaires, il ne leur en donneroit point, vu qu'ils avoient entrepris ce qu'ils avoient fait sans son avis, et contre l'Empereur qui étoit leur Roi, et qu'ils avoient reconnu pour tel ;

Qu'il ne rendroit aussi raison de ce qu'il faisoit qu'à l'Empereur ; néanmoins qu'il vouloit bien leur dire, pour les ôter de peine, qu'il n'armoit que pour défendre son pays contre ceux qui voudroient entreprendre contre lui.

Sa Majesté impériale fit un édit le 17 février, par lequel elle cassa le couronnement de l'électeur palatin en Bohême, le convia de se désister de cet attentat, ses sujets de revenir à lui, les princes électeurs de lui prêter main-forte, et les rois et princes étrangers de l'assister en une cause si juste et qui, par exemple, regardoit un chacun d'eux en particulier.

Au mois suivant on tint à Mulhausen une assemblée des électeurs et princes de l'Empire, tant catholiques que de la confession d'Augsbourg, qui étoient demeurés en l'obéissance de l'Empereur; lesquels, après avoir considéré non plus tant les périls que toutes sortes de maux qui les environnoient, et dans lesquels ils étoient plongés pour la rébellion de Bohême, et la folle et ambitieuse entreprise de l'électeur palatin, ils écrivirent audit électeur sans lui donner le titre de roi, aux États de Bohême, et à tous les princes, états et noblesse qui étoient de leur ligue, et leur représentèrent à tous l'injustice de leur procédé; les conviant de revenir à leur devoir, tant pour leur honneur que pource qu'ils ouvroient la porte au Turc, qui, s'il prenoit ce temps, pouvoit envahir l'Allemagne sans résistance, et, particulièrement, mandèrent au palatin qu'il se souvînt que, contre leur avis, il avoit accepté la couronne qui n'étoit point vacante, y ayant lors un roi élu et couronné; ce qui étoit à lui d'autant plus mauvaise grâce, qu'il l'avoit reconnu lui-même pour vrai roi; qu'enfin l'Empereur en viendroit aux remèdes extrêmes, qui lui pourroient importer plus qu'il ne pensoit.

Il répondit à ces lettres qu'il avoit procédé avec justice en ce qu'il avoit fait; et qu'il se sauroit bien défendre.

Les princes et Etats protestans, qui en même temps s'étoient assemblés à Ulm, répondirent aussi de la même teneur. Ensuite de quoi l'Empereur fit publier des lettres monitoriales contre le prétendu roi de Bohême, lui enjoignant de poser les armes et se départir de toutes prétentions au royaume de Bohême dans le premier jour de juin, ou, s'il ne le faisoit, Sa Majesté impériale procéderoit contre lui par la rigueur des ordonnances et constitutions de l'Empire.

Semblables lettres, portant les mêmes menaces, furent expédiées et adressées à tous les princes, seigneurs et Etats de l'Empire qui suivoient son parti.

Les affaires d'Allemagne étoient en cet état quand nos ambassadeurs partirent, lesquels s'acheminèrent en diligence à Ulm, tandis que l'assemblée des princes protestans s'y tenoit.

Le duc de Luynes se servit de ce voyage pour représenter à la Reine la glorieuse conduite des affaires du Roi, qui en étoit en telle estime en la chrétienté, que si on savoit qu'il y eût de la mésintelligence entre Leurs Majestés, le blâme en seroit tout entier attribué à la Reine.

Blainville ne manqua pas de le bien faire valoir à son arrivée à Brisach, où il trouva la Reine, à laquelle il donna une lettre du Roi, qui lui mandoit que le désir qu'il avoit de la voir l'ayant fait acheminer vers elle, il a pris résolution de s'en retourner ainsi qu'elle l'a souhaité; qu'il y séjournera encore attendant sa résolution; que le sieur de Blainville l'assurât de son affection, la priant d'ajouter la même foi à ce qu'il lui dira, tant sur ce sujet que sur autre dont il lui a donné charge de lui parler de sa part, qu'elle feroit à lui-même.

Il fit à la Reine plusieurs propositions générales et particulières pour essayer, par la considération de ses propres intérêts, à la faire départir de la protection de ses amis.

Les particulières furent que le Roi donneroit tout

contentement à la Reine pour le paiement des arrérages de ses appointemens, et autres deniers qui lui étoient dus;

Qu'il accordoit que sa compagnie de chevau-légers fût mise sur pied; que les pensions de ceux qui l'avoient servie fussent continuées;

Qu'il trouvoit bon que les avocats d'Angers fussent exceptés de la rigueur de l'édit des procureurs, après lui avoir fait connoître le droit de cette exemption.

Les générales, qu'il falloit travailler à faire un accommodement entier, et nouer une parfaite intelligence entre le Roi, la Reine sa mère, et M. de Luynes;

Qu'elle avoit sujet de désirer la conservation de M. d'Epernon qui l'avoit servie, mais qu'elle devoit abandonner M. du Maine et autres qui voudroient suivre le chemin qu'il avoit pris.

Il offrit encore le gouvernement de Nantes, et proposoit à l'évêque de Luçon qu'il l'auroit en son nom pour faciliter les affaires, ce qui fut refusé.

La Reine fit réponse sur ces particularités, que, lui donnant ces contentemens, le Roi faisoit beaucoup plus pour lui que pour elle, parce qu'en lui déniant il souffroit en sa réputation, et elle seulement en ses biens;

Qu'elle n'avoit jamais rien tant désiré que cet accord et parfaite intelligence;

Qu'il n'y avoit rien qu'elle ne fît pour y parvenir;

Que deux choses lui ont apporté de grandes défiances; l'une, qu'ayant poursuivi instamment son retour près du Roi, et prié plusieurs fois qu'on lui

4.

envoyât M. de Montbazon, pour cet effet, non-seulement on ne lui avoit pas envoyé, mais qu'on fait tout ce qu'on peut pour la détourner de ce dessein, entreprenant toutes les choses importantes sans qu'elle en eût aucune connoissance, et souffrant que M. le prince lui rende des témoignages de mauvaise volonté sans aucun sujet.

L'autre chose est qu'après lui avoir long-temps refusé le bien qu'elle désiroit avec tant d'ardeur, il lui a été offert en apparence tout d'un coup, sur des occurrences et avec des circonstances capables de donner de l'ombrage, et d'apporter de l'étonnement aux esprits les plus fermes et les plus solides.

Quant à M. du Maine, qu'elle n'a su aucune chose du dessein qu'il avoit de partir de la cour; mais en l'état où il est à présent, outre qu'il n'y a personne qui, sur l'appréhension qu'il a eue, ne se fût sauvé par la même voie, il lui est impossible de voir entreprendre sa ruine sans appréhender que ceux qui lui sont mal affectionnés ne procurent par après la sienne; que les choses étant au point où elles sont, il est bien plus à propos de ne laisser rien en arrière, et de venir à un accord entier avec des sûretés raisonnables;

Que pour montrer que de sa part elle veut observer inviolablement sa parole, elle en rendroit volontiers dépositaires, si le Roi l'a agréable, les parlemens de son royaume;

Qu'elle désire aussi que, par le commandement du Roi, ils lui répondent de celle de M. de Luynes; en sorte qu'ils aient charge, sans recevoir de nouveaux ordres, de faire ce qu'ils estimeront raisonnable, au cas qu'on contrevienne aux paroles données ;

Que si on trouve d'autres meilleures voies, elle est disposée à les embrasser, suppliant le Roi de considérer qu'elle ne demande autre chose que pouvoir être près de lui avec la sûreté que doit avoir une mère près de son fils.

Après le départ de Blainville, la Reine dépêcha au Roi le sieur de Breauté, son premier écuyer, pour représenter à Sa Majesté les mêmes choses qu'elle avoit dites audit sieur de Blainville, avec cette différence que, là où le sieur de Blainville avoit commencé par les choses particulières, il eût charge de commencer par les générales ; témoignant au Roi le désir extrême qu'elle avoit de le voir et se rendre auprès de lui, et ce qu'elle a fait à cette fin sans y pouvoir parvenir ;

Que Sa Majesté avoit fait des ouvertures au sieur de Blainville des moyens qui peuvent lever les ombrages que les différens procédés lui ont apportés ; si l'on en trouve de meilleures et raisonnables, elle étoit prête de les embrasser ; ne désirant rien avec plus de passion que d'être près de lui avec autant de sûreté contre ceux qui lui pouvoient être mal affectionnés, qu'elle s'assure en avoir dans le bon naturel du Roi son fils.

Elle lui commanda aussi de faire voir à un chacun le peu d'apparence qu'il y avoit en la nouvelle que l'on a fait courir, que la Reine désiroit la guerre, et faisoit armer publiquement. Longueval, que l'on a envoyé à Angers sur ce sujet, a reconnu la fausseté de ce bruit ; que Sa Majesté a assez fait connoître combien elle est désireuse du repos public, l'ayant maintenu pendant qu'elle a gouverné; que ce sont artifices de ceux qui, désirant la guerre, font tout ce qu'ils peuvent pour obliger Sa Majesté, non-seulement à une défense nécessaire, mais même à entreprendre quelque chose pour l'appréhension du mal qu'ils lui veulent faire paroître inévitable, et par ce moyen rejeter sur la Reine le mal dont ils sont les auteurs;

Que si on lui parloit de ceux qui prenoient part à ses intérêts, il répondît suivant ce qui s'en étoit dit à M. de Blainville, que la Reine ne feroit jamais rien sans eux.

Pour les choses particulières, si les promesses qu'avoit apportées M. de Blainville étoient effectuées, il fît connoître que la Reine prendroit cela comme un bon commencement pour bien espérer du reste; si elles ne le sont pas, il pressât pour faire qu'elles le fussent comme chose très-juste.

Breauté ayant fait ce qui lui avoit été ordonné, Blainville revint avec une lettre du Roi qui mandoit à la Reine que le voyage dudit Blainville ayant réussi autant à son contentement que la disposition en laquelle il l'a trouvée lui pouvoit faire espérer, il le renvoie vers elle avec une pareille croyance que la précédente, qui sera telle qu'elle auroit à lui-même;

Qu'il lui mande le temps qu'elle désire pour lui faire savoir sa résolution, lui promettant de contribuer une entière affection pour son contentement.

En effet, il rapporta à la Reine quelque contentement sur une partie de ses affaires domestiques, comme le paiement de cinquante et tant de mille écus dus du temps d'Angoulême, et la permission de mettre sa compagnie de chevau-légers sur pied.

Pour les garnisons d'Angers et du Pont-de-Cé, et pour les pensions de la noblesse qui étoit auprès d'elle, il donna du papier et point d'argent; mais il fit entendre à la Reine que le Roi trouvoit très-mauvaise l'ouverture des parlemens, comme préjudiciable à son autorité. Il avoit pensé une chose plus convenable et plus sûre : que le Roi lui-même s'engageroit à lui faire rendre par M. de Luynes le respect et le service qui lui étoient dus.

La Reine repartit que les parlemens tenant leur autorité du Roi, elle n'a pas cru, en faisant cette ouverture, blesser celle de Sa Majesté particulièrement, vu qu'elle ne prétend qu'ils agissent en cette occasion par le droit de leurs charges, qui ne s'étend pas jusque-là, mais par commandement et par commission particulière du Roi;

Qu'elle ne peut abandonner ses amis, tant parce qu'elle aimeroit mieux mourir que de commettre une action si peu honorable, que parce qu'aucuns ne sont mieux attachés au service du Roi que ceux qui ont quelque affection pour elle; que pource que quelques particuliers ne lui voulant du bien, ce seroit une grande imprudence à elle de se séparer de ses amis, pour se fier tout-à-fait en leur parole.

Blainville, néanmoins, la pressa si puissamment de se confier en la parole du Roi et en la résolution forte que Luynes avoit prise de la servir, qu'elle demanda trois semaines pour en prendre avis de ses amis, et voir avec eux si cette sûreté seroit suffisante.

Depuis, le sieur de Blainville ayant encore séjourné trois ou quatre jours pour lui faire connoître qu'on ne vouloit point rompre la négociation, on lui proposa que si le Roi avoit agréable que la Reine demeurât en son gouvernement, et ses amis et serviteurs aux leurs, jusqu'à ce qu'elle eût les effets que l'on lui promet, tant pour elle que pour eux, elle y demeureroit, pourvu qu'elle demeurât liée avec sesdits amis et serviteurs; en sorte que si on lui manquoit, le Roi eût agréable qu'ils se joignissent pour sa défense; ce que le sieur de Blainville se chargea de proposer.

La mauvaise volonté que les Luynes portoient au duc d'Epernon pour l'amour de la Reine, leur avoit fait assembler une armée en Champagne pour favoriser une entreprise qu'ils avoient sur la ville de Metz, les habitans de laquelle se faisoient forts de se rendre maîtres de la ville et de la citadelle, et en chasser le sieur de La Valette; mais ils furent prévenus de lui et désarmés, et, l'armée passant assez proche de la ville, dix-sept compagnies de gens de pied se détachèrent de la troupe, et, enseignes déployées, s'y allèrent rendre pour le service du duc d'Epernon.

Blainville en fit plainte à la Reine, qui lui répondit qu'elle en écriroit au sieur de La Valette, pour apprendre les particularités de ce fait et en informer le Roi;

Qu'elle s'assuroit cependant qu'en cela il n'avoit eu aucune mauvaise intention contre le service du Roi, auquel elle l'avoit toujours cru extrêmement porté;

Qu'il y a très-grande différence entre ce qu'on fait à mauvais dessein pour troubler le repos de l'Etat, et ce qu'on fait pour sa sûreté et pour se garantir d'oppression ; l'un étant criminel et punissable en tout temps, et l'autre, sinon innocent, au moins excusable en quelques occasions où la violence de quelques particuliers prévaut.

Elle dépêche au Roi le vicomte de Charmel pour lui dire les mêmes choses de sa part, et le supplier de ne se pas laisser persuader à des personnes mal affectionnées, qui, interprétant sinistrement les actions d'autrui, veulent, sous ce prétexte, porter les choses à la guerre, laquelle surtout elle prie Dieu de détourner et ne permettre que le royaume se divise et se désole soi-même.

Durant ce temps elle est plusieurs fois sollicitée d'aller en cour ; mais n'ayant pu, au voyage qu'elle fit à Tours, parler une seule fois au Roi en particulier, pour le soin que ceux qui abusent de son oreille avoient d'être toujours près de lui, non-seulement ne prévoit-elle pas que sa présence sera inutile aux désordres, mais, qui plus est, elle tient pour chose assurée qu'il lui sera impossible de les représenter sans éclat.

Elle craint que beaucoup de gens qui jugent des choses plus par les événemens que par la raison, voyant que là sa présence n'apportera aucun tempérament aux déréglemens connus de tout le monde, sans considérer le sanglant déplaisir qu'elle en aura, perdent la bonne opinion qu'ils ont d'elle, et lui donnent part au blâme seulement mérité par les auteurs de si détestables actions.

En un mot, les Luynes convioient la Reine d'aller à la cour, et l'appréhendoient extrêmement. La Reine témoignoit y vouloir aller, et avoit une fin contraire.

Luynes croyoit que la Reine le pourroit perdre aisément étant dans la cour; et elle ne jugeoit pas y pouvoir avoir sûreté, ses ennemis y étant si puissans : ainsi chacun étaloit de belles apparences et avoit des desseins tout contraires.

Elle craint qu'étant à la cour on ne prenne des ombrages d'elle sans sujet, qu'on suppose qu'elle fasse des cabales avec ceux qui la verront, qu'on impute des crimes aux siens, comme on a fait par le passé, pour, en les perdant méchamment, prendre prétexte de la perdre elle-même.

L'armée de Champagne lui fait appréhender qu'on exécute d'autant plus volontiers l'entreprise qu'on a sur Metz, que, la tenant en main, on tiendra celle qui devoit et pouvoit en avoir du ressentiment.

Toutes ces considérations lui font différer son voyage, et envoyer au prince de Piémont, pour le prier d'intervenir comme caution de Luynes.

A lettre vue, il envoie le comte de Verue en cour, pour représenter au sieur de Luynes, de sa part, les contraventions faites aux traités dont par le commandement du Roi, et pour son service, il s'est rendu garant, le presse de ne permettre pas que ce qu'il a fait pour l'établissement de sa fortune puisse tourner au préjudice de sa réputation et de sa parole, dont il est si jaloux qu'il perdroit plutôt la vie que de souffrir qu'elle fût violée.

La Reine se délibère, durant cette négociation, de penser tout de bon à sa sûreté, me commande d'y songer mûrement, comme au coup décisif de son bonheur ou de sa misère.

Je lui représente qu'il faudroit être aveugle pour ne voir pas le préjudice que reçoit la France des déportemens des favoris ;

La haine que leur audace attiroit sur la personne du Roi, et comme, en son particulier, elle ne jouissoit pas des honneurs de la liberté et du rang que sa naissance et les services qu'elle avoit rendus à l'Etat lui avoient justement acquis ;

Que la difficulté ne gisoit pas à connoître le mal, mais à y trouver un remède moins dangereux que la maladie ;

Que ce n'étoit pas assez en une affaire de se proposer une bonne fin, mais qu'il falloit encore ne prendre que des moyens honorables et utiles ;

Qu'il n'y en avoit que deux, qui n'étoient pas seulement différens, mais du tout contraires; que l'un requéroit sa présence en cour, et l'autre son éloignement;

Que le premier consistoit à s'approcher du Roi, parler hautement au connétable, et utilement pour le bien de l'Etat ; se déclarer ennemie, non des favoris, mais de leurs actions; dire en toute occasion la vérité, quoiqu'elle fût désagréable; n'épouser aucun intérêt particulier pour soi, et représenter au Roi la conduite que son bien et la nécessité de ses affaires l'obligent de tenir.

Le deuxième consistoit à se fortifier d'amis, d'argent, et de gens de guerre, et demander, après ces précautions, l'éloignement du connétable comme des ennemis de l'Etat.

Que le premier lui sembloit d'autant meilleur que l'autre, qu'il ne requéroit autre force que celle du courage et de l'esprit de Sa Majesté, et qu'il étoit capable de produire tout bien par voies justes et légitimes, et incapable de produire du mal;

Qu'à la vérité il y avoit quelque danger en l'événement de ce conseil, mais qu'il sembloit être plus grand pour ses serviteurs, qui pour son bien en prendroient volontiers le péril, que pour elle-même, dont la qualité sembloit la mettre à couvert; étant infaillible que les pierres s'élèveroient pour accabler ceux qui voudroient ôter la liberté ou la vie à celle qui l'a si souvent hasardée pour la conserver à l'Etat.

Pour le deuxième, qu'il y avoit beaucoup d'inconvéniens, celui de la guerre, qui est très-grand en soi et plus grand en l'esprit des peuples, qui l'ont en telle horreur, que, sans examiner qui a le droit, ils veulent autant de mal à ceux qui en sont l'occasion comme s'ils en étoient la cause;

Que Luynes, en sa conduite, a cet avantage d'être à l'ombre de l'autorité royale, qui feroit paroître les armes que ledit connétable prendroit contre la Reine aussi raisonnables qu'elles seroient injustes;

Que la raison est inutile sans la puissance; que la puissance dépend de trois choses, de deniers, de places et d'hommes.

Pour les deniers, que ce qui étoit beaucoup en affaires particulières devoit être estimé pour rien, en considération des frais extraordinaires qu'il faut faire dans une si haute entreprise.

Pour les places, que toutes étoient bonnes en temps

de paix, mais peu en temps de guerre, et nulles munies de sorte qu'elles puissent résister à une armée royale.

Pour les hommes, qu'ils seroient ou Français ou étrangers ; si Français, légers et sujets à quitter les partis où ils se mettent ; si étrangers, qu'ils n'auroient autre fin que faire leurs affaires en France, et déchirer et diviser, s'ils pouvoient, l'Etat auquel ils n'auroient point de part;

Qu'on suivra sa fortune, ou par vertu ou par intérêt ; que des uns le nombre en est petit, des autres fort grand, mais peu de moyens de les retenir, le déréglement des esprits étant tel, qu'un avantage qui eût autrefois contenté un prince, ne satisferoit pas maintenant un suivant.

Qu'ainsi il arriveroit qu'on n'auroit pas seulement à combattre ceux qui seroient ouvertement ses ennemis, mais encore ceux qui seront du même parti;

Que les huguenots, nonobstant ses continuels refus, prendroient les armes en sa faveur, ou qu'ils lui seroient contraires ; que s'ils les prenoient, elle auroit réputation d'avoir fait un parti avec eux, et d'avoir contribué à leur accroissement : ce qui est incompatible et avec le zèle qu'elle a à la vraie religion, et l'intérêt qu'elle prend en leur affoiblissement, et en la grandeur du Roi son fils;

Que s'ils sont contraires, après l'avoir souvent sollicitée de faire mal, ils ne laisseroient pas de tirer vanité d'avoir suivi les volontés du Roi, et combattre ses armes;

Que Luynes avoit la haine, et elle l'amour de tous les peuples ; qu'il étoit à craindre que la guerre ne tournât la chance, et partant elle n'y eût beaucoup plus de perte que de profit, puisqu'en cela consistoit sa principale force ;

Que l'on lui pourroit ménager de grands avantages dans l'opinion qu'on avoit de ses forces, où les armes étant journalières, si le succès des siennes étoit malheureux, comme il est à craindre, elle seroit à jamais destituée de tout crédit ; que c'étoit souvent une grande prudence de n'user pas de l'excès de sa puissance, principalement quand les effets en sont douteux ;

Que sa force dépendoit de ses amis, qui étoient liés à elle, ou par les mécontentemens qu'ils avoient reçus des favoris, ou par l'amour qu'ils portoient à sa personne ;

Que de ce dernier genre il y en avoit peu, la vertu nue étant rarement suivie ;

Que du premier il n'en falloit pas faire grand fondement, puisque ôtant la cause l'effet cesseroit, et que le connétable qui pouvoit tout, et n'avoit autre but que la ruine de Sa Majesté, n'épargneroit rien pour les soustraire de son service ;

Que la guerre ne pouvoit avoir que deux issues, ou la perte ou le gain ; que si on perdoit on étoit perdu pour jamais, étant impossible de modérer la victoire de personnes dont le courage est si bas et si animé ;

Que si on gagnoit, et que l'avantage des armes donnât moyen d'obtenir la perte de Luynes par les voies de justice, il étoit à craindre que le Roi n'en eût du ressentiment, et que le malheur qui lui seroit arrivé ne couvrît à jamais en son esprit la grandeur de ses crimes ;

Que si, les forces étant égales, on venoit à faire une paix, que cette paix auroit pour sûreté, ou la seule parole du Roi, ou des places et des forces; si sa parole, le peuple auroit beaucoup enduré, et la Reine fait de grandes dépenses sans améliorer sa condition; si des places, on seroit réduit à se cantonner, et, en cherchant sûreté contre Luynes, faire en apparence contre le respect qu'on doit à son souverain;

Que beaucoup de ceux qui s'étoient rendus auprès d'elle ne pouvoient demeurer en paix ni faire la guerre; qu'ils faisoient les mauvais, éloignés des ennemis, et perdroient cœur quand on en viendroit aux lances baissées;

Que malheureux étoit le chef d'un parti quand son autorité n'étoit que précaire; que, pour éviter un tyran en la personne de Luynes, elle en rencontreroit vingt, étant certain que tous ceux qui la serviroient, elle ne les auroit pas seulement pour compagnons, mais pour maîtres;

Qu'en toute affaire, avant d'y entrer, il falloit considérer comment on pourroit en sortir.

La Reine fut touchée de ces raisons, et en eut l'esprit fort partagé; mais, voyant que le premier moyen n'eut que deux ou trois défenseurs, qui furent Marillac, le père Suffren et moi, et que tout le monde concluoit au second à cause de l'apparente force dont elle étoit accompagnée, elle se résolut de s'en servir. Sur cela elle fut conseillée de le faire avec la modération suivante: savoir est de faire armer ses amis et elle de tous côtés, pour faire montre de ses forces; donner au Roi les conseils qu'elle juge nécessaires; étonner ses ennemis par la crainte de ses armes; et, à l'extrémité, souffrir plutôt le mal que d'en venir aux mains.

Cette résolution fut prise, mais il fut impossible de l'exécuter, à cause des malheurs qui arrivèrent coup sur coup précipitamment en cette affaire.

Les ducs de Vendôme et de Longueville, craignant être arrêtés, s'étoient retirés de la cour; l'un prit le chemin d'Anet, et de là à Vendôme; l'autre prit celui de Normandie. Le duc de Nemours fit le semblable; le comte de Soissons et madame sa mère suivirent bientôt après, et s'en allèrent à Dreux. Le dernier qui s'échappa fut le chevalier de Vendôme.

La principale cause qui le jeta dans le parti de la Reine fut, outre la vieille querelle entre M. le prince et feu M. le comte de Soissons, l'intime intelligence de M. le prince avec le duc de Luynes, qu'il regardoit comme l'auteur de sa liberté, et son allié, à cause du mariage projeté entre la fille du duc de Luynes et le second fils du duc de Guise, l'aîné duquel devoit épouser mademoiselle de Bourbon, et, d'abondant, une nouvelle querelle qui s'émut entre eux sur le sujet de présenter au Roi la serviette à son dîner; M. le prince prétendant que cet honneur étoit dû à sa qualité, et l'autre à sa charge de grand-maître, se rencontrant en un prince du sang. Le Roi, qui ne voulut juger ni pour l'un ni pour l'autre, se la fit présenter par M.... En cette querelle, M. le prince fut assisté par le duc de Guise et tous les amis du duc de Luynes; le comte de Soissons par M. du Maine et tous ceux qui étoient mécontens de la faveur.

Cette querelle donna M. le comte à la Reine-mère,

le parti de laquelle n'en fut pas néanmoins beaucoup fortifié.

Mais tout cela, hormis le duc de Longueville seul, alla fondre à Angers par une imprudence extrême, et faute de conseil, qui est un manquement assez ordinaire à la jeunesse de nos princes et de notre noblesse. Leur venue chargea et incommoda la Reine à Angers, et fut contraire au bien de son service et à son intention; car, ne voulant pas la guerre, mais bien la modération de Luynes, elle désiroit qu'ils allassent en Normandie, afin de faire d'autant plus appréhender une grande puissance, qu'on la verroit séparée et bien établie en divers lieux.

Etant venus, la division se mit dans les conseils; ils en vouloient être les maîtres. Le duc de Vendôme poussa M. le comte à désirer en être le chef, et persuada madame la comtesse à avoir la même prétention pour lui. Ils s'opposèrent tous à ce qu'on fît venir M. du Maine, à la réputation duquel ils seroient obligés de céder.

Les uns vouloient qu'on écrivît un manifeste sanglant, sans s'armer, afin de rendre l'affaire irréconciliable; les autres ne vouloient point signer le manifeste, prétextant leur dessein du respect qu'ils devoient à la Reine, la voulant laisser signer seule, mais en effet pour rendre, en cas de désordre, leur accommodement plus facile.

Tous vouloient de l'argent, et promettoient des merveilles; ils prirent l'un, manquèrent à l'autre, et ne trompèrent personne, parce qu'on n'avoit rien attendu d'eux.

Le duc de Florence trompa la Reine plus honteusement qu'aucun ; car, lui ayant été envoyé par elle le capitaine Gamozino, pour, après lui avoir représenté ses justes sujets de plaintes contre Luynes, et l'assistance qu'elle avoit des princes et seigneurs, qui lui donnoient espérance de pouvoir parvenir à un raisonnable accommodement, le prier de lui remettre l'argent qu'il avoit à elle, il donna avis de tout à M. de Luynes, et ne se voulut dessaisir que d'une partie de l'argent qu'il avoit en dépôt.

Cependant la Reine se trouvoit bien empêchée, vu que la venue de tous les princes lui attira les forces que Luynes avoit fait préparer, sous le nom du Roi, sur les bras, ne lui en apporta point pour se défendre, ains l'affoiblit par la cherté des vivres et la dissipation de ses propres finances.

Depuis leur arrivée je n'eus pas grand'part dans les résolutions publiques, non que ma créance diminuât auprès de ma maîtresse, mais elle-même fut contrainte de s'accommoder aux opinions de M. de Vendôme, qui avoit formé une cabale pour emporter par le nombre des voix ce qu'il ne pouvoit espérer par la force de ses raisons.

M. le prince, averti de ces divisions, qui avoit éprouvé la puissance du nom et de la présence du Roi contre les soulèvemens, sachant la difficulté qu'il y a d'assembler des troupes sous des commissions particulières, conseille au Roi d'avancer promptement ses armes, dit à M. de Luynes qu'il y a péril dans le retardement et sûreté dans la diligence.

Mais ses raisons ne firent pas sitôt impression dans son esprit, parce qu'il craignoit ses ennemis et se défioit de ses amis.

Il voyoit que tout le monde favorisoit la Reine, que chacun se déclaroit contre lui, que jamais parti n'avoit été si grand, que ce n'étoit pas l'argent qu'elle pouvoit donner, moyen par lequel il lui eût été impossible de contenter la moindre partie de ceux qui l'assistoient, mais la seule commisération de voir une personne de sa qualité si maltraitée, et l'aversion qu'on avoit de sa personne et de ses comportemens.

Le consentement universel des grands et des petits conspirant à même dessein, le reproche de sa conscience, l'Etat qui, par sa mauvaise conduite, étoit menacé d'une entière subversion, lui faisoient appréhender un changement de fortune.

Comme il étoit en ces irrésolutions, plus préparé à fuir et mener le Roi à Amiens (ce que ses pères m'ont depuis déclaré) qu'à se défendre, on lui donne avis que M. de Longueville, qui étoit en Normandie, alloit abandonner Rouen sur le seul bruit de la venue du Roi en ces quartiers.

Le sieur de Rouville, qui étoit homme de cœur, ne lui put jamais faire prendre aucune résolution courageuse, ou, pour mieux dire, aucune résolution quelle qu'elle fût. Il lui proposa qu'il falloit qu'il s'assurât de la personne du premier président de Rouen, qui ne lui étoit pas affectionné, et l'autorité de la charge duquel lui donnoit grande puissance dans la ville ;

Que le vieux château étoit en sa main, le gouverneur étant à la dévotion de la Reine-mère ; qu'étant assuré de cette place et de cette personne il étoit maître de la ville ;

Que s'il n'avoit pas assez de hardiesse pour cela il

se retirât de bonne heure et se fortifiât bien à Caen, où le chevalier de Vendôme n'avoit envoyé qu'un pédant, ayant plutôt considéré la fidélité de Prudent, qui avoit été son précepteur, que sa suffisance en la charge qu'il lui donnoit, de laquelle il étoit entièrement dépourvu; mais le duc de Longueville ne se put jamais résoudre à aucun de ces deux partis, et, au premier bruit de la venue du Roi, il résolut de quitter Rouen.

Cette résolution de se retirer donna courage à Luynes d'y faire aller Sa Majesté, qu'il mena premièrement au parlement, où il déguisa tous les mauvais traitemens qu'il faisoit recevoir à la Reine à l'insu du Roi, et feignit qu'il ne tenoit qu'à elle d'être à la cour avec tout contentement; lui fit écrire par le nonce, supposant toujours qu'elle avoit tort, la conjurant de ne point donner une si grande occasion aux hérétiques de s'avantager en France au préjudice de la religion, et envoya M. du Perron, archevêque de Sens (1), les ducs de Montbazon, de Bellegarde et le président Jeannin comme députés de Sa Majesté, qui écrivit à la Reine, par eux, qu'il avoit reçu du déplaisir de ce qu'au lieu de lui donner satisfaction, dans le temps qu'elle lui avoit demandé par le sieur de Blainville, il apprend les menées et pratiques qui se font dans les provinces sous son nom; la conjure de ne suivre point la passion de ceux qui veulent profiter dans ses factions, ains contribuer à la tranquillité publique; que pour l'y convier, affermir les promesses qu'il lui a faites, dissiper les soupçons

---

(1) *M. du Perron, archevêque de Sens.* Ce prélat étoit mort, comme on l'a vu, en 1618. Il s'agit probablement de son frère, qui, en 1616, étoit entré dans une conspiration contre le maréchal d'Ancre.

qu'on lui a voulu donner, il lui envoie les ducs de Montbazon et de Bellegarde, et les sieurs archevêque de Sens et président Jeannin, avec pouvoir de la contenter, la suppliant d'ajouter foi à eux comme à lui-même.

Ils partirent le 3 juillet, après que M. Le Grand eut été, le jour auparavant, reçu duc et pair au parlement.

Cet envoi, qui étoit fait sous prétexte d'accommodement et de traité, étoit en effet pour donner de la jalousie aux amis de la Reine qui étoient éloignés, pour la surprendre par l'apparence des promesses, ou bien pour éloigner du Roi, avec fondement, des personnes de qui la probité et l'affection au bien de l'État lui étoient suspects.

La nouvelle de leur acheminement étant venue à Angers, il y eut diverses opinions sur les recevoir ou les refuser. L'évêque de Luçon tenoit à grande faute de ne les pas laisser venir, M. de Vendôme à crime de leur ouvrir les portes, et à grande imprudence de ne les point arrêter prisonniers : les voix prises et comptées, le courrier fut dépêché pour les renvoyer, mais aussitôt contre-mandé par l'autorité absolue de la Reine, qui ne voulut donner ce mécontentement à des personnes de leur considération, et moins encore au Roi son fils, qui les avoit choisis pour cet effet.

Leur arrivée fut suivie du retour du grand-prieur, et de nombre de courriers qui apportoient la prise de Caen, et du dangereux état où les affaires étoient réduites.

Le Roi partit de Paris le 7 pour aller à Rouen, et

coucha à Pontoise, où les députés de Caen le vinrent trouver, qui l'assurèrent de la fidélité de ceux de la ville, et s'excusèrent de ce qu'ils n'avoient pas voulu entrer en dissension ouverte contre le château, selon que le sieur de Bellefond, que Sa Majesté leur avoit envoyé, avoit désiré, d'autant qu'ils pouvoient être foudroyés par le canon qui étoit déjà pointé contre eux, et qu'il valoit mieux qu'ils dissimulassent jusqu'à ce qu'ils eussent des gens de guerre qui les pussent garantir des injures dudit château; cependant qu'ils avoient gagné cet avantage, que les clefs de la ville étoient en leur puissance, avec le gré de Prudent, et qu'ils avoient eux-mêmes soin des portes.

Sa Majesté les remercia de leur fidélité, et leur dépêcha le marquis de Mosny, qui se rendit à eux le lendemain 8 juillet, les assurant que le maréchal de Praslin se rendroit dans six jours auprès de leur ville avec deux mille hommes de pied français et cinq cents Suisses, pour s'opposer au gouverneur.

Ledit 8 juillet, le roi partit de Pontoise et alla coucher à Magny; mais ses maréchaux des logis allèrent jusqu'à Rouen, dont le duc de Longueville fut si interdit qu'il sortit incontinent et alla à Dieppe, ayant à peine pris le loisir d'aller au parlement l'après-dînée leur faire quelque discours tendant à les émouvoir, avec prétexte néanmoins d'excuse de ce qu'il avoit fait, mettant en avant qu'on l'avoit mis mal auprès du Roi par mauvais artifice, et obligé de se retirer de la cour pour se garantir de prison.

Le même jour, le colonel d'Ornano y arriva et fut reçu avec grand contentement. Son premier soin, après avoir vu le parlement et les échevins, fût de donner parole au gouverneur du vieux palais que le Roi le tenoit pour son serviteur, et pour n'avoir eu nulle sorte d'intelligence avec le mauvais dessein du président Bouteronde et Saint-Aubin, ses parens, qui s'étoient retirés de la ville, et n'avoient obéi aux commandemens que Sa Majesté leur avoit faits de le venir trouver. Le susdit gouverneur donna sa foi de servir le Roi, et le lendemain 9, sans être ni pressé ni violenté que par sa conscience, s'en alla sans être aperçu de personne; qui fut cause que ledit sieur colonel s'assura dudit vieux palais par le commandement de M. le prince qui y étoit arrivé deux heures auparavant, d'où sortirent cent cinquante hommes sans la garnison ordinaire.

Le Roi reçut cette nouvelle à Ecouis, et lors, étant assuré que Rouen étoit entièrement en son obéissance, et la rivière de Seine toute libre, il commanda au maréchal de Praslin et au sieur de Créqui de s'avancer jusques à Caen avec le plus de troupes qu'ils pourroient, et s'y rendre en diligence.

Cependant, dès le lendemain 10, le Roi arriva à Rouen et y fit son entrée sans nulle solennité, néanmoins très-remarquable par la clameur universelle de tout le peuple qui ne se pouvoit lasser de bénir son arrivée.

Le parlement vint saluer Sa Majesté, et toutes les compagnies souveraines.

Le samedi Sa Majesté alla au parlement, et établit, à la requête dudit parlement, des échevins nouveaux et capitaines de la ville, qui furent tirés du parlement, de la chambre des comptes, de la cour des aides, qui prêtèrent serment de fidélité entre les mains de Sa Majesté.

Depuis le vendredi que le Roi arriva jusques au dimanche qu'il partit, il eut plusieurs avis des habitans de Caen pour le faire avancer.

Semblables instances lui furent faites par le parlement et par la province; de sorte que Sa Majesté fut obligée de se hâter d'y aller, et principalement sur la nouvelle qu'il reçut que le grand-prieur, ayant eu avis de Prudent que les troupes de Sa Majesté s'avançoient pour l'investir, que la ville étoit déjà toute perdue, et qu'il en seroit bientôt de même du château s'il n'étoit promptement secouru, s'étoit résolu de se jeter dans la place, et, y étant arrivé, ne l'avoit osé faire et s'en étoit retourné.

A la vérité ce fut une action bien honteuse; car le grand-prieur, qui jugeoit assez combien la conservation de cette place étoit importante au service de la Reine, part du lieu même où il en avoit reçu le courrier pour s'y jeter; mais il ne fut pas arrivé aux portes, que Senneterre, qu'on estimoit chercher plutôt du profit dans la guerre que le péril, lui persuada que ce n'étoit pas à un prince d'engager sa liberté, ni de s'opiniâtrer à un siége.

Le marquis de Beuvron, voyant que c'étoit une occasion à se signaler, s'offrit de s'y jeter avec ses amis; mais en vain: le même qui l'en avoit détourné par lâcheté le porta à en refuser à d'autres l'emploi par jalousie.

Sa Majesté partit de Rouen le 22, et apprit que le cardinal de Guise étoit allé trouver la Reine; le prince de Joinville lui porta cette nouvelle, témoignant en avoir un extrême regret.

Dès que la Reine sut que le cœur avoit manqué au duc de Longueville et qu'il n'osoit défendre Rouen, elle se résolut d'écrire au Roi pour arrêter le progrès des armes de ses ennemis, ou pour faire voir à tout le monde la justice des siennes.

Deux lettres se dressent par son commandement; l'une ne contenoit simplement qu'un avis qui ne tendoit pas à la ruine du sieur de Luynes, mais à modérer son pouvoir de telle sorte qu'il ne fût plus si préjudiciable au bien de ce royaume, et n'étoit en effet que pour donner quelque lieu à entrer en traité et accommoder les affaires.

La Reine y représentoit au Roi que, voyant la continuation des désordres de l'Etat, et y prenant intérêt pour l'amour de Sa Majesté, comme ayant l'honneur d'être sa mère, elle le supplioit très-humblement avoir agréable qu'elle lui représente les moyens qu'elle juge les plus convenables pour y pourvoir;

Que l'origine des maux consistant en ce que le Roi ne les sait pas, elle le supplioit non-seulement de permettre, mais de commander aux grands du royaume, à ses anciens serviteurs et aux communautés, de lui représenter ce qu'ils croient être de son service.

Et pource que les choses ne se peuvent bien faire que par conseil, elle estime qu'il seroit à propos d'en établir quatre :

Le premier, pour les affaires concernant l'Etat et la police de l'ordre ecclésiastique ;

Le second pour les affaires de la guerre ;

Le troisième pour celles de la direction et maniement des finances, à condition toutefois que les affaires résolues en ces trois conseils, se rapporteront au Roi pour les autoriser;

Le quatrième pour les affaires qui concernent les parties.

Et pource que ce n'est pas assez d'établir un conseil, si tous les ordres de l'Etat n'en reçoivent les réglemens nécessaires, Sa Majesté sera suppliée d'arrêter en son conseil, que le premier article de l'ordonnance de Blois sera observé pour la nomination aux bénéfices, comme aussi les bulles des papes Pie cinquième et Sixte cinquième sur le sujet des simonies, les réserves et coadjutoreries révoquées, et les évêques obligés à la résidence.

Pour la noblesse, qu'il lui plaise la pourvoir des grandes charges de son royaume, la plupart de celles de sa maison, et en ôter la vénalité et les survivances, et faire passer en loi fondamentale que les personnes élevées par la grâce et l'inclination de leurs maîtres, non par leurs mérites et leurs vertus excellentes, ou les grands services qu'ils ont rendus, ne pourront avoir de forces et de places, sinon en si petit nombre et de si petite conséquence, qu'elles ne puissent être fondement de puissance redoutable à leurs maîtres et à l'Etat, puisque ce ne sont que simples effets de faveur.

Pour ce qui regarde la justice, que Sa Majesté ait agréable de faire observer les ordonnances sur le réglement d'icelle; trouver bon que nulle commission ne puisse être envoyée pour exécuter dans les provinces, sans être premièrement vérifiée aux parlemens, et ne les obliger, par sa présence, à vérifier aucuns édits que lorsque tout délai seroit dangereux.

Pour ce qui est des finances, que l'usage des comptans soit retranché; les pensions et dons modérés à l'avenir; ceux qui excéderont la somme de trois mille livres seront vérifiés en la chambre des comptes.

Une exacte recherche soit faite des malversations commises auxdites finances, et que les officiers d'icelles ne pourront plus faire d'avances et prêts à Sadite Majesté, sinon en vérifiant premièrement, en ladite chambre des comptes, l'emploi du fonds qu'ils doivent avoir en leurs mains.

Et pour le soulagement du peuple, qu'il soit fait quelque réglement pour empêcher les vexations qui sont faites par les prévôts, archers et autres officiers du sel; que les fermiers, de quelques subsides que ce soit, ne puissent faire aucune recherche pour l'exécution de leurs baux, six mois après qu'ils seront expirés; et que tous donneurs d'avis à la foule du peuple seront rejetés et punis.

Que, moyennant l'effet de ce réglement, tous les bons serviteurs du Roi seront contens, et la Reine louera la bonté divine de voir Sa Majesté régir son Etat avec bénédiction de Dieu, amour de son peuple, estime des étrangers et crainte de ses ennemis.

L'autre écrit qui fut dressé étoit en forme de manifeste, où étoit représenté l'indigne traitement qu'elle a reçu depuis qu'elle est sortie de la cour et du maniement des affaires; la condition déplorable où la France est réduite par l'ambition déréglée des personnes qui semblent estimer sa ruine nécessaire à l'établissement de leur fortune; l'obligation qu'elle a de pourvoir promptement à ces désordres par l'éloignement des auteurs, ou d'agréer que, pour en empêcher l'accroissement, elle se joigne avec ceux qui, par la dignité de leur naissance, ont un intérêt notable en la conservation de ses États.

Cette pièce étant trop longue pour être mise ici, et ne pouvant pas bien être rapportée par extrait, parce qu'elle est d'un style fort pressé, nous nous contenterons de l'insérer à la fin de cette année (1).

De ces deux écrits, je n'estimai pas à propos pour le service de la Reine d'envoyer sitôt le second, qui étoit un manifeste formé, et dont la liberté et l'aigreur avoient besoin d'une puissance plus grande que la nôtre pour être soutenue.

Je savois trop que les armes les plus justes ne sont pas toujours les plus heureuses, pour souffrir que la Reine se rendît irréconciliable avec des gens que je tenois impitoyables, sans des forces suffisantes pour les terrasser et les offenser.

Je n'ignorois pas qu'on avoit affaire à des personnes de qui l'autorité n'étoit pas moindre que leur mauvaise volonté; qui, n'ayant pu oublier les injures qu'ils avoient faites sans raison, pardonneroient encore moins celles qu'ils auroient justement reçues.

Quoique cette lettre ne fût qu'une simple description des maux qu'elle avoit soufferts et de ceux qu'elle prenoit pour l'Etat, la Reine trouva bon, à ma persuasion, contre l'avis de tous ceux qui étoient auprès d'elle, hormis Marillac qui fut de mon avis, de ne la

---

(1) *A la fin de cette année*: Cette pièce ne se trouve point dans le manuscrit; elle n'existe ni dans le recueil d'Aubery, ni dans celui de Leclerc.

pas envoyer, de crainte de rendre, par une plainte si publique, l'accommodement plus difficile.

On lui représentoit que le nombre de ceux qui étoient liés avec elle étoit si grand, qu'il devoit faire trembler les persécuteurs.

Mais d'ailleurs il eût fallu être aveugle de passion, pour ne voir pas qu'il n'y pouvoit avoir de si mauvaise paix qui ne valût mieux qu'une guerre civile dont l'événement étoit incertain.

On lui mettoit devant les yeux que l'intérêt qu'elle avoit dans la conservation du Roi et de sa couronne, empêcheroit toujours que ses armes fussent suspectes à la plupart des Français, qui partant approuveroient son dessein ; qu'elles seroient même jugées justes de ceux qui les reconnoîtroient nécessaires, comme elles l'étoient apparemment pour sa conservation et celle de l'Etat.

On lui disoit de plus que le service du Roi n'est pas toujours où est sa personne ;

Que, quand un prince est tombé entre les mains de ses ennemis, on peut combattre contre sa volonté pour le remettre en liberté, sans être pour cela rebelle.

On mettoit encore en avant qu'en telle occasion on ne devoit pas attendre ses commissions et ses ordres, puisqu'il avoit les mains liées, ni s'épouvanter en cette occasion de son nom, puisqu'au lieu d'être la marque de sa volonté, il n'étoit plus que l'instrument des passions de ceux qui s'étoient emparés de son autorité.

On la flattoit, lui représentant qu'elle ne seroit pas moins glorieuse d'avoir délivré la France de ceux qui en étoient reconnus tyrans par les gens de bien, que de lui avoir donné des rois légitimes.

Mais à cela on opposoit que, quand même on supposeroit pour véritable tout ce qu'on mettoit en avant, et qu'ainsi elle eût eu assez de sûretés particulières pour le repos de sa conscience, qu'elle ne pouvoit quitter les règles générales sans mettre l'Etat en péril, et par conséquent ne le pouvoit justement entreprendre.

On ajoutoit que tous ceux qui se joindroient à sa cause n'auroient pas un même dessein ; que si le succès en étoit favorable, après avoir ruiné les valets, leur ambition pourroit aller à cet excès que de troubler la succession de ses enfans, entre lesquels le Roi, quoique son fils, étoit son maître ;

Que son exemple pourroit à l'avenir servir à ceux qui ne cherchent que les prétextes pour faire mal, et couvrir leur désobéissance.

Si bien qu'il valoit mieux écrire sans fiel, et adoucir l'aigreur des mots, pour éviter d'être contraint de venir à la rigueur des armes.

La charge de porter cette lettre fut donnée à Sardini, qui la reçut d'autant plus volontiers, qu'outre que le style en étoit doux et respectueux, elle étoit encore accompagnée d'une autre par laquelle la Reine rendoit raison de celle-là, mandant à Sa Majesté que, puisqu'elle ne pouvoit lors espérer d'avoir l'honneur de le voir pour lui parler elle-même, attendu que ceux qui pouvoient le plus auprès de lui l'animoient contre elle, l'avoient fait partir précipitamment de Paris, et auparavant mené au parlement, où ils avoient malicieusement déguisé ses actions et ses conseils, elle le supplioit de trouver bon qu'elle lui représentât, par l'écrit qu'elle lui envoyoit, ce qu'elle eût désiré lui dire de vive voix pour sa gloire et le soulagement de son peuple, qui étoit tout son intérêt, le suppliant de ne vouloir en ce fait si important dénier à lui-même la justice qu'il rendoit à tout le monde.

Le Roi, dès le jour de son partement de Rouen, reçut l'avis de l'envoi dudit Sardini, tant il étoit exactement averti de toutes choses par les traîtres qui étoient entre nous; et sur cette nouvelle plusieurs dépêches furent faites aux provinces;

Commissions furent délivrées jusqu'à vingt mille hommes de pied et deux mille chevaux. Le duc d'Elbeuf fut mandé pour commander en Normandie, avec sept mille hommes de pied et mille chevaux; les troupes de Champagne reçurent ordre de se rendre auprès du Roi, et M. le prince autorité de commander aux armées.

Ainsi celui que la Reine avoit abattu pour sauver le Roi, est maintenant relevé pour la perdre, et sous le nom du Roi même.

Sardini arriva auprès du Roi le 14 à Dive; il lui fut fait défenses de donner aucune lettre à Sa Majesté, de la vue duquel même il fut privé, quoiqu'il dît qu'il ne portoit rien qui offensât le sieur de Luynes. On lui fit passer pour grande grâce de ce qu'on ne le privoit point de liberté, et qu'on lui permettoit de retourner trouver la Reine. Ainsi le sieur de Luynes, au lieu d'écouter ses plaintes, sollicita le Roi de la presser, et oppresser elle et les siens par ses armes.

Si le sieur de Sardini eût porté le vrai manifeste dressé contre Luynes, il eût eu raison de l'empêcher de se présenter; mais ayant été assuré de bon lieu que ce qu'il portoit étoit plutôt pour ouvrir une négociation que pour se déclarer irréconciliable, il n'y a personne qui ne juge que son procédé mérite grand blâme.

Sardini ne fut pas plutôt de retour, que l'on apprit que la suite des armes du Roi étoit semblable à leur commencement.

Luynes trouva peu de résistance à Caen, celui qui avoit entrepris de la défendre étant plus accoutumé, comme fils d'un maçon, à ouïr le bruit des marteaux que celui des canons, dont la seule ombre l'étonna de telle sorte qu'il se rendit lâchement le 17. Ce qui fit dire à tout le monde que la prudence (1) ne valoit rien à garder les places, mais que les fous y étoient meilleurs que la prudence.

La Reine, ayant appris que les troupes du Roi s'avançoient vers Le Mans, fut conseillée par ceux qui avoient soin de pourvoir à sa défense de s'avancer à La Flèche, à dessein d'empêcher par bonne mine que les troupes du Roi ne s'avançassent si vite que messieurs du Maine et d'Epernon n'eussent pas loisir de venir au secours.

---

(1) *La prudence:* On se rappelle que le commandement du château de Caen avoit été confié par le chevalier de Vendôme à Prudent, son ancien précepteur. Ce Prudent n'étoit pas tel que le peint ici Richelieu. Le maréchal de Praslin ayant attaqué le château dans les formes, somma le commandant de se rendre, et le menaça de le faire pendre, ainsi que tous ceux qui étoient avec lui. Cette sommation ne l'avoit pas intimidé, et il auroit tenu quelque temps, si Cailletau, valet de chambre du Roi, n'eût crié à ses soldats qu'on leur donneroit dix mille écus s'ils jetoient leur commandant du haut des murs. Les dispositions des soldats n'ayant laissé à Prudent aucun doute sur le danger qu'il couroit, il crut devoir capituler.

On croyoit que la démarche qu'elle feroit vers ses ennemis leur ôteroit l'audace que la fuite de ses amis leur avoit donnée; que se tenir à Angers, c'étoit abandonner les villes avancées dans la Normandie et le Maine; ôteroit le moyen au grand nombre des serviteurs qu'elle avoit dans l'une et l'autre province de se rallier à elle et joindre ses forces; que si elle battoit une fois la campagne, l'apparence du péril qu'elle chercheroit attireroit promptement ses serviteurs à son secours; au bout du compte qu'en ce voyage il n'y avoit rien à craindre, parce que si elle étoit obligée par des raisons pressantes de passer en Poitou, le chemin de La Flèche n'en étoit pas moins facile.

Mais, quoique cette résolution fût très-judicieuse, le succès en fut peu favorable. Verneuil, Vendôme et Dreux ne furent pas sitôt sommées que rendues, quoiqu'elles fussent fournies de vivres nécessaires pour leur défense, et que ceux qui commandoient se fussent fait fort de donner du temps assez pour faire l'accommodement qu'on désiroit à l'avantage de l'Etat.

Il n'y eut jamais de moyens de tirer M. du Maine hors de son gouvernement; il pensoit n'en pouvoir sortir sans le perdre, et ne prévoyoit pas que s'il n'en sortoit la Reine étoit perdue.

M. d'Epernon n'étoit pas encore prêt. Les forces que M. le comte et M. de Vendôme avoient promises ne manquèrent pas à prendre de l'argent, mais à venir; si bien qu'elle se trouva sur les bras les armes que Luynes avoit fait lever, sans autre défense que de quinze cents hommes que le duc de Retz avoit, et quelques troupes que ses serviteurs particuliers avoient faites en son gouvernement.

De sorte qu'elle fut contrainte par sa foiblesse de laisser La Flèche pour revenir à Angers, et chercher sa sûreté au lieu qu'elle avoit quitté pour celle de ses amis.

Le Roi, dans le cours de ses heureux succès, passant par Mortagne, fit faire une déclaration le 28 juillet, par laquelle il déclaroit criminels de lèse-majesté tous ceux qui servoient la Reine, si dans un mois ils ne quittoient son parti et ne le revenoient trouver.

On avoit entrepris au Pont-de-Cé une fortification imaginaire pour arrêter les armes de Luynes, et assurer le passage aux troupes qu'on attendoit de Saintonge et de Guienne.

Ceux qui en avoient fait le dessein se proposoient des merveilles; mais ils ne se virent pas sitôt pressés que le cœur leur manqua à l'exécution de leurs promesses.

La nouvelle arrive que l'armée étoit entre le Pont-de-Cé et Angers.

On vit force résolutions des capitaines et soldats particuliers, désireux de faire leur devoir pour garantir la Reine de l'oppression dont elle étoit menacée; mais, entre les grands, plusieurs témoignent un grand étonnement.

Et cet étonnement fut suivi d'un succès conforme; car, presque sans aucune résistance, le 7 tous les retranchemens furent emportés, les barricades forcées et la ville prise, fors le château, jusqu'au lendemain matin qu'il se rendit par capitulation.

Tout le monde favorisoit la Reine dans le cœur; et tant de personnes de considération étoient déclarées pour elle, qu'on auroit plutôt fait de nommer ceux

qui n'étoient pas de son côté que ceux qui l'assistoient ouvertement.

Cependant tant de vœux furent inutiles, et ce grand concours ne produisit pas l'effet que la prudence humaine eût fait espérer.

Dieu le permit ainsi, à mon avis, pour faire voir que le repos des Etats lui est en si grande recommandation, qu'il prive souvent de succès les entreprises qui le pourroient troubler, quoique justes et légitimes.

La Reine tomba quasi entre les mains de ses ennemis, et cependant elle peut dire avec vérité que, si elle n'eût été perdue, elle l'eût véritablement été.

Tout le mauvais succès et le blâme de cette action fut imputé à Marillac, qui étoit maréchal de camp; mais, à dire le vrai, il ne le méritoit pas: car tant s'en faut qu'il y fît plus mal que les autres qui étoient en pareille charge ou plus grande, qu'au contraire il fit mieux, en ce qu'il eut beaucoup plus de soin des préparatifs, et ne fit pas pis en l'occasion.

La déroute vint de plusieurs causes.

Premièrement du peu d'union qui se trouve d'ordinaire en tels partis, où chacun veut être le maître et tirer les affaires à son avantage, sans regarder l'intérêt commun.

On avoit toujours jugé que la Reine n'avoit personne auprès d'elle qui fût capable de commander une armée, ni qui eût réputation parmi les gens de guerre.

A la vérité, la qualité de M. le comte étoit telle qu'on la pouvoit désirer; son courage correspondoit à sa naissance, mais le peu d'expérience que son âge lui donnoit, n'ayant lors que dix-sept à dix-huit ans, et le soin qu'on devoit avoir de conserver sa personne, faisoit qu'étant bon pour autoriser les armes de la Reine, on ne pouvoit le blâmer s'il n'étoit encore bien propre à ordonner ce qu'il falloit faire ; joint qu'il n'eût pas été raisonnable de le laisser exposer aux périls où assurément son ambition et son courage l'eussent voulu porter.

Sous lui commandoient les ducs de Vendôme et de Nemours ; ensuite le maréchal de Boisdauphin et Senneterre, le comte de Saint-Aignan et Marillac pour maréchaux de camp.

Le duc de Vendôme avoit beaucoup d'esprit, mais si peu de cœur, que nul ne jugeoit que la fertilité de l'un pût suppléer au défaut de l'autre.

Le duc de Nemours ne manquoit pas, à mon avis, de cœur, ordinaire à ceux de sa maison; mais la foiblesse de son corps maladif et de son esprit peu capable, étoit si connue de tout le monde, qu'il étoit, et sans action et sans réputation parmi les gens de guerre, pour pouvoir conduire une telle affaire.

Bien que le maréchal de Boisdauphin, durant la ligue, eût témoigné quelque vigueur, il étoit lors du tout abattu d'esprit et de corps, et peut-être d'affection ; outre qu'ayant laissé passer plusieurs rivières à M. le prince pendant la régence, quoiqu'il eût une puissante armée du Roi pour s'y opposer, personne ne croyoit qu'il fût propre à empêcher le passage des rivières d'Anjou aux forces du Roi et de sa propre personne.

Le grand-prieur de France, frère du duc de Vendôme, qui commandoit sa cavalerie, ne manquoit ni d'esprit ni de cœur ni d'affection, à ce que je pouvois juger; mais il fut si mal conduit en toute cette affaire qu'il ne le pouvoit être davantage.

Il fit une notable faute, laissant perdre Caen sans le secourir; et, le jour de la déroute du Pont-de-Cé, il demeura vingt-quatre heures en bataille avec toute la cavalerie proche de la contrescarpe du fossé d'Angers, attendant l'ordre de ce qu'il avoit à faire, sans que le duc de Vendôme, qui étoit en fonction ce jour-là, et ledit sieur de Boisdauphin, qui étoit avec ledit grand-prieur, lui fissent jamais rien savoir.

On ne croyoit pas que Senneterre, qui étoit un des maréchaux de camp, eût autant d'expérience que de bonne volonté en ces occasions, ni que celle du comte de Saint-Aignan qui étoit en la même charge, ni son activité, égalassent son courage.

On ne pouvoit nier que Marillac avoit quelque capacité; mais chacun pensoit savoir que s'il étoit beau parleur, les actions n'en étoient pas bonnes.

On avoit désiré, prévoyant ce qui arriva, faire venir M. du Maine pour agir sous M. le comte. Mais la jalousie du duc de Vendôme, qui gouvernoit M. le comte et sa mère, ne le put souffrir.

Il chercha cent artifices pour l'empêcher.

Au reste, le duc de Vendôme et Marillac, qui se chargèrent des fortifications qu'il falloit faire, prirent conjointement un fort mauvais dessein; car, au lieu de s'amuser à fortifier aucunement l'entrée des faubourgs d'Angers, pour les mettre en état d'y rendre au moins quelque résistance, et se garantir par ce moyen d'une subite invasion, au lieu de faire faire à la tête du pont du Pont-de-Cé un bon retranchement, capable de défendre le passage, ce qui étoit aisé, ils entreprirent un retranchement pour conjoindre la ville d'Angers avec le Pont-de-Cé; lequel se trouva si grand qu'ayant deux lieues de long, non-seulement ne le purent-ils parachever avant que le Roi vînt, qu'en ce temps même il ne se trouva pas tracé partout; joint que, quand il eût été fait, il eût été inutile, vu qu'il eût fallu vingt mille hommes à bien garder deux lieues de long qu'il contenoit, lesquels on n'avoit pas.

Je puis dire, avec vérité, que je leur représentai plusieurs fois l'inconvénient qui leur pouvoit arriver d'une telle entreprise; mais leur présomption, et la méfiance que je devois avoir de moi-même, étoient telles, que je n'osai pas m'opiniâtrer en mon opinion, quoique je fusse fortifié par le jugement de plusieurs capitaines particuliers qui étoient de même avis.

Je n'oubliai pas à leur représenter qu'il falloit vingt mille hommes pour défendre ce retranchement;

Que je ne jugeois pas que la Reine les pût avoir à temps pour s'opposer aux forces du Roi, vu que les troupes des ducs d'Epernon et du Maine, qui en devoient faire dix ou douze, n'étoient pas prêtes ni eux en volonté de s'avancer;

Qu'au reste, si on avoit ce nombre de gens, il n'étoit pas question de les enfermer là-dedans où l'on auroit de la peine à les nourrir, la bourse de la Reine ayant été épuisée pour faire les grandes levées que chacun avoit désirées, mais bien tenir la campagne.

Mais, comme chacun est amoureux de ses pensées, rien ne les put divertir de leur entreprise.

Cependant le Roi s'avançoit toujours, et ce d'autant plus, que, n'ayant trouvé nulle résistance à Rouen et si peu à Caen qu'il la falloit compter pour rien, fut incontinent au Mans, et ensuite dans la prée du Pont-de-Cé, où les ordres de Sa Majesté étoient seulement de faire un logement à demi-lieue de nous sans s'avancer davantage, pour donner lieu au duc de Bellegarde, archevêque de Sens, et au président Jeannin, d'achever le traité qu'ils avoient commencé.

Tout ce qu'on put faire fut de mettre en bataille à un bout du pont du Pont-de-Cé, dans ce grand retranchement non achevé, huit ou dix compagnies du régiment de la Reine qui étoient arrivées, le régiment du duc de Retz, celui de La Jousselinière, celui du Bellay et celui du baron de La Flosselière.

Toutes ces troupes faisoient environ quatre mille hommes, qui étoient capables, s'ils eussent été bien retranchés, d'arrêter quinze jours durant une grande armée; et cependant ils ne le furent pas de soutenir un moment l'éclat de l'avant-garde qu'ils ne voyoient que de fort loin.

Aussitôt qu'on vint dire que les troupes du Roi s'approchoient, le duc de Retz fit contenance de se vouloir grandement signaler cette journée. Il emprunta un cheval du premier qu'il rencontra, pour aller reconnoître les ennemis, comme il fit; et au retour, de courageux qu'il paroissoit auparavant, il parut furieux, jurant et tempêtant qu'on les vouloit sacrifier pendant qu'on traitoit la paix, et qu'il s'en alloit.

On croyoit au commencement qu'il se moquât; mais il fit bien paroître, par effet, qu'il parloit tout de bon, faisant tourner tête à son régiment et à celui de La Jousselinière qui étoit à lui; passa tout au travers de la ville du Pont-de-Cé avec une grande diligence, comme si le canal eût été la seule barrière suffisante pour le garantir de mal.

Plusieurs de ses amis, étonnés de l'action de ce seigneur, firent tout ce qu'ils purent pour remettre son esprit; mais il fut du tout impossible.

Il se résolut une fois de revenir; mais comme il fut à mi-chemin sa maladie le reprit, et retourna encore.

La défection de ce personnage, et de quinze cents hommes qu'il tira après lui, sans qu'elle eût été prévenue, fut de telle conséquence, qu'il n'y a personne sensée qui ne juge qu'il n'y a point d'armée au monde qui ne fût ébranlée et en état de se perdre par un pareil accident.

Quelques officiers des troupes du Roi, voyant de loin de la confusion parmi les nôtres, s'avancèrent diligemment pour tâcher de découvrir ce que c'étoit.

Ils virent une partie de la tête du retranchement, qu'ils avoient vu auparavant couverte de soldats, toute dégarnie.

Ils virent, de plus, ce corps d'infanterie qui s'en alloit.

Ils jugèrent qu'on avoit résolu de quitter ce poste, et qu'en cette retraite ils auroient bien de l'avantage.

Ils firent avertir le maréchal de Créqui, qui ne pensoit qu'à se loger, de s'avancer diligemment avec les troupes, lesquelles ne parurent pas plutôt, que l'étonnement surprit le duc de Vendôme qui commandoit ce jour-là; en telle sorte que son esprit disparut comme son courage.

Au lieu de rallier ses gens, et reborder le retranchement qui étoit dégarni, et qui pouvoit encore arrêter les troupes du Roi, il ne pensa qu'à sa retraite, qu'il fit en si grande diligence que ce fut le premier qui vint avertir la Reine de sa déroute.

Il entra chez elle avec un épouvantement épouvantable, disant : « Madame, je voudrois être mort. » Sur quoi une de ses filles qui ne manquoit pas d'esprit lui répondit fort à propos : « Si vous eussiez eu cette volonté, vous n'eussiez pas quitté le lieu où il le falloit faire. »

Le duc de Vendôme fut promptement suivi de tous les autres chefs, fors du comte de Saint-Aignan, qui fut pris prisonnier.

Sur quoi le président Jeannin, outré de douleur de quoi une telle lâcheté ôtoit à lui et à ses collègues le moyen de parachever une bonne paix, ne se put tenir de dire à quelques-uns qu'il avoit bien lu et ouï dire que des maréchaux de camp tâchoient à réparer des déroutes, mais non pas qu'ils eussent plus de soin d'en apporter les nouvelles que d'en maintenir le débris.

Voir et vaincre en cette occasion fut une même chose ; car, en effet, les accidens susdits imprimèrent une telle terreur aux troupes de la Reine-mère, qu'elles ne firent aucune résistance ; tous les soldats prirent la fuite, et beaucoup d'officiers se retirèrent honnêtement.

Le comte de Saint-Aignan, qui n'en voulut pas faire autant, y fut pris prisonnier, après avoir rendu combat à la tête de quelques-uns de la compagnie des gardes de la Reine, qui étoient commandés en cette occasion par La Mazure qui étoit enseigne.

Le marquis de La Flosselière, qui fit fort bien en cette occasion, s'étant toujours maintenu en un poste avancé qu'on avoit donné à partie de sa mousqueterie dans des haies, dont il n'incommodoit pas peu les ennemis, fut aussi pris.

Bois-Guérin, qui avoit aussi un régiment, témoigna qu'il étoit soldat en cette occasion, mais n'eut pas meilleure fortune.

Le baron de Pont-Château, qui y étoit avec vingt-cinq maîtres d'une compagnie de chevau-légers qu'il commandoit, y fit ce qu'on devoit attendre d'un homme de bien, et, après y avoir perdu dix ou douze de ses compagnons, qui furent tués, se retira dans Angers avec le reste et tous ceux qui se purent rallier à cette fin.

Le vicomte de Bettancourt, qui étoit gouverneur du Pont-de-Cé, y fit fort bien. Après avoir reçu un coup de pique à la cuisse, à l'entrée du pont, il se retira dans le château, qui ne vaut rien du tout, où, lui onzième, le défendit jusqu'au lendemain qu'il fit sa capitulation.

Il mourut en cette occasion quarante ou cinquante gentilshommes ou officiers, trois à quatre cents soldats du côté de la Reine, quelques-uns desquels se noyèrent, et les autres se laissoient tuer en fuyant sans se défendre, tant ils étoient prévenus de la peur.

Du côté du Roi, quelques soldats y perdirent la vie, mais en petit nombre.

Le sieur de Nérestan, maréchal de camp, y eut une cuisse cassée, dont il mourut quelque temps après.

Le sieur Desmarets, beau-fils du duc de Sully, y

fut tué. Malici, lieutenant de la mestre de camp du régiment des gardes, y fut fort blessé.

Quelques autres emportèrent des marques d'avoir été à la mêlée; mais la résistance fut si médiocre, et la déroute si grande, que ce n'est pas de merveille si le nombre des morts et des blessés du côté du Roi fut fort petit.

Je reconnus en cette occasion que tout parti composé de plusieurs corps qui n'ont aucune liaison que celle que leur donne la légèreté de leurs esprits, qui, leur faisant toujours improuver le gouvernement présent, leur fait désirer du changement sans savoir pourquoi, n'a pas grande subsistance; que ce qui ne se maintient que par une autorité précaire n'est pas de grande durée; que ceux qui combattent contre une puissance légitime sont à demi défaits par leur imagination; que les pensées qui leur viennent, qu'ils ne sont pas seulement exposés au hasard de perdre la vie par les armes, mais, qui plus est, par les voies de la justice s'ils sont pris, leur représentant des bourreaux au même temps qu'ils affrontent les ennemis, rend la partie fort inégale, y ayant peu de courages assez serrés pour passer par-dessus ces considérations avec autant de résolution que s'ils ne les connoissoient pas.

M. de Vendôme et plusieurs autres chefs en donnèrent à la Reine la première nouvelle.

Ils se souvinrent lors que je leur avois bien représenté que les ligues et unions sont d'autant plus caduques qu'elles sont grandes; que, bien qu'il n'y ait pas de feu sans fumée, telles unions ont beaucoup plus de fumée que de feu; qu'elles ne sont bonnes qu'à faire peur ; que leur effet consiste en l'apparence.

Mais ils ne m'avoient pas cru, et le torrent m'emportoit de telle sorte, que vouloir persuader mon opinion, ne servoit à autre chose qu'à me perdre sans avancer le service de la Reine et le bien public, qui étoient une même chose.

Mais l'événement me fit lors bien reconnoître véritable ; car tous les grands préparatifs ne servirent à autre chose qu'à manger, en huit jours, deux millions de livres à la Reine, sans être en état de conserver sa personne.

Lors on avouoit hautement qu'on devoit m'avoir cru ; chacun se blâmoit de n'avoir pas consenti à un bon accord. Quelques-uns des plus huppés fondoient en larmes, au lieu de chercher les expédiens pour se tirer de ce bourbier.

Je dis à la Reine qu'il ne falloit pas tant s'amuser à écouter ce qui s'étoit passé comme à prévoir ce qu'il falloit faire et s'y résoudre ; qu'il n'y avoit qu'un conseil à prendre, qui étoit de passer la rivière avec les bateaux qu'on avoit pour gagner Angoulême ;

Qu'il étoit aisé de le faire, parce que le Roi étoit foible de cavalerie, et la Reine forte ; celle du Roi harassée, et celle de la Reine fraîche, et en état de servir, d'autant qu'elle demeura toujours sur la contrescarpe d'Angers, au lieu d'aller au combat du Pont-de-Cé, dont le grand-prieur qui la commandoit fut détourné par le maréchal de Boisdauphin.

La Reine s'y résout incontinent, prend des pierreries sur elle, en distribue à ceux en qui elle se confioit le plus, en laisse au commandeur de La Porte qui commandoit pour elle dans Angers, pour trouver de l'argent, et ainsi mit tout l'ordre qui étoit nécessaire pour passer la nuit.

On se prépare à ce passage ; deux heures devant, toutes choses étoient prêtes, quand madame la comtesse et M. de Vendôme viennent dire à la Reine qu'il valoit mieux prendre la paix, telle qu'elle pourroit être, que de s'exposer à ce hasard.

Je les priai, devant la Reine, de considérer qu'il n'y avoit nul péril en l'exécution de ce dessein ; que le passage étoit assuré et facile ; que la Reine seroit à dix lieues de là avant qu'on en eût nouvelle ;

Qu'elle avoit six cents chevaux lestes, et qui n'avoient autre fatigue que d'être demeurés tout le jour au soleil, attendant ses commandemens qu'ils n'avoient point reçus ;

L'on avoit des retraites en bonne distance pour ne pouvoir être pressés aux repues qu'il falloit faire ; qu'au-delà la rivière il y avoit plusieurs troupes qui n'avoient pu joindre la Reine avant son malheur, qui serviroient à la conduire, entre autres M. de Rouanez ;

Que le moyen de faire la paix étoit de faire voir à Luynes qu'on n'étoit pas contraint de l'accepter ; que la seule nouvelle qu'il auroit du passage de la rivière, lui feroit envoyer en poste des conditions très-avantageuses ; au lieu que si on demeuroit on auroit de la peine à en avoir de médiocres.

Quelques raisons qu'on apportât, quelques résolutions qu'ils vissent en la Reine, il n'y eut pas moyen de leur faire changer d'avis.

La peur étoit si absolument maîtresse des cœurs, que la raison n'y avoit point de lieu. Madame la comtesse appréhendoit, à ce qu'elle témoigna, que M. du Maine, qui se flattoit en l'espérance de l'épouser, l'y contraignît étant entre ses mains, et M. de Vendôme ne pouvoit souffrir qu'un autre eût la gloire de lui commander.

Ces instances arrêtèrent la Reine, et lui firent prendre résolution d'accepter la paix à moindres conditions qu'elle auroit pu l'obtenir.

Messieurs de Bellegarde, de Sens, et président Jeannin, la conclurent; car M. de Montbazon n'y étoit plus; il s'en étoit allé auparavant par une terreur panique, qui ne laissoit d'avoir quelque fondement dans l'esprit de M. de Vendôme. Et ainsi il ne restoit que messieurs de Bellegarde, de Sens, et le président Jeannin, qui allèrent conclure la paix. En quoi il faut dire, à l'honneur de M. de Luynes, que la façon avec laquelle il se porta en cette action, fût du tout dissemblable à lui-même, ne se prévalant pas injustement en cette occasion de l'avantage qu'il avoit, ains offrant les mêmes conditions que peu de jours auparavant il avoit faites.

Le cardinal de Sourdis et moi fûmes députés pour en aller signer les articles.

Le Roi nous reçut fort bien; grandes caresses de M. de Luynes; M. le prince tout de même.

Mais, comme en ces affaires les plus éclaircies, il est difficile qu'il ne s'y trouve quelque difficulté; quoique nous eussions tout pouvoir, nous estimâmes qu'il n'étoit pas à propos que nous arrêtassions définitivement les articles qui nous furent proposés; mais que nous devions prendre temps de les communiquer à Sa Majesté et à ceux qui étoient auprès d'elle; assurant cependant que ce que nous en faisions n'étoit pas à dessein qu'il en arrivât aucune rupture, mais seulement pour n'abuser pas du pouvoir qui nous avoit été donné.

Ces messieurs jugèrent ce procédé raisonnable, la Reine l'approuva; mais ceux qui étoient auprès d'elle, non encore assurés, nous blâmèrent de grande imprudence.

Ayant rendu compte de tout ce qui s'étoit passé, la Reine arrêta de nous renvoyer le lendemain.

Nous eûmes charge très-expresse de conclure, non-seulement au plus de voix, mais unanimement. Cependant étant sur les lieux, nous ne jugeâmes pas le devoir faire encore, pour pouvoir emporter plus aisément quelques conditions que nous requérions pour les formes; joint aussi que nous avions reconnu les dispositions telles, qu'il n'y avoit aucun sujet de craindre la rupture. Nous revînmes sans conclure; ce qui fut trouvé fort bon de la Reine, mais non pas de la compagnie.

Le lendemain nous retournâmes et conclûmes. Le traité fut signé le 10 août, sans autres conditions pour la Reine, que de maintenir ceux qui l'avoient servie dans leurs charges et dignités, et elle dans la liberté d'approcher du Roi son fils.

La paix faite, l'entrevue est résolue entre Leurs Majestés à Brisach, et six jours après (1) heureusement accomplie.

(1) *Et six jours après :* Cette entrevue eût lieu le 13 août; elle fut très-cordiale. Le Roi embrassa sa mère : « Je vous tiens, lui dit-il, et « vous ne m'échapperez plus. — Vous n'aurez pas de peine à me rete- « nir, monsieur, répondit Marie de Médicis, parce que je suis per- « suadée que je serai toujours traitée en mère par un fils tel que vous. »

Le Roi y fit expédier une déclaration, le 26 août, par laquelle il reconnoissoit l'innocence de la Reine et la sincérité..... de ses intentions et actions.

Au reste, le peu de séjour qu'elle y fit se passa en civilités continuelles, le Roi ne perdant aucun moment de lui rendre des preuves de son amour, et elle de se réjouir du malheur de ses armes qui avoient eu une si heureuse fin.

Là, M. de Luynes fit force protestations de service à la Reine. Pour preuve de la bonne volonté qu'il avoit toujours eue pour elle, il lui confirma ce que Blainville lui avoit dit de sa part, et lui en fit rendre témoignage encore par l'archevêque de Sens.

Comme la cour se réjouissoit de voir la réunion de ces deux personnes qui avoient été si long-temps séparées au grand préjudice de cet Etat, le Roi se voit obligé d'avancer en Poitou pour dissiper par sa présence les remuemens qui y étoient préparés. La Reine convient avec lui du jour qu'elle s'y devoit rendre, désirant auparavant de pourvoir au désarmement de ses troupes, à la récompense de ceux qui l'avoient servie, et à la réparation des ruines que la guerre avoit attirées sur quelques particuliers. Elle se rend à Poitiers précisément au temps qu'elle avoit pris, où je puis dire que, dans ces commencemens, Luynes fut combattu de faire quelque liaison avec la Reine, et en témoigna diverses envies, dont il fut aisé de le détourner à ceux qui lui faisoient mesurer le ressentiment de la Reine par la grandeur des offenses qu'elle avoit reçues. Pour l'affermir en cette pensée, je lui dis plusieurs fois que, pourvu qu'il vécût avec la Reine en l'intelligence que sa qualité et bonne conduite mériteroient, il n'y avoit rien que je ne fisse pour son service;

Que le contentement de la Reine ne dépendoit de chose qui pût préjudicier ni à sa faveur ni à sa fortune; qu'en l'intelligence désirée il y trouveroit honneur et sûreté;

Qu'afin qu'un corps fût de durée, il importoit que chaque partie fût en sa place naturelle;

Que le contentement des peuples seroit grand, quand ils verroient que ceux qui doivent tenir le rang principal dans l'Etat l'occupent;

Que ce n'étoit pas prudence de ne penser qu'au présent, où sa fortune dépendoit de la bonne volonté du Roi et de sa puissance; mais que sa future dépendoit de sa bonne conduite présente, qui requéroit qu'il obligeât tellement les grands et les petits que sa force principale fût en leurs cœurs;

Que quand il traiteroit la Reine avec mépris, elle prendroit patience, plus résolue de souffrir le mal que d'en faire; mais que d'autres pourroient abuser de ce prétexte pour décrier son gouvernement.

Par ces réponses, j'eus occasion de croire qu'il en avoit le désir; mais par ses actions suivantes, je vis bientôt qu'il en falloit perdre l'espérance.

Pour donner, néanmoins, quelque opinion qu'il pensoit à cet accommodement, il me fit proposer de faire alliance de son neveu de Combalet avec mademoiselle de Pont ma nièce.

La Reine en agréa la proposition, estimant que ce seroit un moyen d'entrer en quelque confiance.

Mais prévoyant bien que ce mariage m'attireroit des ennemis, je fis ce que je pus pour m'en défendre, dans le respect que je devois aux volontés de ma maîtresse.

Je lui représentai que M. de Luynes ne vouloit que les apparences de son amitié, et non pas les effets; que par l'union de nos familles, il donneroit de la jalousie à mes amis, rendroit ma personne suspecte à ses anciens serviteurs, et odieuse à l'Etat; que si, durant mon séjour à Angers, il avoit supposé des intelligences secrètes avec lui pour détourner les grands de se confier en elle, il auroit bien mieux de quoi faire valoir ses artifices à l'ombre de cette alliance;

Que pour moi je me confiois assez en mon innocence et au jugement de Sa Majesté; que je savois bien que toutes ses calomnies ne feroient pas impression dans son esprit et ne rendroient pas douteuse ma fidélité; mais qu'elles pourroient faire impression dans les esprits foibles, et que j'aurois peine à entretenir une croyance conforme à la sincérité de mes intentions.

Quoique la Reine approuvât ces raisons, elle me commanda néanmoins d'entendre à cette recherche, de crainte que, si on s'en éloignoit, Luynes ne conçût quelque opinion de nos mauvaises volontés, et que la crainte ne le portât à de nouvelles violences.

Sur quoi, comme ses volontés furent exécutées, aussi en arriva-t-il comme je l'avois prévu; car la recherche n'en fut pas sitôt promise, qu'il essaya de me faire passer pour une personne gagnée et attachée à mes intérêts. Mais la puissance de Luynes étoit si grande, qu'ainsi qu'il n'étoit pas permis de se défendre durant sa vie, j'estime qu'on ne doit pas parler de mes justifications qu'après sa mort.

Comme l'exécution de ce mariage fut différée jusqu'au retour à Paris, aussi veux-je remettre à ce temps-là à parler des avantages qu'il en voulut malicieusement tirer, pour suivre le Roi, qui va de Poitiers en Guienne, afin de faire vérifier au parlement de Pau un arrêt du conseil donné en faveur des évêques desdits lieux.

Et pource que de là ont pris commencement les maux que les huguenots se sont attirés par une juste punition de Dieu, il ne sera pas mal à propos d'en donner quelque lumière pour faire voir, avec le courage du Roi, la justice de ses armes.

Le roi Henri-le-Grand ayant rétabli, par l'édit de Nantes, les huguenots en possession de leurs biens, crut aussi qu'il étoit obligé de rétablir la religion catholique au pays de Béarn, et eut l'absolution de Rome à cette condition. Il y envoya des évêques, et leur assigna des pensions sur son domaine de Navarre, en attendant l'occasion de faire mieux.

Les Etats tenus à Paris depuis son décès, demandèrent la restitution des biens aux catholiques, par Dinet, évêque de Mâcon : parties ouïes à Fontainebleau, le Roi, ainsi que nous avons dit ès années précédentes, prononça l'arrêt en faveur des ecclésiastiques, ordonna pour deniers de remplacement aux ministres 7,800 livres, sur les plus clairs deniers de son domaine.

Au lieu d'acquiescer à l'arrêt, ils délibèrent sur les lieux, en pleins Etats, d'en empêcher l'exécution ; proposent des assemblées : défense leur est faite de la cour de s'assembler : ils l'avoient indiquée à Castel-

Jaloux, de là à Tonneins. Le parlement de Bordeaux les contraint de se retirer. Ils allèrent à Orthez en Béarn, d'où ils envoyèrent lettres au Roi, qu'on ne veut pas voir comme procédantes d'une assemblée factieuse. Le sieur Renard est envoyé pour y faire vérifier cet édit de main-levée : on lui suscite les écoliers d'Orthez et la populace, qui vient devant son logis à Pau lui faire mille insolences. Au lieu de le vérifier, le parlement de Pau s'y oppose, ordonne que remontrances seront faites au Roi.

Envoient de tous côtés pour émouvoir les frères à sédition; on surprend les lettres ès mains d'un avocat déguisé, qui est pris prisonnier à Bordeaux.

Le Roi y envoie une, deux jussions; aussi peu d'obéissance qu'à la première.

Enfin l'année dernière, au temps qu'il faut nommer leurs députés, ils demandent permission de s'assembler à Loudun. On leur permet : le premier article dont il se traite est de cette main-levée. Ils envoient divers articles au Roi, et entre autres la continuation de leurs places de sûreté, se plaignent de l'inexécution des autres édits, et prennent résolution de ne se point séparer qu'ils n'en voient l'exécution.

On ne veut pas recevoir leurs avant-cahiers, mais bien toutes leurs résolutions en un seul acte.

Cette assemblée fait défense, en toutes leurs villes de sûreté, aux jésuites d'y prêcher, ou autres religieux envoyés des évêques.

Le parlement s'y oppose; fait défense, dès le commencement de la présente année, à tous gouverneurs, maires et officiers, d'empêcher la mission des évêques diocésains, sous peine d'être criminels de lèse-majesté.

En même temps le Roi envoie vers eux Chaban et Marescot, pour solliciter la rupture de cette assemblée, et témoigner qu'il étoit offensé de leur subsistance ; demande qu'ils nomment six députés pour en choisir deux à l'accoutumée ; commande de se séparer dans quinzaine. Ils envoient de nouveaux députés, écrivent par les provinces qu'ils ne se sépareront pas que justice ne leur ait été rendue.

Le temps expiré avec peu d'obéissance, le parlement les déclara criminels de lèse-majesté, si dans trois semaines, lettres lues, ils ne se séparoient ; temps accordé pour faire leurs députés.

Le duc de Lesdiguières et le maréchal de Châtillon en traitent avec Luynes.

Leurs demandes alloient à quatre points : à la continuation des places de sûreté ; à retirer le gouvernement de Lectoure qu'ils avoient perdu par la conversion de Fontrailles ; la réception de deux conseillers dans le parlement ; la révocation de la main-levée de Béarn.

Le Roi consent que, se séparant dans la fin du mois de février, on leur fera, dans trois mois, justice sur ces trois premiers points ;

Qu'il leur sera expédié brevet de quatre années pour leurs places de sûreté, Lectoure remis entre les mains d'un gentilhomme de la religion qui auroit attestation du colloque de la province, les conseillers reçus, et, pour l'affaire de Béarn, qu'on y pourvoira dans un mois après.

L'assemblée avertie s'y conforme, demandant faculté de se rassembler, en cas d'inexécution. On refuse l'écrit, et on exécute présentement les trois premières conditions, avec dessein de faire obéir le Roi en la dernière.

A cette fin le Roi, incontinent après son entrevue avec la Reine, s'achemina à Poitiers où la Reine se trouva incontinent.

Elle avoit envoyé en Guienne pour en avertir et faire désarmer M. du Maine, lequel avoit quasi toute la province, ou en effet, ou en promesse (au moins à ce qu'il croyoit).

Cette nouvelle lui arriva bientôt après les rendez-vous de ses troupes, qu'il avoit donnés, à quatre lieues d'Agen, dans la terre de Brassac; et pource qu'il n'avoit eu nulles nouvelles que celle-là de ce qui s'étoit passé au Pont-de-Cé, il resta merveilleusement étonné de voir un commandement de désarmer, au lieu de celui qu'il attendoit de marcher. Il assemble son conseil, où étoient Boesse de Pardaillan, Panissau, comme maréchaux de camp de son armée, et autres personnes de qualité.

Là fut mis en délibération s'il désarmeroit: les avis furent divers; mais enfin ceux qui avoient de quoi perdre, se voyant en sûreté par les articles passés audit Pont-de-Cé, l'emportèrent sur les autres, qui eussent bien voulu les troubles, afin d'y pêcher leurs commodités.

Presque à l'instant arriva le sieur de La Saludie, qui portoit, de la part du Roi, même commandement de désarmer, et ordre audit sieur du Maine de l'aller trouver. S'il y avoit eu grand conseil sur le désarmement, il y en eut bien un plus long pour savoir s'il obéiroit au dernier envoi; et sans que ledit La Saludie fît sa charge avec dextérité, et avec une façon qui paroissoit pleine d'ingénuité, il s'y fût avec peine résolu. Il part, mène avec lui le marquis d'Aubeterre qui étoit de son parti, et qui avoit eu les mêmes ordres.

Ils trouvent le Roi encore dans Poitiers; les rencontres y furent assez froides, ce leur sembla, et ne falloit guère être savant en physionomie afin de juger qu'ils eussent bien voulu n'être pas venus : aussi pensèrent-ils s'en retourner de deux postes de là, et l'eussent ainsi fait, sans que M. du Maine y reçut une lettre de M. de Luynes assez courtoise.

Le Roi, étant à Poitiers, reçut nouvelles que Fontrailles, auquel il avoit commandé de remettre Lectoure entre les mains d'un exempt qu'il y envoyoit, avoit refusé de le faire, dont Favas, qui étoit un des députés des huguenots, parloit fort hautement, disant que le parti huguenot hasarderoit plutôt tout que de perdre cette pièce.

Ces instances donnent un nouveau et favorable prétexte au Roi d'aller en Guienne.

A la première journée, messieurs de Rohan et de Soubise se rendirent à La Mothe-Saint-Héraye; là saluèrent Sa Majesté, et furent vus comme avoit été M. du Maine.

Le Roi passa par Saint-Jean-d'Angely, où les habitans le reçurent avec tant d'applaudissement que M. de Soubise, qui l'y avoit suivi, n'en eut pas peu d'appréhension.

Ce qui succéda tôt après fit croire que Blaye étoit bien autant le sujet du voyage que Lectoure ; car, dès le soir que le Roi y arriva, toute la cour et les gardes étant dans la place, l'on propose au marquis d'Aubeterre de prendre 100,000 écus et une charge de maréchal de France, pour la démission de ce gouvernement.

Il n'y avoit lieu ni de conseil ni de contestation; tellement que, sans marchander, il a accepté les offres. L'on change la garnison, et on met la place ès mains de M. de Luxembourg, frère de M. de Luynes.

Là fut mis en délibération si l'on arrêteroit M. du Maine; mais le Roi, voyant sa parole engagée, rejeta ces propositions.

Favas cependant ne cessoit de crier; on se hâte de se rendre à Bordeaux.

Fontrailles, y voyant le Roi, se résout d'obéir, et pour cet effet le vint trouver.

Sa Majesté, qui voulut satisfaire aux prétendus réformés, donne le gouvernement de Lectoure au sieur de Blainville l'aîné, qui étoit de la profession requise.

Il est à noter que lorsque les ecclésiastiques de Béarn virent à Poitiers Sa Majesté résolue de passer outre en l'affaire de Lectoure, ils prirent dextrement l'occasion de supplier très-humblement le Roi que, comme il satisfaisoit à ses édits de pacification en ce qui regardoit ceux de la religion prétendue réformée, qu'il plût aussi à Sa Majesté faire accomplir les mêmes édits en la restitution de leurs biens, dans lesquels ils n'avoient jamais pu entrer depuis la paix de 1597, bien que c'en fût un des principaux articles, ratifié par quantité d'arrêts du conseil.

La requête étoit trop juste pour être éconduite. On dépêcha le sieur de La Saludie vers M. de La Force, lequel étoit gouverneur de Béarn, afin de lui porter ordre de venir trouver le Roi à Bordeaux, et faire que le parlement de Pau députât des personnages de son corps, capables de recevoir les commandemens du Roi sur la restitution desdits biens ecclésiastiques.

Il est vrai que l'on se trouva troublé de cette occasion, d'autant que l'on s'imaginoit que, pour remettre ce bien ès mains des justes possesseurs, il falloit conquérir le Béarn et commencer la guerre, ou, refusant, découvrir l'avantage que les huguenots avoient à faire réparer leurs intérêts, faire voir encore de la foiblesse à n'oser pas passer plus outre, et une injustice manifeste de laisser les évêques dépouillés de tout leur bien.

M. de La Force arriva à Bordeaux, mais sans les députés qu'on lui avoit mandé d'amener; protestant qu'il avoit fait ce qu'il avoit pu afin que le parlement les nommât; ce qu'il n'avoit voulu accorder.

En cette perplexité on se résout de faire bonne mine et d'envoyer commandement au parlement de Béarn de vérifier à ce coup l'édit de pacification, et de mettre ensuite les ecclésiastiques en vraie et effective possession de leurs biens, ou autrement (y ajoutoit-on) que le Roi s'y en iroit en personne pour se faire obéir.

Le peu de forces que Sa Majesté avoit, et les affaires qui n'étoient pas trop disposées à commencer une guerre, étoient considérations qui faisoient croire que cette alternative étoit prononcée avec grande contrainte; et pour le témoigner il se sut, mais de peu, qu'un soir M. de Luynes appela dans sa chambre messieurs de Parabère le bon homme et de Brassac, et leur dit qu'il les prioit de voir M. de La Force, et, sans faire paroître que ce fût par son induction, lui remontrer combien il pouvoit en cette occasion se rendre agréable au Roi, et faire rentrer ses enfans dans la maison de Sa Majesté en l'exercice des charges desquels il y avoit eu deux ans d'intermission, lui faire connoître que ce qu'on désiroit de lui n'étoit point au fond une chose qui lui dût apporter mauvaise opinion dans son parti ; au contraire qu'il verroit, selon ce qu'ils avoient à lui dire, qu'on le vouloit faire instrument, afin de donner contentement à l'autorité du Roi, sans apporter de préjudice aux résolutions que les assemblées avoient toujours eues pour ce qui regardoit le Béarn. Ils exécutent cette charge, et continuent que, pour le faire court, ce qu'ils avoient à lui dire étoit qu'ils savoient de bon lieu que le Roi recevant ce contentement en l'acceptation et vérification de sa volonté par le parlement de Béarn, il se contenteroit de cette obéissance, et s'en retourneroit après cela à Paris, remettant l'exécution aux commissaires qui seroient ordonnés. Et enfin le bonhomme M. de Parabère ajouta qu'il ne craignoit pas de lui dire qu'il n'y avoit rien plus aisé à s'apercevoir, sinon que le Roi vouloit simplement pour le maintien de son autorité cette apparence de respect, bien que l'on jugeât assez que ce n'étoit que du plâtre, et que la restitution effective des biens n'étant pas faite, il ne réussiroit pas plus davantage aux évêques d'avoir cette vérification que de ne l'avoir pas ; que si l'on refusoit absolument, le Roi étant résolu, à quelque prix que ce fût, de passer outre, et le Béarn n'étant point armé, Sa Majesté pourroit, avec plus de facilité que peut-être on ne pensoit, entrer dans cette province, et réduire en effet ce que maintenant il ne vouloit qu'en apparence.

M. de La Force témoigne de goûter ses raisons, fait sentir sa bonne volonté, sur laquelle on le dépêche. Et afin de faire voir que le Roi ne se relâchoit point au dessein d'aller s'il n'étoit obéi, Sa Majesté s'avance à dix lieues de Bordeaux, se loge dans un bourg, nommé Prignac, sur le grand chemin de Pau, mais le long de la mer, afin qu'elle s'acheminât plus avant par terre, ou s'en retournât par eau, selon qu'il seroit nécessaire.

La Chesnaye, gentilhomme ordinaire du Roi, de la religion prétendue réformée, mais très-fidèle et affectionné au service de Sa Majesté, fut dépêché en Béarn, afin de tenir d'heure en autre le Roi averti de ce qui se passeroit.

Il est à présupposer que ledit sieur de La Force, étant arrivé à Pau, n'oublia aucune raison pour induire le parlement à cette vérification tant différée; d'autant que, deux jours après, ledit La Chesnaye fit partir un courrier, par lequel il mande à Sa Majesté que les choses sont bien acheminées, et que bientôt on se devoit assembler pour lui donner satisfaction.

Ceux qui approchoient M. de Luynes en ce temps-là savent combien il avoit d'amour pour madame sa femme, et quelle impatience le pressoit de retourner la revoir à Paris, où elle avoit accompagné la Reine.

Ce désir extrême se fit voir à la réception de la nouvelle de La Chesnaye, non-seulement en son discours, mais aussi en l'ordre qu'il donna, que les troupes de gendarmes et de chevau-légers du Roi, le régiment des gardes, et même jusqu'à la première chambre, s'en retournassent droit à Blaye, afin que, tout aussitôt la nouvelle reçue de l'acceptation, il conseillât au Roi de reprendre son chemin, et s'en retourner à Paris.

Favas, qui étoit bien averti que le parlement n'avoit point encore exécuté, et qui voyoit néanmoins cet ordre, ne s'alla jamais imaginer la vraie cause de ce précipité départ; ains, au contraire, ne se figurant rien moins, et jugeant toujours par les anciennes règles des vieux huguenots, conclut incontinent qu'il y avoit quelque chose d'altéré ou à Paris ou aux provinces frontières de la France : tellement que, résolu dans cette opinion, il dépêche en diligence à quelques particuliers amis qu'il avoit au parlement de Pau, leur donne sa pensée pour une vérité très-certaine, les exhorte à demeurer fermes, et ne se laisser pas seulement aller à cette lâcheté, de confirmer des articles qu'il savoit bien qu'ils aimeroient mieux mille fois mourir que de les voir réduire à exécution.

Aussi étoit-ce, ajoutoit-il, sur ce revenu des biens d'Eglise que se prenoit l'entretien de leurs pasteurs et de leurs séminaires, principal fondement de leur religion.

Cet avis fut reçu comme venant à des personnes qui n'avoient pas grande envie d'obéir; ce qui parut en ce qu'ils s'assemblèrent, et refusèrent l'acte que l'on requéroit d'eux.

Soudain M. de La Force et ledit sieur de La Chesnaye dépêchent au Roi, et lui mandent qu'au contraire de ce qu'ils avoient espéré, la cour de parlement avoit absolument nié cette vérification ; mais, comme ils n'en savoient pas la cause (au moins le dernier), ils ne mandoient que l'effet avec étonnement.

On reconnut évidemment que cette nouvelle attrista M. de Luynes, et vit-on que, comme M. de La Ville-aux-Clers eut achevé de lire les lettres, le Roi se tourna vers ledit sieur de Luynes et lui dit : « Il faut aller à eux. »

Toute la nuit fut employée à donner les ordres afin de faire retourner les troupes, et cependant le Roi s'achemine à petites journées vers Grenade, où elles se devoient rendre.

S'il y avoit eu de l'étonnement en la cour en la nouvelle du refus qui arriva, il y en eut bien autant à Pau lorsque l'acheminement de Sa Majesté y fut su. Les plus séditieux tâchent à raccommoder l'affaire; le parlement s'assemble en diligence, vérifie ce qu'on avoit désiré, et dépêche des députés pour le porter au Roi.

Ils lui dirent qu'ils avoient fait un arrêt mental; mais qu'ils ne l'avoient pu réduire par écrit à cause du bruit des armes : c'étoit un arrêt menteur.

Sa Majesté étoit si près, et avoit tellement appris, en s'approchant, la confusion en laquelle on étoit en cette province par cette venue inopinée, qu'il n'y avoit plus lieu de reculer ni de craindre.

Le Roi se résout d'y aller en personne; arrivé à Grenade, éloigné de deux journées, envoie la vérification. M. de La Force vint pour divertir le Roi de passer outre; mais il ne put.

Ceux de Pau lui présentèrent entrée; le Roi répond qu'il y entreroit comme souverain s'il y avoit une église pour y aller descendre; mais s'il n'y en avoit point qu'il n'y vouloit ni poêle ni entrée, n'estimant pas qu'il fût bienséant à sa piété de recevoir des honneurs en un lieu où il n'avoit jamais été, sans en rendre grâces publiques à Dieu de qui il tenoit l'héritage.

Le Roi fit le lendemain raccommoder la grande église, et la rendit à ses légitimes possesseurs.

Comme il avoit été reçu à Pau avec acclamations de joie, toutes les autres villes y envoyèrent aussi les principaux de leurs corps pour se réjouir de son heureux avénement en cette province.

Tout cela n'étoit rien si l'on ne tenoit la ville de Navarreins, laquelle est la citadelle du Béarn, et où tous les canons et magasins étoient gardés. C'est pourquoi, sans donner autre temps au sieur de Salles qui y commandoit, l'on envoie vers lui, on le presse; il traite, et finalement met la place ès mains du Roi: à quoi le sieur de La Ville-aux-Clers servit avec grande dextérité et affection.

Sa Majesté s'y en va, change la garnison, donne le gouvernement au sieur de Poyane, retourne à Pau, et là, avec assurance et fermeté, rend justice à ses sujets catholiques; ne troublant néanmoins les autres en aucune des concessions portées par l'édit du feu Roi son père.

Elle y rétablit les évêques et abbés de Béarn au conseil de Pau, pour y avoir l'entrée comme ils avoient eue autrefois; remit tous les ecclésiastiques en leurs biens et prérogatives, et les catholiques en la possession de la grande église.

Et, après avoir eu soin de l'Eglise de Dieu, il le voulut aussi avoir de l'Etat, et fit un édit de réunion de la basse Navarre et de la souveraineté de Béarn à la couronne de France, et une union des deux conseils desdites deux provinces pour en composer un corps de parlement, à l'instar des autres parlemens de France. Le sieur Aubry, conseiller d'Etat, présenta, le 20 octobre, ledit édit au conseil de Pau, et fut enregistré le même jour. Mais, étant allé de là à Saint-Palais, et l'ayant présenté en la chancellerie et cour souveraine de la basse Navarre, il y eut arrêt de partage, non sur le fait de l'union de la couronne de Navarre à celle de France, mais sur l'union des deux couronnes; et, pour juger ledit arrêt, les uns et les autres envoyèrent des députés au conseil pour être réglés, ce qui ne sera que l'année suivante.

Cela fait, Sa Majesté laisse M. de La Force en sa charge, et ses enfans, qui avoient intermis les leurs (comme a été dit ci-dessus), en recommencent l'exercice.

Les choses étant ainsi bien établies, le Roi s'en retourne à Paris en diligence; et peu de temps après ledit sieur de Salles, qui avoit été gouverneur de Navarreins, sur quelque prétexte assez mal inventé, se saisit d'un lieu, nommé Montgiscard, qui en étoit proche, fort d'assiette, et important. Soudain, ledit sieur de Poyane en entre en jalousie, en avertit la cour, et se prépare d'aller attaquer l'autre; lequel à son mandement n'avoit point voulu cesser les fortifications qu'il avoit commencées. Il envoie en même temps à M. de La Force, qui étoit à Pau, et le prie de l'assister de gens au dessein qu'il avoit.

Celui-ci reçoit cet avis de bonne grâce, et, comme se traitant d'un lieu qui étoit dans sa charge, fait réponse qu'il donnera assistance, et qu'il ne désire pas qu'aucune exécution se fasse sans y servir le Roi en personne. Sur ce prétexte, il arme ce qu'il peüt, et de telle façon, que Poyane estima que c'étoit trop pour n'avoir d'objet, sinon Montgiscard; et de fait, Poyane presse Salles, traite avec lui, et se fait rendre Montgiscard; après quoi néanmoins ledit sieur de La Force ne fait point mine de désarmer. Poyane en donne avis au Roi, qui aussitôt prend résolution d'envoyer vers ledit sieur de La Force, afin de le faire désarmer.

La Saludie est encore dépêché à cet effet; et d'autant qu'on douta que ledit sieur de La Force ne fît difficulté en la prompte obéissance qu'on requéroit de lui, on donna au même La Saludie une dépêche pour M. d'Epernon, portant commission d'armer en diligence, et d'aller droit en Béarn.

Cette alternative ne fut point mal à propos, pource qu'après plusieurs raisons déduites par ledit sieur de La Force, sa conclusion ne fut pas ce qu'on désiroit de lui. Ainsi La Saludie revint à M. d'Epernon, qui reçut ce commandement à bras ouverts, et avec les diligences requises, arme et s'achemine.

Ledit sieur de La Force, voyant cet orage venir fondre sur lui, cède, congédie le mieux qu'il peut ses troupes, et avec quelques-uns de ses plus particuliers amis, qui faisoient environ deux cents maîtres, se retire vers Bergerac, Sainte-Foy et Clérac, et en ces lieux-là donne les principes aux progrès que nous verrons ensuite.

On disoit publiquement que le Roi ne seroit pas sitôt parti, que l'ordre qu'il y avoit établi seroit changé par le moyen de Navarreins; le Roi fut conseillé de prévenir ces maux, et s'en rendre le maître, comme il fit en y allant en personne.

Ceci exécuté, le Roi revient à Paris (1) en poste le 7 novembre, plein de gloire et de trophées, ayant, par la paix du Pont-de-Cé, réuni les esprits qui s'en étoient séparés à son service, et à la suite de cette victoire rétabli la religion ès lieux dont il y avoit soixante ans qu'elle étoit bannie.

La Reine-mère y arriva quasi en même temps.

Quant à l'armée du Roi, elle fut mise en garnison dans les provinces du Poitou et de la Guienne.

Incontinent que Sa Majesté eut remis le Béarn en son devoir, il ne se parla plus que d'assemblées de huguenots en plusieurs lieux de ce royaume. Ils s'assemblèrent à Alais, à Milhaud et à Montauban, et résolurent une assemblée générale à La Rochelle au 26 novembre.

Sa Majesté en étant avertie, fit à Grenade, le 22 octobre, une déclaration contre ceux qui s'y trouveroient, les déclarant criminels de lèse-majesté, et commandant qu'il fût procédé contre eux comme tels;

(1) *Le Roi revient à Paris :* Louis XIII arriva le 7 novembre de grand matin, accompagné de cinquante-quatre jeunes seigneurs, courant à bride abattue, précédés de quatre maîtres de poste qui donnoient du cor. Il traversa la ville où il n'étoit pas attendu. Le bruit que faisoit cette troupe réveilla les bourgeois ; les fenêtres se garnirent de curieux, et, aussitôt qu'on eut reconnu le monarque, des cris unanimes de *vive le Roi* se firent entendre. La garde du Louvre, voyant approcher une troupe armée, s'étoit mise en défense. On apprit bientôt que c'étoit le Roi ; le palais retentit de transports d'alégresse ; et Louis XIII courut embrasser sa mère et son épouse. Ce jour fut pour lui un jour de triomphe. Les boutiques furent fermées ; il y eut des repas dans les rues, et le soir on tira des feux de joie.

mais, pource que c'étoit durant le temps des vacations du parlement, elle ne put être vérifiée que le 14 novembre. Le maire de La Rochelle, auquel elle fut signifiée, dit, pour toute réponse au sergent, qu'il avoit fait sa charge, et qu'il s'en allât quand il voudroit.

Cependant, à Montauban, le 17 novembre, ils prirent tous les catholiques prisonniers, puis les laissèrent aller, avec commandement de sortir de la ville sans délai. Le parlement de Toulouse jugea très-sagement que les catholiques ne devoient pas user de représailles, et fit assurer ceux de ladite religion qui demeuroient dans Toulouse.

Ils firent plusieurs semblables équipées dans d'autres villes de la prétendue religion; mais la plus hardie et séditieuse fut l'entreprise qu'ils firent, par délibération de l'assemblée de Milhaud, de s'emparer de la ville de Navarreins, et en chasser le gouverneur qui y commandoit pour le Roi. Mais Dieu, qui bénissoit sa cause et les armes de Sa Majesté, fit qu'ils furent découverts le 8 décembre par le soin du sieur de Poyane, qui, sachant que plusieurs huguenots s'étoient à ce dessein glissés secrètement dans ladite ville, reçus et cachés par les habitans qui étoient tous huguenots, en fit une si exacte recherche, qu'il en fit prendre quelques-uns qui furent pendus; les autres se sauvèrent la nuit par-dessus les murailles.

Comme les affaires des huguenots alloient mal en France, elles alloient encore plus mal en Allemagne, la vengeance de Dieu les poursuivant de tous côtés.

Nous avons dit que les ambassadeurs du Roi dressèrent leur chemin vers Ulm, où les princes protestans étoient assemblés. Leur arrivée ne fut point inutile; car, par l'intervention et autorité du Roi, il y fut arrêté le 3 juillet, entre tous les princes et Etats catholiques d'Allemagne, le duc de Bavière qui avoit envoyé son député à Ulm faisant pour eux, et tous les protestans pour lesquels l'électeur de Brandebourg se faisoit fort, que nul desdits princes et Etats de l'un et l'autre parti n'envahiroit, ne molesteroit ni n'entreprendroit d'envahir ni molester les Etats les uns des autres, mais demeureroient en bonne paix les uns avec les autres, sans faire passer leurs gens de guerre dans les Etats de leurs voisins qu'avec leur permission, excepté seulement le royaume de Bohême et les provinces incorporées à icelui.

Cet accord fut d'une grande conséquence; car tout le poids de la guerre demeuroit entre le roi de Bohême et l'Empereur; en quoi ledit Empereur y avoit cet avantage, que les protestans, qui étoient lors les plus forts en Allemagne et eussent empêché, ou par jalousie, ou par hostilité, que les princes catholiques ne lui eussent prêté secours, lui donnèrent lieu par ce moyen de le recevoir, et d'assembler une si puissante armée qu'elle pût faire et crainte et mal à son ennemi.

Lorsque cet accord fut fait, le duc de Bavière avoit une armée de vingt-cinq mille hommes à Veidin, et le marquis d'Anspach, qui étoit général de celle des protestans, en avoit une de quinze mille hommes à l'Angenau près d'Ulm. L'accord fait, ils décampèrent; l'électeur tira droit en Autriche, le marquis au

Palatinat, pour le défendre contre Spinola, qui avoit levé une armée pour l'attaquer.

L'armée de Bavière fit beaucoup de progrès, contraignit toute la haute Autriche de renoncer à la confédération des Bohêmes, et défit les paysans qui s'étoient soulevés.

Le duc de Saxe, qui avoit toujours eu crainte d'une mauvaise issue en ce dessein pour les protestans, en eut lors plus que jamais; reçut la charge que l'Empereur lui donna de mettre en exécution le ban impérial contre ses sujets rebelles de Bohême, aux ambassadeurs desquels il témoigna ne pouvoir être neutre, et que, puisque contre son avis ils avoient entrepris ce qu'ils avoient fait, il étoit hors de propos d'avoir maintenant recours à lui.

L'archiduc Albert reçut d'autre part la charge d'exécuter le ban impérial contre le Palatinat. Tous les protestans en écrivirent au duc de Saxe, qui ne s'en voulut pas mêler. Le roi de la Grande-Bretagne envoya exprès un ambassadeur à l'archiduc; mais il n'eut autre réponse de Spinola, sinon que la commission qu'il avoit d'Espagne étoit close, et qu'il ne l'ouvriroit qu'à la place d'armes qui lui étoit assignée.

Il partit le 8 août, avec une armée de vingt-six mille hommes de pied et quatre mille chevaux, quarante canons, trois cent cinquante chariots chargés de toute sorte de munitions, de moulins, et de bateaux à passer rivières; et avec cette armée, quelque opposition que lui pût faire celle des ennemis, à laquelle se joignit le renfort des troupes hollandaises conduites par le comte Henri, fit, dès cette année, un grand progrès, et se rendit maître de beaucoup de places du Palatinat deçà et delà le Rhin.

Cependant le duc de Saxe entra avec son armée dans la Lusace, et s'en rendit maître. Les deux armées de l'Empereur, l'une conduite par le duc de Bavière, et l'autre par le comte de Buquoy, s'étant jointes ensemble, tirèrent vers la Bohême, et envoyèrent devant leur signifier qu'ils eussent à accepter la grâce que l'Empereur leur offroit, ou qu'il mettroit tout à feu et à sang.

Leur offre ayant été refusée le 30 août, ils entrèrent dans la Bohême, prirent les villes de Horn, Vortsmits, Badenac, Pisca, et allèrent droit à Prague, prenant toutes les places qu'ils rencontroient en leur chemin, les ennemis n'étant pas assez forts pour les oser attendre : ils ne voulurent mettre le siége devant Pilsen, mais allèrent droit à une demi-lieue de Prague, et donnèrent bataille le 8 novembre, en laquelle le prétendu roi de Bohême fut défait entièrement, s'enfuit de Prague à Brandeis, et de là en Silésie. En quoi est à remarquer que le lieu où la bataille fut perdue, fut le même où ils avoient été recevoir l'année précédente leur nouveau Roi à leur arrivée. Le nombre des morts et des prisonniers fut grand ; mais, ce qui est le plus remarquable, est que cette bataille décida la querelle de l'Empereur, et rappela en son obéissance tous ses sujets de Bohême.

LIVRE XII.

[1621] Le premier jour de cette année, le sieur de Cadenet, frère du duc de Luynes, s'en alla en ambassade extraordinaire en Angleterre, sous un simple prétexte de confirmer le roi de la Grande-Bretagne en la créance de la bonne et étroite intelligence que le Roi vouloit entretenir avec lui, mais en effet pour essayer, s'il y voyoit jour, de porter l'esprit de ce prince à demander en mariage, pour le prince de Galles, madame Henriette, troisième sœur du Roi; et tout cela en intention d'empêcher le Roi de s'intéresser dans les affaires de ceux de la religion prétendue en France, que l'on voyoit bien qui prenoient le grand chemin de se rébeller contre le Roi, et qui l'alloient contraindre ou de laisser entièrement mettre son autorité sous le pied, ou de la maintenir par la force de ses armes.

Le dessein de ce mariage fut vain : le roi de la Grande-Bretagne en étoit trop avant du traité avec le roi d'Espagne; son intérêt, à cause du prince palatin, son beau-fils, y étoit trop grand, et son inclination timide, qui ne tendoit qu'à la paix, et qui ne craignoit la guerre que du côté d'Espagne, le portoient trop à faire choix de cette alliance plutôt que de la nôtre. Puis, Dieu, qui dans le ciel fait les mariages, avoit destiné autre temps et autres personnes pour moyenner celui-ci.

Le sieur de Cadenet fut reçu et traité magnifiquement et convenablement à la dignité du Roi qui l'envoyoit et de celui vers lequel il étoit envoyé, et s'en revint, ne rapportant au Roi que des paroles de compliment pour le fruit de son ambassade.

Nos huguenots, qui s'étoient émus, dès l'année passée, de ce que le Roi avoit rendu en Béarn justice à l'Eglise, poussèrent, dès le commencement de cette année, leurs mouvemens bien plus avant. Ils tinrent une assemblée à La Rochelle nonobstant les défenses du Roi, et furent assez effrontés pour couvrir du nom d'innocence et de justice leur manifeste rébellion; se plaignant de ce que le Roi avoit fait exécuter, en Béarn, l'arrêt donné en son conseil pour la main-levée des biens ecclésiastiques, sans leur avoir donné loisir de lui présenter encore une fois leurs remontrances sur ce sujet, comme si le délai de plus d'un an qu'il leur avoit donné, n'eût pas été suffisant pour cela.

Le maréchal de Bouillon en écrivit de Sedan au Roi dès le second jour de l'an, et lui manda qu'il étoit obligé, par la religion qu'il professoit, d'y envoyer quelqu'un de sa part, mais seulement pour se joindre à eux en leurs très-humbles remontrances, ès quelles il supplioit Sa Majesté avoir agréable de les entendre, et ne souffrir que, par une trompeuse espérance de réunir tous ses sujets à une même foi, on engageât son autorité en de fâcheux mouvemens; mais on ne crut pas que, comme il excitoit le Roi à prendre les voies de la douceur, il conseillât aux huguenots de prendre celle de la fidélité et de l'obéissance qu'ils devoient à Sa Majesté.

Le maréchal de Lesdiguières leur écrivit, le premier février, une lettre par laquelle il les condamnoit, et justifioit le procédé du Roi ; jugeant frivoles tous leurs sujets de plaintes, et le Roi véritablement offensé, en ce qu'ils tenoient cette assemblée sans sa permission. Mais leur crime n'en diminua pas à la simple tenue de l'assemblée, car ils n'y proposoient que la rébellion et n'y résolvoient que crimes contre l'autorité royale. Ils donnent des commissions d'armer et de faire des impositions sur le peuple, et ce sous leur grand sceau, qui étoit une Religion appuyée sur une croix, ayant en la main un livre de l'Evangile, foulant aux pieds un vieux squelette qu'ils disoient être l'Eglise romaine. Le Roi, averti de toutes ces choses, fit, en février, expédier ses lettres-patentes, par lesquelles il défend de faire lesdites levées sous peine de crime de lèse-majesté ; mais, en plusieurs lieux, ils ne laissent pas de se faire obéir, et se saisissent même des deniers de Sa Majesté ; et, au milieu de ces crimes, ne laissent pas d'avoir la hardiesse d'envoyer en cour, et tâcher de faire voir au Roi, par leurs députés généraux, leurs remontrances remplies de protestations de fidélité et d'obéissance.

En même temps, et par ordre de cette assemblée, ils se soulevèrent à Privas, prenant prétexte de ce que le sieur de Chambaut, leur seigneur, qui étoit de la religion prétendue, étant décédé, sa fille avoit épousé le vicomte de Cheylane, catholique, fils du vicomte de L'Estrange, et ensuite il avoit mis dans le château et dans la Tour-du-Lac des capitaines et des soldats catholiques. Les huguenots de la ville prétendirent que la garde dudit château et de la ville leur appartenoit, d'autant qu'encore que ce ne fût pas une place de sûreté, ils s'en étoient néanmoins rendus maîtres durant les troubles précédens, s'y étoient maintenus avec leurs seigneurs qui étoient de ladite religion prétendue, et avoient toujours conservé ladite garde.

Ensuite de cette prétention, ils se saisirent de la Tour-du-Lac; dès le 24 janvier, commencèrent à construire une citadelle et une place élevée pour battre le château, et écrivirent des lettres à plusieurs gentilshommes pour leur amener des gens de guerre.

Le duc de Ventadour, lieutenant du Roi en Languedoc, essaya en vain de les mettre à la raison; ils méprisèrent ses remontrances, maltraitèrent ceux qu'il y envoya, et contraignirent enfin le duc de Montmorency de se disposer à les aller assiéger.

Le cercle du bas Languedoc donna ordre à M. de Châtillon d'armer aussi, ce qu'il fit en grande diligence. Le duc de Montmorency, s'avançant néanmoins avec son armée vers ledit Privas, le maréchal de Lesdiguières, qui alloit en cour, le pria, sur la fin de février, de vouloir conférer avec lui, et en ce pourparler obtint de lui qu'il ne pousseroit plus outre les affaires, sans avoir un ordre particulier de Sa Majesté, de la part de laquelle le sieur de Réaux arriva le 6 mars, avec ordre de les faire tous désarmer : ce qu'ils firent plus en apparence qu'en vérité; fit sortir de Vallon une garnison nouvelle que les huguenots y avoient mise, et y mit un exempt et s'en retourna. Mais à peine eut-il le dos tourné, que les huguenots de Vals, place qui appartient au colonel d'Ornano, ayant été assignée pour le département du régiment de Mazargue, son frère refusa de le recevoir. Le duc de Montmorency y tourne tête, l'assiége et la prend. A cette nouvelle, le cercle envoie des gens de guerre à Vallon, ils en chassent l'exempt au préjudice de l'autorité du Roi, et y établissent garnison. Le duc de Montmorency le reprit ; mais ceux de Privas, dont Brison étoit gouverneur, avec douze cents hommes de garnison, faisoient plusieurs courses et prises sur les sujets du Roi d'alentour, assistés et encouragés par l'assemblée qui se tint au même temps au Poussin, en laquelle ils nommèrent Blascons gouverneur du Vivarais, et Brison son lieutenant.

En Béarn ils ne faisoient pas mieux, mais ils trouvèrent M. de Poyanne en tête, qui empêcha l'effet de tous leurs desseins.

Le Roi n'en fut pas plutôt parti, qu'ils commencèrent à découvrir la désobéissance qu'ils couvoient en leur esprit. Ils refusèrent à Pau de délivrer les canons que le Roi avoit commandé qu'on menât à Navarreins, et travaillèrent à de nouvelles fortifications en leur ville. Ils reçurent garnison en la ville d'Orthez, mais refusèrent de lui ouvrir le château.

L'entreprise de Navarreins, qui leur réussit fort mal, comme nous l'avons dit, suivit incontinent après, et tout cela fut couronné par l'inexécution de l'arrêt du conseil du Roi sur le rétablissement des églises, et par l'imposition et levée des deniers qu'ils firent sans la permission du Roi. Ils firent aussi une assemblée en la ville de Pau, en laquelle le capitaine Bensins, qui avoit fait l'entreprise sur Navarreins, fut bien reçu, et particulièrement de M. de La Force, et reçut deux commissions secrètes de se jeter dedans les tours de Montgiscard près le pont de Bérinx, sur la fin de février. Ces tours sont en une situation inaccessible, les murailles bien terrassées, et toute la place environnée de grands fossés, et étoit en un lieu important, comme étant située entre Navarreins et Acqs, et en lieu qui empêchoit à M. de Poyanne l'assistance qu'il pouvoit recevoir de son gouvernement des Lannes. Il n'y fut pas plutôt, qu'il commença bientôt à faire voir qu'il y étoit à dessein de commencer la noise, faisant arrêter, le premier mars, l'abbé de Cagnotte, et un gendarme dudit sieur de Poyanne, en passant sur le pont de Bérinx pour aller à Navarreins. Le sieur de Poyanne en avertit M. de La Force, et que l'autorité du Roi y étoit offensée; ledit sieur lui répond force complimens, et qu'il se remettoit à ce que ledit sieur de Poyanne en feroit, estimant qu'il n'auroit pas moyen de les dénicher de là. Ledit sieur de Poyanne, ayant ouï cette réponse, assemble ce qu'il put de ses amis et de gens de guerre, et les va, le 5 mars, investir, après l'avoir premièrement fait semondre de sortir de la place. A quoi il fait réponse qu'il y étoit de la part de l'assemblée de Pau, et qu'il n'en sortiroit point que par son commandement.

L'assemblée, ayant nouvelle que le sieur de Poyanne y alloit si vite, et avec tant de courage, qu'il forceroit bientôt la place, lui manda premièrement que cette entreprise pourroit altérer le service du Roi; puis enfin fit donner arrêt au parlement de Pau, par lequel il étoit enjoint, sous peine de crime de lèse-majesté, à ceux qui étoient dans lesdites tours d'en sortir, et défendu au sieur de Poyanne de faire aucune assemblée de gens de guerre dans le Béarn, sans l'exprès commandement du lieutenant du Roi.

Celui qui étoit porteur de cet arrêt s'adressant audit sieur de Poyanne, celui-ci lui dit qu'il parlât premièrement à ceux qui étoient dans lesdites tours de Montgiscard et les fît obéir, puis qu'il parleroit à lui, sinon qu'il les auroit bientôt rangés à la raison et fait quitter la place. Lors le sieur de La Force, voyant que toutes ses ruses lui étoient inutiles, assembla tous les gens de guerre qu'il put, et dans le Béarn et dans les provinces voisines, pour essayer de défendre lesdites tours. Il y fit entrer quelques secours, mais ne put néanmoins faire lever le siége, ni empêcher que la place fût remise en l'obéissance du Roi et aussitôt démolie. Ce qui les étonna, pource qu'ils étoient bien avertis que le Roi savoit que c'étoit une chose faite par ordre de l'assemblée de La Rochelle et de la leur.

Aussi, incontinent après, Sa Majesté envoya le sieur de La Saludie en Béarn vers le sieur de La Force, pour lui porter commandement de mettre les armes bas sans aucun délai, et, à faute de ce faire, délivrer à M. d'Epernon une commission, dont il étoit porteur, pour lever des gens de guerre et le faire obéir par force, et vivre en paix dans le Béarn ceux de l'une et l'autre religion.

Ledit sieur de La Force, ayant fait une réponse ambiguë à La Saludie pour gagner temps, il délivre ladite commission au duc d'Epernon, qui, étant entré dans le Béarn le 21 avril, le sieur de Poyanne, s'étant joint à lui avec ses troupes, chassa hors du pays ledit sieur de La Force et tous ceux qui l'assistoient.

Cet acte de rébellion dernière, ajouté à tous les

autres, obligea Sá Majesté à lui ôter la charge de gouverneur de Béarn, et la donner au sieur de Thémines, et celle de capitaine des gardes du corps de Sa Majesté, que le marquis de La Force, son fils, exerçoit en survivance, de laquelle le Roi honora le marquis de Mosny, non tant pour son courage, qui devoit être néanmoins la principale cause qui y eût dû mouvoir le sieur de Luynes, que pour la mésintelligence qu'il avoit avec la Reine, tous les mécontens de laquelle étoient favorisés de lui. Un autre des fils dudit sieur de La Force, nommé Montpouillan, qui étoit très-bien auprès du Roi, reçut commandement de Sa Majesté de sortir de la cour.

Le conseil du Roi prit ce temps-là pour achever l'affaire de la réunion de la couronne de Navarre à celle de France, sur laquelle il y avoit eu, l'année précédente, un arrêt de partage à Saint-Palais; Sa Majesté ordonnant, par son arrêt du 27 avril, à la chancellerie et cour souveraine de Saint-Palais de publier l'édit qu'elle leur en avoit envoyé l'année précédente, y surséant néanmoins ce qui concernoit l'union des officiers dudit Saint-Palais à ceux de Pau, jusqu'à ce que autrement il en fût par elle ordonné.

Tandis que ces choses se faisoient, le Roi se préparoit, à bon escient, à la guerre; en laquelle les deux plus grandes et premières nécessités étant celles de l'argent pour faire et entretenir les armées, et celle d'un bon chef pour les commander, on pourvut à la première par des édits, qu'on présenta au parlement, un des principaux desquels fut le rétablissement de la paulette, qui avoit été fait par une déclaration du Roi, du 2 février; mais les conditions en ayant été trouvées trop rigoureuses, et les officiers reculant, ou feignant ne les vouloir accepter, on fut contraint de les adoucir par un arrêt du conseil du premier mars; le Roi se contentant d'une partie de l'argent qu'il avoit fait état de recevoir, plutôt que, ou de n'en rien retirer du tout, ou de ne l'avoir pas à temps.

En cette affaire on attribua à la Reine le mécontentement du parlement, qui se plaignoit de la rudesse des premières conditions, et on vouloit qu'elle y eût trempé. Il étoit évident que cela étoit faux; mais n'importe, on désiroit qu'elle fût comme une partie malade, sur laquelle toutes les humeurs tombent et se déchargent.

Un autre fut de l'aliénation de 400,000 livres de rente sur les gabelles, qui fut un moyen assez ordinaire depuis quelque temps, mais assez préjudiciable de diminuer le revenu du Roi à l'avenir, pour avoir de l'argent comptant, qui n'est pas toujours si fidèlement administré que tout le profit en revienne à Sa Majesté pour le secours de ses affaires pressantes.

Un troisième, plus raisonnable, fut de demander secours au clergé; l'assemblée duquel, qui se tenoit à Paris au commencement de juin, fut transférée à Poitiers et de là à Bordeaux, et accorda au Roi un million d'or, pourvu qu'il fût employé au siége de La Rochelle.

Quant au chef, le duc de Luynes fit proposer dans le conseil, par ses affidés, qu'à ces entreprises des huguenots il falloit opposer un personnage vertueux, recommandable pour ses services et pour sa fidélité; qu'il lui falloit mettre en main les armes, le commandement des gens de guerre, et rétablir, en un mot, l'état de connétable.

Quelques-uns désignent le maréchal de Lesdiguières, âgé de soixante ans, vieilli dans les armées, élevé dans le service du feu Roi, homme d'exécution et de grande créance parmi ceux de la religion prétendue réformée, qui tenoit beaucoup de places entre ses mains, et avoit beaucoup d'amis dont le parti du Roi seroit fortifié et celui des ennemis affoibli d'autant.

On proposoit ce personnage pour faire trouver bon le rétablissement de la charge, et on estimoit, par après, faire trouver tant de difficultés en sa promotion à cause de sa religion, qu'on pourroit élever insensiblement le sieur de Luynes à cette dignité, de laquelle, bien qu'il fût très-indigne pour n'avoir ni l'expérience requise ni le courage, il avoit néanmoins tant de présomption que d'y oser aspirer, et espéra qu'après avoir fait ses frères ducs et pairs il n'auroit pas difficulté de faire cela pour lui-même, auquel ce seul degré d'honneur restoit pour s'élever au-dessus d'eux; chacun, favorisant d'ordinaire la faveur, contribue au dessein du sieur de Luynes.

On fit feinte néanmoins d'en donner le brevet audit sieur de Lesdiguières, sous condition d'être catholique. Bullion le lui porta ; mais la fin de son voyage étoit plutôt pour le faire venir en cour que pour le convertir, et le faire connétable.

Arrivé qu'il est, il en remercie le Roi, et, par une harangue concertée, à laquelle M. de Bullion l'avoit disposé, selon qu'il l'avoit promis au sieur de Luynes, lui fit connoître que le duc de Luynes seul méritoit cette charge: conclusion fut prise de le récompenser des offres (1) de maréchal de camp général des armées.

Cette épée, donnée au sieur de Luynes, fit croire la guerre, mais ne donna pas grande crainte aux ennemis. L'assemblée de La Rochelle se montre plus mutinée que jamais; on ne voit qu'écrits séditieux et pleins d'aigreur, que manifestes, libelles diffamatoires, ligues, associations avec les étrangers.

Rien ne faisoit espérer aux dévots bonne issue de cette guerre, que, parce que Dieu choisit d'ordinaire les choses les plus basses pour confondre les plus fortes, de foibles instrumens pour faire de grandes merveilles.

Cependant la Reine demeuroit en un extrême mépris et mécontentement : après la paix d'Angers elle n'avoit fait autre chose, durant le voyage du Roi, que de louer Dieu du bonheur qui accompagnoit ses desseins. Mais, durant ce voyage, le retour de Sa Majesté, et, depuis lors jusques à maintenant, l'innocence de sa conduite n'empêche pas que les beaux esprits, qui travaillent toujours dans les cours, n'interprètent mal ses volontés et n'en donnent divers ombrages.

Les uns, connoissant le naturel de M. de Luynes timide et défiant, essaient de lui persuader, pour les rendre irréconciliables, que les voies publiques lui ayant manqué elle étoit résolue d'employer les secrètes pour se défaire de lui.

D'autres, qu'elle exhortoit les huguenots à la rébellion, par l'assurance qu'elle leur donnoit de sa protection et de celle de ses amis. On dit même au Roi qu'elle étoit Florentine, et ne lui pardonneroit jamais le

---

(1) *De le récompenser des offres*: Lesdiguières eut le titre de *maréchal de camp général des armées*, qui le rendit, en quelque sorte, le lieutenant du connétable.

mauvais traitement qu'elle avoit reçu de lui, déguisant, par le vice de sa nation, les bonnes qualités de sa personne.

Tous ces mauvais offices lui furent rendus en son absence. Venons aux calomnies et au mépris qu'elle reçut dans la cour.

On estimoit, au retour du Roi, qu'elle auroit entrée dans ses conseils. Il étoit favorable au Roi et avantageux à M. de Luynes; car, outre qu'elle l'eût aidé à soutenir le poids des affaires, elle eût autorisé ses résolutions par sa présence. Non-seulement on ne lui donna point cette place, qui ne lui pouvoit être justement disputée, mais on l'en éloigna par des moyens qui l'offensoient plus que le refus.

On dit au Roi qu'elle n'y vouloit avoir part que pour en découvrir les secrets; qu'elle n'y auroit pas sitôt mis le pied qu'elle voudroit partager avec lui son autorité; qu'elle se donneroit la gloire des bons conseils, et rejetteroit le blâme des mauvais événemens sur la violence de ses principaux ministres.

Elle ne se vit pas seulement privée de cet honneur, mais, ce qui lui est plus sensible, de la conversation libre de ses enfans.

On divertit la forte inclination que le Roi a pour elle, par l'appréhension que l'on lui donne de ses desseins. Le gouverneur de Monsieur a pour principale instruction de le mener rarement chez elle, rapporter exactement le sujet de leurs entretiens. Si la Reine lui parle avec franchise, on dit qu'elle fait la complaisante pour gagner son esprit; si elle est réservée, que sa conduite est pleine d'artifice. La visiter est un crime. Si les grands lui rendent les honneurs qui lui sont dus; on tourne les respects en cabales. Il n'y a charge dans la cour que pour ceux qui ont contribué à sa ruine, que pour ceux qui ont lâchement abandonné son service.

Parmi ces mécontentemens, les réconciliations ne laissent pas d'être fréquentes et faciles; il n'y a jour que M. de Luynes ne proteste d'y mieux vivre à l'avenir, qu'il n'avoue qu'elle a sujet de n'être pas satisfaite, mais qu'elle se donne un peu de patience, et qu'elle verra bientôt l'effet de ses promesses.

Le mariage conclu et exécuté entre Combalet et mademoiselle de Pont-Courlay, on espère que la liaison de ces deux personnes mettra la confiance entre les oncles.

Mais il en arrive autrement : l'animosité qu'il a contre moi pource que je sers fidèlement ma maîtresse, prévaut l'amour qu'il a pour ses proches. C'étoit être heureux que de lui appartenir; mieux valoit pour parvenir aux charges, être le dernier de sa race que d'avoir vieilli dans les armées pour la défense de l'Etat; et néanmoins son propre neveu, pour aversion qu'il a de l'alliance où il l'a jeté, n'a point de part en sa fortune. Son cœur étant ainsi disposé pour lui, son esprit s'occupe à en ôter la croyance, à en donner une contraire. Il publie partout que je suis son confident, que mes intérêts lui sont aussi chers que les siens; dit à quelque grand que je lui ai donné parole de le servir, au préjudice même de ma maîtresse; que la Reine ne peut plus avoir de secret dont il n'ait, par mon moyen, une pleine connoissance.

J'apprends ces artifices, je m'en plains à la Reine; elle me commande de souffrir pour un peu de temps en ma réputation, plutôt que de faire un éclat qui préjudiciât au bien de ses affaires. Je me plains à lui de lui-même; lui dis que, comme je n'en voulois point l'effet, je n'en voulois point l'apparence; que plus il essaieroit de donner cette impression, plus je m'étudierois à faire voir le contraire par la fidélité de mes actions envers la Reine; que ces artifices me porteroient au désespoir, si le service de ma maîtresse le requéroit; mais la puissance de Luynes étoit si grande, qu'elle ne permettoit pas une ouverte défense.

Les grands, voyant la Reine si maltraitée, et ses serviteurs en tel mépris, lui conseillent d'en venir à la cause; offrent leurs vies pour assurer la sienne, leurs forces pour la garantir de celles dont elle est opprimée.

La Reine refuse d'entrer en ce commerce; elle juge bien qu'elle ne peut parvenir à cette fin que par deux voies, ou par les publiques en prenant les armes, ou par des secrètes contre celui qui en est l'auteur.

L'intérêt qu'elle a, comme mère, à ne point diviser les Etats de son fils, fait que la première ne lui semble pas juste, et la seconde est indigne de son courage. On lui représente que, pour les injures particulières, la plus grande gloire que puisse avoir un prince c'est de pardonner, et que de venger une injure reçue reçoit excuses, lorsque l'on fait profession de le vouloir faire; la venger, lorsque l'on fait profession publique ne le vouloir pas, est se faire injure à soi-même; la réputation d'une personne consistant en l'observation de sa parole. Elle sait que celui-là se venge plus qu'il le peut, et ne le veut pas, que celui qui pour le faire use de l'extrémité de son pouvoir. A son refus la plupart s'adressent à moi, afin que je me serve de la confiance qu'elle a en moi pour y porter son esprit.

J'essaie, en les détournant de ce dessein, d'éviter l'impression qu'on pourroit prendre que je ne le fasse comme prévenu des intérêts de Luynes, et non pour la seule considération du service que je dois à ma maîtresse.

Pour se garantir du mal, il se faut servir de la droiture de la volonté, et, pour éviter les soupçons, de la dextérité de l'entendement.

Je dis à ceux qui proposent des choses faisables, que la Reine ne les veut pas; je fais connoître aux autres, qui, prenant l'ombre pour le corps à raison de leur passion, mettent en avant des choses sans fondement, que, quand la Reine consentiroit à ce qu'ils proposent, l'exécution en seroit impossible.

La première procédure, qui consiste en la résistance de la volonté, est capable de faire soupçonner ou croire que j'ai intelligence avec ceux qui approchent le Roi de plus près.

La deuxième, qui consiste en l'examen de l'impossibilité des choses, est capable de faire concevoir aux favoris que rien ne m'empêche de leur faire mal que l'impuissance; et néanmoins, en l'assiette où je me vois, sans autre support que celui de la bonne volonté de la Reine, qui n'a autre puissance que celle de sa qualité, ce genre de conduite m'est nécessaire pour ne point porter d'ombrage à ceux qui peuvent ce qu'ils veulent, et ne pas laisser une impression contraire à la fidélité que je dois à ma maîtresse.

Il n'est pas de la France comme des autres pays. En France, le meilleur remède qu'on puisse avoir est la patience; d'autant que nous sommes si légers, qu'il est impossible que les établissemens que nous faisons soient de durée, principalement quand ils sont violens et mauvais; les autres nations ayant plus d'aplomb que nous, elles demeurent plus fixement en l'assiette en laquelle elles se mettent; de façon que le temps ne change pas leur conduite.

Au reste, s'opposer aux maux qui proviennent de l'excès de la faveur des rois, c'est le vrai moyen de les accroître, vu qu'ils sont si jaloux de leur autorité, qu'ils ne peuvent même souffrir qu'on veuille diminuer les effets de leur puissance, en ce même en quoi ils leur sont préjudiciables.

Perdre Luynes par violence étoit un si mauvais moyen pour gagner le cœur du Roi, que la Reine fut toujours déconseillée d'entendre aux propositions qui lui furent faites sur ce sujet.

Au reste, par un tel procédé elle eût souillé la justice de sa cause, et, diminuant la compassion qu'un chacun avoit d'elle sans se délivrer de la misère où elle étoit, elle se fût rendue criminelle en l'esprit de tout le monde.

En cette considération, elle rompt toutes les parties qui se forment contre lui, ce qui n'empêche pas qu'il ne persuade au Roi qu'elle fait tout le contraire; représentant tous ses sentimens tels qu'il estime qu'ils devroient être, par la connoissance qu'il a des sujets de mécontentemens qu'il lui a donnés.

Durant ces contentions, il naît un différend entre M. le cardinal de Guise et M. de Nevers, pour raison de la collation du prieuré de La Charité, que M. de Nevers prétendoit par bienséance, d'autant que le prieur est seigneur de La Charité, qui est une place proche et importante à Nevers, comme ayant un pont sur la rivière de Loire, et, d'abondant, que le dernier possesseur avoit été mis à sa dévotion, et en jouissoit sous son nom.

Le cardinal de Guise, au contraire, en vouloit disposer en faveur d'un des fils de madame des Essarts, avec laquelle, transporté d'une passion plus convenable à son âge qu'à sa dignité, il s'étoit marié clandestinement.

Dans la poursuite de ce procès, les parties s'échappent jusques aux injures. La Reine voit ces esprits si altérés, qu'elle prévoit, si on ne prévient ce malheur, qu'il sera malaisé par après d'y apporter remède; on interprète si mal ses actions qu'elle n'ose y interposer son crédit. La Reine, qui étoit à Paris, en écrit au Roi, le prie de leur envoyer des défenses de visiter leurs juges, de crainte qu'en se rencontrant ils n'en viennent aux mains. On néglige ses avis : ce qu'elle fait par sincérité on le fait passer pour artifice. Luynes dit au Roi qu'elle ne prend soin de cette querelle que de crainte de voir ses amis hors de la cour ; que ces deux princes étant liés à ses intérêts, elle appréhende, s'ils se brouillent, de perdre l'un des deux. Il en arriva comme elle avoit prévu. Ils se trouvent chez le rapporteur, et se frappent sans se marchander. M. de Nevers, qui se croyoit offensé, se mit en état de chercher son contentement, et M. le cardinal de le lui donner. Toute la cour se partage ; la campagne est couverte de noblesse, les amis s'assemblent dans les provinces.

A cette division si grande on ne met aucun ordre :

il semble que Luynes, aveuglé de sa nouvelle qualité, n'y prenne point garde. La Reine, bien que très-maltraitée, ne peut laisser passer sous silence ce qu'elle croit si préjudiciable, et particulièrement en ce temps, au service du Roi; et prenant cette occasion à propos de parler à Sa Majesté, qui ne lui communiquoit d'aucune affaire, lui voulut dire son avis de toutes, sachant que comme mère elle étoit obligée de lui dire ce qu'elle croyoit être pour le bien de son Etat. Elle tombe d'accord avec lui, ou qu'il faut que les huguenots se mettent en leur devoir, ou qu'il les y faut mettre; que s'ils s'y mettent à conditions favorables et sûres pour le Roi c'est le meilleur, mais que ces deux conditions contenoient beaucoup de choses; que s'ils ne le font pas il les y falloit ranger par force;

Que pour cet effet il se falloit disposer à la guerre, amassant de l'argent et force troupes, parce que par ce moyen il ne seroit pas surpris, et que c'est la meilleure invention de faire la paix; mais surtout qu'il étoit à propos de rappeler auprès de lui les grands que la querelle du cardinal de Guise et de Nevers avoient éloignés de sa cour; qu'elle ne doute pas de la netteté de leurs intentions, ni du zèle qu'ils avoient au bien de ses affaires; mais que ses armes en seroient plus redoutables, quand on verroit les esprits unis et portés à même fin.

Bien qu'elle fût écoutée avec assez de froideur, on ne laissa pas de peser ses conseils.

M. de Nevers est satisfait en quelque manière, en tant que le Roi ayant envoyé de la cavalerie à la campagne pour chercher le cardinal et lui, le cardinal ayant été trouvé et améné, fut mis à la Bastille, et de là au bois de Vincennes pour quelques jours; mais le duc de Nevers n'eut pas une satisfaction entière pour cela, comme il paroîtra ci-après.

Le nouveau connétable, étant parvenu au comble de ses désirs, promet à la Reine de lui faire donner contentement; elle le croit d'autant qu'elle ne doute point qu'il ne sache que tout le monde a le poignard dans le sein, n'y ayant personne qui n'ait horreur de le voir en cette dignité; joint que dans une conjoncture si difficile il avoit intérêt, pour sa décharge, que la France la crût participante de ses conseils. Sa créance la trompe; la mauvaise volonté et la crainte qu'il a d'elle lui font mépriser toutes les raisons qu'il a au contraire, pour demeurer ferme en la maxime qu'il a prise de la persécuter. De Paris on la remet à Fontainebleau, où elle ne gagne pas davantage qu'elle avoit fait à Paris.

Cependant les affaires vont toujours de plus en plus à la guerre contre les huguenots. M. de Lesdiguières, avec permission du Roi, envoie Saint-Bonnet à l'assemblée de La Rochelle, pour la conjurer de se séparer, ou, s'ils ne le font, leur reprocher leur désobéissance, et les menacer d'un rude traitement. L'assemblée lui écrit, du 2 avril, avec insolence. Les députés généraux néanmoins le prient de mettre fin pour une bonne fois à ces troubles. Il traite avec le Roi; puis, pour réponse, il dit à Favas que le Roi ne veut souffrir qu'on tienne une assemblée contre sa volonté, veut qu'ils se séparent au plus tôt, et que les députés d'icelle lui demandent pardon; ce qu'étant fait, il leur donnera contentement raisonnable sur toutes leurs demandes.

Favas porte cette réponse à l'assemblée; ils ne l'ont pas agréable, et osent bien mander que le Roi leur a l'obligation d'avoir mis Henri-le-Grand son père dans son trône.

Sa Majesté, voyant cette opiniâtre rébellion, se résout d'aller à eux; mais, afin de montrer qu'elle en veut aux rebelles seulement, elle fit une déclaration, le 24 avril, en faveur de ses sujets de la religion prétendue réformée qui demeurent fidèles à leur devoir.

Il arriva en même temps à Tours une action bien contraire à l'intention de Sa Majesté de tenir en assurance ceux de la religion prétendue; car ceux de ladite religion, ayant porté en terre, un dimanche, de meilleure heure qu'à l'accoutumée, un de leurs morts, le peuple sortant de vêpres à cette heure-là, en fit quelque murmure avec risée, on en vint aux injures, et des injures aux mains; les enfans et quelque populace les suivent jusqu'au cimetière, et, après beaucoup de paroles et d'injures de part et d'autre, enfin ils déterrent ce corps pour le brûler; la justice y accourt qui les en empêche; mais le lendemain la populace se rassemble, abat le cimetière et brûle le temple.

Le Roi, en ayant eu avis, envoie un maître des requêtes, et l'accompagne de forces suffisantes pour en informer. Le peuple s'émeut et fait courre fortune aux juges: de sorte que Sa Majesté, qui étoit déjà partie de Fontainebleau le 23 mai et avancée jusqu'à Blois, fut contrainte d'y envoyer des compagnies de ses gardes, à la faveur desquelles les juges firent prendre quelques-uns des plus coupables, et en firent pendre cinq.

Là lui viennent les nouvelles de la mort d'Annibal

Grimaldi, comte de Bueil, et de son fils; les terres desquels étoient situées entre le comté de Nice et la Provence, et que le duc de Savoie prit son temps de faire prendre prisonnier et mourir, à raison de la protection de la France sous laquelle le père s'étoit mis en l'année 1617; sachant bien que les affaires de Sa Majesté y étoient en tel état qu'elle ne s'en pouvoir ressentir, comme aussi ne fit-elle pas, ni même semblant d'en être offensée; mais on laissa passer la chose sans en parler.

Le Roi, étant à Tours, eut avis certain que l'assemblée de La Rochelle avoit écrit au sieur du Plessis qu'il ne donnât aucune jalousie au Roi en son passage, et qu'il lui laissât croire qu'il se contiendroit dans l'obéissance, afin que Sa Majesté passât sans s'y arrêter, et quand elle seroit passée on pût donner ordre aux fortifications et munitions de la place, et que le même ordre avoit été donné à Armagnac, gouverneur de Loudun. Cet avis fit partir Sa Majesté promptement de Tours pour aller à Saumur, et profiter de cette occasion; elle le dit à Villarnoul, gendre de du Plessis-Mornay, qui l'étoit venu saluer de sa part, s'excusant sur son grand'âge s'il n'y étoit venu en personne. Et le duc de Luynes l'assura qu'on ne toucheroit point à la place. Villarnoul crut que le Roi ne logeroit que dans la ville; mais, dès que les maréchaux furent arrivés, ils s'en allèrent droit au château. Les gardes, qui étoient déjà dans les faubourgs, et les Suisses, qui étoient logés de l'autre côté de l'eau, firent prendre résolution au sieur du Plessis de ne pas s'y opposer; ce que, sans cela, il eût fait indubitablement. Sa Majesté, auparavant que de partir de

Saumur, tint conseil sur ce qu'elle avoit à faire de cette place; si elle en ôteroit le sieur du Plessis, ou si elle l'y continueroit en la charge de son gouvernement. La connoissance qu'elle avoit de l'artifice de ces rebelles à colorer leurs mauvaises intentions et tirer l'avantage de toutes choses, faisoit craindre qu'ils ne prissent occasion de tromper ceux de leur secte qui demeuroient encore dans la fidélité du Roi ; leur représentant faussement que cette action étoit un effet tout contraire à la promesse que le Roi leur avoit faite en sa déclaration, et que c'étoit une suite de la maxime qu'il ne falloit point garder de foi aux hérétiques.

Mais, d'autre part, la grande importance de cette place au parti dans lequel elle demeuroit, le grand dessein qu'y fondoit l'assemblée de La Rochelle, le peu d'assurance que le Roi avoit en la personne de du Plessis-Mornay, que l'on savoit s'entendre, bien que secrètement, avec ladite assemblée ; joint que son âge eût été facilement circonvenu par les siens, quand il n'eût pas été de leur faction; mais principalement que cette ville n'étoit point une place de sûreté, mais avoit été simplement donnée pour assurance par le roi Henri III à Henri IV, lors roi de Navarre, quand il le vint servir à Tours, firent résoudre le Roi à lui en ôter le gouvernement, et la mettre en la garde du comte de Sault, qui faisoit lors profession de la religion prétendue, en laquelle le maréchal de Lesdiguières son grand'père l'avoit nourri.

Le Roi, étant à Saumur, sut qu'il y avoit ordre de l'assemblée de La Rochelle de lui refuser les portes de Saint-Jean-d'Angely, et qu'ils avoient fait entre eux un département de toutes les provinces de la France dans lesquelles ils étoient dispersés, lequel faisoit le partage, non-seulement des villes qu'ils appeloient de sûreté, mais de tout le royaume qu'ils avoient divisé en dix-huit églises, subdivisées, les unes en d'autres églises simples, les autres en colloques qui avoient nombre d'églises simples sous eux.

En chacune de ces églises, ils avoient nommé et ordonné des chefs pour commander les armées, avec des conseillers qui les devoient assister, et pouvoir d'établir un ou plusieurs lieutenans sous eux, et donner toutes les autres charges, à condition toutefois qu'on prendroit provisions de l'assemblée générale.

Ils avoient aussi ordonné des gouverneurs de toutes les places particulières, et fait des lois de police et de gouvernement, tant en paix qu'en guerre, lesquelles ils vouloient être observées parmi eux.

Ils ordonnoient le duc de Bouillon pour leur chef général, avec pouvoir de commander et exploiter leur armée générale; mais il se garda de se méprendre, et n'y voulut point entendre; la charge enfin demeura au duc de Rohan et à son frère, qui n'en eurent pas l'issue qu'ils espéroient.

Cet acte de rébellion et dessein formé d'établissement d'une république dans le royaume, anima le Roi davantage contre eux au lieu de l'étonner, et l'affermit en la résolution de se faire obéir par la voie de ses armes.

Il part de Saumur le 17 mai, s'en va droit à Saint-Jean-d'Angely: le duc de Rohan, n'osant s'y enfermer, y laisse son frère; les villes de Saint-Maixent, Fontenay, Maillezais, Marans, font joug à Sa Majesté. Parabère, gouverneur de Niort, quoique de la religion prétendue, lui demeura fidèle. On s'assura aussi de Loudun, et on envoya La Chesnaye dans le château, bien qu'on ne se défiât pas de la personne d'Armagnac, premier valet de chambre du Roi, qui y commandoit, mais seulement de la religion prétendue qu'il professoit.

Le comte de Saint-Paul prit Gergeau par composition, M. le prince, Sancerre; on s'assura en Bretagne de Châtillon et de Vitré; on récompensa Pontorson de 100,000 écus; on désarma les huguenots à Blois, à Tours, à Rouen, au Havre, à Caen, à Dieppe, à Saint-Quentin, à Vitry et en plusieurs autres places dans les provinces; on les défit lorsqu'ils commençoient à s'assembler en Beauce, Vendomois et Dunois; on usa de semblable diligence dans les autres lieux où ils vouloient faire le même. Ce qui fit que le Roi, avec plus de sûreté, entreprit le siége de Saint-Jean, après avoir, au préalable, par ses lettres-patentes données à Niort le 27 mai, déclaré les villes de La Rochelle, de Saint-Jean et tous leurs adhérens de l'assemblée, criminels de lèse-majesté.

Le sieur de Créqui prit d'emblée, le dernier mai, le faubourg de Taillebourg, environné de la rivière de Boutonne, qu'ils avoient seul gardé, ayant brûlé tous les autres; le comte de Montrevel y fut tué. Cela fait, on fit sommer Soubise de rendre la place au Roi.

Il répondit qu'il étoit là de la part de l'assemblée, et que l'exécution des commandemens du Roi n'étoit pas en son pouvoir.

On commença à ouvrir les tranchées, on dressa les batteries; le Roi avoit envoyé quérir des Liégeois, qui commencèrent, le 13 juin, à miner le ravelin de la tour Caniot; la mine ayant joué le 17, on ne put empêcher la noblesse d'aller à l'assaut, où le baron Descry et celui de Laverdin furent tués, et quelques autres de blessés; mais du côté de l'ennemi, Hautefontaine fut tué, qui étoit l'ame de Soubise, auquel il donnoit le mouvement : ce qui parut bientôt après; car la ville se rendit la veille de la Saint-Jean sans aucune capitulation formée, mais sous une simple promesse en forme de grâce que le Roi leur fit, de les laisser en liberté de leurs consciences et en la jouissance de leurs biens; leur remettant tous les crimes qu'ils auroient commis pendant le siége et à l'occasion d'icelui, pourvu qu'ils demandassent pardon à Sa Majesté, et jurassent de lui demeurer fidèles à l'avenir.

Cette capitulation fut fidèlement observée par le Roi, mais non par Soubise, qui ne laissa pas de continuer en sa rébellion contre Sa Majesté.

Cette place ayant été la première qui avoit osé fermer les portes au Roi, on jugea que, pour punition qui portât exemple, et en ces mouvemens présens et en tous autres à l'avenir, elle méritoit justement être démantelée, et perdre ses priviléges que le roi Charles IX leur avoit laissés en l'an 1569.

Cette juste vengeance, au lieu d'épouvanter les rebelles et les ramener en leur devoir, anima leur courage d'une nouvelle fureur. Ils mirent garnison dans Pons, s'assemblèrent dans le Poitou; mais Pons fut repris dès le dernier jour de juin, et tout le reste incontinent dissipé. Et d'autant que la source du mal venoit de La Rochelle, le Roi y envoya le duc d'Epernon pour la bloquer, et se disposa d'aller en personne en Guienne, où le duc de Rohan et le sieur de La Force soulevoient tout ce qu'ils pouvoient contre son service.

Ils s'étoient, au même instant du siége de Saint-Jean, saisis de la ville de Nérac le 3 juin, en avoient chassé les serviteurs du Roi et y avoient mis garnison; mais M. du Maine s'y rendit incontinent avec ce qu'il put lever de troupes, et y mit le siége; auquel tandis qu'il étoit empêché, le sieur de La Force surprit la ville de Caumont, le 23 juin, par la trahison d'un consul qui fut depuis rompu sur la roue, mais faillit son entreprise sur le château. Ce que le duc du Maine sachant, partit de Nérac la nuit avec une partie de ses troupes, jeta quelques soldats et des munitions dans le château, et attaqua si vivement la ville, qu'il contraignit ledit sieur de La Force à se retirer; de là retourna à Nérac, le prit par composition le 9 juillet. Ensuite de cette victoire, plusieurs petites villes, comme Castel-Jaloux, et tout le duché d'Albret, se réduisirent à l'obéissance du Roi. Boesse, qui étoit gouverneur de Monheur, se tint dans le service qu'il devoit à Sa Majesté; laquelle, ayant le temps cher, partit sitôt de Saint-Jean, après l'avoir remis en son obéissance, qu'il arriva dès le 11 juillet à Castillon, ville de sûreté qui lui ouvrit les portes; de là, il alla coucher à Sainte-Foy le 12, à Bergerac le 13; arrive le 20 à Tonneins, et là, prit résolution d'assiéger Clérac, qu'il espéroit emporter en peu de jours, à la faveur d'une intelligence qu'on croyoit y avoir, réservant Montauban après la prise de cette place.

Ils envoyèrent quelques-uns d'entre eux demander au Roi qu'il promît de leur laisser leurs murailles en l'état qu'elles étoient, et qu'ils se soumettroient en son obéissance. Lesdiguières et Boesse s'avancèrent vers eux pour leur parler et essayer de leur faire reconnoître leur devoir; mais ils furent reçus comme ennemis, et apportèrent réponse au Roi qu'il n'en falloit rien espérer que par la force. Le siége commença le 23 juillet, par une attaque que les nôtres firent par une ardeur de courage et sans commandement, et en laquelle ils chassèrent les ennemis hors de leurs retranchemens plus avancés jusques à ceux qui étoient les plus proches de la ville; mais beaucoup de noblesse y perdit la vie, et entre autres le sieur de Termes y fut tué, gentilhomme courageux et la perte duquel fut grandement regrettée.

Le 25, les assiégés firent une sortie, en laquelle ils furent repoussés avec grande perte, et tous les jours on avoit tant d'avantage sur eux, que le 4 août ils se rendirent à composition. Le Roi n'en fit punir que quatre seulement des plus séditieux; la garnison fut maltraitée, non à dessein, mais par sa mauvaise fortune; car le Roi, craignant ne pouvoir empêcher les soldats de lui méfaire si elle passoit parmi eux, ordonna qu'on lui fît passer la rivière du côté d'Aiguillon. On tint de grands bateaux tout prêts pour cela; mais sur quelque débat qui arriva entre eux et nos gens de guerre, sur ce qu'aucuns d'eux emportoient leurs armes, outre ce qui leur avoit été permis, ils se pressèrent si fort entrant dans leurs bateaux, qu'ils enfoncèrent ou tournèrent dans la rivière et en noyèrent beaucoup, comme si la vengeance de

Dieu les eût poursuivis au défaut de celle du Roi.

Durant ce siége mourut le garde des sceaux du Vair, âgé de soixante-cinq ans, homme austère de sa nature, et tenant quelque chose du philosophe stoïque, comme il paroît par ses écrits. Il étoit versé aux bonnes lettres; et principalement à l'éloquence française, de laquelle il avoit fait une particulière profession. Il demeura fidèle dans le service du Roi au temps de la ligue, étant conseiller au parlement; et depuis Sa Majesté le fit premier président de Provence, à la recommandation de M. de Villeroy, vers lequel néanmoins il ne témoigna pas ensuite toute la reconnoissance qu'il eût été à désirer, sollicitant, en l'an 1616, la Reine-mère d'ôter la charge de secrétaire d'Etat au sieur de Puisieux, sous espérance, mais qui fut vaine, de la faire tomber entre les mains de son neveu Ribier.

Il vécut en Provence avec une réputation de si grande intégrité, que la Reine crut ne pouvoir remplir que par lui seul la charge de garde des sceaux, qu'elle vouloit ôter au chancelier de Sillery.

Sa présence diminua sa réputation : son austérité, qui, accompagnée de la science du droit, le faisoit estimer en sa première charge, accompagnée d'ignorance et d'inexpérience ès affaires d'Etat, le fit mépriser, et le rendit insupportable en celle-ci, en laquelle la disgrâce qu'il reçut d'être chassé par le maréchal d'Ancre fut son bonheur; car la constance avec laquelle il supporta cette défaveur, releva son estime abattue par ses comportemens moindres qu'on n'avoit espéré de lui.

On trouva quelque chose à redire en ce qu'il reçut l'évêché de Lisieux, étant en une charge qui lui ôtoit le moyen de la résidence; mais, s'il ne rendit service à son église particulière, il le rendit à toute l'église de France en la grâce qu'il reçut de Dieu d'être l'organe de tout le rétablissement de l'église de Béarn, en faisant résoudre l'arrêt nécessaire à cette fin, et portant courageusement le Roi à en poursuivre l'exécution; qui a donné le premier coup mortel à l'hydre de la rébellion, et fait voir à ceux qui ne le vouloient pas croire auparavant, qu'elle n'étoit pas invincible aux armes du Roi.

Le Roi, après la prise de Clérac, alla à Agen, où il arriva le 10 août. Il reçut là des nouvelles de toutes parts, que la terreur de Dieu et de ses armes étoit tombée sur les ennemis; que M. du Maine, qui étoit parti du siége de Nérac, avec assez bon nombre de gens de guerre, pour aller faire le dégât de Montauban, non-seulement l'avoit fait, mais que plusieurs villes de là alentour lui avoient apporté les clefs et s'étoient mises en l'obéissance de Sa Majesté. Albiac, ayant voulu lui manquer de parole et lui refuser l'entrée sur l'assurance d'une garnison qu'elle avoit reçue depuis, fut prise de force, pillée et brûlée, tout ayant été mis au fil de l'épée, hormis les femmes et les filles tant seulement;

Qu'un vaisseau hollandais, qui venoit chargé de quantité de munitions de guerre et armes pour les hérétiques du bas Languedoc, avoit été arrêté et pris à Cette le 4 août;

Que M. d'Epernon avoit empêché ceux de La Rochelle de faire leur moisson, et que de tous côtés ses ennemis fléchissoient sous le bonheur de ses armes.

Toutes ces nouvelles l'encouragèrent à entreprendre

le siége de Montauban, qui fut investi le 18 du côté de Ville-Bourbon.

Le connétable avoit pratiqué en la prise de Clérac un soldat nommé Sauvage, qui avoit quelque réputation dans le parti; si bien que, sans prévoir la potence où il fut attaché, il fit avancer le Roi, et hasarder, sur la parole d'un coquin, l'honneur de ses armes.

Il est bon de ne pas négliger ces petits avantages; mais il est dangereux de s'y assurer, principalement à un grand prince, qui doit plutôt emporter que dérober les victoires.

Le duc de Sully y vint trouver le Roi avec quelques députés des petites villes d'alentour, qu'il mena assurer Sa Majesté de la fidélité desdites villes. Et pour l'autorité qu'il avoit dans le parti, à raison de ses alliances, de ses grands biens, et de ses assistances qu'ils avoient reçues de lui au temps de sa faveur, se promettant d'avoir quelque pouvoir sur ce peuple pour le persuader de se remettre en son devoir, demanda congé au Roi d'entrer en cette ville pour travailler à cette fin; mais son voyage y fut inutile, parce qu'il trouva que la noblesse qui y étoit n'avoit pas toute l'autorité, laquelle les zélés avoient donnée à Chamier, ministre, aux consuls et à six les plus zélés d'entre eux, lesquels tous n'étoient pas gens dont les courages fussent faciles à être mus par le vent de la cour.

Le premier septembre on commença à battre la ville de quarante-cinq canons, qu'on divisa en neuf batteries, trois pour chaque attaque. Le 4, le duc du Maine, qui avoit trop d'ardeur et de courage pour être muni de la prudence et de la considération requises à un capitaine, après avoir continué deux jours sa batterie contre une demi-lune qui étoit au devant de la porte de Ville-Bourbon, sans avoir assez bien fait reconnoître si la brèche étoit raisonnable et les défenses bien abattues, jugeant seulement que cela devoit être par la quantité de coups de canon qu'il y avoit fait tirer, entreprit d'y faire donner l'assaut. Il n'y eut pas presse à lui dire que l'entreprise n'étoit pas faisable; l'honneur est en un trop haut point entre les gens de guerre pour, quand ils ont reçu commandement de donner, oser représenter la moindre difficulté qui fasse croire qu'ils ont peur; chacun s'apprête et se met en devoir de bien faire.

Le marquis de Thémines, à la sortie des tranchées, ayant fait à peine dix pas, fut tué d'un coup de mousquet; ce qui étonna tellement les mousquetaires qui le suivoient, qu'on ne les put faire avancer; la noblesse seule, qui s'étoit mise à pied, donna, et avec tant de courage, que, nonobstant que les courtines fussent toutes en feu, ils ne laissèrent pas d'entrer dans le fossé, où, trouvant quelques coffres d'où les ennemis leur tiroient, ils les en chassèrent, montèrent sur la demi-lune et s'en rendirent les maîtres, et du bastion qui étoit vis-à-vis, auquel ils montèrent avec des échelles; mais y ayant demeuré quelque temps, et l'infanterie ne les suivant point pour les soutenir, les ennemis se reconnurent, et vinrent en si grand nombre sur eux, qu'ils furent contraints de se retirer en désordre et avec grande perte.

Ce mauvais succès affligea si fort le duc du Maine qu'il ne s'en pouvoit consoler, et se résolut lors de ne plus hasarder si témérairement la noblesse, dont la vie lui étoit plus chère que la sienne ; mais il ne survécut guère long-temps à cette résolution ; car il fut tué d'un coup de mousquet le 17, en faisant voir ses tranchées au duc de Guise.

Il étoit prince de foi et de courage. En toutes les brouilleries de l'Etat qui ont été de son temps, chaque parti a tenu à grand avantage de l'avoir de son côté. Il servit fidèlement le Roi contre la Reine au mouvement d'Angoulême, et la servit aussi fidèlement en celui d'Angers. On pouvoit dire de lui à bon droit ce qui a été dit d'un des rois les plus renommés de l'antiquité, qu'il étoit le plus grand capitaine que la France eût de long-temps porté, pourvu qu'il vieillît : ce qui semble que Dieu n'a pas permis, et pour les péchés de son père en la faction de la ligue dont il étoit le chef, et pour sa propre faute, de n'avoir pas observé le commandement si exprès que, sous sa malédiction, il lui donna à l'heure de sa mort, de demeurer fidèle dans le service du Roi, quelque prétexte ou occasion qu'il pût avoir du contraire. La grandeur de son courage l'éloigna toujours de l'amitié des favoris, n'ayant jamais su fléchir sous le maréchal d'Ancre, et aussi peu sous celui-ci, qu'il ne pouvoit souffrir de voir en la charge de connétable, de laquelle il croyoit avoir seul le mérite, et l'autre en porter le nom à son préjudice. Aussi Luynes reçut-il autant de contentement de sa mort que tous les serviteurs du Roi en reçurent de déplaisir : les soldats de l'armée du Roi ne trouvoient dans cette perte autre consolation que dans leurs larmes. Le connétable, au lieu d'honorer la mémoire d'un si grand homme qui avoit perdu la vie pour le salut de l'Etat, essaie de lui ôter l'honneur qu'il avoit si chèrement acquis; il dit publiquement qu'on croyoit que plusieurs villes avoient été prises par la valeur de M. du Maine, mais en effet qu'elles avoient été rendues par ses intelligences. Il parle de sa mort comme d'une juste punition de ses offenses.

Le parlement de Bordeaux, touché de cette perte, fit au Roi une harangue aussi hardie qui en ait été faite de ce siècle. Elle contenoit, en substance, que la perte qu'ils avoient faite étoit telle, qu'il lui étoit impossible de leur donner un gouverneur qui l'égalât en mérite; qu'ils le prioient de leur en donner un qui fût de cette qualité, et qu'ils n'en recevroient de moindre naissance; qu'ils le conjuroient de gouverner ses affaires lui-même, et considérer par Montauban combien les places fortes étoient préjudiciables en d'autres mains que les siennes. Ce libre discours ne plut pas fort à messieurs de la faveur, qui avoient déjà désigné cette place à un cadet de leur maison, savoir est au duc de Chaulnes, qui s'étoit saisi de toutes les places qui avoient été prises.

A Paris on s'affligea de sorte à la nouvelle de cette mort, que, chacun s'animant contre les huguenots qui en étoient la cause, il s'émut contre eux une sédition le 26 septembre, en laquelle le temple de Charenton fut brûlé, comme si ce défunt les poursuivoit et leur faisoit encore la guerre après sa mort, de laquelle le peuple n'avoit pu sécher ses larmes que par cet embrasement. Le parlement, de peur que les hérétiques prissent occasion de cet incendie de soulever ceux d'entre eux qui étoient demeurés dans l'obéissance du Roi, leur représentant qu'il n'y avoit point de sûreté pour eux, fit prendre quelques-uns de cette populace et en fit pendre deux; faisant publier un arrêt par lequel il leur étoit défendu, sous grandes peines, aux catholiques, de médire ni méfaire à ceux de ladite religion prétendue réformée.

Le mois suivant un autre embrasement arriva qui les pensa faire tous tuer. Le pont Marchant et celui au Change, ayant été tout consumés en une nuit, la haine qu'on portoit aux huguenots les en fit soupçonner, et ils en furent en danger d'être massacrés, si on n'eût avec prudence et force retenu la fureur du peuple.

Le siége de Montauban avoit été si mal commencé et fut si mal continué, qu'enfin on perdit toute espérance de le prendre. Ils étoient presque aussi grand nombre de combattans dans la ville que l'on étoit dehors, et les assiégés eurent toujours la porte de Saint-Antonin libre, pour entrer et sortir comme bon leur sembloit; de sorte qu'ils faisoient savoir au duc de Rohan, et lui à eux tous, ce qu'ils vouloient : et d'autre part l'envoi de leurs espions en l'armée du Roi, et les messages des traîtres de Sa Majesté vers eux étoient libres. Beaufort, gentilhomme des Cevennes, entreprit d'y faire entrer un secours de quinze cents hommes, qu'il mena sûrement jusqu'à Saint-Antonin; duquel y ayant deux chemins pour aller à Montauban, l'un par une forêt, qui étoit le meilleur pour l'infanterie, l'autre par une plaine découverte, il choisit celui de la plaine, jugeant que, pource qu'il étoit le plus dangereux et qu'on ne jugeroit jamais qu'il l'eût pris, il y seroit aussi moins attendu. Cela lui réussit assez bien; car, de trois troupes esquelles il divisa le secours, l'une entra saine et sauve dans la ville; les deux autres ayant été taillées en pièces, il y fut pris prisonnier et envoyé à Paris à la Bastille. Ce renfort entré, ils firent des sorties avantageuses sur les nôtres, qui diminuoient de courage et de nombre par les maladies qui avoient quasi infecté tous les quartiers.

Le connétable eut recours aux ruses, et rechercha une entrevue entre lui et le duc de Rohan, afin d'aviser aux moyens de la paix; mais il n'eut pas assez de raison ni d'éloquence pour le porter à aucune condition que Sa Majesté pût recevoir avec son honneur. Il y eut depuis plusieurs autres pourparlers qui réussirent aussi mal, et ôtoient le courage à notre armée. Le duc de Montmorency, arrivant à l'armée en octobre, y amena cinq ou six mille hommes; mais étant incontinent après tombé malade, tout cela se dissipa et revint à néant.

Il vint en même temps avis au Roi qu'à Monheur et à Sainte-Foy, où Boesse avoit laissé son fils et son gendre, on retiroit les ennemis et faisoit beaucoup de choses contre son service. Il y envoie ledit Boesse, qui fit telle diligence qu'il entra dans Monheur auparavant qu'on eût eu avis de son partement. De là voulant aller à Sainte-Foy, il est tué en chemin à Gensac, après souper, par quarante mousquetaires qui l'assassinèrent, et furent depuis bien reçus dans Sainte-Foy, où étoit sondit beau-fils.

C'étoit un brave gentilhomme, mais cruel, qui avoit fait dix-sept duels, au premier desquels n'ayant pas voulu tuer celui contre qui il se battoit, et ayant été depuis contraint de remettre l'épée à la main contre lui pour la même querelle, il prit résolution de ne jamais donner la vie à son ennemi, ce qu'il observa avec grande inhumanité. Dieu, qui est ennemi des hommes de sang, lui fit payer par le sien, répandu par ses propres enfans, celui de ses ennemis dont il n'avoit point eu de pitié lorsqu'il les avoit eus en sa puissance.

Il vint aussi, d'autre côté, avis au Roi que Montbrun s'étoit soulevé dans le Dauphiné et avoit entrepris sur la ville de Grenoble. Le comte de La Suze, esprit inquiet et factieux, huguenot, s'allant joindre à lui, fut pris par les paysans de Dauphiné, avec quinze ou vingt des siens, auxquels on trouva le plan de ladite ville et le côté par lequel ils la devoient assaillir, l'exécution s'en devant faire le jour de Saint-Luc. Ils découvrirent encore une seconde entreprise, qu'ils devoient exécuter le 7 novembre.

Toutes ces choses obligèrent Sa Majesté à renvoyer le maréchal de Lesdiguières en Dauphiné, pour, par sa présence, contenir Montbrun en son devoir, et donnèrent occasion d'excuse au connétable de lever, au commencement de novembre, le siége de Montauban, que le désespoir de le prendre, le peu de troupes du Roi, le mauvais état de l'armée, les maladies, les pluies continuelles et la saison de l'hiver, en laquelle on entroit, obligeoient d'abandonner; le Roi y laissa seulement le maréchal de Saint-Géran avec six mille hommes de pied et mille chevaux, pour tenir ladite ville bloquée, et empêcher que les commodités nécessaires y entrassent librement.

Il avoit, de long-temps, préparé une excuse plus plausible encore, qui étoit un prétendu tiers-parti, qu'il disoit que la Reine-mère, mécontente, formoit; et, pour le faire croire, il ne donna jamais, pendant ledit siége, audience au nonce, qui l'a depuis redit à ladite dame Reine, qu'il ne fît intervenir des courriers avec des lettres de personnes supposées, qui lui donnoient avis qu'elle se vouloit prévaloir des occupations que le Roi avoit dans son Etat, et ne le chargeât d'en écrire en cour de Rome, pour, en cas qu'il fût pressé d'en venir à un accommodement, avoir ses décharges; car il est certain qu'il n'en eut jamais ni la crainte ni la créance. Et Contades même a avoué, depuis sa mort, qu'il n'eut oncques opinion qu'on pensât à un tiers-parti, mais qu'il le publioit pour rejeter sur la Reine ce blâme de la paix, laquelle il prévoyoit bien que le Roi seroit contraint de faire par sa mauvaise conduite, d'autant qu'il y engageoit fort mal à propos, se fiant beaucoup plus en ses espions qu'en ses forces.

A la vérité, il y avoit peu d'apparence de la continuer davantage; il n'y eut jamais plus de douze mille hommes où trente mille n'eussent pas été trop pour ce dessein. Le Roi ne laissoit pas de faire une excessive dépense; mais elle vient au profit des particuliers qui s'avantagent du dommage public.

Pour le paiement et entretènement des troupes qui furent mises sur pied, depuis le 25 d'avril jusqu'au premier décembre, il ne falloit pas plus de deux millions, et néanmoins quinze furent employés à cet effet. Sur quoi on ne peut apporter autre excuse que l'exemple du duc d'Albe, qui, lui étant demandé compte de l'argent qu'il avoit reçu, mit vingt millions en espions; ce qui se pourroit dire semblablement, puisqu'en ce temps-là le monde en étoit rempli, non de ceux qui épiassent ce qui étoit, mais qui cherchoient en eux-mêmes les choses qu'ils avoient à dire.

Le connétable n'approcha jamais la ville de la portée du canon. Ceux de la ville appeloient une montagne dont il regardoit faire les attaques, *la Connétable*, et une autre petite élévation de terre où sont fortes murailles, *le Plastron du connétable*. Il s'amusoit à sceller (1) pendant que les autres étoient aux mains. Ce qui fit dire à M. le prince que, si on vouloit distinguer le temps, il étoit propre à toutes les charges : bon garde des sceaux en temps de guerre, et connétable en temps de paix.

Au fort de ses lâchetés il ne laissoit pas de parler comme s'il étoit percé de plaies, tout couvert du sang des ennemis. Modène lui écrit que les Toulousains murmurent contre lui, que le parlement n'a point de satisfaction de sa conduite ; il répond, par lettres qu'on fit expressément courir par le monde, qu'il cherche sa gloire dans ses actions et non pas dans la croyance des peuples; que douter de ses services, c'est un effet qu'il reçoit de leurs mauvais jugemens, vu que les choses qu'il a faites ont passé, d'une voix, comme pour des miracles ; que c'est la coutume des fainéans de parler avec licence de ceux qui sont toujours dans les périls; que, s'ils continuent à le blâmer, ils lui ôteront la volonté de les obliger, et qu'il leur fera sentir les effets de sa puissance.

Il n'écrit pas à M. le prince, qui s'étoit retiré à Châteauroux, avec moins d'audace. Il lui mande comme il est bien averti qu'il essaie de décrier ses actions, mais qu'il est permis d'en douter à ceux qui

(1) *S'amusoit à sceller :* Depuis la mort de du Vair, le connétable de Luynes remplissoit les fonctions de garde des sceaux.

ne les ont pas vues; qu'il trouve fort bon qu'au milieu de ses plaisirs il parle avec liberté d'une personne qui couche tous les jours de son reste pour le salut de l'Etat, mais qu'il espère d'être quelque jour assez heureux pour faire sentir à ses ennemis l'injustice de leurs plaintes.

Le Roi même ne put s'exempter de ses outrages; car un jour, ledit connétable parlant à un courrier en présence de Marillac, le Roi ayant désir de savoir ce qu'il lui disoit, il lui témoigna qu'il le trouvoit mauvais, et blâma sa curiosité, laquelle il fut si outrecuidé de qualifier du nom d'indiscrétion. Une autre fois, le Roi ayant donné une compagnie vacante dans les vieux régimens à un gentilhomme qui l'avoit bien servi, ledit connétable, qui ne lui avoit pas procuré cette charge, s'y oppose, et dit hautement qu'il vouloit bien que l'on sût que c'est à lui et non pas au Roi d'en disposer: tant son esprit étoit foible pour porter une si grande fortune que celle à laquelle il étoit élevé.

Le Roi, n'étant pas encore parti de Montauban, y reçut avis de la prise des deux plus grands vaisseaux de son armée de mer par les Rochelois.

M. de Saint-Luc fut ordonné par le Roi pour commander en son armée navale, en qualité de son lieutenant général. Il reçut nouvelles, le 6 octobre, que Razilly, avec quatorze vaisseaux équipés en Bretagne, s'étoit arrêté à battre Saint-Martin en l'île de Ré, et qu'il avoit pris jusqu'à trente vaisseaux marchands à l'environ de ladite île, et les avoit envoyés en la rivière de Marans.

Ledit sieur de Saint-Luc s'embarque, et, accompagné de trois vaisseaux, va rejoindre Razilly, où il sut que les Rochelois avoient repris tous lesdits vaisseaux et un navire de ceux du Roi que ledit commandeur avoit envoyé pour le mener. Lors, ayant pris résolution avec ledit chevalier de les combattre, les Rochelois se retirèrent près de la terre, d'où, les vaisseaux du Roi ne pouvant approcher, ils prirent conseil de s'en aller en Brouage pour se munir, tant d'hommes que de toutes sortes de munitions qui leur commençoient à manquer.

Les trois grands vaisseaux et la patache du duc de Nevers, qui avoient été armés en Normandie, se joignirent à eux ; mais, au lieu de se rendre tous devant Brouage, plusieurs, et, entre autres, deux navires du duc de Nevers, mouillèrent l'ancre loin de là, sur l'espérance qu'ils eurent de prendre quelques vaisseaux rochelois qui étoient entrés en la rivière de Seudre.

Le 6 novembre, l'armée rocheloise, composée de vingt-cinq vaisseaux, les vinrent attaquer, et prirent les deux plus grands navires de M. de Nevers, qui étoient échoués, et les menèrent à La Rochelle ; et, ne se contentant pas de cela, essayèrent de boucher le port de Brouage, y faisant enfoncer quelques vaisseaux, ce qui ne réussit pas. Ils demeurèrent, néanmoins, toute l'année maîtres de la mer, et firent beaucoup de prises de vaisseaux marchands, qui apportoient une grande incommodité au commerce.

Au partir de Montauban, sur la fin de novembre, le Roi alla droit à Toulouse, où on lui fit une magnifique entrée.

Ce peuple, affligé de ce que Montauban n'étoit pas

pris, au siége duquel néanmoins ils avoient contribué, avec beaucoup d'incommodité, tout ce qui étoit de leur puissance, voyant le Roi s'en retourner en ses provinces de deçà, croyant se voir abandonnés à la fureur de leurs ennemis, qui étoit devenue plus envenimée par ce siége, et rapportant, comme c'est la coutume des peuples, la cause de leurs maux à celui qui gouverne, et y ayant tant de sujet de les attribuer à celui-ci, étoient portés d'une très-mauvaise volonté contre lui.

Le parlement, en la harangue qu'il fit au Roi, après avoir remercié Dieu de l'avoir conservé dans les périls, lui dit qu'il ne pouvoit s'affliger de ce que Montauban n'étoit pas pris, puisque ses armes ne combattoient pas pour leur liberté, mais pour la mettre en possession du connétable, dont la domination est pire que la première, et qu'ils n'auroient nul déplaisir de voir leurs bourses et leurs vies épuisées, s'ils ne connoissoient que le siége n'aboutît que pour le bâtiment d'une citadelle pour M. le connétable, comme il en faisoit faire une à Bergerac. Aussi étoit-il vrai qu'il avoit déjà fait prendre le plan dudit Montauban, et que le gouvernement en étoit donné au duc de Chaulnes.

Ledit connétable dit tout haut qu'il se vengeroit de cette offense, envoya quérir celui qui en avoit porté la parole, lui veut faire chanter la palinodie; mais il persiste toujours dans cette résolution, qu'il ne pouvoit changer de son autorité privée ce dont ont délibéré les chambres assemblées. Il sollicite instamment un des conseillers; mais la réponse qu'il eut lui fut aussi peu favorable que sa requête étoit incivile.

Se voyant décrédité parmi les gens de guerre, en mépris dans les corps, et en haine parmi les peuples, il se résolut de faire un nouveau siége; espérant, par là, effacer la mémoire des choses passées, éluder la honte du dernier par la gloire d'une nouvelle prise.

Le château de Monheur, proche de Toulouse, qui, après la mort de Boesse, s'étoit ouvertement révolté contre le Roi, fut jugé par lui être une place qui ne feroit pas beaucoup de résistance, et la prise de laquelle donneroit contentement à la ville de Toulouse.

Le maréchal de Roquelauré eut ordre de l'aller investir, et Sa Majesté, après avoir demeuré peu de jours dans Toulouse, s'y achemina, y laissant le père Arnoux pour les gages, qui, quelque résolution qu'un homme de sa profession dût avoir, se trouva surpris et étonné en cette rencontre.

Il y avoit quelque temps que lui et le sieur de Puisieux, par accord, ou rendoient de mauvais offices au connétable envers le Roi, ou en faisoient de bons à l'Etat; faisant connoître au Roi son incapacité à son service, le peu de droiture de son intention, qui n'alloit qu'à sa propre grandeur, le mauvais emploi de ses finances, et le désordre universel en tout son royaume, qui donnoit un mécontentement commun à tous.

Il prenoit le temps de la messe du Roi, où, faisant semblant de lui parler de dévotion, il l'entretenoit de ces choses, et le sieur de Puisieux, feignant les matins de lui lire des dépêches, lui tenoit de semblables discours; ce dont on s'aperçut, d'autant qu'il demeuroit, sans tourner le feuillet, beaucoup plus à parler qu'une page ne pouvoit pas contenir d'écriture.

Le connétable, se voulant ôter ces épines du pied, commença par celle qui étoit la plus dangereuse, à cause de la condition de la personne et de la dévotion du Roi, et la plus facile, à cause du rang qu'il tenoit en sa profession d'ecclésiastique.

Il dit premièrement au Roi qu'il avoit su qu'il lui faisoit de mauvais offices près de Sa Majesté, et le supplia de lui dire les calomnies qu'il lui avoit inventées contre lui, afin qu'il les fît paroître à Sa Majesté controuvées et fausses, comme elles étoient. Il eut peine à faire rien avouer au Roi; dès qu'il lui eut découvert la vérité de tout, il ne fut pas difficile à recevoir et agréer ses excuses, et ensuite abandonner le père Arnoux à sa volonté pour le faire retirer de la cour.

Lors il l'envoya quérir, lui reprocha les biens qu'il lui avoit faits et son ingratitude. L'autre tâcha par des paroles soumises, et plus basses que sa condition ne portoit, à adoucir son esprit, mais en vain. Au sortir de là, il voulut encore essayer de voir le Roi une fois; mais le cardinal de Retz, qui étoit son ami et le vint voir, le lui déconseilla, comme étant chose dont il ne tireroit aucun fruit, et recevroit beaucoup de honte s'il l'entreprenoit. Son retour étoit également craint de ses amis et de ses ennemis, les uns et les autres appréhendant sa violence et l'audace de son esprit; joint que c'est une chose difficile à supporter aux ames même les plus modérées de voir une personne de basse étoffe et hors des charges publiques s'arroger l'autorité du gouvernement. Et sa méconnoissance vers le sieur de Luynes fait connoître par expérience que celui-là fut le plus sage politique des sept sages de la Grèce, qui donna à un grand, pour première maxime de gouverner heureusement, de ne se fier facilement à personne de ceux qui sont autour de lui, puisque l'habit même de la piété est capable de feinte et de dissimulation.

Ce procédé du père Arnoux, qui l'avoit mis en péril, joint à la mauvaise volonté qu'il voyoit qu'on lui portoit de toutes parts, aigrit son esprit jusqu'à l'extrémité; de sorte qu'il ne méditoit que proscriptions et emprisonnemens contre tous ceux qu'il jugeoit être en état et pouvoir de lui faire du mal.

Le sieur de Vic, qui succéda au sieur du Vair en la charge de garde des sceaux, dit qu'il étoit résolu de me faire mourir à son retour. Le père Arnoux manda à la Reine qu'il n'y avoit plus pour elle aucune espérance de salut.

Le prince de Joinville dit qu'il s'étoit ouvert à lui d'un dessein qu'il avoit de mettre la main sur le collet de quelque grand; il l'avoit prié de jouer le même jeu qu'avoit fait le maréchal de Thémines.

C'est un ennemi bien dangereux en un Etat, qu'un homme puissant en forces, en biens, en argent, et en faveur, qui, ne voulant bien à personne, veut mal à tous en général, en tant qu'il veut s'accroître aux dépens du public.

Avec cet esprit il partit pour aller à Monheur, qui, par l'incommodité du temps, et l'opiniâtreté des ennemis, qui bien que peu en nombre étoient enflés de la dernière prospérité, résista plus longuement qu'il ne pensoit; car, quelque diligence que l'on y apportât, on ne put gagner le fossé que le 8 décembre.

Cependant ceux de Sainte-Foy osèrent entreprendre de le venir secourir; mais en ayant trouvé les passages bien gardés, et d'autre part ayant eu avis que la compagnie des gendarmes du connétable, qui étoit logée à Gontaut, s'assurant sur les murailles de la ville qui n'étoient pas mauvaises, dormoient la nuit sans faire aucune garde, ils les allèrent réveiller au matin avec un pétard, entrèrent dans la place, tuèrent quelques-uns d'eux, et pillèrent tout leur bagage.

Le connétable, affligé de cette nouvelle, dit à Contades : « Voilà ma compagnie défaite, Montauban que nous avons failli, Monheur que nous ne pouvons prendre, les huguenots qui ne sont rien en effet, et résistent à la puissance d'un Roi. Qu'est-ce que cela ? »

Contades lui répond que c'étoit la saison, les maladies et les pluies; à quoi l'autre réplique : « Contades, mon ami, il y a autre chose que je ne puis dire, » lui insinuant que Dieu n'étoit pas de son côté.

Sur ces entrefaites il tombe malade : à peine est-il alité que Monheur est pris le 12. Deux mines ayant déjà joué à leurs bastions, Mirambeau, fils aîné de Boesse, se présenta sur la brèche et demanda à capituler, ce qui lui fut refusé; seulement fut-il donné la vie sauve tant à la garnison qu'à tous ceux de la ville, permis aux gentilshommes de s'en aller l'épée au côté, et aux soldats le bâton en la main. La place fut pillée et brûlée entièrement.

Ce succès si désiré fut à peine ressenti du connétable, que la maladie avoit déjà réduit jusques à l'extrémité, et l'emporta deux jours après, qui fut le quatorzième jour de décembre.

Il ne fut pas sitôt frappé qu'il se crut mort ; il recommanda au Roi fortement le cardinal de Retz et M. de Schomberg ; se leva au fort de sa maladie pour brûler une cassette pleine de papiers, qu'on soupçonna être des charmes, ou des traités avec les huguenots, ou les uns et les autres. De charmes il y a grande apparence par les diverses communications qu'il avoit eues avec les magiciens, car on sait qu'un nommé Bois-Gaudri fut envoyé par lui à Turin, avec La Blèche, querir La Bastie, gentilhomme d'auprès d'Ast, et dom Diégo, religieux piémontois, tous deux renommés magiciens, qui lui donnèrent des herbes pour mettre dans les souliers du Roi, et de la poudre pour mettre dans ses habits. Bois-Gaudri l'a avoué au cardinal de Retz et à l'évêque d'Aire ; et depuis, en ayant donné avis à un gentilhomme nommé Longueraie pour en informer la Reine, il fut mis par ordre dudit connétable dans la Bastille, d'où il n'étoit pas encore élargi quand il mourut. Un autre magicien italien, nommé Grand-Coste, n'y fut pas si favorablement traité, y ayant été étranglé par ses ordres.

Ceux qui sont travaillés de l'ambition des sceptres et des couronnes se laissent facilement aller à cette impiété ; d'autant qu'ils ne pensent au salut de leur ame qu'en tant que le requiert le prétexte qu'ils prennent pour parvenir à leur dessein ; l'apparence seule de la religion leur étant en singulière recommandation, pource que l'effet en est très-cher et très-recommandable aux peuples.

Des traités, non-seulement il appert par l'apparence qu'en donnèrent les voyages qu'il fit vers M. de

Rohan, mais par l'assurance certaine qui se collige du billet que l'abbé de Foix trouva dans sa chambre, qui portoit qu'il avoit fait une forte liaison avec ses proches; par les discours qu'il en tint à Contades, lui disant qu'il se vouloit accommoder avec les huguenots pour sa fortune; qu'il voyoit bien le dégoût du Roi; qu'il traitoit la Reine de sorte qu'elle seroit insensible si elle n'en avoit du sentiment, et partant qu'il croyoit que son seul refuge pouvoit être avec les huguenots, parmi lesquels il seroit fort considérable par le nombre des places et des deniers qu'il avoit en main. Sa mort avoit été prédite, et à lui et au public, par beaucoup de personnes, et en beaucoup de manières; mais il n'est pas en la puissance d'un homme d'allonger d'un seul moment la trame des jours que Dieu lui a ordonnés.

M. de Luxembourg m'a dit que, comme le Roi passoit pour aller au siége de Clérac, un homme l'étoit venu trouver, qui lui avoit dit qu'il prioit le connétable de n'aller point à Monheur, parce qu'il étoit là menacé d'un malheur, et qu'il courroit la fortune de sa personne; que quand à Monheur il prit congé de lui pour aller au devant du secours qu'on craignoit de Sainte-Foy, il s'en sépara comme d'une personne qu'il ne devoit jamais voir, et que, sur la première nouvelle de son indisposition, il dit à Deageant que c'étoit fait de sa vie.

Le Roi passant à Agen, un capucin tenu en réputation de grande sainteté, et à qui Dieu faisoit des grâces particulières en ses extases qui étoient fréquentes, étant interrogé des événemens de cette guerre, dit à son gardien que Dieu mettroit une grande confusion dans l'armée, que plusieurs mourroient par le fer et par maladie, et que celui à qui on donnoit l'honneur de cette entreprise n'en verroit pas la fin ; la cour en riant interpréta sa prophétie du père Arnoux quand elle le vit éloigné ; mais l'événement fit connoître que c'étoit du connétable.

L'almanach du curé de Millemont en ses prédictions portoit en termes exprès que, depuis le mois d'août jusques à la fin de l'année, un grand *Philocomée* auroit bien mal à la tête, et sera contraint de se ranger au lit, avec danger de sa personne ; que ce ne seroit pas du tout sa maladie qui lui causeroit cette fâcherie, mais des nouvelles qui lui viendroient de la perte de quelques siennes troupes qui auroient été mises en fuite ; et le même almanach en la fin, où il mettoit les jours heureux de l'année, remarqua particulièrement le jour de sa mort, jour heureux pour le Roi et son Etat.

Renouart me dit, la veille de la Saint-Martin, qu'un homme avoit assuré le président Jeannin qu'il ne reviendroit jamais à Paris. La Reine régnante lui dit, lorsqu'elle vit arriver le duc de Chaulnes : « Voilà le frère venu pour avant-coureur, votre prédiction n'aura pas d'effet. » Il ne laissa pas de persister en son dire avec assurance.

Une ame sainte et religieuse dit à un prélat et à un religieux, plus de quatre mois avant sa mort, qu'il seroit enlevé du monde devant deux ans ; et, peu de temps avant qu'il mourût, elle écrivit que le terme en seroit bien abrégé.

Le père de Bérulle dit toujours qu'il ne croyoit pas que Dieu voulût exterminer les hérétiques par un si mauvais instrument; et comme la Reine appréhendoit qu'à son retour il ne lui fît plus de mal qu'il n'en avoit fait par le passé, il s'en moqua, disant que Dieu ne le permettroit pas, et que cette année étoit un an de miracles. Il est bien certain que si Dieu n'en eût disposé on alloit voir mener une vie bien sanglante, et traiter cruellement tous ceux qui lui sembloient porter obstacle à sa grandeur, à laquelle il ne mettoit point de bornes.

Il me dit un jour que le Roi l'avoit fait connétable pour les services qu'il lui avoit rendus, et qu'il espéroit lui en rendre d'autres par lesquels il l'élèveroit encore plus haut. Et Contades a confessé depuis sa mort, qu'il étoit si emporté de son ambition, qu'encore qu'il l'eût souvent averti que le Roi commençoit à avoir du dégoût de sa conduite, cet avis ne touchoit son esprit ni de près ni de loin, ni ne le rappeloit en la pensée de vivre avec plus de modération.

Le père de Bérulle, qui le voyoit fort familièrement, lui dit un jour qu'il commençoit d'être temps qu'il appliquât son esprit au bien du royaume, sans plus le tenir dans le seul dessein de son intérêt, et qu'il lui conseilleroit de se prescrire à lui-même un terme auquel il voulût borner sa fortune, afin qu'y étant arrivé il se donnât tout entier au public. Il lui répondit avec larmes qu'il savoit bien que c'étoit un conseil de sagesse et de piété, mais qu'il n'étoit pas en sa puissance de le faire: tant il est vrai que, lorsque l'ambition s'est entièrement emparée d'un esprit, le mal est sans remède; il n'y a plus de place pour les conseils des amis, qui ne font autre effet, s'ils y veulent insister, qu'attirer la colère et la haine de celui qui les écoute sans les recevoir, encore que la plus grande imprudence que puisse avoir un homme de faveur en sa conduite, soit de s'élever jusques à tel point qu'un chacun estime que sa conservation en cette grandeur prodigieuse soit la ruine de l'Etat, et sa ruine le rétablissement et salut du public, d'autant que beaucoup de gens qui voudroient se sauver pour eux-mêmes, ne craignent point de s'exposer à se perdre pour le prix d'un Etat.

Il eut dessein de se faire roi d'Austrasie, en érigeant Toul, Metz et Verdun en royaume. Il n'y a ruse dont il ne se soit avisé pour se rendre maître d'Orange, quoique celui qui en est prince fût chef des Etats, et en alliance particulière avec cette couronne. Il envoya le colonel avec une entreprise sur la place; ne l'ayant pu exécuter, il laissa charge à un habitant d'Avignon, nommé Dauriac, esprit qui se faisoit de fête, et capable d'intelligence, de mener une trame secrète pour l'emporter par la trahison des soldats, ou par la corruption du capitaine. La composition en fut faite à vingt-quatre mille écus; mais la longueur qu'il apporta à faire délivrer les deniers, donna loisir au prince d'Orange d'en découvrir la trame et d'y apporter remède. Il prenoit en ce temps-là le prétexte de religion; mais il fit voir tôt après que, comme grand politique, il savoit accorder le bien de l'Eglise et celui des huguenots; car il traita d'Avignon, ce qui fit dire à des personnes qui eurent connoissance de ses pensées, qu'Avignon étoit une perdrix, mais qu'il étoit si délicat qu'il ne la vouloit pas manger sans orange.

Pour faciliter ce dernier traité, il envoya Marossan à Rome, pour juger sur les lieux qui pourroit parvenir au pontificat après Paul V, afin que, du temps qu'il ne seroit qu'en espérance fort éloignée de cette souveraine dignité, il promît, moyennant l'assistance que la France lui donneroit et notable somme de deniers qui pourroit être employée en autre domaine pour l'Eglise, de lui vendre le comté d'Avignon, ou, au cas que cela ne se pût faire, au moins l'en rendre gouverneur, et qu'on lui donnât la qualité des armes à perpétuité.

Marossan promit force pensions, mit ses chimères en avant en un lieu où les esprits sont aussi retenus pour ne pas faire ce qui leur sera préjudiciable, comme ils sont pénétrans à le découvrir et adroits à l'éviter.

On cabale à cet effet avec le cardinal Borghèse, qui lors étoit Espagnol de faction; on fait le cardinal Bentivoglio, confident dudit cardinal, comprocteur des Français au préjudice du cardinal de Savoie.

On a découvert ceci après la mort de Marossan, une cassette ayant été saisie à Lyon par ses créanciers et mise ès-mains de M. Ollier, intendant de la justice, pour voir s'il n'y avoit point de papiers importans au service du Roi, à cause des charges publiques qu'il avoit eues.

Outre son ambition, qui étoit bien extraordinaire, il y a de quoi s'étonner de son aveuglement, qui le portoit à croire que le Pape eût voulu faire ce préjudice au Saint-Siége, de retrancher un Etat qui a toujours été leur refuge en leurs misères, et l'unique asile en leurs maux.

Ceux qui sont en grande faveur doivent, entre

plusieurs autres choses, prendre principalement garde à celle-ci, de ne penser pas que leur sens suive leurs fortunes, c'est-à-dire qu'il demeure autant élevé au-dessus de ceux des autres que leur condition; car, depuis qu'ils se sont rendus incapables d'avis, ils sont capables de toutes fautes, surtout quand ils sont venus comme celui-ci à la faveur sans avoir passé par les charges, d'autant qu'ils se sont plutôt vus au-dessus que dans les affaires, et ont été maîtres des conseils avant que d'y être entrés.

Il étoit d'un esprit médiocre et timide, peu de foi, point de générosité, trop foible pour demeurer ferme à l'assaut d'une si grande fortune, en laquelle il se perdit incontinent; s'y laissant emporter comme en un torrent, sans aucune retenue; ne pouvant prescrire de bornes à son ambition; incapable de l'arrêter et ne se reconnoissant plus lui-même, comme un homme qui est au haut d'une tour, à qui la tête tourne et n'a plus de discernement. Il voulut être prince d'Orange, comte d'Avignon, duc d'Albret, roi d'Austrasie, et n'eût pas refusé davantage s'il y eût vu jour. Les flatteries l'emportèrent jusques-là qu'il crut que toutes les louanges qu'on lui donnoit étoient véritables, et que la grandeur qu'il possédoit étoit moindre que son mérite; de sorte qu'il laissoit échapper plusieurs paroles qui étoient mal reçues des personnes d'entendement, comme, entre autres, que sa faveur n'étoit pas, comme celle des autres favoris, fondée en la seule volonté de leur maître, mais que la sienne étoit en la nécessité, comme ayant sauvé le Roi et l'Etat de divers périls qui les menaçoient de ruine s'il n'y eût pourvu. Ensuite de quoi il fut si outrecuidé, qu'à Saumur, la Reine-mère y étant, il fit commandement aux maréchaux des logis de le loger immédiatement après le Roi et la Reine sa femme, et leur dit : « Vous voyez ce que le Roi vous commande, si vous y manquez je vous ferai châtier. » Il étoit insolent en son gouvernement, et ne vouloit souffrir que ceux qui étoient dans les principales charges lui apportassent aucune raison pour se défendre de faire ce qu'il leur ordonnoit; et il usoit d'une autorité si absolue, et avec si peu de marques de dépendance d'un souverain, qu'il donnoit occasion à ses ennemis de dire que celui qui, en trois ans, avoit fait un chemin qu'on ne pouvoit prévoir, pouvoit bien, en un instant, faire celui qu'il étoit impossible de ne prévoir pas au train qu'il prenoit; et aux personnes qui étoient sans intérêt que de la bienséance et du bien de l'État, qu'il faisoit plusieurs actions de roi, mais que plus il en pratiquoit plus montroit-il le desir passionné qu'il avoit de l'être, et tout ensemble l'incapacité qu'il avoit à l'être; car, écrivant à l'assemblée de Loudun, qui ne se vouloit pas assurer de ce qu'on lui promettoit que sur la parole du Roi, il leur manda que sa parole valoit bien des brevets, et se scandalisa contre le marquis de Cœuvres de ce que, sur une affaire qui concernoit le cardinal Bentivoglio, il s'excusoit de n'avoir pas fait ce qu'il lui avoit mandé, d'autant, disoit-il, qu'il n'en avoit point eu des lettres du Roi; « comme si mes lettres, dit lors le connétable, n'étoient pas meilleures qu'aucunes autres qu'on lui pût écrire. » Il en étoit venu jusqu'à ce point, que, sans plus parler de la personne du Roi, il disoit : « Je vous ferai donner une charge de maréchal de France; je vous ferai ceci, je vous ferai cela; » au lieu de dire : Je vous moyennerai ces grâces de Sa Majesté. Et ce lui étoit une chose si ordinaire, que le duc de Chaulnes dit à la Reine-mère, parlant d'une compagnie des gardes qu'on disoit être vacante, que le connétable avoit dit au Roi qu'il y mît qui il voudroit, d'autant que quant à lui il le laissoit disposer de ces choses-là, et ne s'en mêloit point.

À la fin même il franchit tout le respect qu'il devoit à Sa Majesté, et ne lui rendoit pas les soumissions d'un sujet, et tant obligé comme il étoit à son maître.

Lorsque le Roi fût à Amiens, la garnison ne sortit point comme on a accoutumé quand le Roi entre en une place, ains ses gardes n'entrèrent point avec lui dans la citadelle, où il fut seul à la merci de celui qui peut vouloir mal à sa personne, puisqu'il veut bien à son État, et que son ambition est déréglée ; et non-seulement ne parloit pas du Roi avec la dignité convenable, mais osoit même le taxer quelquefois de manquement et d'imperfection; disant assez haut, à qui vouloit l'entendre, qu'il rendoit un roi qui n'agissoit point égal au plus grand monarque du monde.

La timidité, qui suivoit la foiblesse de son esprit, étoit accompagnée de soupçons, de ruses et d'artifices èsquels la naissance que la nature lui avoit donnée en un pays qui est assez coutumier d'en user la fortifioit.

Il n'y avoit finesse dont il ne s'avisât pour décevoir l'esprit du Roi en sa faveur et au désavantage de tous les autres, soit en l'environnant de toutes ses créatures, ne permettant qu'aucun autre en approchât, se faisant rendre un compte exact de toutes ses actions, de ses gestes et ses paroles, de tous ceux qui l'avoient vu et de ce qu'ils lui avoient dit; soit en lui faisant de faux rapports et supposant des calomnies contre ceux qu'il vouloit éloigner de ses bonnes grâces, ne manquant pas d'avoir de faux témoins apostés pour cela; et généralement le tenant en défiance de tous ceux qui n'étoient pas tout-à-fait à lui, sans permettre que personne prît part si avant en sa bienveillance, qu'il n'eût déjà préparé dans l'esprit du Roi des semences de défaveur, pour s'en servir quand il voudroit.

Ses plus grands soupçons et ses artifices avoient la Reine pour principal objet, comme étant celle qui pouvoit seule le ruiner, et qu'il croyoit avoir obligée à le vouloir. Il jette mille soupçons d'elle dans l'esprit du Roi, qu'il essaie, par un conseil d'Achitophel, d'obliger à ne se réconcilier jamais nettement avec elle, par les affronts et injures qu'il lui fait, ce semble, par sa permission.

Il la fait représenter en une comédie; il fait le semblable au ballet même du Roi, auquel ledit connétable, comme dompteur des monstres, la fait mettre à genoux devant lui pour l'affaire d'Angoulême, et ensuite le ventre en terre pour celle du Pont-de-Cé; puis, comme si cela étoit peu, on amena encore pour la représenter un géant traîné par deux nains.

Si elle veut venir à Paris on l'en empêche; si elle ne veut pas on s'en plaint. Quand elle y est on fait trouver mauvaises toutes ses actions. Si elle y pense demeurer on veut qu'elle vienne avec le Roi, et on interprète à quelque mauvais dessein celui de sa demeure. Si elle y vient, on témoigne avoir toutes sortes de méfiances d'elle, et on l'y traite si mal qu'elle est enfin contrainte de quitter.; car, à Saumur, les siens se plaignant qu'on ne lui donnoit pas un logement tel qui lui appartenoit, elle n'en eut point du tout. Si elle se tait des déplaisirs qu'elle reçoit, on interprète son silence à ce qu'elle en veut avoir du ressentiment. Si elle en parle, on s'en moque et s'en fâche-t-on quelquefois; et, qui pis est, quand on demande de l'argent pour elle, il ne s'en trouve point, disant pour excuses que les ducs de Chaulnes et de Luxembourg ne sont pas payés, et que, puisque cela est, nul ne se doit plaindre; et, en un mot, lui fait faire un si mauvais traitement en toutes choses, qu'il semble obliger, par ce moyen, le Roi à ne se réconcilier point avec elle, croyant qu'elle ne se réconciliera point de sa part avec lui, et après avoir reçu tant de peines et de déplaisirs, qu'elle ne peut ne lui pas attribuer en quelque façon, puisqu'il avoit le pouvoir de les empêcher s'il eût voulu; il ne laissoit pas néanmoins d'en demeurer toujours en crainte et en une perpétuelle inquiétude, et n'eût jamais été content qu'il ne l'eût tenue resserrée en quelque lieu éloigné de la cour, ayant, au préalable, éloigné d'elle tous ceux dont la suffisance étoit au-dessus de ses ruses, et la fidélité à l'épreuve de ses présens.

Cette continuelle appréhension et soupçon inquiet dans lequel il vécut toujours durant le cours de sa fortune, ne fut pas un petit contrepoids à la grandeur de sa félicité, laquelle autrement étoit au-delà de toute celle qu'on pouvoit s'imaginer, s'étant vu agrandir sans aucun mérite, et en un instant, et de la bassesse de sa condition élevé du premier pas au comble de la hautesse de celui qui l'avoit devancé, si ce n'est que cela le fit follement évanouir et se perdre dans les espérances immodérées de grandeurs imaginaires, auxquelles, s'il eût été sage, il n'eût pas pensé.

Il avoit deux frères qui prenoient le même intérêt à son bien que lui-même, par le moyen desquels il étoit présent partout, un des trois ne perdant jamais le Roi de vue, et partageant, avec moins d'envie entre eux trois, les plus grandes charges du royaume, qu'on ne lui en eût porté s'il les eût toutes réunies en sa personne. Et, pour affermir son établissement, la fortune l'avoit fait arriver en l'état où il se trouvoit par la crainte que, non-seulement lui, mais la voix publique de tout le royaume avoit mis dans l'esprit de son maître, de la puissance de laquelle seule il pouvoit recevoir le coup de sa défaveur, et l'avoit fait venir après un homme si haï, qu'on fut long-temps à s'apercevoir qu'il avoit tous ses vices, et étoit encore plus digne de haine que lui.

Au reste, il étoit plein de belles paroles et de promesses qu'il ne tenoit pas fidèlement; mais, lorsqu'il donnoit des paroles plus absolues, c'est lors qu'on étoit plus assuré de n'avoir pas ce qu'il promettoit; et lorsqu'il promettoit le plus son affection, c'étoit lors qu'on avoit plus de sujet d'en être en doute, tant il manquoit de foi sans en avoir honte, mesurant tout l'honneur à son utilité.

Il étoit d'esprit assez humain; mais étant ambitieux et voulant se conserver en l'état où il se voyoit élevé, auquel il avoit plusieurs ennemis, sa timidité naturelle lui fit choisir pour sa conservation la voie d'une rigueur excessive, et mépriser celle de la débonnaireté, en quoi il fut confirmé par un Italien qui, ignorant ce qui est de la France, ne lui pouvoit donner que des conseils ruineux.

Il mesuroit ce grand Etat par le gouvernement des petites provinces d'Italie; en quoi il se trompoit du tout, vu qu'il y a toute différence, étant aisé de tenir par rigueur un petit nombre de sujets en un pays si peu étendu que les plus éloignés sont proches de celui qu'ils doivent craindre, gens accoutumés de longue main à l'obéissance, qui n'ont aucune forteresse en main.

Mais il n'est pas de même de la France, grand et vague pays séparé de diverses rivières, où il y a des provinces si éloignées du siége du prince, qu'on n'y peut aller qu'on n'ait temps d'être à cheval, où plusieurs forteresses sont ès mains des sujets, où les rébellions sont fréquentes et dangereuses, et où on a plus accoutumé de porter par douceur à ce qu'on veut, que contraindre par force.

Mais lui, au contraire, ayant la force en main, méprisoit de contenter aucun, estimant qu'il lui suffisoit de tenir leurs personnes par force, et qu'il n'importoit de les tenir attachées par le cœur; mais en cela il se trompoit bien, car il est impossible qu'un gouvernement subsiste où nul n'a satisfaction et chacun est traité avec violence. La rigueur est très-dangereuse où personne n'est content; la mollesse, où il n'y a point de satisfaction, l'est aussi; mais le seul moyen de subsister est de marier la rigueur avec une juste satisfaction de ceux qu'on gouverne, qui aboutit à punition des mauvais et récompense des bons.

Il n'avoit qu'une seule vertu qu'on puisse opposer à toutes ses mauvaises qualités, c'est qu'il fit du bien à tous ses parens et à tous ses serviteurs, estimant une partie de ses richesses consister en celles de ceux qui lui appartenoient, et ne comptant pas écharsement les biens qu'ils devoient raisonnablement avoir pour leur suffire, mais prenant plaisir à leur en donner à mesure, non à compte, comme Cyrus faisoit aux siens. Sa mort fut heureuse en ce qu'elle le prit au milieu de sa prospérité contre laquelle se formoient de grands orages, qui n'eussent pas été sans péril pour lui à l'avenir; mais elle lui sembla d'autant plus rude, qu'outre qu'elle est amère, comme dit le sage, à ceux qui sont dans la bonne fortune, il prenoit plaisir à savourer les douceurs de la vie, et jouissoit avec volupté de ses contentemens. Il en étoit encore en la fleur et au temps que la jouissance en est plus agréable; et, quant à sa fortune, elle ne faisoit encore que de le saluer, et n'avoit pas eu loisir de se reposer auprès de lui, étant plus vrai de dire qu'elle avoit paru que non pas qu'elle eût eu subsistance, ainsi qu'un éclair qui paroît et disparoît en même temps; mais elle sert d'exemple de la vanité des hommes et des grandeurs, qui périssent, ou avec ceux qui les possèdent, ou devant eux, et en toute façon bien promptement. Comme sa faveur n'avoit point eu de fondement solide, ni tous les grands biens et les charges qu'il avoit amassés autre appui que sa présomption et les inventions artificieuses dont il avoit trompé le Roi, elles n'eurent pas de subsistance après sa mort. Les fortifications qu'il avoit fait faire à Quillebeuf, par lesquelles il étoit maître de Rouen, furent ruinées. Le gouvernement de Calais qu'il avoit fut donné au sieur de Palaiseau, celui du Boulonnais au sieur d'Aumont, celui de La Fère au sieur de Beaumont, premier maître-d'hôtel du Roi, le gouvernement de Picardie au duc d'Elbeuf, et celui d'Amiens couroit fortune si le duc de Chaulnes n'eût donné 50,000 écus à M. le prince, qui le lui conserva.

La Reine n'eut pas sujet d'avoir beaucoup d'affliction de sa mort, car elle étoit hors d'espérance de voir finir les persécutions qu'il lui faisoit, ne pouvant prendre aucun si bon conseil en son gouvernement qu'il n'y trouvât quelque chose à redire envers le Roi; de sorte qu'elle étoit réduite à tel point, que, nonobstant qu'elle attendît tous les jours un pire traitement, elle étoit résolue, quoi qu'il arrivât, à la patience, et de ne faire aucune lâcheté ni action indigne, mais attendre de Dieu et du temps ce qui plairoit à sa divine Majesté. Elle s'y confirme, non-seulement parce que cette vertu apporte quasi toujours une favorable issue aux affaires qui se conduisent par elle, donnant une disposition à un acheminement à la réconciliation des esprits, à laquelle la force et la violence est contraire, que pource que la haine qu'on portoit au connétable étant publique, et le sujet du mécontentement universel, les bons attendoient, et les judicieux avoient lieu d'espérer qu'une si grande fortune ne pouvoit pas toujours continuer contre raison. Tandis qu'elle fut au siége de Saint-Jean elle n'osoit parler. Si elle disoit que le Roi viendroit à bout de la guerre qu'il entreprenoit, on croyoit qu'on l'y vouloit embarquer plus aisément; si elle demandoit mille ou douze cents hommes au nom de ses serviteurs, afin qu'on vît ouvertement qu'elle veut être toujours du parti du Roi et non d'autre, on pensoit que c'étoit pour avoir main-forte ; si elle disoit qu'elle y contribueroit volontiers si peu de pierreries qu'elle avoit, on feignoit que c'étoit pour tirer vanité de cette offre ; si, de plus, elle témoignoit qu'elle prendroit part en apparence à tous les conseils dont on vouloit que la France la crût participante, on pensoit que c'étoit pour prendre pied aux affaires. Il fit défense à Monsieur, frère du Roi, de la visiter.

Enfin le siége fait, lassée de tant de mépris, ayant demandé congé au Roi de s'en venir en son gouvernement et de là se rendre à Paris, passant par Tours, Blois et Chartres, où elle avoit fait un vœu pour le bon succès de son voyage ; Sa Majesté ayant approuvé le dessein qu'elle avoit fait par l'avis de M. le connétable, qui empêcha néanmoins de lui venir dire adieu ; la Reine pensant exécuter en paix ce qu'elle avoit proposé, elle ne fut pas plutôt partie d'auprès du Roi qu'incontinent ceux qui ne l'affectionnoient pas voulurent, à son préjudice, faire croire qu'elle faisoit fortifier extraordinairement la ville et château d'Angers, sans autre prétexte que celui d'une petite muraille de six pieds d'épais, qu'elle faisoit faire aux dépens du Roi, qui lui avoit donné 3,000 écus pour y faire les réparations nécessaires. Sur ce bruit elle envoie en cour le sieur de Marillac supplier le Roi d'envoyer sur les lieux avérer la fausseté de cette accusation.

Marillac est pris en chemin par les huguenots. On fait soupçonner au Roi qu'on l'a fait prendre à dessein pour, avec plus de sûreté, traiter avec eux de la part de la Reine.

La Reine, non contente de se garantir de toutes ces choses dont elle puisse être reprise, désireuse encore d'ôter tout soupçon, au lieu d'aller à Angers s'en va à Tours; mais, pensant y être en assurance de la malice de ses ennemis, elle trouve qu'au contraire elle n'est pas sitôt arrivée que l'on sème le bruit d'un tiers parti que M. le prince, qui étoit lors retiré en son gouvernement, et autres princes et grands formoient avec elle. Elle s'en moque jusqu'à ce que ceux qui la venoient trouver de la part du Roi, ou ceux qui étoient de la sienne près de Sa Majesté à l'armée, lui font connoître que, quoiqu'on n'y ajoute pas une entière foi, on n'en méprise pas toutefois les avis.

En ce temps l'abbaye de Redon, qui étoit en Bretagne en la nomination de la Reine, ayant vaqué, le connétable lui envoie Bourg-le-Roi pour lui en ôter la disposition. Cet homme, dès qu'il est arrivé, répand de mauvais bruits de tous côtés contre la Reine; qu'on étoit à la cour en grande méfiance d'elle; qu'il en avoit ouï parler au connétable. Tantôt il disoit que les troupes de M. de Vendôme étoient suspectes au Roi, si proches de l'Anjou comme elles étoient; tantôt que la Reine, qui ne leur vouloit donner passage sans voir leurs commissions, le faisoit pour tarder le service du Roi. Toutes ces choses la firent résoudre de quitter Tours et s'acheminer à Paris, afin qu'y étant comme sur le théâtre de la France, ses actions y fussent mieux vues et examinées de tout le monde.

Mais arrivant à Blois elle s'y arrêta tout court, d'autant qu'elle y reçut la nouvelle de la sédition que la mort de M. du Maine avoit apportée à Paris, jugeant que, puisqu'elle alloit à Paris pour y chercher son repos, il n'étoit pas raisonnable d'y arriver lorsqu'il étoit en trouble. Elle accomplit son vœu à Chartres, et, après avoir allongé son voyage le plus qu'il lui étoit possible, elle se rend à Paris.

Le duc de Montbazon, pour sa bienvenue, défendit aux prédicateurs de parler d'elle, de crainte que, par ce moyen, on ne lui conciliât les affections des peuples; dit à un gentilhomme de M. de Bouillon que ce n'est pas merveille si on avoit soupçon de lui, puisque la Reine étoit à Paris, où elle tenoit tout le monde en échec; bien qu'il fût vrai qu'elle n'y étoit allée que pour rendre cette grande ville témoin de son innocence, et faire voir que, si elle étoit accusée, c'étoit une preuve de son malheur et non pas de sa mauvaise conduite.

Aussi le connétable n'en eut-il jamais ni la crainte ni la croyance. A même temps que Marillac arriva dans l'armée, il lui dit que la Reine se conduisoit de sorte qu'il n'y avoit rien à redire en ses déportemens.

Il n'y avoit remède que nous n'apportassions à ces maux, mais inutilement; d'autant qu'ils avoient leur fondement en la mauvaise volonté et en la timidité du connétable; et le procédé de la Reine, pour innocent qu'il fût, ne pouvoit changer, ni nos raisons, pour bonnes qu'elles fussent et bien données à entendre. Mais, quoiqu'on ne puisse avec effet remédier à certains maux, il ne faut pas laisser d'y travailler, vu qu'en certaines choses on ne satisfait point à ce qu'on doit si on ne fait tout ce qu'on peut, quoiqu'on prévoie que le travail soit inutile.

Une des plus grandes difficultés que j'eusse, étoit à supporter les calomnies de trahison qu'il m'imposoit; car, pour s'excuser envers les peuples du mauvais traitement qu'il faisoit à la Reine, il essayoit de faire croire qu'il agissoit de concert avec moi, et publioit une étroite intelligence entre nous deux. Je m'en plaignois à lui, et lui disois que, comme je n'en voulois point l'effet, je n'en voulois point l'apparence; que d'autant plus il donneroit cette impression-là aux grands, d'autant plus m'étudierois-je à faire voir le contraire, et que tels artifices étoient capables de me porter au désespoir, si le service de ma maîtresse le permettoit. D'autres fois, par la persuasion de la Reine, je dissimulois tous ces artifices, et étois bien aise qu'il pensât donner cette mauvaise impression de moi, afin qu'à l'ombre de cette précaution diabolique qu'il pensoit avoir, je pusse gagner le temps qu'il falloit couler avec telles gens.

En ces misères et en ces appréhensions, sans y prévoir aucun accommodement, la Reine demeura durant tout le règne du connétable, la mort duquel lui sembla être une délivrance que Dieu lui envoyoit de tous ses maux, et ce d'autant plus que le Roi, qui lui en manda la nouvelle le 15 décembre, qui fut le lendemain de sa mort, par le courrier Desouches, lui mandoit que l'affection qu'il avoit vers elle, plus forte que tout autre sentiment, ne permettoit pas à son esprit de demeurer davantage dans les tristes pensées de cette mort, sans lui donner l'allégement qu'il recevoit en lui faisant part de tout ce qui lui arrivoit; et que le déplaisir qu'il avoit d'être éloigné d'elle lui donnoit une extrême envie de retourner à Paris.

Cette lettre, écrite tout soudain après la mort du connétable, fit respirer la Reine, et la confirma en la créance que tout son mal avoit eu son origine dans cet homme, et en l'espérance certaine que ses malheurs avoient pris fin avec lui. Elle se fortifia encore en cette pensée, quand, à peu de jours de là, elle reçut une autre lettre du Roi, du 23 décembre, par laquelle il lui donnoit avis de l'élection qu'il avoit faite du sieur de Vic pour la charge de garde des sceaux, ajoutant, comme il savoit qu'elle l'aimoit plus que tout autre, il feroit qu'elle en recevroit plus de contentement.

Le jour même de la prise de Monheur, le Roi reçut avis que le sieur de Soubise s'étoit rendu maître de Royan par l'infidélité des habitans, qui étant quasi tous de la religion prétendue l'y appelèrent; firent, pour la forme, poser des échelles aux murailles, pour donner créance qu'ils avoient été surpris, et lui ouvrirent les portes du château. Cette nouvelle lui fut désagréable pour l'importance de la place, que le temps trop avancé dans l'hiver ne lui permettoit pas d'assiéger pour lors.

La Chesnaye, qui en étoit gouverneur, et n'étoit pas de l'intelligence, alla trouver le Roi, après cette action, pour lui répondre de sa personne. Il fut arrêté entre les mains du grand-prévôt, puis relâché après que son innocence fut connue.

On reçut aussi avis qu'à Montpellier ils avoient arrêté prisonniers les principaux des catholiques qu'ils trouvèrent en leur ville; chassèrent tous les prêtres, avec beaucoup d'insolences qu'ils commirent dans les églises.

Ils reçurent le duc de Rohan avec acclamations,

vive Rohan! vivent les Eglises! et le cercle du bas Languedoc, enflé du mauvais succès du siége de Montauban, osa bien déclarer M. de Châtillon privé de ses gouvernemens de Montpellier et d'Aigues-Mortes, et de toutes les charges qu'ils lui avoient données parmi eux, déclarant criminels tous ceux qui lui adhéreroient et rendroient obéissance.

Le duc de Lesdiguières leur envoya le sieur du Cros, président au parlement de Dauphiné, qui, du temps du feu Roi, avoit été agent général des églises prétendues réformées, pour traiter avec eux des voies d'accommodement avec le Roi; mais ils l'assassinèrent malheureusement.

Le duc de Rohan en fit quelque raison, faisant pendre quatre des plus viles personnes coupables de son assassinat.

Toutes ces choses étoient des nuages de guerre qui se dissiperont l'année suivante, après beaucoup d'éclairs et de tempêtes.

Le Roi cependant se mit en chemin pour s'en retourner à Paris, après avoir laissé le duc d'Elbeuf avec quelques troupes dans le pays pour tenir les ennemis en crainte, et empêcher de rien entreprendre sur les places qu'il avoit acquises sur eux.

Tandis que le Roi mettoit à la raison les hérétiques rebelles, l'Empereur faisoit le même des siens en Allemagne, que l'effroi de la bataille de Prague, qu'ils perdirent, fit désunir incontinent et remettre en son obéissance. Les provinces incorporées à la Bohême, savoir est la Lusace, la Moravie et la Silésie, comme plus proches du péril, commencèrent les premières; plusieurs villes impériales suivirent après.

Le seul Betlem Gabor, prince de Transylvanie, demeura ferme, fit tête à l'Empereur, et eut cette gloire, qu'il tua ses deux principaux chefs d'armée : le comte de Dampierre, Français, qui mourut en une entreprise sur Presbourg, et le comte de Buquoy, qui, ayant assiégé Newhaussen, que ledit Betlem vint secourir, y fut tué en un combat.

Le palatin fut contraint de quitter l'Allemagne et se retirer à La Haye, abandonnant lâchement le bas Palatinat aux armes des Espagnols, qui l'attaquoient sous le nom de l'archiduc Albert, et le haut à celles de Bavière, auxquelles Mansfeld, avec quelques troupes qu'il avoit sauvées de la Bohême, et quelques autres que Halberstadt avoit levées, s'étant joint aux deux princes Weimar de Saxe, faisoient une faible résistance.

Le roi de la Grande-Bretagne intervenoit, comme amiable compositeur ou suppliant, par son ambassadeur extraordinaire Digby qu'il avoit envoyé vers l'Empereur, mais avec d'autant moins d'effet, qu'on jugeoit bien de ce procédé qu'il n'y avoit rien à craindre de lui par la voie des armes; et, ainsi, toute l'Allemagne faisoit joug à l'Empereur, qui, ayant été puissamment assisté du roi d'Espagne, l'investit à la fin de novembre de Milan, Final, Senes et Piombino, Etats lesquels il possède en Italie.

Ce mauvais état des protestans en Allemagne n'étonna point les Hollandais, qui non-seulement reçurent courageusement le palatin fugitif, sa femme et ses enfans; mais, le temps de la trève qu'ils avoient faite en 1609 venant à expirer, alors refusèrent les offres qui leur furent faites de la renouveler, et, après l'avoir seulement prolongée pour six semaines, recommencèrent la guerre.

L'archiduc Albert mourut auparavant que de voir sa conquête achevée, le cours de laquelle ne fut pas interrompu pour cela, d'autant que c'étoient les armées d'Espagne qui la faisoient et non les siennes, qui n'eussent pas été suffisantes.

Cette année fut signalée par la mort du pape Paul V, et du roi d'Espagne, Philippe III.

Le premier fut un saint père et un bon prince, qui, dès ses plus jeunes ans, vécut en une grande continence, extraordinaire en son âge et en son pays, et avec beaucoup de réputation de piété, et que l'assomption à cette souveraine dignité ne changea pas. Il fut, du commencement, fort ardent à la conservation des droits de l'Eglise, et jeta un interdit, un peu promptement, contre la république de Venise, duquel étant avec grande peine, par l'entremise et autorité du Roi, sorti enfin avec son honneur, il fut depuis un vrai père de paix. Le cardinal Ludovisio, qui avoit été employé par lui à la pacification des troubles d'entre Mantoue et Savoie, pour le Montferrat, lui succéda au pontificat.

Le roi d'Espagne, Philippe III, mourut à Madrid, le dernier mars, en l'an quarante-unième de son âge, non sans étonnement, ni sans se plaindre d'être sitôt appelé hors de ce monde, n'ayant encore à peine fourni que la moitié de la course de ses années.

Il s'étoit un long temps remis de la conduite de son Etat sur le duc de Lerme, sans vouloir prendre aucune connoissance particulière des affaires plus importantes. Il l'avoit néanmoins depuis disgracié;

mais il donna le même lieu et la même autorité auprès de soi au duc d'Uzède, son fils, qui montra combien l'ambition a plus de force en un esprit que la piété, ayant donné le dernier coup plus important à la défaveur et au bannissement de son père.

Ce Roi, à l'heure de la mort, considérant le grand compte qu'il avoit à rendre à Dieu, et le peu de soin qu'il avoit pris du gouvernement des Etats qu'il lui avoit mis en main, entra en une si grande crainte des jugemens divins, qu'il désespéra de guérir dès le commencement de sa maladie, que les médecins ne jugeoient pas mortelle, et disoit souvent qu'il étoit bien misérable; qu'il trembloit à la pensée des péchés de roi qu'il avoit commis, et qu'il craignoit que Dieu ne lui fît point de miséricorde.

Il recommanda à son fils de ne faire pas ce qu'il avoit fait, dont il s'étoit repenti, qui étoit de changer les ministres qu'il trouveroit en charge et en établir de nouveaux, en quoi il fut mal obéi; car, à peine eut-il les yeux fermés, que son fils, Philippe IV, nouveau roi, manda, en poste, au cardinal duc de Lerme, qu'il lui défendoit de venir à la cour; lui fit saisir la plupart de ses biens; lui ôta la jouissance d'un don que le feu Roi, son père, lui avoit fait de quinze mille charges de blé, qu'il lui étoit permis de faire sortir de Sicile, qui lui valoit 72,000 ducats par an, et ôta au duc d'Uzède les charges qu'il avoit, le fit arrêter prisonnier en une maison d'où il se sauva; fit prendre prisonnier le duc d'Ossonne et ses principaux serviteurs, pource que ledit duc étoit une de leurs créatures, et don Rodrigo Calderone, qui étoit celui qui avoit plus eu leur confiance, et chassa de la cour le confesseur du feu Roi, son père, qui étoit inquisiteur mayor et conseiller d'Etat, le renvoyant en son couvent;

Fit faire de grandes recherches de l'argent qu'il croyoit que le duc de Lerme avoit, et arrêter ce qu'il en trouva entre les mains d'Augustin Fiesque; donnant toutes les charges des exilés à ceux qu'il savoit être leurs ennemis.

Cette persécution n'en demeura pas là; le comte d'Olivarès, nouveau favori, la poussa jusques au bout, faisant faire le procès et exécuter Calderone, le duc d'Ossonne et quelques autres.

Le duc d'Uzède mourut de regret, ce que ne fit pas le duc de Lerme, qui lui manda qu'il avoit ouï dire qu'il mouroit en fou, puisqu'il mouroit de déplaisir, qu'il lui conseilloit de prendre la patience à laquelle il avoit autrefois obligé les autres; quant à lui, que ses années lui faisoient beaucoup plus de peine que ses ennemis, qu'il n'aimoit pas tant qu'il leur voulût donner la consolation de mourir pour le mal qu'ils lui faisoient.

Ce commencement de faveur et de règne si peu humain, pour ne pas dire si austère et cruel, n'est pas pour attirer beaucoup de bénédictions du ciel sur sa conduite, comme on vérra par les années suivantes.

LIVRE XIII.

[1622] Aussitôt que la Reine eut nouvelle de la mort du connétable, qui arriva le 14 décembre de l'année dernière, elle envoya le sieur de Marillac vers le Roi pour lui témoigner la douleur qu'elle avoit de cette perte, à cause de l'affliction qu'il en recevoit, mais grand contentement de voir qu'il avoit pris les rênes de son Etat, qui étoit la seule chose qu'elle avoit désiré voir, et de ce qu'il les tenoit si heureusement, que la réputation commençoit à s'épandre par toute la France de la prudence avec laquelle il agissoit en son conseil et force en son armée; qu'elle le conseilloit de continuer pour sa gloire, le bien de son peuple et son contentement particulier, puisqu'elle ne désiroit autre chose que de le voir gouverner ses affaires lui-même;

Qu'elle lui offroit Angers, Chinon et le Pont-de-Cé, s'il n'avoit pas de quoi présentement récompenser ceux qui l'avoient dignement servi.

Il lui témoigna qu'il connoissoit bien l'insolence de cet homme et le tort qu'il lui faisoit; que s'il ne fût mort la patience lui échappoit; qu'il y avoit long-temps qu'il lui tardoit d'être délivré de cette servitude; qu'il la remercioit de la patience qu'elle avoit eue; qu'il n'auroit jamais connétable ni favori; mais que son principal soin seroit de lui faire connoître qu'il l'avoit toujours tendrement aimée.

Ces devoirs si respectueux, et rendus à la vue de la cour, firent croire à beaucoup de gens qu'elle auroit plus de crédit à l'avenir qu'elle n'en avoit eu par le passé; mais bien que la fin du connétable eût fait finir le règne d'une malice ouverte, celui de l'artifice ne le fut pas. On tendit toujours aux mêmes fins, mais par diverses voies.

M. le prince, qui, appelé des ministres, fut trouver le Roi aussitôt qu'il sut la mort de Luynes, n'oublia point les inventions que la fertilité de son esprit lui suggéroit contre elle. Les ministres pensèrent établir leur affermissement à son préjudice; on vouloit embarquer le Roi dans trois ou quatre siéges, pour empêcher son retour, de crainte que sa vue ne touchât son bon naturel; mais, quelque raison qu'on lui donnât pour l'engager à faire un plus long séjour en Guienne, il ne voulut différer davantage le contentement de la voir.

La Reine ayant appris par ses lettres comme, toute affaire cessante, il s'acheminoit à Paris, elle m'envoya le rencontrer à Orléans, le remercier de tant de démonstrations de bon naturel qu'il lui rend, l'assurer qu'ainsi qu'il fait paroître n'avoir pas plus grand soin que de se faire voir très-bon fils, elle n'en veut avoir aucun autre que de lui complaire, et faire connoître à un chacun que jamais passion de mère n'a égalé celle qu'elle a pour lui;

Qu'elle le prie de continuer à agir lui-même avec un bon conseil; qu'il y est d'autant plus obligé qu'il est important qu'il fasse voir que si, par le passé, il ne l'a pas fait, c'est qu'on l'en divertissoit, et non qu'il ne le peut faire;

Qu'elle ne prétend aucune part à son autorité, reconnoissant si dangereux que personne du monde le partage, comme le passé l'a fait voir par une très-mauvaise expérience; qu'elle le conjure de n'en donner l'effet ni même l'apparence à qui que ce puisse être, qu'elle doit résider en sa seule personne; mais qu'il y a certains degrés d'honneur qui doivent être départis aux grands, selon la différence de leurs qualités;

Que tous admirent déjà sa façon d'agir par lui-même, et que s'il la changeoit cela diminueroit l'estime qu'on fait de son jugement; que tous les princes les plus avisés ont toujours tenu le timon du vaisseau, mais se sont servis de bons pilotes pour les aider à le conduire;

Que toutes ses prétentions n'ont autre but que de recevoir de lui des témoignages qui fassent voir au public la bienveillance qu'il lui porte, la confiance qu'il a en elle; qu'elle souhaite créance auprès de lui, mais qu'elle la veut acquérir par bonne conduite, lui complaisant en tout ce qu'elle pensera lui devoir être agréable, épousant toutes ses volontés et tous ses intérêts, qui sont les seuls qu'elle peut avoir pour elle-même.

Au reste, que le crédit qu'elle désire avoir n'est pas pour l'importuner, ne voulant jamais lui faire aucune demande qui vienne à la connoissance du monde qu'auparavant elle n'ait su en particulier ses sentimens, voulant être aussi prompte à se désister de ce à quoi il aura répugnance, comme tardive à s'engager à ce qu'elle ne saura pas assurément être approuvé de lui.

Le Roi reçut ses complimens avec un visage si ouvert, que la Reine en ayant la nouvelle, elle dit publiquement qu'elle se tenoit maintenant heureuse, puisqu'elle lui pouvoit faire paroître sa passion, et que rien ne l'empêcheroit plus de lui témoigner l'amour qu'elle lui avoit toujours porté.

Mais il ne fut pas sitôt arrivé à Paris, ce qui fut le 28 janvier, que les ministres reprirent leurs premières erres. Le chancelier, qui, ne sachant de quel côté tourneroient les affaires, avoit fait force protestations à la Reine de s'unir avec elle, jusqu'à lui témoigner ne vouloir pas s'en mêler si la principale conduite n'étoit mise entre ses mains, s'unit cependant avec les autres : aussi la Reine les avoit-elle reçues en y ajoutant autant de foi que l'expérience qu'elle avoit du passé le requéroit.

Tous ensemble, après avoir considéré qu'il falloit ou que le Roi se servît de la Reine sa mère, ou de M. le prince, ou qu'eux seuls eussent pouvoir dans l'administration de l'Etat, connoissant leurs bonnes intentions mieux que personne, ils estimèrent qu'ils pouvoient en conscience faire résoudre le Roi à en donner quelque apparence à la Reine et à M. le prince, et qu'eux auroient tout le crédit sans leur en faire part. Ils considéroient la Reine pour sa seule qualité, et M. le prince pour celles de son esprit, et le mal qu'il leur pouvoit faire par son humeur agissante ; ce qui fut cause que leur intérêt étant ce qui les touchoit le plus, ils donnèrent plus de part à ses affaires audit sieur prince qu'à la Reine.

On propose à l'abord si elle auroit entrée dans les conseils ; on dit au Roi qu'il étoit à propos qu'il eût confiance en elle, mais qu'il ne devoit pas l'appeler au maniement de ses affaires, parce que l'amour qu'on avoit pour elle feroit que bientôt elle partageroit avec lui l'autorité ; pour M. le prince, qu'il y pouvoit être employé sans jalousie, son nom étant si odieux parmi les peuples, qu'il faudroit qu'il fît de grands miracles pour se mettre en crédit.

Cette résolution ayant été communiquée à la Reine, je me chargeai de faire entendre aux ministres que, s'ils désiroient la gloire du Roi, la satisfaction publique et leur utilité particulière, ils devoient porter le Roi à lui donner cette place due à sa qualité et à l'honneur du Roi, parce qu'il étoit important que Sa Majesté fît connoître que rien ne lui avoit fait souffrir le mauvais traitement que la Reine sa mère avoit reçu par le passé que les inventions du connétable, qui lui cachoit l'état véritable des affaires, ce qui ne se pouvoit faire que par un traitement du tout contraire à celui qu'elle avoit reçu durant sa vie, à faute de quoi on imputeroit à son naturel la conduite passée, qui en effet n'étoit due qu'aux artifices de Luynes.

La satisfaction publique, chacun attendant avec impatience la réunion des cœurs, qui ne pouvoit être connue que par des preuves apparentes d'une entière confiance.

Leur intérêt, parce que la Reine ne pouvoit être éloignée des conseils, que tout le monde ne crût que le Roi, qui avoit témoigné de bons sentimens pour elle à la mort du connétable, n'en fût détourné par des personnes qui, en condamnant publiquement les actions du défunt, suivent cependant sa conduite, et se servent en secret des mêmes artifices.

Mais rien ne les peut émouvoir à lui donner un contentement si raisonnable.

Il est vrai qu'ils ne s'y opposoient pas tant par aversion qu'ils eussent contre elle, que par la crainte qu'y étant une fois établie, elle ne m'y voulût introduire.

Ils connoissoient en moi (1) quelque force de jugement; ils redoutoient mon esprit, craignant que, si le Roi venoit à prendre quelque connoissance particulière de moi, il me vînt à commettre le principal soin de ses affaires.

A cet effet ils se servoient de plusieurs personnes qui vomissoient mille calomnies contre moi, afin qu'ayant prévenu le jugement de Sa Majesté par une mauvaise impression qu'on lui donnoit de ma personne, toutes mes actions lui fussent suspectes et odieuses.

Ce qu'ayant appris, et ne désirant pas que l'ombrage qu'on avoit de ma personne portât préjudice à ma maîtresse, je les priai de ne pas faire une offense véritable à la Reine sur un soupçon si léger et si faux, que non-seulement je ne prétendois pas de m'y faire admettre, mais que je souffrirois volontairement d'en être exclu pour jamais.

Mais toutes mes poursuites ne servirent qu'à leur donner moyen de jeter dans l'esprit du Roi de nouvelles défiances, dont la Reine s'étant aperçue, elle lui dit un jour qu'elle le supplioit de trouver bon qu'elle le délivrât d'une peine en laquelle elle avoit peur qu'il fût sans sujet à son occasion; que peut-être lui avoit-on voulu persuader qu'elle avoit grand dessein d'entrer dans ses conseils, sur quoi elle seroit

---

(1) *Ils connoissoient en moi*, etc. Cette phrase, corrigée de la main de Richelieu, portoit d'abord : *Ils connoissoient la force de son jugement, ils en redoutoient l'esprit*.

bien aise de lui dire la pensée qu'elle en avoit eue et à quelle fin.

Qu'il étoit vrai que sa gloire et son honneur lui avoient fait désirer la liberté d'y entrer, non pour y aller assidûment, mais pour faire voir à tout le monde que la mauvaise volonté que lui portoit le connétable, ou la crainte qu'il avoit d'elle à cause des offenses qu'elle en avoit reçues, étoient cause des mépris qu'elle avoit soufferts par le passé, et que maintenant elle étoit tout autrement traitée par la bonté de son naturel; qu'elle n'avoit jamais eu autre intention; que, si on y trouvoit quelque difficulté, elle le prioit de croire que ce n'étoit pas de là que dépendoit son contentement, mais de ses bonnes grâces; et que partant, en cet article comme en tous autres, ses volontés seroient toujours les siennes; qu'en particulier elle lui diroit franchement ce qu'elle estimeroit importer à sa personne et au bien de son service.

Sur cela la Reine y entra, où elle se conduisit en sorte qu'elle s'accommoda toujours à l'avis d'un des ministres, et évita de les contredire s'ils n'étoient entièrement contraires au bien de l'Etat; elle essayoit de découvrir les sentimens du Roi et de les suivre, s'offrant à lui de faire les ouvertures des choses qui sembloient odieuses aux particuliers, pour le décharger de cette peine.

M. le prince, qui parloit fort librement et ne peut taire ce qu'il a dans la pensée, se laissa aller à dire qu'on l'y avoit reçue pour deux raisons: l'une qu'on ne lui donneroit connoissance que de ce qu'on voudroit, et l'autre qu'encore qu'on ne lui communiquât que partie des affaires, elle serviroit à les autoriser toutes dans l'esprit des peuples.

Elle reconnoît bien d'abord qu'on est en garde d'elle, qu'on ne lui fait voir que la montre de la boutique, et qu'elle n'entre point au magasin; mais elle ne fit pas mine de le reconnoître, espérant de surmonter ces difficultés par sa bonne conduite, ce qui lui réussit; de sorte que le Roi fut conseillé de vivre plus librement avec elle, et elle par M. de Schomberg d'agir plus puissamment dans les conseils; ce qui ne vint pas, à la vérité, de l'affection que les ministres eussent à son service, mais pource qu'ils ne pouvoient souffrir que M. le prince disposât si pleinement des choses publiques, et que le Roi en avoit déjà quelque petite jalousie, et par intervalle en faisoit des plaintes à la Reine. M. le prince, prévoyant que ces libres entretiens de la mère et du fils engendreroient à la fin quelque confiance, s'étudia avec ardeur à en détourner le cours par ses actions, et d'apporter du refroidissement en leurs entrevues.

Il se servoit de Rucelai et de beaucoup de jeunes gens qui étoient auprès du Roi, pour lui faire dire ce que bon lui sembloit. Entre autres choses, le Roi ayant accoutumé de voir la Reine tous les matins cinq ou six fois, ceux qu'il envoyoit pour savoir l'état auquel elle étoit, lui rapportoient toujours qu'elle n'étoit pas éveillée, bien qu'il ne fût pas vrai. La Reine lui en fit plainte et lui dit que, ne désirant rien tant que l'honneur de sa compagnie, elle seroit toujours éveillée aux heures qu'il lui voudroit donner ce contentement, et qu'elle tiendroit à grande grâce qu'il fît rompre les portes, si par la négligence des siens elles n'étoient ouvertes. Au retour du Roi il avoit été arrêté, entre le Roi et la Reine, que Rucelai (qu'elle avoit juste sujet de n'aimer pas) ne se trouveroit pas en sa présence à cause des insolences qu'il lui avoit faites, et qu'elle avoit souffertes du temps du connétable à cause de la protection qu'il lui donnoit, nonobstant les ordres qu'il avoit reçus. Il se trouva chez la Reine régnante, et se plante devant elle avec un visage plein de mépris; elle lui commanda de se retirer. Il n'y avoit rien de si juste que sa colère, et ne se pouvoit tirer une satisfaction plus légère que celle qu'elle prenoit de cette offense; néanmoins M. le prince et les ministres le soutinrent, et ne laissèrent pas de blâmer sa procédure, disant au Roi qu'elle vouloit usurper la souveraine puissance et commander partout avec autorité.

Elle déclara à Sa Majesté ses douleurs; avouant que, si elle eût été maîtresse d'elle-même, elle eût prié la Reine sa fille de le faire sortir; mais que ses premiers mouvemens ne furent pas en sa puissance;

Qu'elle n'eût jamais pensé qu'on eût trouvé mauvais qu'une mère en usât librement chez sa fille, principalement étant offensée;

Que si, néanmoins, il y avoit quelque chose à désirer en cette action, il n'y avoit pas eu de faute dans sa volonté, n'ayant jamais eu autre but que de lui rendre l'honneur qui lui est dû.

Elle parla au Roi avec ce respect, mais à M. le prince avec plus de force; elle lui dit qu'elle recevoit tous les jours des effets contraires à ses promesses;

Qu'elle désiroit savoir s'il vouloit protéger Rucelai contre elle, parce qu'en ce cas elle prendroit une procédure tout autre qu'elle n'avoit fait jusqu'à présent; qu'il ne recevroit aucun mal d'elle lorsqu'elle paroîtroit assez puissante pour lui en faire; mais que, s'il vouloit faire croire que sa protection fût capable de le mettre à couvert contre elle, elle tâcheroit de faire voir qu'il se tromperoit en son calcul;

Qu'elle connoissoit bien qu'on continuoit toujours à lui rendre de mauvais offices auprès du Roi; qu'elle avoit assez d'esprit pour en connoître les auteurs, et assez de cœur pour leur en témoigner le sentiment qu'elle en devoit avoir; elle rendroit une obéissance aveugle au Roi, et sauroit bien se maintenir en dépit des autres.

Elle ajouta qu'elle voyoit bien qu'il vouloit prendre le chemin du connétable, gardant Rucelai pour être une pierre d'achoppement; que la visite qu'il lui avoit rendue chez lui ne peut avoir d'autre fin que lui faire connoître qu'il est son ami contre elle;

Que, s'il vouloit être bien avec elle (ce qu'elle ne croiroit que par ses effets), elle en seroit bien aise et y correspondroit avec sincérité; mais qu'elle aimoit beaucoup mieux qu'il lui fît la guerre à découvert qu'à cachette, et qu'il lui seroit plus honorable d'agir en lion qu'en renard. M. le prince lui témoigna un extrême regret de la croyance qu'elle prenoit de lui; qu'il essaieroit de lui ôter ses soupçons par une continuelle fidélité; que s'il avoit été voir Rucelai, c'avoit été pour lui reprocher sa faute, et non pas pour lui offrir son crédit;

Qu'il déféroit trop et à ses sentimens et à son autorité pour se vouloir opposer à son contentement.

Mais, quelque protestation qu'il lui fît, il n'en devint pas meilleur, mais plus fin; il ne pensa pas à la servir avec plus d'affection, mais à la tromper avec plus d'adresse. Il entreprit de porter les choses à la guerre, sous prétexte d'affermir l'autorité du Roi parmi ses sujets, mais en effet sous l'espérance que, comme elle ne pourroit suivre le Roi partout où sa personne seroit nécessaire, il auroit un bon moyen d'empêcher qu'elle ne prît part au maniement des affaires.

L'affaire est proposée, on prend jour d'en délibérer dans le conseil. Je conseille à la Reine d'en dire ses véritables sentimens avec courage; usant de cette précaution, que comme ses intentions n'avoient autre fin, que ses paroles n'eussent autre visée que celui de l'intérêt du Roi, du bien de l'Etat et du soulagement de ses peuples.

Son opinion fut qu'avant s'engager en une guerre contre les huguenots, il falloit considérer si elle étoit juste, si elle étoit possible, et l'avantage qu'on en peut tirer.

Que pour la justice, elle y est tout entière, un souverain ne pouvant être blâmé de ramener ses sujets à son obéissance, de les réduire par contrainte dans leur devoir;

Que les moyens par lesquels on la soutient sont les hommes et l'argent; que d'hommes on n'en peut manquer, la France en ayant si grande abondance que les villes étrangères, comparées aux nôtres, passent pour des déserts; que l'argent à la vérité étoit un peu court, mais que le gain des partisans qui entrent en avances est si grand, et la foi du prince si assurée, qu'on peut avec raison espérer d'en recouvrer;

Que la dernière, savoir si elle est utile, et si la crainte du danger ne passe point l'espérance du profit, n'est pas sans difficulté;

Que pour en juger sainement, il faut considérer le dedans et le dehors du royaume : pour le dedans, il semble que la misère des peuples est si grande, que de les surcharger de gens de guerre, c'est aliéner entièrement les cœurs et perdre la force principale du prince, qui consiste en l'affection de ses sujets; car de croire qu'on puisse sitôt apporter remède à ces désordres, c'est un abus; les maux sont certains et les remèdes douteux; les maladies viennent en un instant, mais la santé ne se recouvre que par degrés. L'on ne se doit pas fier sur les avantages qu'on a sur eux au commencement, ni conjecturer de l'avenir par le passé, parce qu'ils ne s'étoient pas reconnus, qu'ils étoient enivrés d'une longue paix, sans intelligence parmi les étrangers, divisés en leurs propres forces, où maintenant la nécessité d'une commune défense les a réunis, et le temps de leurs afflictions leur a donné la volonté et le loisir de pratiquer des intelligences avec nos voisins au préjudice de cet Etat;

Que si on jette les yeux au dehors, il y a beaucoup à craindre. La paix faite en Allemagne leur donnera facilité de nous jeter ses forces sur les bras; la trève se propose en Flandre; les parties la désirent, les Hollandais pour secourir leurs frères, et les Espagnols pour s'agrandir en Italie en notre division; que le mariage d'Angleterre avec l'Espagne n'est pas moins considérable; car qui empêchera ces deux princes unis, l'un pour l'intérêt qu'il a en la cause, l'autre par l'exemple que nous lui en avons donné ès guerres de Flandre, de les assister à couvert sous main, de l'entreprendre à découvert si un mauvais événement leur en donne lieu?

L'on doit soigneusement penser à faire tenir la parole qui a été donnée pour la Valteline, étant très-important, et à la grandeur et à la réputation du Roi, de n'être pas si enfermé dans son royaume qu'il n'ait une porte pour en sortir. D'entrer dans une guerre civile n'est pas le chemin pour y arriver, comme il a paru durant le siége de Montauban, où, au lieu de mettre en exécution le traité de Madrid, ils ont poussé leurs armes plus loin, et avancé de beaucoup le dessein qu'ils ont d'arriver à la monarchie de l'Europe;

Qu'à la vérité il faut plutôt périr que de rien relâcher de la dignité royale; mais qu'il lui semble qu'elle est sauvée si on leur donne la paix et abolition de leurs crimes, sans rien rendre des places qui leur ont été prises.

La Reine se servit puissamment de ces raisons, et y en ajouta d'autres que son esprit lui put suggérer.

Mais M. le prince eut assez de crédit, non-seulement pour en empêcher l'effet, mais pour faire conclure que le Roi iroit en personne pour remédier aux insolences que les huguenots commettoient en Poitou.

Au même temps elle résolut de le suivre pour le détourner aux occasions de se mettre en péril. Elle prévoit bien que si elle en étoit éloignée elle n'auroit part ni dans la paix ni dans la guerre, que si on se passoit d'elle dix mois on s'accoutumeroit à s'en

passer toujours; l'on lui susciteroit tous les jours de
nouvelles calomnies, d'autant plus hardies qu'elle
ne seroit pas sur les lieux pour se défendre; mais
comme elle pensoit aux raisons qui l'obligent à suivre, M. le prince méditoit les moyens de l'en empêcher.

Le chancelier lui vint proposer de la part du Roi,
mais à la poursuite de M. le prince, qu'on estime sa
présence nécessaire à Paris, pour empêcher par son
autorité les cabales qui se pourroient former dans
l'éloignement de la cour, et que pour cet effet il lui
veut mettre en main le commandement des troupes
de deçà la rivière de Loire, comme à une personne
intéressée dans l'avantage de ses affaires;

Qu'aussi bien si elle suivoit n'y auroit-elle pas
grand contentement, n'étant pas possible au Roi de
la visiter comme il faisoit ici, à cause des grandes
et hautes occupations qu'il rencontreroit en ce
voyage;

Que si elle n'y vouloit pas demeurer, on seroit contraint d'y laisser la Reine sa fille avec autorité, commandant aux armées de deçà, et en la place qu'on lui
avoit destinée.

La Reine lui répondit qu'elle ne prétendoit pas assujétir le Roi à la voir, et quand il ne lui pourroit
faire cet honneur elle l'iroit chercher;

Que pour la Reine, elle seroit très-aise de son
avantage; mais qu'elle ne croyoit pas qu'on voulût
donner conseil au Roi, qui n'avoit point d'enfans,
de se priver de sa femme dans un si long voyage, vu
que de là dépendoit l'affermissement de son autorité;

Que pour elle, sachant les divers hasards où le

Roi se jetteroit par générosité, elle désiroit, autant que son sexe lui pourroit permettre, d'être compagne de ses travaux;

Que n'ayant rien au monde de plus cher que lui, elle vouloit imiter les marchands qui, ayant mis tout leur bien sur mer, s'embarquent dans le vaisseau pour que le bien ne leur manque qu'avec la vie; qu'étant avec lui, ou elle le garantiroit du naufrage, ou elle se perdroit avec lui afin de ne pas survivre à son malheur.

Cette résolution étonna M. le prince, qui employa tout artifice pour la changer, mais en vain; car, tant plus qu'il travailloit à ses fins, Sa Majesté s'affermissoit au conseil qu'elle avoit pris, pour le bien de l'Etat et de la maison royale.

Le Roi lui ayant permis, il survint une seconde difficulté, qui ne fut pas moindre que la première, savoir si on mèneroit Monsieur au voyage.

M. le prince le désiroit, et on avoit lieu de soupçonner qu'il n'eût pas été fâché (1) d'exposer les deux frères aux périls des tempêtes qu'on alloit chercher, et la Reine buttoit à les séparer pour les conserver tous deux.

Elle dit au Roi que s'il le menoit avec lui sa sûreté propre en seroit beaucoup moindre, parce que si on

(1) *Il n'eût pas été fâché*, etc. Quelques mémoires prétendent qu'on avoit prédit au prince de Condé qu'à trente-quatre ans il seroit roi de France; il en avoit alors trente-trois. Monsieur venoit d'être dangereusement malade, la santé du Roi n'étoit pas bonne: si ces deux princes fussent morts, Condé, à la tête d'une armée, n'auroit trouvé aucun obstacle pour parvenir au trône. « On disoit même, ajoute Le-
« clerc, qu'il prétendoit les exposer pendant cette guerre pour essayer
« de faire tomber plus tôt la couronne sur sa tête. »

avoit quelque mauvais dessein, les voyant tous deux ensemble, il y auroit d'autant plus de facilité de l'exécuter qu'il y avoit moins de péril; qu'il n'y avoit personne qui ne fût beaucoup plus retenu à mettre en effet une entreprise faite contre lui, quand il verroit un frère en pied pour châtier son crime;

Que les événemens de la guerre étoient incertains, et que les ennemis se rendroient d'autant plus enragés en une extrémité, qu'ils connoîtront avoir moyen de se défaire, tout en un coup, de ceux dont ils recevroient le mal, quoique avec justice;

Qu'elle ne doutoit pas que M. le prince n'eût de très-bonnes inclinations, mais qu'il n'étoit pas raisonnable de mettre les affaires en état qu'il pût penser parvenir à la couronne par un seul accident;

Que jamais prince sage ne se met entièrement au pouvoir de celui qui lui devoit succéder.

Ces raisons firent que Monsieur demeura à Paris, et que le Roi se contenta d'être suivi de la Reine sa mère.

La Reine ayant été pleinement informée de toutes les brigues qu'avoit faites M. le prince pour rompre son voyage, elle se résolut de s'en éclaircir avec lui, et de lui en faire des reproches. Elle lui dit donc que, contre ses promesses, il ne laissoit pas de continuer à lui faire mal; qu'il détournoit le Roi souvent de la voir; qu'il l'avoit voulu empêcher de le suivre; qu'il s'étoit vanté qu'elle ne le verroit que de bonne sorte; qu'on l'avoit appelée au conseil, non pour délibérer des affaires avec elle, mais pour les autoriser de son nom; qu'on lui rapportoit ces choses de si divers endroits qu'elle étoit obligée de les croire; que s'il vouloit être véritablement son ami elle désireroit son avancement dans le service du Roi ; mais que s'il ne le vouloit pas, ce qu'elle jugeroit par ses actions et non par ses paroles, elle ne l'assuroit pas de son amitié ; qu'elle n'étoit pas insensible, et que, par la grâce de Dieu, elle ne manquoit pas d'esprit pour connoître les choses qui se passoient ;

Qu'elle savoit de lui assez de choses qui lui pourroient nuire auprès du Roi, si elles venoient à ses oreilles ; qu'il décrioit sa conduite ; que souvent il avoit dit qu'il falloit que les choses fussent encore en plus grand désordre pour y apporter réglement ; qu'il ne s'étoit pas trompé au chemin qu'il avoit tenu pour perdre le connétable ; qu'il ne se tromperoit pas encore en ses pensées ; qu'elle ne lui dit pas ces choses-là pour lui faire peine, mais pour le changer, et lui montrer que, si elle étoit vindicative, elle pourroit autant dire de vérités à l'encontre de lui, comme on inventoit contre elle de calomnies.

M. le prince la pria d'oublier le passé, et de croire qu'à l'avenir elle auroit en lui un serviteur très-fidèle.

Cependant le Roi eut avis de beaucoup d'attentats que les huguenots faisoient de tous côtés contre son service.

D'une part, il fut averti que ceux de Montauban et de Saint-Antonin, pour se rendre les passages libres, avoient fait entreprise sur les villes de Caussade, Bourniquel et Négrepelisse, qui sont sur le chemin de l'une à l'autre ;

Que le duc de Rohan, après avoir employé inutilement ses secrètes pratiques sur la première, l'a voulu attaquer par surprise, qui ne réussit pas à son contentement; que ceux de Montauban s'étoient rendus maîtres de la seconde, mais avec si peu de profit pour eux, que peu de jours après elle fut reprise par M. de Thémines. Mais la troisième, qui étoit la plus importante, leur avoit ouvert les portes et égorgé quatre cents hommes de Vaillac qui étoient en garnison;

Que, semblablement, le marquis de Lusignan, mécontent de ce que le feu connétable ne lui avoit pas tenu parole en la promesse qu'il lui avoit faite de lui faire avoir quelque récompense du gouvernement de Pignerol, qu'il avoit volontairement remis entre les mains de Sa Majesté, et qu'il avoit fait démolir, cherchant de s'en venger par toutes voies, et ne pouvant trouver retraite parmi les rebelles qu'en leur apportant avec soi quelque place, avoit fait entreprise, s'étoit rendu maître de Clérac à la mi-février, et tué toute la garnison qui y étoit. Laquelle prise donna lieu au sieur de La Force de s'emparer de Tonneins, où il fut reçu sans résistance, et avec connivence des habitans; et la garnison, s'étant retirée au château, et rendue à composition, avoit été égorgée, contre la foi qui lui avoit été donnée.

Sa Majesté reçut aussi avis que les Rochelois, enorgueillis de se voir maîtres de la mer, et tenir enfermés dans le port de Brouage le peu de vaisseaux qui y restoient à Sa Majesté, avoient eu l'audace de faire deux descentes aux embouchures des rivières de Loire et de Garonne; donnant charge de celle de Loire à Soubise, à cause du bien et de l'intelligence qu'il avoit en Bretagne et en Poitou, et de celle de la Garonne à Favas;

Que ledit Favas avoit fait la sienne en l'île d'Argenton le 22 janvier, et à Soulac le 5 février, et y avoit bâti deux forts; et Soubise la sienne le 14 février, auprès de Saint-Benoît, au bas Poitou, avec trois mille cinq cents hommes de pied et cinq cents chevaux ; s'assurant qu'il grossiroit bientôt ses troupes par ceux qui se joindroient à lui. Ce qui ne lui ayant pas manqué, il avoit pris les Sables, l'île d'Olonne et le château de La Chaume qu'il avoit fortifié. Et nonobstant que les Sables se fussent rendus à composition, et lui eussent payé 20,000 écus pour n'être point pillés, il n'avoit laissé de permettre le pillage, s'excusant qu'il l'avoit promis à ses soldats auparavant la composition faite avec eux.

Nonobstant toutes ces nouvelles, la Reine eût volontiers conseillé au Roi d'essayer plutôt de pacifier tous ces mouvemens que d'en venir à une guerre ouverte. Néanmoins, comme elle le vit résolu de se faire obéir, elle lui conseilla d'armer puissamment ayant de partir de Paris, de crainte que son départ ne fît courir les huguenots aux armes avec plus de violence encore qu'ils n'avoient fait, et qu'il ne fût pas en état, à cause de sa foiblesse, d'en arrêter les progrès.

Il accorda, le 19 mars, la vieille querelle de M. de Nevers, qui avoit été offensé et frappé par le cardinal de Guise l'année précédente. Ledit cardinal étoit mort de maladie au siège de Saint-Jean; et, comme à la mort les pensées sont bien différentes, et éloignées de celles que nous avons en pleine santé, il demanda lors, avec un grand ressentiment de douleur, pardon au duc de Nevers de l'outrage qu'il lui avoit fait, et pria quelqu'un de ceux qui l'assistoient de lui dire de sa part. Mais, pource que le prince de Joinville l'avoit accompagné en cette action, et qu'il s'en estimoit presque autant offensé que de son frère, le Roi fit dresser, pour les accorder, un écrit contenant les paroles de satisfaction dont ils devoient user l'un envers l'autre, ce qui fut exécuté.

A deux jours de là, qui fut le 21 mars, Sa Majesté, *contre l'avis de la Reine sa mère, qui désiroit prudemment qu'il se préparât avec plus de loisir, fut emporté par l'impatience qu'avoit M. le prince de voir les affaires promptement engagées, et* (1) partit de Paris, plutôt en équipage de chasseur que de conquérant, et non encore résolu de la route qu'il devoit prendre vers le Poitou ou le Languedoc.

Il reçut à Orléans la nouvelle de la reddition du Pouzin et de Baye-sur-Baye, places situées sur le Rhône, qui furent remises en son obéissance, le 17 mars, par le moyen du maréchal de Lesdiguières, lequel ayant été, comme nous avons dit l'année précédente, renvoyé de Montauban en Dauphiné, où Montbrun s'étoit soulevé contre le Roi, remit incontinent, par sa présence, toutes choses en paix, et Montbrun en son devoir; mais ces deux places n'étant pas en Dauphiné, mais dans le Vivarais, on ne lui rendit pas semblable obéissance, ce qui l'obligea à assembler une armée de dix mille hommes de pied et quelque cavalerie, avec laquelle il les assiégea et les prit.

(1) *Contre l'avis de la Reine*, etc. Les mots italiques de cette phrase sont écrits de la main du cardinal, en marge du manuscrit original.

Cette bonne nouvelle, arrivée au Roi au commencement de son voyage, lui sembla être un heureux présage du succès d'icelui.

Etant à Blois il se résout d'aller en Poitou, et, en partant le 30 mars, il se rend le 10 avril à Nantes, où il ne fut pas sitôt arrivé, qu'il eut nouvelle que les troupes de Soubise étoient si fortes, que celles du comte de La Rochefoucauld n'étoient pas suffisantes de lui résister, et qu'elles ne le pouvoient empêcher de faire beaucoup de ravages dans le bas Poitou. La Reine étant éloignée du Roi de quelques journées, n'ayant pas pu arriver à Nantes sitôt que lui, on prit le temps de son absence pour persuader au Roi qu'il falloit promptement aller à lui, qu'il y avoit péril dans le retardement : son courage et le désir de soulager ses peuples l'y portent. On communique à la Reine sa résolution; elle la trouve étrange, vu le peu de forces qu'il avoit avec lui : elle en écrit au Roi, le conjure de considérer qu'il n'étoit pas raisonnable de commettre si facilement sa personne; que par raison il devoit attendre, ou que ses forces fussent assemblées, ou confier la conduite de ce qu'il avoit à une personne moins importante au public.

Elle en écrit aux ministres, les prie de peser mûrement cette affaire, les accidens qui en peuvent survenir, le blâme qu'ils auront de l'avoir souffert; car, pour dire vrai, elle appréhendoit que le courage du Roi et la ruse d'autrui le portassent à se perdre, là où la prudence de quelques autres leur feroit trouver leur salut.

Les ministres firent état de cet avis, témoignèrent à Marillac, qui en étoit le porteur, qu'ils le trouvent très-considérable; mais que la violence de M. le prince étoit un premier mobile qui, par sa rapidité, emportoit tout autre mouvement.

Cette réponse augmenta l'appréhension de la Reine lorsqu'elle la sut, et véritablement elle en avoit sujet; car, si bien son voyage réussit, il fit l'entreprise avec témérité.

Le Roi ayant envoyé savoir la route que prenoit Soubise, il eut avis qu'il tiroit vers l'île de Ré; il le suivit incontinent, et, partant de Nantes le 12, arriva proche de là le 15 avril, résolu de passer par des gués qui étoient fort difficiles, et de l'attaquer dans le bourg de Rié, où il s'étoit retranché et avoit placé son canon en lieu avantageux, l'armée de Sa Majesté n'étant pas si forte que la sienne et n'ayant point de canon. Mais le Roi l'ayant déjà mise en bataille le 16, et commencé à marcher, il eut avis que Soubise ne l'avoit osé attendre, et étoit allé avec ses troupes vers Saint-Gilles et Croix-de-Vic, pour s'embarquer dans des vaisseaux qu'il y avoit fait venir.

A cette nouvelle Sa Majesté commanda à sa cavalerie de les suivre en diligence pour les surprendre en chemin; mais ils trouvèrent que Soubise, s'étant sauvé avec la sienne le long des dunes, avoit laissé son infanterie derrière lui, laquelle s'étant pour la plupart embarquée, mais ne pouvant faire voile pource que la mer étoit basse, fut exposée à la merci de nos gens. Ceux qui n'étoient pas encore embarqués, partie furent tués par les nôtres, partie noyés dans les achenaux en fuyant, et partie furent pris et amenés à Nantes, entre lesquels il en fut pendu treize, et cinq cent soixante-quinze condamnés et envoyés aux galères le 27 avril. Sa cavalerie même n'eut guère meilleure fortune; car, de six à sept cents hommes qu'il avoit, il n'en ramena que sept ou huit vingts qui étoient avec lui.

Les autres troupes qui le suivoient furent défaites, partie par les troupes du comte de La Rochefoucauld, partie par les paysans mêmes; une peur si aveugle s'étant mise parmi eux, qu'ils prioient ceux qu'ils rencontroient de les prendre prisonniers, jusque-là qu'il y en eut cent d'entre eux qui se rendirent à des femmes.

Cette victoire fut glorieuse au Roi, mais elle lui fut bien périlleuse; car il passa la mer à gué pour aller à eux, et s'y porta avec tant de courage et si peu de considération de ceux qui étoient auprès de lui, qu'après la victoire, obtenue par la fuite des ennemis, il n'y eut personne qui ne reconnût que dans l'avantage de la situation du lieu, dont les canaux et retranchemens naturels faisoient pour eux, qu'étant beaucoup plus forts d'hommes et de canons, si Dieu ne les eût aveuglés en punition de leurs crimes, le moindre succès qu'ils pouvoient avoir du combat étoit de défaire absolument ceux qui étoient auprès du Roi, et prendre sa personne prisonnière; attendu que, outre que les rois semblables à celui-ci ne fuient jamais, le flux de la mer étant revenu où il avoit passé, il lui étoit impossible de le faire.

La Reine, après avoir fait rendre grâces à Dieu de ce bon succès, ne perdit pas temps pour faire connoître ce qui en pouvoit arriver; et, pour prévenir semblables inconvéniens à l'avenir, elle voulut en diligence joindre le Roi pour ne plus l'abandonner, mais elle tomba malade à Nantes.

Son mal fut si long et si fâcheux, qu'il lui fut impossible, à son regret, de penser à autre voyage qu'à celui des eaux de Pougues; que le genre de son indisposition requéroit par l'avis des médecins, où elle s'y achemina, les chaleurs étant passées. Ceux qui travailloient auprès du Roi à lui en donner des ombrages, au désavantage de l'État, mais à leurs fins, tâchèrent de faire croire à Sa Majesté que sa maladie étoit feinte pour demeurer vers le Poitou, et former quelque cabale avec les huguenots, ou qu'elle méditoit les eaux de Pougues pour s'approcher de Monsieur, qu'à leur compte elle aimoit mieux que le Roi, et le vouloit élever à son préjudice.

Ils se servirent finement de ce soupçon pour poursuivre leur pointe et attirer Monsieur à l'armée; et rien ne les en put empêcher que l'avis des médecins, qui reconnurent ce voyage lui être si préjudiciable, vu son inconstante et foible santé, qu'ils ne craignoient pas de témoigner qu'on ne le lui pouvoit faire entreprendre sans commettre sa vie à un très-éminent péril. Cependant le temps et la netteté des actions de la Reine la garantirent de tous les artifices et inventions dont on se servoit pour rendre sa personne suspecte et odieuse; et Dieu, par sa bonté et pour le bien de la France, préserva le Roi des dangers où ses ennemis l'auroient voulu précipiter pour profiter des confusions publiques.

Quant à Monsieur, quelque indisposition qu'il eût, on ne vouloit pas lui accorder le moindre repos, et, sans son médecin, affectionné à sa personne, qui protesta qu'il ne pouvoit passer outre sans péril, sous prétexte d'avancer ses affaires on eût volontiers arrêté le cours de sa vie.

Le Roi, au sortir de Rié, alla droit assiéger Royan, recevant en chemin les troupes qu'il avoit fait amasser de diverses parts; et, au lieu que les rebelles se vantoient que cette place soutiendroit un siége de six mois, elle fut si bien attaquée qu'elle fut rendue en six jours, peu avant la fête de la Pentecôte, que le Roi alla passer à Châtelard.

Durant le siége, arrivèrent à Sa Majesté deux nouvelles différentes, l'une que la ville de Tonneins, qui étoit assiégée dès long-temps, avoit été prise et remise en son obéissance le 4 mai.

L'autre, de la révolte du Mont-de-Marsan contre son service, le 2 de mai, avec le marquis de Castelnau qui en étoit gouverneur. La perte de cette place étoit d'une grande importance; ce qui fit que le premier président de Toulouse, sans perdre temps, envoya traiter avec ledit marquis, et convint avec lui de lui faire délivrer vingt mille écus, moyennant lesquels il remit cette place entre les mains de Sa Majesté, qui la fit raser incontinent.

Le Roi, après avoir ordonné le comte de Soissons pour commander l'armée qu'elle laissa en Poitou et Aunis pour tenir La Rochelle bloquée et retenir les huguenots du plat pays dans les termes de l'obéissance qu'ils devoient, s'achemina en Languedoc, par la Dordogne et l'Agénois, pour attaquer Sainte-Foy, où le sieur de La Force s'étoit retiré.

Dès que son armée y fut arrivée, ledit sieur de La Force commença à parlementer, et rendit le 24 mai ladite place et celle de Montflanquin.

Le fort de Soulac près de Blaye fut, d'autre côté, aussi rendu le 29, ayant été assiégé le 24 sur la nouvelle que l'on eut que Favas, qui en étoit la plus forte pièce, en étoit absent étant allé à La Rochelle.

Le marquis de Lusignan, qui avoit surpris la ville de Clérac, traita aussi avec le Roi, et rendit ladite place, en laquelle le duc de Vendôme, de la part de Sa Majesté, entra le 29 mai.

De Sainte-Foy le Roi alla à Agen, où il demeura le 1er et le 2 juin, et fut assuré des places que le duc de Sully avoit en Quercy.

De là Sa Majesté s'en alla droit vers Négrepelisse qu'elle fit investir le 7 juin, envoyant quant et quant le duc de Vendôme, avec partie de ses troupes, investir Saint-Antonin.

En trois jours étant faite une brèche raisonnable à Négrepelisse, le régiment des gardes qui eut la pointe alla à l'assaut avec un tel courage, que, ceux qui étoient sur la brèche ne pouvant résister, la ville fut prise; où tout fut mis à feu et à sang, sans exception de femmes ni d'enfans. Ceux qui se purent sauver dans le château se rendirent le lendemain à discrétion, et furent presque tous pendus, pource que la plupart d'eux avoient servi en d'autres places contre le Roi, et juré de ne plus porter les armes contre lui. Toute la ville fut brûlée et le seul château conservé, lequel appartenoit au duc de Bouillon.

De là Sa Majesté tourna tête droit à Saint-Antonin, qu'elle trouva déjà investi et attaqué par les troupes qu'elle y avoit envoyées. Elle fit à son arrivée, qui fut le 14, sommer la ville de se rendre; ce qu'ils refusèrent de faire, et tirèrent sur le trompette qui leur faisoit la sommation de la part du Roi, tant ils étoient acharnés. Le canon commença à jouer le 16, le 20 le Roi fit donner l'assaut à deux cornes qu'ils avoient relevées entre deux grands bastions revêtus qui regardoient la seule avenue par laquelle on pouvoit aller à eux. Le combat y fut si sanglant que tous les ennemis y furent tués, entre lesquels on y trouva des femmes que l'on avoit vues les jours précédens armées de faux et de hallebardes. Le 22 ils furent contraints de se rendre à discrétion. Le Roi en fit pendre onze des plus séditieux, et pardonna au reste.

La nuit de ce même jour arrivèrent deux cents hommes que ceux de Montauban envoyoient pour leur secours, ne sachant pas qu'ils fussent encore rendus. Il en retourna peu d'entre eux à Montauban, et furent quasi tous tués par les gens du Roi.

Sa Majesté reçut avis en ce lieu que dix de ses galères, que dès l'année précédente elle avoit fait partir de Marseille pour aller à La Rochelle, mais qui pour le mauvais temps avoient été obligées d'hiverner à Lisbonne, étoient arrivées à l'embouchure de la Garonne où, attendant le reste de la flotte, elles avoient sommé de se rendre ceux qui étoient dans le fort d'Argenton, et les y avoient contraints deux jours après, de sorte qu'il ne restoit plus rien aux Rochelois dans l'embouchure de cette rivière.

Sa Majesté s'en alla à Toulouse, où elle arriva le 27 juin, pour passer au bas Languedoc où l'opiniâtreté des hérétiques étoit plus enragée qu'en nulle autre part. Elle laissa le duc de Vendôme aux environs de Montauban avec une armée de huit mille hommes de pied, et six cents chevaux, et nettoya Toulouse de plusieurs petites places huguenottes qui les incommodoient, se rendant maître de Carmaing, Le Mas-Sainte-Puelle, le

Bec-de-Riez, Carlus, Ladirac, le château de La Trêne sur Dordogne, places que Sa Majesté fit toutes démolir.

De là Sa Majesté s'avança à Castelnaudary et à Carcassonne, où le duc de Sully avec un député du duc de Rohan vint saluer Sa Majesté, faisant quelques propositions pour la paix; mais le Roi ne les jugea pas raisonnables, non plus que celles que ledit duc de Rohan avoit faites au maréchal de Lesdiguières en une entrevue qu'ils avoient eue quelque temps auparavant au Pont-Saint-Esprit sur ce sujet.

Cette opiniâtreté du duc de Rohan fut cause que le Roi fit vérifier au parlement le 4 juillet des lettres-patentes que Sa Majesté avoit fait expédier l'année précédente, mais surseoir jusques alors, par lesquelles elle déclaroit ledit duc de Rohan criminel de lèse-majesté.

Elle fit en même temps une semblable déclaration contre Soubise, sur l'avis qu'elle reçut qu'après avoir été depuis sa fuite quinze jours à La Rochelle, augmentant sa rébellion, il étoit passé en Angleterre pour solliciter le roi de la Grande-Bretagne de leur donner secours contre Sa Majesté.

On eut avis en ce lieu que le maréchal de Lesdiguières pensoit à sa conversion et avoit volonté de se faire instruire. Le Roi tint chapitre des commandeurs du Saint-Esprit qu'elle avoit en sa cour, et résolut avec eux de lui envoyer l'Ordre dès qu'il seroit converti, et, pour l'y induire encore davantage, de l'honorer de l'épée de connétable de France [1]. Ce

---

(1) *L'honorer de l'épée de connétable :* On croit que Marie de Médicis eut beaucoup de part à cette nomination. Elle vouloit que les armées eussent un chef, afin que Louis XIII ne les commandât plus en personne. Elle espéroit avoir plus d'empire sur lui à la cour qu'à l'armée.

choix le remit en l'honneur dont l'avoit fait déchoir le dernier qui l'avoit possédée ; car, lui donnant l'épée, le Roi commanda qu'on lui dît que c'étoit pour les grands services qu'il avoit rendus à l'Etat, et que Dieu lui avoit fait la grâce d'être dans tous les combats où il s'étoit trouvé toujours vainqueur et jamais vaincu.

De Carcassonne, le Roi passa à Narbonne et de là à Béziers, d'où il envoya M. le prince et le comte de Schomberg, avec la meilleure partie de son armée, pour réduire en son obéissance les villes de Monginot, Lunel et Sommières ; ôtant, par ce moyen, la communication de Montpellier avec ceux des Cevennes.

Durant son séjour en ce lieu, Villemagne, Gignac, Pignan, Montferrier, Alsas, se vinrent remettre en son obéissance.

Le duc de Montmorency, après avoir fait le dégât à Montpellier, et y avoir tué, en une sortie qu'ils firent, plus de deux cents hommes et fait quantité de prisonniers, vint trouver le Roi qui le renvoya incontinent, lui donnant à commander, avec ses troupes, trois mille Allemands que le duc d'Alluin avoit amenés. Il alla droit attaquer Aymargues, qui se rendit à ses premières approches ; Massilhargues ne tint que trois jours devant lui.

De là il alla joindre M. le prince qui mettoit le siége devant Lunel, où, bien qu'il y eût douze cents hommes de guerre, on fit une telle diligence, qu'en trois jours, ayant tiré plus de douze cents coups de canon et fait brèche raisonnable, la ville se rendit à composition le 8 d'août.

De là, sans perdre temps, on alla assiéger Sommières, place qui, s'étant autrefois long-temps défendue contre l'armée du connétable de Montmorency, qui ne l'avoit pu prendre, espéroit encore maintenant échapper aux armes du Roi, mais n'y put résister que quelques jours, et se rendit, les vies et les biens sauves seulement.

M. de Châtillon revint lors au service de Sa Majesté, remit Aigues-Mortes en ses mains, et fut honoré de la charge de maréchal de France.

Du côté de la Champagne, un orage s'éleva et se dissipa en même temps. Le comte de Mansfeld, que nous avons vu faire une courageuse, mais foible résistance aux armes plus puissantes de ses ennemis dans le Palatinat, parut à l'improviste sur cette frontière avec une grande armée et étonnement de toute la province.

L'électeur palatin, entendant les progrès qu'il avoit faits en l'Alsace, l'étoit allé joindre et repasser avec lui le Rhin, espérant se joindre à l'armée que le marquis de Dourlac avoit levée en sa faveur, outre celle que le duc Christiern de Brunswick, évêque d'Halberstadt, levoit encore. Mais, à ces trois armées, il y en avoit trois autres pour s'y opposer : celle de l'Empereur, commandée par le prince d'Anhalt; de la ligue catholique, par Tilly; des Espagnols, par Cordoua.

A peine le palatin et Mansfeld eurent passé le Rhin, que l'armée du marquis de Dourlac fut défaite, le 6 mai, en la bataille de Wimpfen par celles de Tilly et Cordoua. Celle du palatin et Mansfeld fut maltraitée par les mêmes le 22 dudit mois; mais celle d'Halberstadt, qui étoit la plus puissante, fut défaite, le 17 juin, au passage de la rivière du Mein, par toutes les trois armées ennemies jointes ensemble. Lors le palatin fut contraint d'abandonner son Etat, confiant Heidelberg, Manheim et Franckendal, les trois seules places qui lui restoient, au colonel Weer, Anglais; qu'il y laissa avec ce qu'il put d'argent et de gens de guerre.

Mansfeld, qui avoit encore osé, depuis toutes ses déroutes, assiéger Saverne, ne l'ayant pu prendre dans le temps qu'il espéroit, et se voyant poursuivi des armées ennemies, et principalement de Cordoua, passa avec Halberstadt en Lorraine, où il exerça beaucoup de cruautés, et s'en vint droit à la Meuse, sur les frontières de Champagne, à la ville de Mouzon.

Cette arrivée imprévue en ce temps de guerre contre les religionnaires, et d'un éloignement du Roi de plus de deux cents lieues, donna quelque lieu de douter à ceux qui ne pénétroient pas les affaires, qu'il vînt à dessein de faire un gros, auquel les huguenots malintentionnés se pussent unir, pour entreprendre quelque chose, et obliger le Roi à une honteuse paix. Mais les disgrâces qu'il avoit reçues, et la chasse qu'on lui avoit donnée de tous les lieux où il s'étoit arrêté, faisoient assez connoître qu'il n'avoit but que de se défendre et de s'assurer, passant en Hollande pour se joindre à eux, non pas s'opposer à un nouveau et plus grand péril, comme eût été celui d'entrer en France. Néanmoins la peur, qui facilement se glisse dans les cœurs des peuples qui sont ignorans et inexpérimentés, fut si grande à Paris, que plusieurs, craignant d'être assiégés, faisoient provision de blé, et d'autres, pour se mettre en lieu de sûreté, s'enfuyoient à Orléans.

Le conseil que le Roi avoit établi à Paris fit une telle diligence à lever des troupes pour s'opposer à cette armée, qu'en quinze jours le duc de Nevers se trouva avoir douze mille hommes de pied et quinze cents chevaux. Jusque-là il avoit entretenu Mansfeld par divers pourparlers, lui proposant de se faire serviteur du Roi, qui prendroit une partie de ses troupes à son service, et lui donneroit de l'argent pour licencier le reste. Mais, quand il se vit assez fort, n'ayant encore rien résolu, il ne tint plus ce langage; de sorte que Mansfeld, voyant l'armée du Roi se faire puissante, la sienne se diminuer de jour à autre, celle de Gonzales proche de lui, fut contraint de partir le 25 août, après avoir brûlé ses chariots pour monter son infanterie, et laisser à la fureur des paysans tous ceux qui étoient en état de ne le pouvoir suivre; et, prenant le chemin de Thiérache, il arriva le lendemain à la frontière de Hainaut, avec cinq mille hommes de pied et cinq mille chevaux pour, traversant le Hainaut, et passant aux frontières de Liége et de Brabant, se rendre à Bréda à sauveté.

Gonzales le suivit, et, l'ayant atteint le 28, Mansfeld lui présenta la bataille, en laquelle ayant perdu beaucoup de ses gens, il passa, néanmoins, en dépit de Cordoua, et se rendit au lieu qu'il désiroit. D'où, puis après, se joignant aux troupes du prince d'Orange, il fit lever le siége de Berg-op-Zoom, qui étoit perdu sans le surcroît de ses forces, et de là mena son armée en Westphalie.

L'armée du Roi, après la prise de Sommières, et

tant d'autres siéges qui l'avoient diminuée et ruinée, étoit fort petite. On étoit déjà sur la fin du mois d'août, les habitans de Montpellier opiniâtres, la ville forte; ce qui faisoit qu'on suivoit avec quelque peine le dessein qu'on avoit de l'assiéger.

Le connétable de Lesdiguières, qui traitoit toujours avec le duc de Rohan, vint trouver le Roi, et obtint passe-port de Sa Majesté pour ledit duc, pour aller à Montpellier essayer à les rendre capables de raison et ouvrir leurs portes à Sa Majesté. Mais n'en ayant pu venir à bout, le connétable s'étant retiré en Dauphiné sur la jalousie que M. le prince eut de lui pour le commandement de l'armée, on entreprit ce siége contre l'avis de la plupart du conseil, qui n'estimoient pas qu'on dût entreprendre une telle pièce, qui requéroit le printemps et non l'automne, une armée fraîche et non ruinée par divers siéges.

M. le prince, qui ne se soucioit pas quelqu'en fût l'événement, pourvu qu'il pût engager les affaires, fait ouvrir les tranchées et commencer les attaques; proteste contre tous ceux qui désirent la paix; les déclare partisans des huguenots et de la Reine, qui, après l'usage des eaux, s'étoit avancée à Lyon pour s'approcher du Roi.

Bien qu'elle fût là, pensant beaucoup plus sur l'état des affaires présentes que ce qu'elle vouloit en témoigner, on la fait parler à toute heure et contre ses intentions.

Rucelai, qui, pour la satisfaction de la Reine, s'étoit absenté quelque temps de la cour, s'y rendit au commencement du siége.

M. le prince estima que ce lui étoit un renfort

contre elle et pour ses desseins. Il n'y avoit marchandise qu'il ne débitât par cet emballeur.

Il n'y avoit trahison qu'il ne brassât par cet Italien.

Il n'y avoit calomnie dont l'innocence de la Reine ne fût souillée; tout leur étoit bon pourvu qu'il lui nuisît; toutes les fictions, pourvu que ce fût contre elle, passoient pour des histoires.

Le cardinal de Retz, étant tombé malade à Lunel, mourut le 16 août d'une fièvre d'armée; il fut regretté parce qu'il avoit l'esprit doux, mais étoit foible, de nulles lettres et de peu de résolution. Il ne fut pas appelé à la dignité de cardinal par extraordinaire mérite qui fût en lui, mais par la faveur de ses alliances; et le sieur de Luynes l'établit chef du conseil pour autoriser les choses qu'il vouloit, sachant bien que la condition de son esprit n'étoit pas pour s'opposer en aucune chose qu'il désirât.

Peu de jours après le sieur de Vic, garde des sceaux, mourut aussi.

Le cardinal de Retz, lui et le comte de Schomberg, dès que le connétable de Luynes fut mort, craignant que ma promotion au cardinalat ne me facilitât l'entrée dans les affaires, dirent au nonce que le plus grand plaisir qu'il pourroit faire au Roi, seroit d'empêcher que je parvinsse à cette dignité. Ce qui se découvrit par Sa Sainteté, qui le fit connoître au marquis de Cœuvres, lors ambassadeur à Rome. Ce mauvais office ne porta point de coup; car Sa Sainteté reconnut bien que c'étoit un trait d'envie plutôt qu'une parole de vérité; de sorte que cela n'empêcha pas qu'elle ne m'élevât à cet honneur, dont je reçus la nouvelle à La Pacaudière au mois de septembre.

Le comte de Schomberg, qui restoit lors seul des trois qui m'avoient voulu donner cet empêchement, se joignit à M. le prince et au sieur de Puisieux, pour disposer de la place du cardinal de Retz dans le conseil en faveur de celui de La Rochefoucauld, non par estime de sa personne, mais pour m'ôter l'espérance de l'occuper, et à la Reine l'honneur d'avoir part dans ce choix.

Cependant ce siége, qui s'étoit commencé le premier septembre, succédoit fort mal; le 2 septembre, les nôtres avoient pris le fort Saint-Denis que les assiégés avoient hors la ville; mais y ayant mis fort peu de garde par le mépris qu'ils faisoient des assiégés, le lendemain ils en furent rechassés avec perte de quantité d'hommes, entre lesquels il y avoit beaucoup de personnes de qualité. M. de Montmorency y fut blessé, le duc de Fronsac, le marquis de Beuvron, Hoctot, le baron de Canillac, Montbrun, L'Estrange, Lussan, Combalet et plusieurs hommes de commandement furent tués.

Ils firent quelques travaux et attaques durant six semaines, mais il n'y avoit point d'espérance de prendre la ville. Il n'y avoit point d'ordre dans l'armée, le mécontentement étoit universel et les maladies extraordinaires; ces malheurs touchèrent l'esprit du Roi, et lui firent agréer les propositions de paix que le connétable de Lesdiguières fit de la part de M. de Rohan, qui promettoit de rendre la ville de Montpellier à l'obéissance de Sa Majesté, faire soumettre toutes les villes rebelles, et abattre leurs nouvelles fortifications, moyennant deux cent mille écus que Sa Majesté lui donneroit comptant, et quelques autres gratifications à lui et à son frère.

Elle fut toute résolue auparavant qu'on en dît rien à M. le prince, qui, lorsqu'il en eut avis, fit des efforts incroyables pour la rompre, et, n'en pouvant venir à bout, demanda congé de s'en aller à Notre-Dame de Lorette et visiter l'Italie.

Le Roi entra dans Montpellier le 20, ayant fait une déclaration nouvelle portant une confirmation des édits de pacification, que toutes les fortifications de Montpellier seroient rasées, que La Rochelle et Montauban demeureroient seules villes de sûreté, n'y en ayant plus d'autres, ni de sûreté, ni d'otage, ni de mariage, et que rien ne seroit démoli en ces deux places; les fortifications nouvelles seroient rasées aux autres places, mais celles de Ré et d'Oleron seroient démolies entièrement.

Le Roi donna avis à la Reine sa mère du voyage de M. le prince, et de la résolution qu'il avoit à la paix, ses affaires ne lui permettant pas de prendre un autre parti : elle s'en réjouit, et ce d'autant plus volontiers qu'elle voit par cet accommodement sa personne hors des périls de la guerre et des maladies contagieuses qui étoient dans les armées.

Elle lui conseille néanmoins, pour terminer une guerre qui lui avoit été heureuse par une paix honorable, de faire démolir les places, comme il étoit accordé par les articles de la paix, de mettre en Dauphiné des gouverneurs catholiques, de conserver le fort de La Rochelle et la garnison de Montpellier, jusqu'à tant que tous les articles promis par les huguenots fussent exécutés.

Le Roi reçoit ces avis de très-bonne part et se résout de les pratiquer, ayant donné la paix à ses sujets, grâce aux coupables, et le repos à ses armées.

La nouvelle de cette paix, celle du départ inopiné de M. le prince et de ma promotion au cardinalat, qui étoit arrivée aux quatre-temps de septembre, touchèrent tellement Rucelai, qu'il ne put survivre à tant de bonheur.

On peut dire de lui, comme on disoit de saint Jérôme, qu'il a trop vécu pour le bien de cette nation, mais trop peu si on considère le temps qui lui eût été nécessaire pour expier les crimes qu'il a commis.

A la vérité, ce n'est par merveille si cet homme-là est mort dans la paix, qui ne se plaisoit que dans les divisions.

Rucelai étoit fils d'un banquier de Florence qui vint en France du temps de la reine Catherine de Médicis, et, s'étant enrichi en cet exercice, s'en retourna en son pays, comme les banquiers ont accoutumé de faire.

Durant sa demeure en France, il eut quelques abbayes, lesquelles il mit au nom de celui-ci, qui, après avoir vécu à Rome et à Florence quelque temps, avec beaucoup de défaveur du Pape et du grand-duc, à cause de la vanité et légèreté de son esprit, eut recours au maréchal d'Ancre, qui lors étoit en crédit, le vint trouver et obtint, par son moyen, des lettres de la Reine-mère au grand-duc, pour le remettre en grâce auprès de lui.

Il vint avec éclat et pompe, faisant une très-grande dépense.

Il étoit jeune, assez bien fait, propre en sa personne, et en outre riche et libéral ; deux conditions qui ne donnent pas peu de vogue à un étranger dont la nouveauté plaît à beaucoup d'esprits, et particulièrement à ceux des dames, à qui ensuite les présens de diverses galanteries ne sont pas désagréables; il fut aussi incontinent bien reçu dans toutes les meilleures compagnies, les dames et les plus grands le voyant de bon œil, et en faisant compte comme s'il eût été de plus haute naissance.

Il étoit hardi et impudent, jusqu'à ce point que lui refuser deux fois l'entrée d'une porte n'empêchoit pas qu'il ne se présentât la troisième, où les présens qu'il faisoit aux huissiers la lui faisoient enfin trouver ouverte, lors même qu'elle étoit fermée aux autres. Avoir bonne bourse à la cour et point de front, sert bien souvent autant et plus qu'avoir beaucoup de mérite.

Mais il étoit si avantageux en paroles, parloit tant et mentoit si librement, et montra une si grande infidélité d'esprit, qu'il se vit bientôt déchoir de l'estime que, sans mérite, on avoit conçue de lui.

A peine le maréchal d'Ancre fut mort, que, trahissant la Reine, il se mit en la bonne grâce de Luynes, lui découvrant l'argent que la Reine avoit en Italie, et promettant de s'entremettre pour lui faire toucher; puis il le quitta, et se mit du parti de la Reine qui étoit à Blois, s'entremettant avec effronterie de sa délivrance non-seulement sans son ordre, mais contre sa volonté.

Il l'accompagna à Angoulême, où, après beaucoup d'extravagances et d'impudences insupportables, comme il se voit en cette histoire, il abandonna Sa Majesté, et retourna à Luynes, qui le reçut non pour estime qu'il fît de lui, mais croyant faire déplaisir à la Reine.

Sa vanité et sa présomption étoient d'autant plus insupportables que son ignorance n'étoit pas moindre que sa gloire, qui étoit si excessive, que, bien qu'il fût d'une médiocre condition, il alloit de pair avec les plus grands, dont il se trouva mauvais marchand; car le marquis de Rouillac lui donna des coups de bâton en pleine foire Saint-Germain; et le duc d'Epernon lui en eût fait autant si la Reine ne l'eût empêché.

Par ce moyen se conservant en France, par sa mauvaise conduite, la réputation qu'il avoit eue en tous les lieux où il avoit été, il se trouva qu'il n'y fit enfin autre acquêt qu'un grand nombre de puissans ennemis, et de beaucoup de disgrâces qui, ayant été jusqu'aux bastonnades, le rendirent le jouet et la fable de toute la cour, pource qu'après un tel affront un homme, pour impudent qu'il soit, ne peut éviter d'être ridicule, et méprisé de ceux-là mêmes dont l'affection lui étoit la plus assurée.

Son dernier malheur fut qu'ayant consommé la plupart de son bien, ses mauvaises qualités parurent clairement après que, sa bourse étant épuisée, le bandeau que sa libéralité mettoit sur les yeux de beaucoup de personnes fut ôté; dont vint qu'outre le mépris il eut encore la haine de tout le monde.

La paix de Montpellier étant conclue, le Roi alla passer la Toussaint à Arles, où il eut nouvelle de la défaite des Rochelois.

Nous avons vu l'année passée que le Roi ayant fait armer quelques vaisseaux en Normandie et en Bretagne, qui étoient plus que suffisans pour boucher le port de La Rochelle, et empêcher que l'on y pût entrer et sortir, il arriva que par disgrâce, mauvaise conduite et témérité, les Rochelois se rendirent maîtres de deux grands navires de M. de Nevers qui étoient dans l'armée du Roi, et dissipèrent le reste de l'armée, de sorte qu'ils la tenoient assiégée dans le port de Brouage. Dès le commencement de cette année, ils firent dessein de fermer ce port par une palissade de vaisseaux enfoncés, mais en furent par deux fois empêchés par la vigilance du sieur de Saint-Luc, qui y fût courageusement servi par Le Chalard, qui commandoit le vaisseau de l'amirauté de Guienne. Néanmoins les vaisseaux du Roi n'osoient sortir, et la mer étoit libre aux Rochelois.

Le Roi, pour les mettre à la raison, fut contraint d'assembler une grande armée, composée de vingt-deux vaisseaux qu'il fit armer en diligence à Saint-Malo, des deux vaisseaux qui restoient de M. de Nevers, d'un vaisseau de la religion de Malte, qui étoit de huit cents tonneaux, d'un grand galion qui étoit à M. de Guise, et de quatre autres grands vaisseaux de Marseille, le moindre desquels étoit de trois cents tonneaux; de huit vaisseaux de la côte de Guienne, et de huit qui restoient dans le port de Brouage, avec dix de ses galères qu'il fit venir de Marseille.

Le général de l'armée étoit M. de Guise, et M. de Saint-Luc vice-amiral.

Le rendez-vous fut au Port-Louis en Bretagne, où ils se joignirent tous sur la fin de septembre; mais pour l'incommodité du port, duquel on ne peut pas sortir de tous vents, il ne leur fut pas possible d'en partir devant le 19 octobre, et vinrent le 27 en vue de l'armée rocheloise, composée de septante vaisseaux, qui étoient à l'ancre à la rade de l'île de Ré, au-dessous de Saint-Martin. Ils avoient plus grand nombre de vaisseaux que le Roi, mais ils n'étoient pas si grands ni si bien équipés; aussi se tenoient-ils sur la défensive, et M. de Guise fut contraint de les attaquer; ce qu'il fit avec désavantage du vent et de la marée. Ils vinrent avec cet avantage à la rencontre courageusement, et fondirent sur l'avant-garde de l'armée royale, commandée par M. de Saint-Luc, et la malmenoient, si M. de Guise avec son amiral, qui étoit le grand vaisseau de Malte, ne l'eût été secourir seul, ne pouvant être suivi du reste des vaisseaux du corps de sa bataille, pource qu'ils étoient trop au-dessous du vent, et de lui et des Rochelois, lesquels, dès qu'ils le virent, abandonnèrent l'avant-garde, et vinrent fondre sur lui, conduisant devant eux deux brûlots enchaînés l'un à l'autre, pour leur faire embrasser le corps de son galion et l'embraser.

Rien ne les put empêcher qu'ils n'attachassent avec des grappins lesdits brûlots aux hauts bancs de son mât, qui incontinent furent tout en feu et le mirent audit galion. Le duc de Guise s'y comporta courageusement, refusa de se sauver dans sa chaloupe comme on lui conseilloit, et fit détacher lesdits grappins; mais les brulôts ne laissèrent pas de mettre le feu en sa galerie et dans la chambre des pilotes, et l'eussent consumé, si deux coups de canon qu'il fit tirer à fleur d'eau n'eussent si à propos donné dans les brûlots, qu'ils les écartèrent un peu de son vaisseau, et lui donnèrent loisir d'éteindre le feu qu'ils y avoient mis.

Le combat fut rude ; l'avantage en demeura au Roi ; les Rochelois se retirèrent en divers endroits, avec perte de plusieurs de leurs vaisseaux et hommes.

L'amiral étant demeuré seul, et ayant allumé trois fanaux, quelques-uns de ses vaisseaux s'y joignirent dès la nuit, les autres le lendemain.

Les Rochelois se retirant, ils les suivirent ; en cette poursuite ils perdirent La Vierge, qui étoit le plus beau vaisseau de M. de Nevers, qu'ils avoient pris l'année précédente sur le Roi.

Quelques-uns de leurs vaisseaux s'étant retirés en l'île de Loye, on les y poursuivit encore ; mais ils mandèrent à M. de Guise qu'ils avoient nouvelles de la paix que le Roi leur avoit donnée, laquelle ils recevoient, et supplioient ledit duc de Guise de les en faire jouir.

Quant à l'armée de terre que le Roi avoit laissée sous la conduite de M. le comte de Soissons, elle fit ce bien, qu'elle mit en défense le Fort-Louis, qui leur fut les années suivantes une bride pour les retenir en quelque devoir.

Un ingénieur italien, nommé Pompée Targon, entreprit d'y faire une chaîne pour boucher le canal et empêcher l'entrée et la sortie des vaisseaux ; mais ce fut une invention qui ne réussit qu'en papier, et dont la fureur de la mer, qui en ces lieux-là est très-grande, ne peut pas souffrir l'exécution.

Le Roi ayant reçu ces bonnes nouvelles à Arles, en partit le 2 novembre avec contentement, passant en Dauphiné pour donner ordre au gouvernement de cette province. Je le vins remercier à Tarascon de l'honneur qu'il m'avoit fait de me nommer à cette dignité (1), et l'assurer que comme elle étoit au-delà de mes espérances et de mes mérites, aussi les ressentimens de l'obligation que je lui en avois étoient au-dessus de mes paroles.

Le Roi me dit que si le connétable eût vécu je ne l'eusse jamais été; que s'il écrivoit une lettre de recommandation en ma faveur il en écrivoit quatre pour m'en éloigner; mais que cela ne se faisoit plus de son temps. A quoi je répliquai que je tenois à autant de bonheur de ne l'avoir pas été du temps de M. de Luynes, que je tenois à gloire de l'être maintenant.

Il n'y eut que M. de Puisieux à qui un témoignage si glorieux ne plut pas beaucoup; lui et son père n'en pouvoient souffrir les justes louanges, non tant pour la haine du vieux temps comme par la jalousie qu'ils avoient du présent.

J'ai eu ce malheur, que ceux qui ont pu beaucoup dans l'Etat m'en ont toujours voulu, non pour aucun mal que je leur eusse fait, mais pour le bien qu'on croyoit être en moi.

Ce n'est pas d'aujourd'hui que la vertu nuit à la fortune et les bonnes qualités tiennent lieu de crimes. On a remarqué de tout temps que, sous de foibles ministres, la trop grande réputation est aussi dangereuse que la mauvaise, et que les hommes illustres ont été en pire condition que les coupables; mais, dans mon affliction, j'ai eu ce bonheur, que si mes ennemis m'ont ôté quelquefois les bonnes grâces de mon maître, ils n'ont jamais pu faire qu'il ne m'eût en estime.

(1) *A cette dignité :* Richelieu, comme on l'a vu, venoit d'être nommé cardinal, malgré les ministres.

Déageant même a confessé que toutes les fois qu'il avoit été besoin de me mettre en bonne intelligence avec le Roi, il avoit trouvé de la facilité en son esprit, et qu'il disoit souvent que je ne trahirois jamais la Reine sa mère, mais que je ne ferois rien contre son service, et qu'il se souvenoit qu'étant secrétaire d'Etat, il m'avoit commandé certaines choses que j'avois fidèlement exécutées.

Il partit de Tarascon le 16 novembre, et alla à Avignon, où le duc de Savoie le vint voir; de là passant à Valence et à Grenoble, arriva à Lyon le 6 décembre, où les Reines allèrent au devant de lui, et, peu de jours après, le prince et la princesse de Piémont le vinrent voir.

Il fit de grandes caresses à la Reine sa mère, vécut avec elle avec familiarité, lui témoigna confiance, s'ouvrit à elle des desseins qu'il avoit reconnus en M. le prince, comme il buttoit à sa couronne; tous les mauvais offices qu'il lui avoit rendus et pour l'éloigner de sa personne et de sa bienveillance;

Qu'il n'avoit rien oublié pour faire qu'elle demeurât à Paris au commencement du voyage, et ensuite pour faire croire que sa maladie étoit feinte, qu'elle ne vouloit pas s'éloigner de Monsieur, qu'elle avoit intelligence avec les huguenots;

Que, lorsqu'il la voyoit entrer en son cabinet, il lui avoit dit plusieurs fois qu'il demeureroit désormais à la porte, afin que si elle entreprenoit contre sa personne il fût en état de le secourir; que depuis qu'il étoit en Italie il ne s'étoit occupé qu'à décrier son gouvernement, qu'à mépriser sa personne, divulguer sa mauvaise santé.

La Reine lui témoigna se ressentir très-obligée de la franchise avec laquelle il lui parloit; que, s'il veut qu'elle lui parle librement, elle tâchera d'établir un secret avec lui; lui disant que M. le prince avoit tout su ce qu'elle lui avoit dit autrefois, par voies qui lui sont inconnues; qu'elle ne s'étonnoit pas des artifices de M. le prince, mais bien de ce que le Roi n'avoit pas laissé d'avoir quelque créance en lui; qu'il falloit juger des sentimens des personnes, non par leurs paroles, mais par leurs véritables intérêts; comme les siens étoient dans sa conservation, ceux de M. le prince dans sa ruine; que sa grandeur dépendoit de sa vie, celle de M. le prince de sa mort; en un mot, qu'une Reine-mère n'est rien que par la grandeur de son fils, sans la perte duquel un premier prince ne peut rien être;

Qu'il lui suffisoit maintenant qu'il connût son dessein; que, pour elle, elle lui rendroit toujours le bien pour le mal, pourvu que sa mauvaise volonté ne pût avoir effet que contre elle et non pas contre lui; qu'elle avoit su, en énigme, la plupart des choses qu'il lui avoit plu lui dire des mauvais offices qu'il lui rendoit, mais que maintenant elle les savoit certainement par sa bouche; que le connétable, Rucelai et lui s'étoient proposé sa perte pour fin; que Dieu ayant appelé les deux premiers, elle avoit lieu d'espérer qu'il toucheroit le cœur du troisième;

Que les bruits qu'il faisoit courir en Italie étoient très-dangereux; que le plus sûr moyen de lui ôter ces espérances étoit d'avoir des enfans, qui assureroient sa personne et son Etat; en un mot, que ledit sieur prince, ayant essayé de décrier ses affaires et faire que le mal retombât sur lui, il devoit avoir une fin contraire, qui étoit de lui imputer le succès de ce qui n'étoit arrivé que par ses précipitations.

Elle prit, sur ce sujet, occasion de lui parler de quelque mauvaise satisfaction qu'on lui avoit voulu donner de la Reine sa femme; louant avec dextérité l'intelligence qui étoit entre M. et madame de Piémont, qui les étoient venus voir, afin de le convier, par cet exemple, à n'écouter pas ceux qui voudroient diviser ce que Dieu vouloit être conjoint d'affection comme de lien.

Elle prit occasion de lui parler d'affaires, et le pria de penser sérieusement à l'usurpation que le roi d'Espagne faisoit sur les Grisons en la Valteline, et combien il lui étoit important d'empêcher qu'il se rendît maître absolu de l'Italie.

Les catholiques de la Valteline, sujets aux Grisons, avoient mis à mort, l'an 1620, tous les protestans, tant étrangers que du pays, et ce par les pratiques d'Espagne, en suite d'une alliance qu'en 1617 don Pedro de Tolède contracta, au nom du roi d'Espagne, comme duc de Milan, avec les Grisons.

Le massacre fut suivi de grands troubles entre les Grisons et les Valtelins, les derniers desquels appelèrent à leur secours le gouverneur de Milan, qui leur envoya des troupes et se saisit de leurs passages.

Le Roi en fit plainte au roi d'Espagne par ses ambassadeurs, et enfin envoya le sieur de Bassompierre (1), en mars 1621, extraordinaire à Madrid,

(1) *Envoya le sieur de Bassompierre* : Ce ne fut point pour le bien des affaires que Luynes envoya Bassompierre en Espagne, ce fut parce qu'il remarqua que Louis XIII prenoit du goût pour lui. Siri rapporte

pour moyenner que les choses fussent remises en leur entier.

Il fit un traité en avril qui fut agréé par Sa Majesté, et auquel le duc de Feria, qui lors étoit à Milan, promit obéir. Néanmoins il resta sans effet; les uns prétendant que les Grisons, les autres que les Valtelins y avoient contrevenu.

Léopold prit ce temps et surprit les Engadines, mit garnison en plusieurs lieux, et obligea les Grisons à recourir au gouverneur de Milan, qui passa un traité avec eux le 29 janvier de la présente année; nonobstant lequel les Grisons, qui ne s'y étoient soumis que par force, eurent recours au Roi, et lui envoyèrent des ambassadeurs pour requérir son assistance, et, s'aidant aussi eux-mêmes, ils se soulevèrent et chassèrent les Léopolds et les Espagnols de leurs terres, excepté de la Valteline. Mais ce bon succès ne dura pas long-temps en son entier : aucuns des Grisons, partisans d'Espagne, firent nouvelles séditions, tant qu'enfin ils furent contraints de s'assembler à Lindau, où, pour pacifier tous les différends, ils firent un nouveau traité, par lequel la plupart des députés accordèrent la distraction de presque toute la ligue des Dix-Droitures en faveur du comté de Tyrol, et plusieurs autres choses ruineuses à cet Etat, auxquelles un petit nombre de députés ne se voulurent pas accorder.

Les choses étant en tel état, les uns conseilloient

que le ministre dit à Bassompierre, en lui annonçant sa nomination : « Je vous aime, je vous estime ; mais le penchant du Roi pour vous me donne de l'ombrage : je suis en un mot comme un mari qui craint d'être...., et qui ne souffre pas volontiers un aimable homme auprès de sa femme. »

au Roi de négliger entièrement cette affaire, les autres le portoient à entreprendre la guerre contre l'Espagne.

La Reine prit le milieu, n'estimant pas qu'il fallût aller si vite que d'agresser ouvertement un si puissant ennemi, ni aussi l'appréhender de telle sorte que laisser aller les intérêts de l'Etat pour cette crainte.

Elle estime qu'il falloit continuer le traité qu'on avoit commencé sur cette affaire, témoigner aux Espagnols qu'on désire avec passion de continuer la bonne intelligence qui dès long-temps avoit été entre ces deux couronnes, leur représenter le tort qu'ils avoient d'entreprendre sur nos alliés, et, au même temps qu'on useroit de cette procédure civile, leur déclarer qu'on est résolu de ne le pas souffrir.

Laisser, pour montrer qu'on y pense fortement, dix mille hommes effectifs sur la frontière d'Italie, dans la Bourgogne, le bailliage de Bugey et Veromey; ce qui n'apportoit pas de nouvelle dépense au Roi, vu qu'on étoit obligé d'y entretenir des gens de guerre, pour obliger les huguenots du Languedoc et du Dauphiné à l'exécution de la paix; en mettre autant en garnison en toute la Picardie sur la frontière de Flandre.

Que, par ce moyen, les Espagnols, voyant les préparatifs et entendant parler civilement, en appréhenderoient plutôt des effets désavantageux pour eux que par des menaces;

Que par là le Roi ne s'engageoit à rien, lui restant toujours en sa liberté de prendre quelle résolution il voudroit sur leurs réponses; au lieu que si on les menaçoit ouvertement et qu'on ne fît rien, ils auroient les paroles du Roi et ses forces en grand mépris. Elle jugea aussi nécessaire de renouveler les alliances de Hollande, les secourir sur les exemples du feu Roi, troubler le mariage d'Espagne et d'Angleterre, comme très-préjudiciable à cet État; faire une union avec les princes d'Italie, desquels il falloit espérer plus d'effets quand on en seroit aux mains que de promesses, d'autant que tous craignoient d'acquérir l'indignation d'Espagne, sans se voir en état de leur faire mal, et qu'ils avoient peu de sujet de se fier en nos paroles, sur le mépris que nous avons fait jusqu'ici de nos alliances.

Tous ses conseils furent bien reçus, mais peu ou point suivis.

La vieillesse des ministres étoit si grande, que, appréhendant la longueur des voyages où tels desseins pourroient les embarquer, ils donnèrent des conseils conformes à la foiblesse de leur âge.

Comme la chose est grandement importante, la Reine ne désiste pas de sa poursuite; elle représente au Roi continuellement qu'étant le premier roi quant à la dignité, il doit empêcher que le roi d'Espagne ne le soit quant à la puissance, la crainte faisant plus considérer les rois que l'amour;

Que s'il temporise davantage, les Espagnols n'auront plus rien à redouter que leur propre force, qui n'est jamais à son période qu'elle n'excite la haine et l'envie de tous ses voisins.

Mais toutes ces raisons profitent de fort peu; les ministres pensent à leurs affaires et non pas à celles du Roi, qui, sans rien résoudre, partit de Lyon vers la fin de décembre, et s'achemina à Paris, où son peuple l'attendoit avec un extrême désir.

En cette année, Antonio de Donimis, qui avoit été long-temps jésuite, puis les avoit quittés, de là avoit été fait évêque de Seigna, puis archevêque de Spalatro, et enfin avoit abandonné et son archevêché et la religion catholique, et étoit passé en Angleterre, où il composa le livre hérétique de *la République chrétienne* et plusieurs autres de semblable farine ; se repentant enfin de tant de crimes, se dédit publiquement en Angleterre, en pleine chaire, de tout ce qu'il avoit écrit et prêché contre l'Église et le Pape, et se retira à Rome où il abjura ses hérésies, et en fit imprimer, le 24 novembre, une ample déclaration, afin que, comme ses erreurs avoient été publiées, sa repentance le fût aussi.

LIVRE XIV.

Le Roi étant arrivé à Paris de son voyage de Languedoc le 10 de janvier, désirant affermir la paix en son royaume, envoya promptement des commissaires par toutes les provinces pour rétablir l'exercice de la religion catholique, où il avoit été discontinué par les troubles, et faire jouir aussi ses sujets de la religion prétendue du privilége de ses édits, afin qu'il n'y eût ni véritable ni supposé sujet de plainte d'aucune part.

Les Rochelois cependant faisoient de grandes instances au sieur Arnauld, que le Roi avoit laissé gouverneur du Fort-Louis, qu'il le fît démolir, suivant ce qui avoit été promis par le traité de paix dont ils lui envoyèrent la copie. A quoi il fit des réponses pour gagner temps, et cependant travailloit sans cesse pour se mettre en état de ne pouvoir être forcé. Ils saisirent une de ses barques pleine de deux mille pieux qu'il avoit fait faire pour se clore et fortifier; mais, dans huit jours, il eut tant pris de prisonniers et de bestiaux sur eux, qu'il les contraignit de la lui rendre. Enfin les commissaires étant arrivés à La Rochelle, ils leur firent de grandes plaintes de son refus, auxquelles il répondit qu'il étoit bien raisonnable qu'ils s'acquittassent les premiers de ce à quoi ils étoient obligés, et rendissent les vaisseaux de M. de Nevers qu'ils tenoient encore; rappelassent les prêtres qu'ils avoient chassés; ôtassent de dessus leurs murailles les têtes de ceux qu'ils avoient fait exécuter pour être serviteurs du Roi; cessassent de faire un si grand amas de poudre et de toutes munitions de guerre qu'ils faisoient venir de Hollande, et de blés qu'ils amassoient dans tout le Poitou, et lors qu'il cesseroit aussi de se fortifier. Ils envoyèrent les uns et les autres vers le Roi, et enfin le courage d'Arnauld prévalut à la foiblesse des ministres, qui de prime abord lui avoient mandé qu'il fît démolir cette place. Leur esprit étoit moins attentif au bien de l'Etat et du service du Roi qu'à la manutention de leur grandeur, et ils ne pensoient pas tant à réprimer les Rochelois qu'à s'entrechasser du conseil. Le chancelier et M. de Puisieux entreprennent de faire éloigner M. de Schomberg.

On dit au Roi qu'il tenoit le parti de M. le prince contre lui-même, qu'il a malversé aux finances, que toutes les dépenses procédoient de son mauvais ménage ou de son ignorance en cette charge.

On lui promet que, la cause ôtée, l'effet cesseroit; qu'on remettroit même par le bon ordre qu'on y établiroit ce qu'il auroit gâté par sa mauvaise conduite.

De savoir la vérité de ce qui lui étoit imposé, il est difficile; mais il est vrai qu'on n'a rien vu qui doive faire croire qu'il n'en soit sorti les mains nettes. Il faut être aveuglé de passion ou d'ignorance en ce sujet pour le dire autrement.

Le Roi ayant cette résolution vint à la chambre de la Reine avec le chancelier et Puisieux, lui en donner avis, lui parlant de ce personnage comme clairement convaincu de crime.

Elle connoît assez que c'étoit un artifice du chancelier, qui vouloit faire cette action odieuse à son ombre ; mais elle estima qu'il n'en falloit rien témoigner, de peur qu'ils ne persuadassent au Roi qu'elle ne se vouloit point mêler de ses affaires.

Il fut donc arrêté qu'il seroit licencié, et que Tronçon lui porteroit son billet.

Ce congé donné, le Roi croyoit revoir un âge d'or ; mais incontinent les mêmes désordres s'aperçurent : le chancelier se délibère de ne point faire le métier de surintendant des finances, mais faire une direction nouvelle pour l'administration d'icelles, à laquelle il présideroit.

Le sieur de Schomberg fut d'autant plus surpris dans cet accident, que le chancelier et le sieur de Puisieux faisoient profession d'une particulière amitié avec lui ; et le matin du jour que Tronçon lui porta le billet de son congé, il avoit reçu un message de la part dudit chancelier, par lequel il lui envoyoit demander de ses nouvelles, et comme il avoit passé la nuit. Il obéit néanmoins à l'heure même au commandement du Roi, et se retira à Anteuil, d'où il écrivit à Sa Majesté que, considérant la fidélité avec laquelle il l'avoit servie et le bon succès que Dieu avoit donné à ses travaux, il ne pouvoit comprendre comment il étoit possible que, par ces chemins qui doivent conduire aux bonnes grâces d'un maître, il fût tombé en sa disgrâce.

Peu de jours après, le comte de Candale l'envoya appeler sur le sujet du gouvernement d'Angoulême, dont il avoit été pourvu par la démission du duc d'Epernon, que le Roi avoit fait gouverneur de Guienne ; en quoi le comte de Candale prétendit avoir été offensé, pource qu'il avoit la survivance dudit gouvernement. Le sieur de Schomberg se trouva au lieu assigné, et eut avantage en ce combat, le second du comte de Candale, qui l'étoit venu appeler, y ayant été tué.

Le bannissement de M. de Schomberg suivi de la mort du garde des sceaux de Caumartin, le chancelier regarde cette charge pour la réunir à la sienne. Il s'estimoit encore assez fort pour faire seul les affaires de l'Etat. Il semble, à son procédé, que les médecins l'aient assuré que l'huile de cire, bonne pour les nerfs, lui remettra les jambes.

Le Roi est informé de toutes parts que les prétentions de ce personnage étoient grandes, mais qu'elles ne seroient pas utiles à son service; de façon que le chancelier ni son fils ne trouvent pas la facilité qu'ils s'étoient promise en l'accomplissement de ce dessein.

La cause principale de cet empêchement fut le sieur de La Vieuville, qui, ayant fort aidé à la ruine de Schomberg par beaucoup de faux avis qu'il avoit donnés au Roi de longue main, désiroit avoir l'administration des finances, où voyant que le chancelier lui étoit contraire, il agit contre lui; de sorte que le Roi se trouve fort aliéné de lui rendre les sceaux.

Le chancelier et Puisieux, qui ont toujours fait profession de se servir de la Reine sans la servir jamais, la prièrent de parler en leur faveur, avec promesse de rendre les sceaux au moindre commandement, comme s'ils n'en eussent voulu que l'honneur et non pas l'exercice. La Reine en parle deux fois au Roi, la première sans effet; à la deuxième elle a de bonnes paroles; mais en effet parce que La Vieuville ayant dit ouvertement au chancelier que, s'il l'empêchoit d'entrer dans les finances, il l'empêcheroit d'avoir les sceaux, ils s'étoient accordés de se favoriser en leurs prétentions, à une condition; néanmoins, que le chancelier désira de La Vieuville. qu'il n'auroit point de séance au conseil, et qu'il ne se mêleroit que des finances.

Cet établissement étant fait, chacun attend ce siècle heureux qui avoit été promis.

Beaucoup désespèrent, considérant ces personnes; mais ceux qui savent que Dieu fait les choses les plus grandes par les moindres, et que les rois en sont les vives images, se consolent en cette attente.

On s'aperçoit incontinent que les affaires vont en un aussi grand désordre que jamais : chacun en murmure; les compagnies souveraines et réglées ne sont pas satisfaites; on les dépeint dans un livre satirique de leurs véritables couleurs.

On en parle au Roi aussi librement qu'on en écrit; la réputation de ces désordres les augmente, en donnant espérance aux ennemis du Roi de pouvoir exécuter leurs mauvais desseins. La religion catholique, quoi qu'on fasse, ne se rétablit point à La Rochelle ; on va lâchement à la démolition des nouvelles fortifications des villes huguenottes; les habitans mêmes de Montpellier, qui n'ont pas accoutumé d'avoir d'autres lois que leur volonté, ni être forcés à se tenir dans le devoir de la justice, sont las de la garnison qui les y oblige, cherchent et croient voir jour et occasion de s'en délivrer; ils sollicitent, à cet effet, le duc de Rohan de venir dans leur ville vers la fin de février, qui étoit le temps de la création de leurs conseils. M. de Valençai, qui est gouverneur de la place, l'envoya prier de s'en absenter ; à quoi ledit duc de Rohan n'ayant voulu déférer, mais y étant venu, il s'assura de sa personne. Le Roi en est incontinent averti de la part de l'un et de l'autre ; mais, pour ne rien émouvoir, il commanda au sieur de Valençai de le relâcher, avec ordre audit duc de Rohan de se retirer, et ne retourner plus en ladite ville sans le commandement ou permission de Sa Majesté. Incontinent, pource que les huguenots en leurs assemblées concernant les réglemens de leur discipline, se licencioient d'y traiter des affaires politiques, au préjudice du repos de l'Etat, Sa Majesté fit une déclaration, le 17 d'avril, par laquelle elle défendoit qu'à l'avenir ceux de la religion prétendue réformée fissent aucune assemblée, sans qu'au préalable Sa Majesté eût commis quelqu'un de ladite religion pour y assister de sa part.

Cependant le chancelier et Puisieux, qui se gouvernoient à la cour selon leurs passions, ne faisoient les affaires du Roi que par accident, et avoient les leurs pour but principal ; sachant qu'un chacun s'en apercevoit et en faisoit plainte, craignirent qu'on en donnât avis à Sa Majesté et eurent recours à la Reine, la suppliant de témoigner au Roi que ceux qui faisoient le mieux, sont le plus souvent sujets aux calomnies ; qu'il ne faut pas s'étonner s'il y a licence d'écrire où il y a liberté de faire mal.

La Reine satisfait à leurs prières en la présence du fils, qui, nonobstant ces bons effets, ne laisse pas de mettre une barre entre le fils et la mère, et lui donner l'endosse des mauvaises affaires en la privant de la communication des bonnes.

Jamais les Brulards (1) n'ont eu affliction qu'ils n'aient eu recours à elle par des personnes interposées; mais ils n'étoient pas sitôt délivrés d'appréhension, qu'ils ne la connoissoient plus. Voire, afin que ces offices qu'elle leur rendoit ne fussent pas suspects au Roi, ils lui en rendoient en même temps de très-mauvais pour donner lieu à Sa Majesté de croire que si elle disoit du bien d'eux, c'étoit la force de la vérité qui l'y contraignoit.

Connoissant que Luynes, qui n'a jamais eu autre but que de la ruiner dans l'esprit du Roi, y avoit si heureusement travaillé qu'il demeuroit toujours quelque grain de cette ivraie aisée à rafraîchir et à faire pulluler de nouveau, leur principale conduite fut toujours de faire croire à Sa Majesté, non par les services qu'ils lui rendissent, mais en desservant sa mère, qu'ils étoient entièrement à lui.

Le Roi souvent l'en avertit par sa bonté, plus souvent La Vieuville, qui avoit quelque part en leurs secrets, mais grande jalousie de leur puissance.

La Reine, désireuse de vivre en quelque repos, les pria de vivre avec elle avec plus de franchise, leur représentant qu'ils avoient pu voir que quand il leur arrivoit quelque affliction, elle les considéroit plus qu'en prospérité; qu'elle n'alloit pas si vite que M. le prince, mais qu'elle étoit plus fidèle;

Qu'ils avoient un avantage, qui étoit qu'elle ne pouvoit désirer leur amitié que pour le bien du service du Roi, ses intérêts ne pouvant être autres que les siens, ou toute autre liaison pou-

---

(1) *Les Brulards* : Nom de famille du chancelier de Sillery et de Puisieux son fils.

voit être suspecte, comme ayant des fins différentes.

Ils reçurent ces complimens avec grande civilité et protestations de services; mais elle ne tarda pas beaucoup à voir des effets contraires à leurs promesses.

On fait naître au Roi une grande appréhension de quelques brigues entre les grands; on donne à la Reine, selon son bonheur accoutumé, la meilleure part en ce dessein.

Le Roi en parle à M. de Montmorency pour découvrir les associés par son moyen; il reconnoît la vérité de l'imposture.

Elle se plaint au Roi, civilement, de ceux qui usent de ces artifices pour la mettre mal avec lui, et le remercie de n'en avoir rien cru. Elle savoit que le chancelier et Puisieux en étoient les auteurs; néanmoins elle le voulut dissimuler pour des considérations du temps.

Mais il ne leur suffit pas de séparer le fils d'avec la mère, ils essaient de jeter le divorce dans le mariage.

On donne au Roi de mauvaises impressions de sa femme. Il vient un matin, avec un visage tout interdit, éveiller la Reine sa mère, pour lui conter ses douleurs.

La Reine, ne sachant d'où pouvoit venir cette nouvelle, ni quel en étoit le fondement, se tient en état de dissiper la croyance que le Roi en avoit, et lui représenter que, s'il y avoit quelque chose qui lui déplût en ses actions, c'étoit plutôt facilité que malice, un défaut qu'un crime.

Le lendemain il lui parle encore de la même affaire, et témoigne l'avoir à cœur, jusque-là qu'il déclara en vouloir faire parler à sa femme par sa première femme de chambre.

La Reine, le voyant ému, le pria de ne la point communiquer à personne, que peut-être ne la tiendroit-on point secrète, et qu'elle aimoit mieux se charger elle-même d'en dire ses sentimens. Le Roi en témoigna une joie extraordinaire, et confessa que tout ce qu'il avoit fait étoit pour la porter d'elle-même à s'offrir de lui faire cet office.

Elle le pria, sur cet avis, de prendre garde que ce ne fût un dessein de l'empêcher d'avoir des enfans; ce qui étoit entièrement nécessaire, et pour la sûreté de sa personne, et pour la sûreté de ses Etats. Elle parle, selon sa commission, à la Reine sa fille, qui la remercie de ses avis, et lui promet de régler ses actions sur ses conseils. Elle les fait parler tous deux ensemble; l'affaire se termine heureusement et au gré des parties. Elle leur témoigne à tous deux qu'elle ne souhaite rien plus infiniment que de voir leurs cœurs aussi étroitement unis que leurs personnes.

Sur ces entrefaites M. le prince arrive d'Italie. Le chancelier et Puisieux entreprennent de le faire venir en cour; lui écrivent, sous main, qu'ils le désirent, et pour l'amour qu'ils lui portent, et de crainte que la Reine ne prenne trop d'autorité dans les affaires; méditent sourdement une alliance secrète avec Bassompierre, et lui font espérer, sous prétexte de fortifier le Roi contre M. le prince, qu'ils le jetteront dans le conseil.

Le Roi, à leurs poursuites, envoie l'assurer de ses bonnes volontés et du désir qu'il a de le voir.

M. le prince écrit qu'il est prêt de venir en cour;

mais, sous main, qu'il désire être éclairci de quatre choses :

Comme il sera payé de ses gratifications et pensions; pourquoi Schomberg a été chassé; si ce n'a pas été en sa considération, ou si c'est simplement pour n'entendre pas les finances;

Quelle place il tiendra au conseil;

S'il peut faire amitié très-étroite avec le chancelier et Puisieux. On lui envoie le vieux Deshayes, gouverneur de Montargis, pour lui donner satisfaction en tout et partout, et l'assurer d'une étroite intelligence.

Comme la chose est sur le point d'être exécutée, arrive que madame de Guise poursuit le mariage de sa fille avec Monsieur avec grande instance; elle en parle au Roi, à la Reine et aux ministres.

Madame la comtesse de Soissons, informée de son dessein, s'y oppose de tout son pouvoir, tendant à deux fins : ou qu'à même temps celui de Madame et de son fils s'achevât, ou que, ne se faisant point, on lui donnât mademoiselle de Montpensier.

Puisieux favorise madame de Guise, La Vieuville fait pour la comtesse de Soissons.

La Reine, prévoyant que le dernier feroit divers efforts en cachette dans l'esprit du Roi, se résolut de lui représenter les raisons qui dévoient empêcher le changement en cette affaire, où elle étoit savante pour en avoir ouï souvent parler au feu Roi.

Sachant que le Roi son père l'ayant fait, qui étoit un prince si sage et si judicieux, il n'y avoit point d'apparence de le rompre sans grande considération; que toutes les raisons pour lesquelles il l'avoit fait subsistoient : pour l'attacher en France par un mariage, et l'empêcher de prendre une alliance étrangère qui lui donnât moyen de troubler l'Etat; pour empêcher que M. le prince né devînt trop puissant et trop riche; qu'il étoit à craindre que ceux qui sollicitoient cette rupture, voulussent empêcher que sa maison n'eût point d'enfans, n'y en ayant plus pour lui, ni en Espagne, ni en Angleterre.

Qu'elle savoit bien qu'on avoit parlé de la fille de l'Empereur, ou de Florence; mais que cela lui confirmoit la même opinion, parce qu'elles étoient si jeunes, que de nécessité l'exécution en seroit remise à de longues années; que lui-même lui avoit dit que M. le prince avoit dessein à la couronne; avoit parlé en Italie de la courte vie qu'il s'imaginoit que lui et son frère devoient avoir; que cela l'obligeoit d'autant plus à lui en ôter l'espérance par un mariage dont les fruits pussent être présens; qu'elle ne lui conseilloit pas encore de marier son frère; que la première chose à laquelle il devoit penser, étoit d'avoir lui-même des enfans.

Que cela étant, il différeroit l'exécution du mariage de son frère au temps qu'il le jugeroit le plus convenable, vu que la couronne seroit assurée à sa maison et les ruines levées; mais que s'il n'en avoit bientôt, il étoit à propos qu'il le mariât, pour prévenir les inconvéniens qui étoient arrivés à Henri III, le parti de la ligue n'ayant pris fondement que pour le voir hors d'espérance d'avoir des enfans, et ainsi n'appréhender pas qu'ils pussent, après sa mort, venger les crimes qu'ils commettroient contre lui.

Le Roi écouta ce discours et en conçut la force,

quoique le colonel (1), qui étoit gouverneur de Monsieur, eût été auparavant prévenu, jusques à ce point que de lui dire que la Reine n'affectionnoit point cette affaire que pour l'amour qu'elle portoit à Monsieur, qui seroit trop considérable s'il avoit des enfans; quoique M. de Vendôme lui eût dit que ce mariage mettoit sa vie en péril, vu que messieurs de Guise avoient bien déjà fait mourir un roi, et qu'étant alliés à Monsieur par mademoiselle de Montpensier, ils pouvoient jouer de pareilles tragédies.

La Reine n'ignoroit pas les artifices dont on avoit préoccupé son esprit. Elle avoit appris le premier par un des confidens du colonel, le deuxième par La Vieuville; mais elle aima mieux se mettre au hasard de quelque soupçon mal fondé, que de laisser perdre ceux à qui elle avoit donné la vie.

Le lecteur jugera qu'en telles occasions il ne falloit pas un moindre courage que celui de la Reine, ni un moindre naturel que celui d'une mère passionnée, pour passer par-dessus des difficultés si épineuses.

La Vieuville, qui poursuivoit cette affaire avec beaucoup d'ardeur et peu de raison, dit à la Reine que madame la comtesse entreprenoit cette rupture avec tant de violence, qu'elle avoit usé de menaces contre M. de Puisieux, s'il ne portoit le Roi à lui donner contentement. La Reine lui dit que, si cette raison avoit force, il seroit aisé à tout le monde de faire ses affaires, n'y ayant personne qui ne sût faire une bravade; mais que telle procédure étoit tellement pré-

---

(1) *Le colonel:* D'Ornano, colonel des gardes-corses, étoit devenu gouverneur de Monsieur après la mort du comte de Lude.

judiciable à l'Etat, qu'elle diroit hardiment au Roi qu'il y va de sa dignité de ne le point souffrir;

Qu'elle aimoit grandement madame la comtesse et son fils, mais non point à l'égal de l'intérêt de ses enfans;

Qu'ainsi qu'elle seroit très-aise de les assister en leurs affaires particulières, ainsi elle protégeroit, en ce qu'elle pourroit, sous l'autorité du Roi, les ministres aux haines et envies qu'ils s'attireroient en donnant de bons conseils. Il arriva, de toutes ces contestations, que le Roi résolut de ne pas rompre le mariage de Monsieur, mais en différer l'exécution en un temps plus favorable.

Au même temps qu'on parloit du mariage de Monsieur et de mademoiselle de Montpensier, la Reine jugea, par la conférence qu'elle eut avec La Vieuville, que le chancelier avoit dessein de se fortifier de deux créatures dans le conseil et de s'unir avec les princes. On parloit de donner les galères à M. de Guise; mettre le prince de Joinville et Bassompierre au conseil; lui donner le gouvernement de Picardie; rappeler M. le prince; marier sa fille avec le fils de M. de Guise, c'est-à-dire unir ensemble les gouvernemens de Berri, Bourbonnais, Auvergne, Dauphiné et la Provence, et mettre ces personnes en état de se soutenir par leurs propres forces. Elle crut que ce lui seroit un crime de se taire dans une occasion importante; qu'elle doit trop au Roi et au public pour souffrir patiemment une chose qui leur est si contraire.

Les ministres avoient fait dessein de n'en parler au Roi qu'aux petites chasses, afin qu'elle ne pût interposer ses avis. Elle envoya Marillac lui dire que le bruit couroit qu'on se vouloit servir du temps qu'il étoit absent de Paris, pour le faire résoudre à mettre des personnes dans son conseil ;

Que cette affaire étoit la plus importante qu'il feroit jamais, puisque du bon ou mauvais choix de conseils dépend le bien ou le mal de son État ;

Qu'on étoit résolu de prendre expressément le temps de lui en parler, pour empêcher qu'étant auprès de lui elle ne lui dît ce qu'elle pensoit utile à son service ;

Mais qu'elle ne s'est pu empêcher de lui représenter que s'il n'y met des gens qui soient en grande opinion dans le public, et dont la prudence et la force d'esprit soient reconnues, son gouvernement tournera dans un grand mépris; que jamais les affaires publiques ne furent en état plus difficile, ni n'ont été en plus grande nécessité; de façon que si elles tombent entre les mains de personnes qui songent à faire les leurs, et non pas leurs charges, il lui sera malaisé de se relever de cette chute ;

Que pour elle, elle n'a personne à lui nommer, mais que c'est à lui d'y bien penser; s'étant toujours aperçue que quand il se veut donner le loisir d'agir de lui-même, il n'y a rien à redire dans ses choix ;

Qu'elle lui mande ceci en particulier; mais que, s'il le trouve bon, elle lui dira publiquement en son conseil à son retour, afin qu'il prenne de là occasion de se défaire de ceux qui veulent arracher par importunité des emplois qui ne se doivent donner qu'avec jugement et au mérite.

Comme il fut arrivé, elle ajouta à ce que dessus qu'il lui avoit dit autrefois qu'il vouloit fortifier son conseil contre M. le prince ; qu'elle avoit connu aux ministres un dessein tout contraire, de se lier entièrement avec lui et de jeter de ses confidens dans les affaires ;

Qu'on les vouloit tous deux intimider des monopoles de M. le prince pour faciliter son retour, et lui faire du bien pour éviter le mal qu'il pourroit faire aux ministres ; qu'on l'avoit priée de lui en faire l'ouverture, mais qu'elle en avoit refusé la commission, la jugeant préjudiciable à son service ; qu'elle n'improuvoit pas la présence de M. le prince dans la cour, mais bien sa puissance dans les conseils.

Le Roi lui avoua qu'on l'avoit sondé pour donner les sceaux à Bellièvre ; fait de grands efforts pour jeter Bassompierre dans le conseil ; que le prince de Joinville lui avoit été proposé de la part du connétable et de Bullion ; qu'ils lui avoient voulu faire croire qu'elle vouloit tenir M. le prince éloigné, pour, sur les moindres mécontentemens, faire avec lui des factions dans l'État.

Un peu après on est étonné que le prince de Galles passe inconnu en France, allant en poste en Espagne pour accomplir le mariage projeté de lui et de l'infante.

Le roi d'Angleterre, qui étoit prince ami de la paix, ne pouvoit souffrir avec son honneur de voir son beau-fils et sa fille dépossédés du Palatinat ; et, ne voulant pas entreprendre de le remettre en sondit Etat par la force des armes, essaya d'y parvenir par l'alliance qu'il rechercha du roi d'Espagne, demandant l'infante en mariage pour son fils ; et lui semblant que les affaires tiroient trop en longueur, et ses sujets, qui savoient que l'Empereur avoit, en janvier de l'année présente, déclaré le duc de Bavière électeur palatin, le sollicitant importunément de ne permettre pas que cet affront fût fait à l'Anglais, trouva bon que son fils partît à l'impourvu, et, passant inconnu par la France, allât demander lui-même celle qui lui pouvoit difficilement être refusée, étant recherchée avec tant d'amour.

Il arriva à Paris au commencement de mars, vit danser le grand ballet de la Reine le 5, et, poursuivant son voyage, arriva à Madrid le 17, où, ayant été très-bien reçu, après y avoir demeuré quelques mois, et que le bref du Pape pour la dispense fut prêt d'être accordé à Rome, il retourna en Angleterre avec le mécontentement ordinaire que les rois rapportent de leur entrevue, de laquelle il n'arrive quasi jamais qu'ils partent aussi bons amis qu'ils étoient venus.

Le Roi fut si mal averti, qu'il n'eut point d'avis de son passage par la France qu'il ne fût déjà près des frontières d'Espagne. Chacun prit ce voyage diversement : les ministres en parlent comme d'une chose de nulle conséquence, plus propre à faire blâmer les entrepreneurs que leur en faire recevoir avantage en leurs affaires.

La Reine prend son passage tout autrement, reçoit un déplaisir sanglant de voir que notre négligence et mauvaise conduite font perdre à la France l'occasion de se fortifier par ce mariage, et donnent lieu à l'Espagne de s'accroître à nos dépens.

Elle remontre au Roi, comme on étoit investi de la puissance d'Espagne de tous côtés, que les affaires d'Allemagne nous étoient indifférentes, quoique la maison d'Autriche l'eût, par notre négligence, presque toute réduite à son obéissance;

Qu'on méprisoit la Valteline, qu'on mécontentoit les Suisses; qu'il étoit à craindre, si nous ne donnions aux Hollandais une véritable et prompte assistance, que le mariage d'Angleterre ne produisît de deux choses l'une pour l'Espagne, ou que le roi d'Angleterre abandonnât les Etats pour rétablir son gendre, ou qu'il moyennât la trêve entre le roi d'Espagne et les Etats qui s'y disposoient à sa prière, de peur d'être abandonnés de lui; ce qui se feroit d'autant plus aisément qu'ils ont peu de confiance en nous, et que, bien que l'humeur de ce prince ne leur en fît pas espérer grand support, ils ne laissent d'avoir quelque créance en lui, comme professant la religion en laquelle ils vivent;

Qu'on savoit bien que Spinola avoit envoyé plusieurs fois en Espagne donner avis qu'il feroit plus de progrès en trois mois en France qu'en dix ans en Hollande, et qu'il conseilloit la trêve à ce dessein;

Qu'elle ne se pouvoit faire en affaires si pressées, et ce d'autant moins qu'elle avoit toujours vu le feu Roi prendre des maximes contraires à celles qui se pratiquent maintenant, par lesquelles il sembloit que nous fussions aux gages d'Espagne pour procurer leur grandeur et avancer notre ruine.

Elle eût pu ajouter: là la source et l'origine d'où vient que les affaires vont bien en Espagne et mal en France; mais la connoissance qu'elle avoit que passer jusque-là lui eût nui et n'eût pas servi le Roi, vu le pouvoir qu'avoient ceux qui étoient auprès de lui, l'empêcha d'aller plus avant.

Cette différence vient qu'en Espagne les ministres semblent n'avoir autre soin que d'avancer les affaires publiques, et ceux de France mettent les affaires du Roi sous les pieds, et les leurs seules devant les yeux;

Que ces conseils d'Espagne sont composés de nombre de personnes qui se contraignent en s'éclairant les uns les autres à bien faire, où ici les affaires sont entre les mains d'un ou deux de même intelligence, qui disposent de leurs charges avec aussi peu de résistance que du revenu de leurs maisons;

Qu'en Espagne les services y sont soigneusement récompensés, au lieu qu'en France on les méprise souvent quand ils sont passés. Un vrai ministre ne doit penser qu'aux intérêts de son maître, mais le maître doit penser aux siens. De tout ce que dessus il arriva qu'on se résolut de donner de l'argent aux États, ce qui avoit été interrompu depuis que la Reine étoit sortie des affaires.

Après lui avoir parlé du dehors, elle le pria de penser au dedans sérieusement et non par boutades; exécuter les résolutions sans se contenter de les avoir prises; amasser de l'argent, fortifier les frontières, régler les dépenses; qu'elle consentoit d'elle-même la cassation de sa compagnie de chevau-légers, pour servir d'exemple à l'ordre et à la diminution de ses garnisons.

Elle eût volontiers ajouté de former un bon conseil dont il se fût rendu le chef; car, en effet, il ne l'étoit que par naissance et non par exercice.

Les affaires étoient en tel désordre que les affaires dépendoient du père et du fils (1); le Roi s'adonnoit

---

(1) *Du père et du fils :* Du chancelier de Sillery et du marquis de Puisieux son fils.

à la chasse, sembloit faire beaucoup quand il s'exemptoit des corvées du conseil; rien ne s'y faisoit que par leur mouvement; il n'y avoit point d'ordre à la fonction, point de gré à bien faire, point de stabilité en la condition, point de discernement au choix des personnes.

Tout ce qu'ils font par dessein n'a pour but que leur profit; s'ils font quelque bien au public, c'est par occasion et quand leurs avantages se rencontrent dans celui du royaume. On souffre des gens qui, faisant bien au public, s'en procurent beaucoup à eux-mêmes; on tolère encore, quoiqu'à regret, des personnes qui, étant peu utiles à l'Etat, ne le sont pas beaucoup à leurs maisons; mais ceux-là sont du tout insupportables qui ne s'agrandissent que par la perte de l'Etat, et qui ne trouvent leur accroissement que dans les confusions publiques.

Non-seulement personne n'a plus d'entrée dans les conseils que par leurs mains, mais ils ne veulent souffrir près du Roi que de leurs créatures, que personnes qui soient à leurs gages.

Ils prient instamment la Reine de se joindre avec eux pour faire chasser le colonel, madame de La Valette et Boneuil; ils l'assurent que le colonel est son ennemi, lui répondent de l'événement. Elle en a trop de preuves pour douter de la mauvaise volonté de ce personnage, mais trop de prudence pour se venger à l'avantage du chancelier et de son fils, dont elle étoit bien aise de contrebalancer la puissance par personnes qui leur fussent contraires. Elle leur témoigne qu'elle est comme certaine religieuse d'Athènes, qu'elle bénit et ne maudit jamais personne;

qu'elle sait servir ses amis, et ne veut point faire mal à ses ennemis.

Ils ont jalousie de Toiras (1); ils appréhendent qu'il ne s'avance dans l'esprit du Roi à leur préjudice; ils disent à la Reine qu'il se pique de favori, la pressent d'en avertir le Roi comme d'une chose très-importante au bien de son service.

Elle conseille le Roi, à leur prière, de faire du bien à ses serviteurs, mais de ne pas souffrir qu'ils se donnent la vanité d'être maîtres de son esprit; que, comme il a trop bon jugement pour en donner l'effet, il y va aussi de sa réputation que personne n'en ait les apparences.

A peine eut-elle ainsi parlé en leur faveur qu'ils en informent Toiras, qui impute à la Reine ce qu'elle avoit fait à leur persuasion, voulant profiter d'une faute qu'ils avoient malicieusement commise.

On peut dire néanmoins en leur louange, qu'ils avoient fait revenir l'âge d'or, n'y ayant rien de si difficile qui n'ait passé à la faveur de ce métal.

Quelque rhétorique qu'eût le président de Chevry pour se maintenir, on voulut voir le fond de sa bourse.

La Vieuville ne peut entrer dans les finances qu'en promettant de s'accommoder avec le chevalier de Valençai de la charge de capitaine des gardes à vil prix. M. de Brèves (2) ne leur eut pas sitôt offert une somme notable de deniers, qu'ils goûtèrent son rétablisse-

---

(1) *Toiras*: Jean de Saint-Bonnet de Toiras. Le Roi le traitoit alors en favori. — (2) *M. de Brèves*: Il avoit d'abord été gouverneur de Monsieur, et avoit dirigé parfaitement son éducation. Des intrigues le firent renvoyer par le connétable de Luynes, à l'époque de l'adolescence du

ment auprès de Monsieur, et voulurent entreprendre l'éloignement du colonel.

L'évêque de Chartres fut souvent chez La Houssaye, qui avoit été mis hors de sa charge d'intendant, avec M. de Schomberg, pour savoir ce qu'il lui donneroit pour parler en sa faveur.

Pour rétablir Castille, on veut sa fille pour d'Estiac, 2000 pistoles pour l'évêque de Chartres.

Ce qui eût été fait sans que le bonhomme président Jeannin dit à Bullion que le chancelier et son fils étoient des méchans et des voleurs, qui lui vouloient faire acheter la liberté de son beau-fils par la perte de sa petite-fille.

Ce bonhomme fut si touché de ce mauvais traitement, qu'il ne survécut à ce déplaisir que fort peu de jours.

On ne sauroit assez dire de ses louanges; mais il faut faire comme les cosmographes, qui dépeignent, dans leurs cartes, les régions tout entières par un seul trait de plume.

Jamais il n'embrassa plus d'affaires qu'il n'en pouvoit expédier, ne ressemblant pas aux estomacs avides, qui, pour se charger de trop de viandes, ne les digèrent pas, et les rendent le plus souvent telles qu'ils les ont prises.

Jamais il ne flatta son maître; s'est toujours plus étudié à servir qu'à plaire; ne mêla jamais ses intérêts parmi les affaires publiques.

Ce prud'homme étoit digne d'un siècle moins cor-

---

prince, et il eut pour successeurs le comte de Lude et le colonel d'Ornano. Malgré les bonnes dispositions des ministres il ne rentra pas auprès de Monsieur.

rompu que le nôtre, où sa vertu n'a pas été estimée selon son prix. Il fut le premier de sa maison, laquelle (s'il eût eu des enfans semblables à lui) il eût été glorieux à la France qu'elle n'eût jamais fini.

A même temps le duc de Bouillon, d'esprit bien dissemblable au président Jeannin, finit ses jours; la naissance duquel fut aussi préjudiciable à la France que celle de l'autre lui a apporté d'utilité. Ce fut un homme sans religion, et de plus d'extérieur et d'apparence que de réalité de foi; d'une ambition démesurée, factieux et inquiet, qui ne pouvoit vivre ni laisser vivre aucun en repos. Il étoit né et fut nourri catholique; mais, dès qu'il eut atteint l'âge auquel l'amour de la grandeur commence à poindre le courage, il changea de religion, pour avoir plus de matière de brouiller et de moyen de s'agrandir. Il n'y eut depuis aucun mouvement en cet Etat dont il ne fût la principale partie ou la cause par ses pernicieux conseils. Il servit aussi constamment le feu Roi auparavant qu'il fût venu à la couronne, et tandis qu'il eut la guerre contre le roi Henri III., comme il lui fut fidèle depuis qu'il fut parvenu à la royauté. En récompense de ses services, il lui fit épouser l'héritière de la principauté de Sedan, qui étant morte sans enfans, il ne laissa pas, par la volonté de Sa Majesté, de demeurer maître de cette place, au préjudice de messieurs de La Marck, auxquels elle appartenoit; ce que la nécessité que le Roi eut depuis de l'y assiéger, et les maux que du temps du Roi d'aujourd'hui il a faits en cet Etat, montrent que Dieu n'a pas eu agréable. Il étoit courageux, mais malheureux en ses combats, et si envieux de la gloire d'autrui, que, par pure jalousie, il laissa tailler en pièces l'amiral de Villars avec huit cents chevaux, ne le voulant point secourir, le devant et lui ayant promis de le faire; s'étant retiré à Sedan lorsque M. le prince fut mis à la Bastille, et n'ayant osé hasarder de plus venir à la cour, ne pouvant plus en personne assister à nos brouilleries, il en étoit le consultant; et enfin, n'ayant pu perdre l'Etat dans lequel il étoit né, qui, par le poids de sa grandeur et la bénédiction de Dieu, sortit heureusement de toutes les rébellions qu'il y avoit tramées, il perdit ses plus proches alliés, conseillant imprudemment au prince palatin d'entreprendre l'usurpation du royaume de Bohême, et se vantant vainement entre les siens que, tandis que le Roi faisoit en France des rois de la fève, il faisoit des rois effectifs en Allemagne. Mais cette entreprise étant toute réussie au contraire de son espérance, il mourut avec ce déplaisir d'avoir fait perdre son Etat à celui à qui il avoit conseillé de prendre celui d'autrui, et d'être connu de tout le monde pour un aussi infortuné conseiller que capitaine, dont la prudence étoit plus grande en paroles qu'en effets, et avoit plus de montre que de solidité.

Mais revenons d'où nous sommes partis. Le parlement, voyant que, sous l'administration des ministres, les affaires étoient dans un si honteux abaissement, crut être obligé, par le devoir de leurs charges, d'en dire leurs sentimens au Roi. Leurs députés arrivèrent à Fontainebleau le 3 mai, avec commission de représenter à Sa Majesté la misère du peuple, la mauvaise conduite de ceux qui avoient la meilleure part au gouvernement, le peu d'espérance de voir sa dignité relevée sous leur ministère, et l'intérêt qu'il avoit de retrancher plutôt ses dépenses que de les soutenir par l'oppression de ses peuples.

Le Roi, par l'avis de son conseil, qui étoit accoutumé de se servir de son maître plutôt que de le servir, leur dit que leurs remontrances tendoient plutôt à desservir son gouvernement que le réformer ; qu'elles étoient plutôt faites par faction que par zèle, et que ce n'étoit pas à eux de prendre connoissance des affaires de son Etat.

Nous lisons bien, à la vérité, dans nos histoires, que Charles IX, sur ce que le parlement ne vouloit pas reconnoître sa majorité, qu'il avoit fait faire au parlement de Normandie, y étant en personne, leur dit qu'il ne les prenoit pas pour ses tuteurs. Nous savons qu'un prince du sang s'étant plaint au parlement des désordres publics, le président de La Vacquerie dit qu'ils ne se mêloient que de rendre la justice aux particuliers.

Nous savons qu'ayant parlé une fois au feu Roi avec trop de fermeté, il leur dit que ses prédécesseurs les craignoient et ne les aimoient pas ; que pour lui il les aimoit et ne les craignoit pas.

Mais quand ils se sont mêlés, non de combattre les volontés des rois, mais de faire voir comme on abusoit de leur nom, non de recevoir des plaintes des particuliers contre les rois, mais de faire plainte au roi contre les particuliers, non-seulement ils n'ont jamais été repris de l'avoir fait, mais plutôt blâmés de ne l'avoir pas assez souvent entrepris.

Mais ce n'est pas merveille si ces messieurs se prévalent de l'autorité de leur maître contre sa justice.

Ceux qui ont mauvaise cause tendent toujours aux fins de non recevoir ; ils aiment mieux accrocher leur procès que l'éclaircir, récuser leurs juges que de se fier en leur droit.

La Reine prit un chemin tempéré; elle leur dit qu'elle s'assuroit que le Roi leur sauroit bon gré du zèle qu'ils avoient au bien de son royaume; mais qu'il étoit nécessaire qu'ils apportassent tout le soin qu'ils pourroient pour empêcher l'avantage qu'en voudroient prendre ceux qui n'avoient pas, comme eux, les intentions nettes.

Le chancelier avoit conseillé au Roi d'aller passer la matinée dans la chambre de la Reine avec tout son conseil, pour faire mine de délibérer de la réponse qu'il lui avoit déjà donnée, pour se décharger sur elle de ce dont elle méritoit du blâme.

Il y va dès le matin y attendre le Roi; mais la Reine s'étant trouvée mal la nuit, elle ne fut pas assez tôt éveillée pour lui donner ce contentement. Ils firent croire au Roi que c'étoit une maladie feinte pour leur donner à connoître qu'elle n'avoit point de part à ce conseil, et lui suscita une nouvelle et lourde querelle pour en tirer sa raison.

Comme elle vivoit à Fontainebleau en grande familiarité avec le Roi, elle est tout étonnée qu'un grand bruit s'épand par toute la cour qu'on lui a donné le gouvernement de Saumur : ce bruit la surprend d'autant plus qu'elle ne l'avoit jamais ni prétendu ni demandé; seulement avoit-elle supplié Sa Majesté, sur ce que plusieurs l'importunoient de ce gouvernement, de n'y mettre personne à son préjudice, le sieur du Plessis-Mornay ayant toujours contesté, quoique sans apparence, que cette place n'étoit pas dans l'étendue de l'Anjou.

La nouvelle de cette gratification se rend si publique, que les ambassadeurs s'en réjouissent avec elle, comme d'une marque assurée que le Roi lui avoit donnée de sa confiance.

Madame de Puisieux m'en parle comme d'une chose résolue; M. de Puisieux tint au sieur de Fossé le même langage pour en avertir la Reine.

La Reine ne voyant pas, d'un côté, à quoi ces bruits pouvoient aboutir, et craignant, de l'autre, qu'on ne lui en rendît de mauvais offices auprès du Roi, comme si elle eût cherché quelque établissement dans l'Etat, elle en parle au Roi, lui témoigne qu'elle ne sait ni la source ni la fin de ces bruits, qu'elle ne pensoit pas au gouvernement de Saumur, mais seulement qu'il lui plût y pourvoir avec la réserve de ce qui lui appartenoit, à cause de l'Anjou; que son avis seroit qu'il fît raser cette place, ou qu'il mît un exempt pour la garder.

Le Roi approuve cet avis, nomme à la Reine l'exempt des gardes qu'il y veut envoyer; plusieurs s'opposent à celui-là. Le capitaine des gardes qui est en quartier prétend que c'est à lui d'y nommer.

Cette difficulté vidée par l'autorité du Roi, qui persiste au choix qu'il en avoit fait, on en forme d'autres; on y veut envoyer un exempt gouverneur, avec une compagnie qui ne soit pas à lui. Il proteste ne pouvoir répondre de la place s'il n'a la liberté d'y pourvoir: sa demande est jugée raisonnable.

Enfin, on fait difficulté sur la commission, savoir si on mettroit sous l'autorité de la Reine ou non. La

Reine témoigne n'affectionner rien en cela de nouveau. On cherche et trouve-t-on plusieurs exemples d'autres qui avoient été expédiées sous le nom des gouverneurs particuliers; on en délivre une portant cette clause; le chanchelier la refuse au sceau.

La Reine, sur cet achoppement, envoie Marillac trouver le Roi pour savoir sa volonté; que, par raison, les exemples qu'elle en avoit donnés devoient avoir levé ces empêchemens, mais qu'elle estimoit tant son jugement, qu'elle aimoit mieux s'en remettre à ses avis qu'à la coutume.

Le Roi répond (1) qu'il la vouloit traiter, non-seulement comme *l'avoient été les gouverneurs d'Anjou*, mais mieux que les autres, et que si elle justifioit qu'un seul eût eu *cette place dans son gouvernement*, qu'il vouloit que ses lettres fussent expédiées en cette teneur.

La Reine lui envoie l'exempt, se contente de sa bonne volonté sans en vouloir l'effet, le prie de le vouloir dépêcher, de crainte que son secours ne tarde le bien de son service.

Il répond absolument qu'il n'en feroit rien, et qu'il le vouloit en la forme qui témoignât la confiance qu'il avoit en elle.

La Reine apprend, sur ces entrefaites, que Puisieux avoit envoyé Barat vers le Roi sur ce sujet.

Elle envoie Marillac pour découvrir le sujet de sa négociation; le Roi lui dit qu'on l'embarrassoit sur cette affaire; mais qu'il vouloit que la Reine sa mère eût contentement.

(1) *Le Roi répond :* Les mots italiques de cette phrase sont de la main de Richelieu.

Comme il arrive de la chasse Puisieux l'entretint ; on est étonné qu'à la sortie de cette conférence le Roi change de volonté et l'affaire de visage.

Puisieux envoie querir Bouthillier, fait mine d'ignorer l'état de cette affaire, lui dit la colère où il avoit trouvé le Roi à son retour.

Bouthillier lui témoigne qu'il n'en peut rien croire, vu la réponse favorable qu'il avoit faite à la Reine sa mère, et par l'exempt, et par Marillac : celui-ci réplique, ou qu'ils n'ont pas ouï la réponse du Roi, ou qu'ils ne l'ont pas rapportée fidèlement : arrive Marillac qui lui confirme la vérité, et le convainc sur-le-champ.

On reconnoît par là sa mauvaise volonté, de laquelle on étoit déjà plus qu'assuré par deux autres voies : l'une, que le Roi même avoit reconnu, à un grand du royaume, qu'ils avoient embarqué la Reine sa mère en cette affaire, et qu'ils la traversoient en ce qu'ils pouvoient ; l'autre, que le Roi témoigna au père Séguiran être averti que sa mère prenoit part en Saumur, pour fortifier Monsieur, son frère.

La Reine, touchée d'une juste colère, dit à Puisieux qu'elle trouve sa procédure du tout extraordinaire, pour un homme de sa condition, envers elle, et d'un ministre envers le Roi; ou qu'il falloit qu'il eût dessein de faire paroître une mauvaise intelligence entre Leurs Majestés, ce qui n'étoit pas, ou qu'on ne devoit rien espérer du Roi que par lui, et qu'il portoit ses volontés selon ses passions ; en quoi, ou il avoit peu de prudence, ou bien qu'il la voulût mettre mal avec le Roi, ce qu'elle étoit résolue de ne pas souffrir.

Qu'elle ne lui pouvoit dissimuler que puisqu'elle y étoit engagée, qu'elle auroit du ressentiment de la conduite qu'il prendroit en cette affaire. J'en parlai, par son commandement, au commandeur de Valençai en mêmes termes.

Deux jours après, la commission fut délivrée à l'enseigne des gardes, conformément à ce que la Reine avoit pu désirer.

Le Roi le fit de très-bonne grâce; témoigna joie extrême de l'avoir fait; dit à la Reine qu'il y avoit plusieurs personnes qui disoient d'une façon à l'un et tout le contraire aux autres; qu'il falloit à l'avenir qu'ils s'entreparlassent plus par eux que par autrui.

Sur ce discours Puisieux entra; le Roi le voyant entrer dit à la Reine : « Taisons-nous; » ce qui donne lieu de conjecturer qu'il étoit de ceux dont il avoit parlé, quoique depuis il lui nomma Daucaize.

La Reine, ayant été interrompue, aborda le Roi deux jours après, et lui dit que le sujet de sa douleur avoit été qu'on lui avoit voulu persuader qu'elle cherchoit de l'établissement dans l'Etat, et qu'elle vouloit fortifier M. d'Anjou de ces places; que, bien qu'à telles inventions il ne fallût répondre que par la punition des auteurs, elle le supplioit pourtant, pour y remédier à l'avenir, qu'il eût agréable qu'elle lui remît l'Anjou et les places qu'elle y tenoit, afin qu'il connût clairement qu'elle n'avoit autre prétention que celle de son cœur.

Elle eût pu ajouter que ceux qui sont auprès de lui pourroient bien justifier qu'elle n'avoit pas grande pensée pour M. d'Anjou, vu que Puisieux l'avoit plusieurs fois poursuivie d'entreprendre avec lui de faire chasser le colonel, qui étoit son ennemi irréconciliable, et y mettre M. de Brèves; ce qu'elle n'avoit jamais voulu faire, quoiqu'on l'assurât de l'événement, de crainte que ledit sieur, qui y avoit été autrefois mis de sa main, y étant remis, ne donnât jalousie et lieu de croire qu'elle se voulût fortifier de sa personne.

Le Roi reçut ces offres avec tendresse et n'en voulut pas la démission, l'assurant qu'il ne tenoit rien plus à lui que ce qu'elle avoit entre ses mains. Elle n'est pas sitôt accommodée avec le Roi, qu'ils essaient de la brouiller avec la Reine sa fille. Puisieux donne au Roi quelque jalousie de la conduite de la Reine sa femme, lui fait trouver mauvais la liberté que tout le monde prend d'entrer dans sa chambre, qu'il seroit à propos pour son honneur d'en faire la défense, et à désirer que la Reine sa mère en voulût porter la parole.

Elle prie le Roi de vouloir terminer cette affaire sans éclat, qu'elle se promet que sa fille ne saura pas plutôt ses intentions, qu'elle se portera d'elle-même, par des voies douces et amiables, à lui donner satisfaction;

Que son âge excuse sa facilité, et qu'on doit pourvoir aux divisions domestiques avec secret. Quelque raison qu'elle apporte, elle ne peut changer la résolution, elle ne peut s'exempter de cette corvée.

Elle dit au Roi qu'elle prévoit bien qu'on se veut décharger sur elle de ce conseil, mais qu'elle aime mieux en porter le blâme que de ne point faire ses volontés.

Elle ne se fut pas sitôt acquittée de ce commandement, que Puisieux et sa femme ne l'accusent d'en être la cause, qu'ils ne le condamnent d'injustice, qu'ils ne s'offrent à le faire changer.

On anime la fille contre la mère; on divise ce que Dieu veut être si étroitement uni.

Puisieux sollicite le Roi de révoquer cette défense; ne l'ayant pu obtenir, non plus que la Reine de se joindre à sa prière, elle lui dit qu'il eût été bon de ne le pas faire, mais encore pis de la changer; que, comme elle ne le put conseiller pour ce qu'il y va de la dignité du Roi, aussi elle n'y apportera pas d'empêchement, puisqu'il y va du contentement de sa fille.

Comme dans la cour les esprits sont toujours partagés, les uns échauffent la Reine contre sa mère, d'autres lui font connoître la vérité du fait.

Le Roi lui en parle de son propre mouvement, lui commande de vivre avec elle dans le respect qu'elle lui doit, l'assurant qu'elle n'a contribué à ce conseil que ce que doit une mère aux prières de son fils.

Elle la vint incontinent trouver, lui demander pardon si elle avoit cru quelque chose à son préjudice, qu'elle reconnoissoit bien que d'autres s'étoient voulu attirer le gré du mal qu'ils avoient conseillé de lui faire.

Ce n'étoit pas la première fois qu'ils avoient fait prendre et détourner des conseils, qu'ils avoient fait changer des résolutions, pour justifier, contre la vérité, qu'ils n'y avoient point de part, pour donner aux autres le blâme et s'attirer l'honneur de la grâce.

A Lyon il fut résolu de chasser madame du Vernet, à cause de sa mauvaise réputation et d'un accident qui lui arriva, sans avoir égard à l'honneur de la maison royale. Elle ne fut pas sitôt accommodée à Paris avec madame de Puisieux, que la sentence de son bannissement fut révoquée.

On veut chasser madame de Chevreuse (1); s'il y a faute en ce conseil, c'est de ne l'avoir pas assez tôt pris; elle a recours à madame de Puisieux, lui promet de ne s'attacher pas moins à ses intérêts qu'à ses humeurs : sa paix se fait, elle est mieux dans le cabinet que jamais à la vue de la France, à la honte du Roi, à la perte de la Reine, dont le bon naturel est forcé par ses mauvais exemples.

On anime le Roi contre M. de Bellegarde sur le sujet du monde le plus chatouilleux; il lui est commandé deux ou trois fois de se retirer en son gouvernement; ses amis lui conseillent de s'accommoder avec ceux qui gouvernent. Il n'est pas sitôt réconcilié avec le Père et le Fils, que le Saint-Esprit touche le cœur du Roi, en sorte qu'il change le bannissement en grâces.

Il est vrai que M. de Bellegarde désirant savoir du Roi s'il approuvoit cet accommodement, parce qu'il vouloit dépendre entièrement de lui, Sa Majesté trouva bon qu'il ne le fît qu'en apparence et non pas en effet; ce qui justifie qu'il se servoit d'eux, et qu'il ne s'y fioit pas beaucoup, que s'il en suivoit par facilité les conseils, il ne laissoit pas d'en connoître les défauts.

Mais le bonheur de ces messieurs étoit que, si le

---

(1) *Madame de Chevreuse* : Marie de Rohan-Montbazon : devenue cuve du connétable de Luynes, elle avoit épousé, en 1621, Claude de Lorraine, duc de Chevreuse.

Roi en connoissoit les artifices, il ne s'en gardoit pas toujours.

La Reine voyant les affaires en cet état, le peu de part qu'on lui en donnoit, le peu d'avantage qu'il y avoit de s'en mêler, conseillée d'ailleurs par ses médecins de pourvoir à sa santé, se propose d'aller à Pougues, pour s'en être bien parfaitement trouvée l'année précédente.

Selon son bonheur accoutumé, on ne manque pas de donner de la jalousie au Roi de ce dessein, de lui imputer qu'elle promouvoit un accommodement avec M. le prince et le comte de Soissons.

Considérant cette malice, et que si elle alloit à Pougues M. le prince la viendroit voir pour n'en être éloigné que de douze lieues, que M. le comte en même temps demandoit liberté d'aller en son gouvernement, elle jugea que les rencontres de ce voyage n'étoient pas bonnes, dit au Roi qu'elle préféreroit toujours ses affaires à sa santé, que, bien qu'elle ne voulût être liée qu'avec lui, elle ne doutoit pas que, si elle alloit à Pougues, M. le prince ne la vînt souvent visiter pour faire croire qu'il étoit en intelligence avec elle, et s'avantager à ses dépens; que pour ces considérations elle s'étoit résolue d'aller à Monceaux prendre les eaux.

Le Roi témoigne lui avoir obligation de ce procédé, et avoir très-agréable ce changement de lieux; mais, bien qu'il lui fît l'honneur de l'assurer qu'il ne pouvoit avoir aucune méfiance de ses actions, elle jugea qu'il avoit l'esprit blessé, de ce que, à la sortie de ce discours, M. le comte eut congé d'aller en son gouvernement, que jusque-là il n'avoit pu obtenir.

On donne à ce prince dans ce voyage plusieurs dégoûts aussi peu nécessaires que raisonnables. Elle en parle franchement, concluant qu'il étoit bon de n'avantager pas les princes en ce en quoi le service du Roi pût recevoir préjudice et son autorité diminution; mais qu'en choses indifférentes et qui ne sont pas de cette conséquence, il les falloit contenter avec soin.

La Reine étant à Monceaux, le Roi la vint voir deux fois, et y fût venu la troisième si les ministres, par jalousie, ne l'en eussent ouvertement détourné.

Il s'en plaignit à quelques-uns de ses confidens, dit à M. de Bellegarde : « Ils sont plaisans, ils veu-
« lent que je ne bouge d'ici d'auprès d'eux, ou que je
« n'aille qu'aux lieux qu'ils me prescriront. »

« Ils me veulent faire croire qu'il s'est fait dans ces
« voyages de Monceaux des monopoles; mais je
« m'en moque, car de moi-même ils me veulent per-
« suader que j'y ai eu des desseins auxquels je n'ai
« point pensé. » Il n'ignoroit pas leurs artifices, mais il avoit peine à s'en défendre.

Ces deux voyages réussirent si bien, que Leurs Majestés en demeurèrent parfaitement satisfaites.

Le Roi ne se pouvoit taire de la bonne réception que la Reine sa mère lui avoit faite, du plaisir qu'il prenoit en sa compagnie, ni la Reine en exprimer sa joie.

Il commande à Toiras qu'il aimoit de s'accommoder avec elle, parce qu'il ne pouvoit lui faire du bien si sa mère ne lui en vouloit.

Les lettres qu'il lui écrivoit étoient si pleines d'affection, qu'on jugeoit bien que, si ce n'eût été l'artifice des ministres, elle eût eu toute autre place qu'elle n'avoit et dans son cœur et dans ses affaires.

Le Roi envoya la Reine sa femme la voir : conseillée de quelques femmes malintentionnées, elle eût bien voulu s'en excuser ; mais il le voulut si expressément qu'elle ne put s'en défendre.

Elle y fut si bien reçue, que d'elle-même elle y vint une seconde fois pour assister à une comédie que Madame y devoit jouer.

Les artifices de la cour sont incroyables; le prince de Joinville dit, au retour de Monceaux, à La Vieuville qu'il falloit qu'ils entreprissent de débusquer Puisieux, que la Reine seroit de la partie, qu'il avoit charge de lui en parler ; à quoi elle ne pensa jamais.

La Vieuville avéra que, le même jour qu'il lui avoit parlé de ruiner Puisieux, il avoit parlé à Puisieux pour le perdre, et à la Reine, au même jour qu'il l'avoit avertie que La Vieuville étoit son ennemi, et qu'elle s'en devoit garder, il avoit donné avis à La Vieuville de ne se pas confier en elle, et qu'elle souhaitoit sa perte. Le plus grand mal qu'on ait dans la cour n'est pas à bien faire, car il n'y en a point, mais à reconnoître les personnes et à discerner les nouvelles.

Après avoir fait quelque séjour à Monceaux, le Roi lui témoigna qu'il désiroit passionnément qu'elle revînt auprès de lui.

Beaucoup pensoient que c'étoit pour l'avancer entièrement dans le maniement des affaires ; mais elle ni les siens ne le crurent jamais, mais bien que c'étoit pour vider sous son nom les prétentions de la duchesse de Chevreuse et de la connétable de Montmorency, dont on ne pouvoit davantage reculer le jugement; ou bien que La Vieuville, qui avoit une particulière intelligence avec le Roi au desçu de Puisieux, désiroit se fortifier d'elle en certaines choses où il en avoit besoin; ou que tous deux la voulussent employer pour demander au Roi des gratifications en leur faveur.

Car, en effet, quelque crédit qu'ils aient eu, jamais le Roi n'eut en eux une entière confiance; jamais Puisieux ne put emporter la citadelle de Montpellier pour son beau-frère; et La Vieuville, ayant voulu sonder l'esprit du Roi pour un de ses proches, n'y vit point de jour.

La Reine ne fut pas sitôt arrivée, qu'elle vit l'accomplissement de sa prophétie. On met le différend de madame de Chevreuse sur le tapis; ayant différé six semaines à le régler, et jusques à son retour, elle prévoit bien que ce jugement en devoit être mauvais, et qu'on se veut décharger sur elle.

La Vieuville, qui la croit dans la cabale de M. de Puisieux, la fait chasser sous prétexte de l'honneur de la maison du Roi.

Incontinent après ce jugement, Préaux alla trouver Bassompierre, intime ami de M. de Guise, pour lui dire que c'étoit la Reine qui avoit gâté son affaire, et qu'au conseil elle avoit fait ouvertement contre eux. Messieurs de Guise s'en voulurent éclaircir avec Roissy et Bullion; ils trouvèrent qu'elle n'en avoit parlé ni de près ni de loin.

La Vieuville dit à M. de Guise que le comte de Soissons, à son départ, avoit prié les ministres d'assister M. de Montmorency, et avec telle instance, qu'au cas qu'ils le fissent, d'être content d'abandonner ses intérêts : ce qui étoit faux et ne tendoit qu'à se décharger sur les autres.

La Reine, sachant que le prince de Joinville, la princesse de Conti et sa femme, croyoient que c'étoit elle qui étoit cause de leur mécontentement, voyant qu'elles lui en faisoient la mine, ne voulut rien dire jusques à ce que le Roi fût de retour de la chasse où il étoit allé; mais depuis, ayant su que le Roi disoit que quiconque attribuoit ce conseil à la Reine en avoit menti, elle témoigna à tout le monde qu'elle auroit toujours à honneur qu'on lui imputât des conseils que prendroit le Roi, parce qu'elle savoit bien qu'ils seroient bons; quand même elle n'auroit pas été d'un avis, le Roi lui feroit grand honneur de se servir de son nom; qu'à la vérité elle ne trouveroit pas bon que d'autres en usassent ainsi; puisqu'il avoit plu au Roi de dire que c'étoit lui qui étoit auteur du conseil qu'il avoit pris, elle n'avoit rien à faire qu'à le confirmer; que si après cela ils estimoient que ce fût elle, qu'elle ne devoit rendre compte de ses actions qu'à Dieu et au Roi, pour le bien duquel elle se soucioit fort peu qu'on lui imputât des calomnies;

Que par là elle croyoit qu'ils la vouloient offenser; en quoi elle prenoit patience, croyant qu'elle se passeroit bien de ceux qui méprisoient son amitié; que cela n'empêcheroit pas que, s'ils vivoient avec elle comme ils devoient, ils n'en reçussent toute sorte de bons offices.

Après le mécontentement des Guisards pour l'éloignement de madame de Chevreuse, et celui du comte de Soissons pour les dégoûts donnés en son voyage, et la sédition que le peuple excita à Rouen; les ministres, voyant un universel mécontentement, en furent étonnés, particulièrement le sieur de La Vieuville qui vint trouver la Reine, et lui proposa, pour remède de ces maux, qu'il avoit pensé que Sa Majesté devoit faire un conseil auquel tous les principaux princes eussent entrée, et qu'ainsi ils seroient contens et contiendroient ceux qui sont au-dessous d'eux en leur devoir;

Qu'il l'avertissoit de ces désordres, afin qu'elle pensât d'elle-même aux remèdes, et que celui qu'elle trouveroit le plus convenable seroit suivi; qu'il la prioit de m'en communiquer comme très-capable de secourir l'État, et dont les autres ministres appréhendoient extraordinairement la suffisance.

La Reine reconnut bien que ce changement de procédés ne procédoit que de la crainte qu'il avoit, et qu'il ne dureroit guère en cette humeur; elle lui dit qu'elle trouveroit le remède qu'il proposoit très-dangereux, qu'elle l'avoit pratiqué et estimé salutaire durant la minorité du Roi, parce que l'âge de son fils ne permettant pas qu'il pût gouverner, il étoit de sa modestie à elle, qui en avoit la charge, d'en faire part, par sa bonté, aux plus grands du royaume; joint que par ce moyen elle rendroit compte de ses actions au public;

Que son gouvernement, sa régence et son administration étant expirés, le Roi, par le conseil de ses ministres, avoit changé cette forme d'agir, ne donnant plus de part aux grands dans son conseil, pour témoigner qu'il étoit assez fort pour agir de lui-même; que si maintenant on reprenoit ce qu'elle avoit pratiqué en sa régence, il sembleroit qu'il retombât en minorité ;

Que le vrai remède étoit de faire tout le contraire de tout ce qu'on avoit fait jusqu'à présent; qu'il falloit que le Roi agît davantage en apparence et en effet; que son conseil fût plus fort ; que deux seules personnes y faisoient tout, et qu'il en falloit plus de cinq agissant fortement pour soutenir le faix des affaires;

Que le principal motif de toutes choses étoit les intérêts particuliers, et qu'on laissoit périr tous les publics;

Que les affaires périssoient, ou parce que souvent on ne les entendoit pas; d'autres fois on ne les résolvoit pas, ou, étant entendues et résolues, on ne les exécutoit pas;

Qu'il falloit que ceux du conseil fussent gens d'esprit, de résolution et d'exécution tout ensemble ;

Qu'elle ne se mêloit pas de les nommer, parce que ce seroit le moyen de les exclure ;

Que depuis qu'elle y étoit entrée, elle avoit toujours reconnu que les conseils avoient suivi les personnes et non pas la nature des choses ;

Qu'il falloit penser sérieusement dans la Valteline; qu'il ne falloit pas négliger l'offre du pays de Liége, qui, ennuyé des trames d'Espagne, se vouloit donner à la France, ce qui sembleroit réparer l'injure de la Valteline; qu'il falloit se lier plus étroitement que jamais avec les Hollandais, penser au mariage d'Angleterre, à sauver la liberté de la Germanie; que l'état des affaires du dedans de la France dépendoit de celui auquel étoient les affaires au dehors; étant certain que nulle guerre civile ne peut subsister sans le secours des étrangers, qui ne s'embarqueront jamais à assister des rebelles contre leur Roi, tant qu'il sera en grande réputation parmi eux.

Le lendemain, le sieur de La Vieuville vint retrouver la Reine et lui dire qu'il lui avoit tenu ce langage sur la crainte qu'il avoit que les princes ne fissent quelque brouillerie; que, depuis, il avoit regagné M. de Guise, moyennant la charge de gentilhomme de la chambre pour son frère; que, cela étant, il falloit laisser les choses à l'accoutumée. Sur ce mot de gentilhomme de la chambre, elle lui dit que le feu Roi avoit pour maxime d'en éloigner les princes, mais y mettoit des gentilshommes exprès, afin d'y être plus libre, et les pouvoir casser s'ils ne lui étoient propres, et qu'on les appeloit, pour cet effet, premiers gentilshommes.

Il la pria de n'en dire mot au Roi et de ne s'y point opposer : l'affaire ayant passé au conseil, le 26 novembre, contre l'avis du chancelier et de Puisieux, le Roi dit le lendemain à la Reine que Puisieux lui étoit venu dire en secret, pour rompre ce coup, qu'il devoit bien se garder de l'acheminer, parce que c'étoit la Reine qui l'entreprenoit, et l'avoit promis aux Guisards pour se les acquérir par ce moyen; à quoi il ajouta que, s'il eût été bien averti, il auroit su que c'est moi qui vous ai prié d'être de mon avis. D'où la Reine prit occasion de le faire souvenir quel fondement avoient les mauvais offices qu'on lui rendoit auprès de lui; qu'elle le prioit, par là, de juger de ceux dont la vérité ne lui étoit pas si clairement connue.

Le jour auparavant, Puisieux dit au Roi, en présence de la Reine, que le roi d'Espagne avoit envoyé un homme expressément ici pour lui offrir de l'assister, par une armée navale, à prendre La Rochelle, à la charge qu'il abandonneroit les Hollandais.

La Reine, voyant que Puisieux appuyoit cette proposition, prit la parole et maintint que cette proposition du roi d'Espagne étoit captieuse, pour l'embarquer dans une guerre dont il n'avoit pas de besoin, tant parce qu'il n'avoit pas encore eu lieu depuis qu'il en étoit sorti de la refaire, que parce qu'il pouvoit mieux ruiner La Rochelle par la paix que par la guerre.

Le Roi en approuva les raisons, et inclina à ses sages conseils ; mais, bien que cet homme ne pût en goûter la protection, si est-ce qu'il n'en haïssoit point l'argent. Il reçut 20,000 écus de leur part pour leur en faire toucher 200,000 qui leur avoient été accordés la présente année; ce qui s'est découvert d'une étrange façon.

Le Maurier, qui réside en Hollande pour le Roi, étant fâché de ce qu'on n'avoit pas passé ces deniers par ses mains comme on avoit accoutumé, eut soin de s'enquérir bien soigneusement comme toute cette affaire s'étoit passée, trouva que de là on n'avoit touché que 180,000 écus. Il l'écrivit au sieur de La Vieuville, qui alla trouver l'ambassadeur de Hollande pour en être éclairci, y allant de l'honneur de sa charge; auquel, après ne l'avoir pu obtenir par plusieurs prières, il témoigna qu'il en alloit faire l'éclat qu'il devoit auprès de Sa Majesté pour en être justifié ; de quoi l'ambassadeur étant demeuré fort confus, après lui avoir dit plusieurs fois s'il le vouloit ruiner, il lui dit, l'obligeant par de grands sermens au secret, qu'il avoit donné cette somme à Puisieux pour avoir le reste.

Il reçut l'année précédente un diamant de même valeur du prince de Piémont.

Quand Villiers-cul-de-sac revint de ramener les chevaux que la Reine avoit envoyés au duc de Savoie, il dit, à son retour, qu'il avoit découvert que le duc avoit acheté un diamant de 20,000 écus pour envoyer en France, mais qu'il ne savoit pas pour qui. Sur ce doute Sa Majesté s'en étant voulu éclaircir à Lyon, elle trouva qu'il étoit tombé entre ses mains.

La Vieuville, qui avoit entrepris son éloignement, ne manqua pas de faire valoir ces tours de souplesse.

Cette année se passa en toutes ces intrigues et débats des ministres les uns contre les autres, tandis que, par toute la chrétienté, les ennemis du Roi s'avançoient en leurs affaires, et ses alliés n'étoient ni assistés et défendus, ni conseillés et encouragés à se défendre.

Le peu de places qui restoient au Palatinat se perdoient.

Le roi de la Grande-Bretagne se laissoit décevoir ou aux Espagnols, ou à soi-même, ou à leurs artifices, ou à son désir, ou à tous les deux ensemble ; avoit remis, le 25 avril, Frankenthal avec tous les forts qui en dépendent, sous le nom de dépôt, pour l'espace de dix-huit mois, entre les mains de l'archiduchesse de Flandre, et fait sortir la garnison anglaise, le tout avec espérance certaine qu'on lui donnoit et qu'il recevoit, qu'auparavant que ce terme fût échu l'Empereur auroit remis son beau-fils en sa grâce, et lui auroit rendu ses Etats. Depuis encore il avoit fait, au mois de mai, une suspension générale d'armes en l'Empire entre lui, son beau-fils et tous ses alliés d'une part, et l'Empereur et tous les siens de l'autre ; ce qui lui fut d'un grand préjudice, attendu que Halberstadt levoit une grande armée qui, composée de seize mille hommes de pied et six mille chevaux, fut depuis défaite, au mois d'août, par les armées de Tilly et d'Anhalt jointes ensemble ; d'où s'ensuivit encore la ruine de Mansfeld, qui fut contraint de quitter la Westphalie, et se retirer en la Frise orientale ; et en Hongrie Betlem Gabor s'éleva contre l'Empereur, et lui donna tant d'affaires qu'il le contraignit de rappeler la plupart de ses forces pour les employer à se défendre de lui.

Une seule chose arriva, non par leur adresse, mais par bonne fortune, qui fut un grand avantage au service du Roi ; c'est que ceux de Montpellier, commençant à perdre espérance de se voir jamais délivrer de la grande garnison qu'ils avoient dans leur ville, attendu qu'elle étoit commandée par le sieur de Valençai, qui en étoit gouverneur, beau-frère du sieur de Puisieux, et ne pouvant continuer à loger, sans une grande incommodité, un si grand nombre de gens de guerre, entrèrent dans une pensée dont, jusque-là, ils avoient été bien éloignés, de demander au Roi qu'ils fissent faire une citadelle dans laquelle il les logeât. Le sieur de Valençai cultiva ce désir, et l'accrut encore par l'espérance qu'il leur donna de faire rendre leurs biens, dont le Roi avoit fait don aux catholiques pour représailles de ceux qui leur avoient été pris dans ladite ville ; de sorte qu'enfin il ménagea si bien cette ouverture, qu'il leur fit envoyer des députés vers le Roi pour lui en faire la demande, laquelle leur fut accordée; et sans perdre temps y fut promptement donné commencement.

En cette année mourut le pape Grégoire XV, le 8 juillet, prince doux et benin, et qui fut meilleur homme que bon pape; ayant eu trop de facilité, et s'étant relâché en beaucoup de choses pour l'amour de ses parens, qui, le voyant vieux, non-seulement prenoient avec avidité toutes les occasions de s'en servir, mais les tiroient avec force, abusant de la bonté de Sa Sainteté. A la prière de son neveu, qui vouloit avoir le prieuré de Saint-Martin, qui en quelque manière dépendoit de M. le prince, pour ce qu'il vaquoit par la mort du sieur Vignier à qui il l'avoit donné, il sécularisa, par un pernicieux exemple, deux grandes abbayes, le Bourg-Dieu et . . . ., permit que le bien en fût incorporé au duché de Châteauroux, et que tous les bénéfices qui en dépendoient fussent à l'avenir en patronage lai, à la nomination dudit sieur le prince, et ses descendans ducs de Châteauroux, et tout cela moyennant une bien inégale et très-petite compensation à l'Eglise. Cette action fut jugée bien étrange d'un chacun, comme provenant d'une autorité plus prétendue des papes qu'accordée de l'Eglise, et plutôt fondée sur l'abus de la cour romaine que sur le mérite de la chaire de saint Pierre. Une seule fois il résista à la volonté de son neveu, qui, le voyant proche de la mort, le sollicita de faire quelques cardinaux; mais il lui répondit qu'il étoit marri d'en avoir tant fait en sa considération, et qu'il étoit temps qu'il demandât pardon à Dieu des fautes qu'il avoit commises, et non pas qu'il en fît de nouvelles.

En sa place fut élu le cardinal Barberin, qui avoit toujours été jusque-là de faction française, et fut appelé Urbain VIII.

Le Plessis-Mornay mourut aussi en cette année en âge décrépit, jusqu'auquel Dieu l'avoit attendu à pénitence; mais l'orgueil d'hérésiarque tint son cœur fermé à cette grâce. Il étoit médiocrement lettré, mais avoit un style facile et aigu; les hérétiques se servirent et de la qualité de sa personne et de la bonté de son style pour vomir contre l'Eglise les livres pleins d'abomination qu'il a écrits. Il entreprit, avec tant de hardiesse, la conférence qu'il fit à Fontainebleau, qu'il est croyable qu'il étoit lors trompé en sa créance; mais il y fut si manifestement convaincu de faux par le cardinal du Perron, en tous les points qui y furent agités, qu'il n'y a pas d'apparence qu'il ne vît la vérité de la religion catholique et la fausseté de son erreur, si ce n'est que l'aveuglement de son cœur eût entièrement éteint la lumière de son entendement. Il eut été heureux, et plus encore le royaume, s'il fût Mornay d'effet (1), comme il en portoit le nom, et que, du ventre de sa mère, il eût été porté à la sépulture.

En la même année parut en Espagne une confrérie de *los Alumbrados*, qui, parmi des préceptes et maximes d'une apparente, mais fausse piété, insinuoient dans les esprits l'incontinence qu'ils déguisoient et honoroient du nom de perfection, disant

---

(1) *Mornay d'effet* : Mort-né d'effet. Quoique les jeux de mots fussent alors très à la mode, Richelieu tombe rarement dans ce défaut.

qu'elle étoit un témoignage et un moyen d'union à Dieu. L'Eglise y pourvut incontinent, les condamnant et punissant avec la rigueur qu'ils méritoient.

Quasi en même temps en France on commença à découvrir une autre compagnie, appelée les Rose-croix et les Invisibles, qui commencèrent en Allemagne, des perverses opinions desquels le père Gautier et plusieurs autres ont écrit, auxquels j'aime mieux me remettre que de parler ici de leurs impertinences.

LIVRE XV.

[1624] Le sieur de La Vieuville, estimant ne pouvoir éviter sa chute, chercha diverses inventions pour se maintenir. Il voulut premièrement faire entrer le président Le Jay (qu'il n'avoit su faire garde des sceaux) dans les conseils;

Puis il se proposa de faire un conseil des dépêches, composé de personnes qui n'entrassent point dans le conseil, et n'approchassent point de la personne du Roi, dont il vouloit que le cardinal de Richelieu fût le chef, et que le comte d'Auvergne y eût entrée; enfin il fit résoudre le Roi à mettre le cardinal en ses conseils.

Le cardinal s'en défendit autant qu'il lui fut possible, pour plusieurs considérations et par plusieurs raisons.

Il lui représenta qu'il avouoit que Dieu lui avoit donné quelques qualités et force d'esprit, mais avec tant de débilité de corps, que cette dernière qualité l'empêche de se pouvoir servir des autres dans le bruit et désordre du monde.

Pour lui témoigner qu'il lui dit vrai, il s'offre de faire tout ce qu'il peut désirer de lui, soit pour le public, soit en particulier, pour le servir sans être du conseil.

Par exemple, toutes les semaines, il se trouvera, s'il veut, en sa maison ou en celle de M. le garde des sceaux, pour aviser avec ces messieurs à tout ce qui sera à propos pour les affaires, et ainsi, lui faisant l'honneur de lui communiquer ce qui se passera, il aura tout le loisir de digérer et penser beaucoup de choses qu'il admettra, ou rejettera selon qu'il les trouvera bonnes.

Cela se faisant par l'ordre secret du Roi, il aura lieu quand il lui plaira de le mener avec ces autres messieurs parler à Sa Majesté, pour le fortifier aux conseils qu'ils auront arrêtés, et lui dire pour son service les choses qu'ils ne voudroient pas lui dire eux-mêmes.

Ainsi il fera les mêmes effets qu'il désire, et n'aura point l'incommodité qu'il ne peut supporter.

Il voudroit de bon cœur mettre sa vie pour l'Etat et ses amis; mais de le faire sans fruit, il ne le juge pas à propos.

Pour être publiquement du conseil, il lui faudroit tant de conditions pour la foiblesse de sa complexion, laquelle n'est pas connue à tout le monde, qu'il sembleroit que ce seroit pure délicatesse qui les lui feroit désirer. Premièrement quantité de visites le tuent, et il voudroit que personne ne lui pût parler d'affaires particulières ;

Qu'un chacun sût qu'il a défenses d'en parler à Sa Majesté, soit pour lui demander une grâce, pension ou autre chose de pareille nature. Qu'il dise qu'il veut seulement se servir de lui, concurremment avec eux deux, en certaines affaires publiques qui ne requièrent la conférence de personne, et auxquelles on a d'autant plus loisir de penser que moins en est-on détourné par les importunités des particuliers.

Il désireroit qu'on ne fît pas trouver mauvais au Roi si souvent il n'étoit à son lever; mais qu'il sût et crût que rien ne l'en empêcheroit, que le malheur qu'il a de ne pouvoir long-temps être debout ou en une presse, et que partant il se contentât qu'il se trouvât en son conseil aux heures réglées, qu'aucun ne le vît chez lui, et qu'on ne lui parlât point d'affaires particulières.

Cela n'empêcheroit point que, quand pour le bien des affaires publiques, le Roi prendroit résolution de dénier à quelque prince quelque prétention, il ne le lui dît fort fermement; car ce qu'il propose est sans fard, proportionné à ses infirmités, et non à aucun dessein qu'il ait de s'exempter de la mauvaise volonté du tiers et du quart, quand ce sera pour le bien public.

Qu'il juge si ces conditions peuvent être observées en France, dans le désordre de la cour, et, ne le pouvant être, il verra s'il a juste sujet de se restreindre à la première proposition qu'il lui a faite.

Mais toutes ces raisons furent inutiles; car, comme cet homme étoit violent en ses passions, il poussa cette affaire si vivement qu'il n'y eut pas moyen de résister aux mouvemens du Roi et de la Reine-mère, qu'il fit intervenir en cette occasion.

Pour y tâcher néanmoins, il leur mit en avant les considérations suivantes :

Qu'il ne sauroit assez remercier M. de La Vieuville de l'estime qu'il fait de lui, et de la bonne volonté qu'il lui porte, et tâchera en toutes occasions d'en prendre revanche; en sorte qu'il connoîtra que ses intérêts lui seront aussi chers que les siens propres.

Mais jugera que la proposition faite en ce qui regarde ledit sieur cardinal, ne seroit ni utile au service du Roi, ni bonne pour entretenir l'intelligence qui doit être entre Sa Majesté et la Reine sa mère, et qu'elle seroit périlleuse pour ledit sieur cardinal, non utile pour le service du Roi, pour le peu de connoissance que ledit sieur cardinal a des affaires étrangères passées depuis quelques années, lesquelles doivent régler les subséquentes, et pour la foible complexion de sa personne; ce qui lui fait préférer une vie plus particulière à un si grand emploi.

Non bonne pour la Reine, attendu que puisque maintenant on essaie de donner tous les jours à Sa Majesté des ombrages d'elle, auxquels ledit sieur cardinal est mêlé quelquefois, on interpréteroit souvent ses pensées, et les avis qu'il donneroit selon sa conscience, à des desseins sur lesquels on prendroit sujet de donner, si on pouvoit, des impressions contraires à la sincérité des intentions de la Reine et dudit sieur cardinal, quoiqu'il n'eût autre but que le service du Roi et le bien de son État, et qu'il y voulût employer jusqu'à la dernière goutte de son sang.

Périlleuse pour ledit sieur cardinal, qui appréhende avec grande raison cet emploi; étant certain que la conduite des affaires étrangères est la chose la plus importante de ce royaume, particulièrement en l'état où ceux qui l'ont eue par le passé l'ont mise et laissée.

L'affaire de la Valteline, celle d'Allemagne, la liaison d'Espagne et d'Angleterre, la nécessité des Pays-Bas, le mauvais traitement que reçoivent les Suisses, l'extrémité où sont les Liégeois, étant choses de si grand prix à la France, et en état si avantageux pour l'Espagne, qu'il est plus aisé de dire ce qui seroit à désirer que de faire aucune chose qui les fasse changer de face. Au reste, pour y travailler, il faut prendre des résolutions si généreuses et prudentes, qu'elles ne peuvent être attendues que du Roi et du conseil qui est auprès de Sa Majesté ; étant du tout impossible que d'autres personnes le puissent faire, d'autant qu'autrement, pendant qu'on prendroit une résolution au conseil des dépêches, on en pourroit prendre une autre contraire au conseil en la présence du Roi, et que celles qu'il faut prendre sur les affaires du dehors dépendent de la disposition en laquelle on est pour le dedans ; ce qui fait que, par nécessité, il faut que ce soit eux et non autres qui aient le soin de ces affaires.

Le Roi réitérant son commandement après ce que dessus, le cardinal se résolut d'obéir, et lui dit ce qui s'ensuit :

Le cardinal de Richelieu, étant prêt d'obéir aveuglément à tous les commandemens de Sa Majesté, quand même il iroit de sa vie, la supplie très-humblement, avant que s'affermir au dessein qu'elle a de lui faire l'honneur de l'appeler en ses affaires, de considérer si les raisons qui le contraignent de se reconnoître moins digne de cet honneur sont recevables.

Bien qu'il y ait plusieurs personnes en France dont la capacité est reconnue, il ne veut pas nier que Dieu ne lui ait donné quelques lumières et force d'esprit pour servir au genre d'affaires où Sa Majesté le veut appeler; mais il est vrai que c'est avec une si grande débilité de corps, que c'est avec raison qu'il appréhende qu'elle ne lui permette pas d'employer, comme il désireroit, à l'avantage du service du Roi, les qualités que Dieu lui a départies.

En cette considération, bien que la conduite de la maison de la Reine sa mère ne soit pas grandement pénible, elle peut témoigner à Sa Majesté qu'il y a six mois que ledit cardinal la supplie instamment d'avoir agréable d'y mettre quelqu'un qui en eût la charge, sans toutefois que ledit cardinal se dispensât de contribuer le soin principal qu'il lui plaira qu'il en ait.

Un chacun sait de plus qu'aux occupations particulières qu'il a eues jusqu'à présent, il lui auroit été impossible de subsister avec une médiocre santé, si souvent il ne se divertissoit à la campagne.

Il sait bien que toutes ces raisons sont particulières, et que, par conséquent, elles doivent avoir peu de poids au respect de la volonté d'un maître; aussi ne craint-il pas tant les maladies que l'occupation des affaires lui pourroit apporter, comme que ses infirmités le rendent inutile au service du Roi.

Qui plus est, il ne voit point de raisons d'Etat qui rendent l'élection que Sa Majesté veut faire de sa personne, si importante, qu'on ne doive avoir égard à certains inconvéniens qui en peuvent arriver.

Y ayant eu des gens par le passé qui ont essayé de donner des ombrages au Roi de la Reine sa mère (quoique ses intentions n'aient d'autre but que son service), il est à craindre que quelques-uns, jaloux de la bonne intelligence qui est et qui doit être pour le bien de l'Etat entre Leurs Majestés, ne tâchassent de nouveau de l'altérer, interprétant, sous prétexte des obligations que ledit cardinal reconnoît avoir à la Reine, les pensées et les avis qu'il donneroit selon sa conscience, à des desseins contraires à la sincérité des intentions de la Reine et dudit cardinal, quoiqu'il aimât mieux mourir que de penser à chose qui ne fût avantageuse à l'Etat, pour le bien duquel il voudroit employer jusqu'à la dernière goutte de son sang.

Le service du Roi requerra souvent, contre son gré, que le cardinal déplaise au tiers et au quart; ceux à qui il n'aura pas plu seront les premiers à rechercher ces artifices pour le mettre hors des bonnes grâces de Sa Majesté, qu'il veut conserver plus que sa vie, et qu'il sait bien que ses actions mériteront toujours.

Sa promotion aux affaires peut servir à faire voir à tout le monde l'étroite intelligence qui est entre Leurs Majestés; chose, à la vérité, qu'il est avantageux pour son service qui soit et qui paroisse.

Mais le Roi peut faire ce même effet par d'autres voies, et son bon naturel le rend tous les jours de plus en plus si soigneux de les rechercher, qu'avec la suite de telles actions il est impossible qu'à l'avenir les plus malins puissent penser que les apparences y soient sans les effets.

Au lieu que l'expédient qu'on prend maintenant n'est pas de succès assuré, qu'il peut arriver que les philosophes de la cour jugeront (quoique sans fondement) que ledit cardinal sera mis aux affaires plus pour contenter l'imagination publique et éblouir la vue du monde, que pour avoir en effet une vraie connoissance des affaires, èsquelles ils penseront que l'on aille avec lui avec retenue, et en ce cas ils parleront plus désavantageusement que jamais du conseil, et auront plus mauvaise opinion de l'intelligence de Leurs Majestés.

Si l'on dit qu'il est question de fortifier le conseil

quant au nombre, une autre personne le peut faire aussi bien que ledit cardinal, qui sait fort bien que tous les meilleurs expédiens qui se peuvent prendre aux affaires de Sa Majesté sont dans l'esprit de ceux qui la servent à présent.

Si la grande quantité d'affaires les surcharge trop, le cardinal s'offre, par la volonté du Roi, de se trouver toutes les semaines avec eux en lieu particulier, pour aviser à ce qui sera à propos pour le bien du service de Sa Majesté, et ainsi, ayant communication de ce qui se passera, il aura d'autant plus de loisir de digérer et penser aux expédiens qui se devront prendre que plus il sera particulier, et ces messieurs pourront admettre ou rejeter en un instant ce qu'il aura pensé tout à loisir.

Ainsi il paroîtra que ce ne sera pas pour éviter le travail qu'on met les considérations susdites en avant, aussi peu l'envie et la haine qui accompagnent d'ordinaire ceux qui ont part en l'administration des affaires publiques, puisque le cardinal s'offre de bon cœur, quand Sa Majesté aura pris une résolution utile à son État, mais désagréable à quelques particuliers, de la leur dire franchement, et qui plus est la soutenir avec raison.

Si, nonobstant ces considérations, Sa Majesté s'affermit en sa résolution, le cardinal ne peut avoir autre réplique que l'obéissance.

Seulement il supplie Sa Majesté d'avoir agréable que, vaquant concurremment avec ceux de son conseil aux affaires qui concernent le général de son État, il soit délivré des visites et sollicitations des particuliers, qui, faisant consommer inutilement le temps que l'on doit employer à son service, achèveroient de ruiner entièrement sa santé ; et de plus, que, comme il entre en cette fonction sans la rechercher ni désirer, mais par pure obéissance, Sa Majesté sache qu'il n'aura ni ne peut avoir autres desseins que la prospérité de sa personne et la grandeur de son Etat, et soit si ferme en cette croyance véritable, que le cardinal soit assuré que tous les artifices des malins ne pourront avoir aucune force auprès de Sa Majesté au préjudice de sa sincérité.

La Vieuville ne le faisant pas mettre au conseil pour servir le Roi, mais pour se maintenir, et pensant se servir de lui comme d'une marotte, il l'y vouloit faire entrer avec honte, cédant au connétable et au chancelier.

Il défendit sa cause et la gagna par plusieurs raisons qui seront déduites en un autre lieu, et particulièrement par un extrait des registres du conseil, par lequel il appert que les cardinaux précèdent les princes du sang et autres princes, après tous lesquels le connétable et le chancelier prennent place ; sur quoi La Vieuville usa d'une autre malice, faisant faire en cachette un brevet par lequel, à son compte, il auroit moyen de le chasser du conseil quand il voudroit. Ce brevet portoit que, pour le différend mû entre le connétable et le cardinal sur le sujet de leur séance au conseil, le Roi, à la prière de la Reine sa mère, commandoit audit connétable de céder la sienne, sans conséquence pour l'avenir, à un desdits cardinaux seulement ; mais ce brevet, fait à l'obscurité, ne vit point le jour et fut sans effet.

En ce temps-là, le Roi étant à Compiègne, les

comtes de Carlisle et de Holland, ambassadeurs extraordinaires du roi de la Grande-Bretagne, l'y vinrent trouver pour demander à Sa Majesté, de la part de leur maître, madame Henriette, sa sœur, en mariage pour le prince de Galles. Ils y furent reçus avec grande magnificence, selon que le méritoit le sujet pour lequel ils venoient.

Mais, avant que de leur faire réponse, il y eut beaucoup de choses à considérer :

Quel avantage eût eu le roi d'Espagne en cette alliance pour sa sœur;

Le sujet qu'avoient les Anglais de souhaiter plutôt la nôtre que celle-là;

Enfin, s'il étoit utile à la France de l'accepter. Sur ces trois points, le cardinal représenta au Roi, en son conseil, ce qui s'ensuit :

Que le roi d'Espagne avoit grand sujet de désirer le mariage de ce prince avec sa sœur, pour plusieurs raisons.

La première, pource que la principale force des Hollandais consiste en six régimens anglais et écossais, lesquels leur sont plus propres que nuls autres, pour être plus adroits, servant à meilleur marché, et étant mieux choisis pour le grand nombre qui leur en vient; car les Allemands ne les servent à si bon prix, ne sont si hardis ni obéissans, et les Français ne sont si bons soldats d'infanterie, ni disciplinés à la coutume de Hollande en beaucoup d'années, de façon que quand le roi d'Angleterre leur voudra ôter ce secours, ils seront fort dépourvus de capitaines et de soldats.

La deuxième, que le roi d'Angleterre peut empêcher les desseins et trafics des Hollandais par mer, leur ôtant l'entrée de ses havres, sans lesquels ils ne peuvent aller ni venir en leurs navigations des Indes, ni à la mer Océane ni Méditerranée; ce qui lui seroit un grand avantage, non-seulement pour ce qu'il tient en Barbarie et en toute la côte d'Afrique, mais dans les Indes mêmes; car les places qu'il possède en Barbarie lui sont de plus de dépense que de profit, n'étant pas de telle conséquence qu'elles incommodent beaucoup les Maures ou Arabes, ou leur empêchent le passage du détroit de Gibraltar, ou diminuent le nombre de leurs corsaires, et il est en danger de perdre celles qu'il a en Guinée, Congo et Angola, ou au moins la plupart de l'utilité qu'en tirent ses sujets, à cause de la puissance des Hollandais, qui s'en rendront enfin les maîtres, tant ils augmentent tous les jours de force sur la mer; et le trafic de ses Indes mêmes court fortune, à cause du peu de forces qu'il a en ces mers-là, de la grande puissance que les Anglais et Hollandais y ont, et de la haine que tous les princes indiens portent à la superbe tyrannie des Portugais, qui leur fait rechercher toutes les autres nations, lesquelles, jointes ensemble, portent un péril présent à ses affaires, l'unique remède desquelles est de se rendre seul seigneur entre les chrétiens en ce pays-là.

La troisième, que le roi d'Angleterre est le chef des protestans, arbitre des affaires d'Allemagne, Pologne et Suède, est beau-frère du roi de Danemarck, qui est voisin des Hollandais, et qui, étant duc d'Holstein, emportera une partie de la correspondance que lesdits Hollandais ont avec les villes anséatiques, ce qui est un point de grande considération : outre que, par les parentés et intelligences que ces deux rois ont en Allemagne, le roi d'Espagne s'aplaniroit le chemin à maintenir l'Empire en sa maison, et arrêteroit les mouvemens qui se pourroient élever en France et en ladite Allemagne contre lui.

Que, pour ces raisons-là, l'alliance d'Angleterre étoit souhaitable et avantageuse à l'Espagne; mais que l'avantage ne seroit pas mutuel pour les Anglais, qui, au contraire, devoient beaucoup plus désirer la nôtre que la leur.

Premièrement, pource qu'il arriveroit au roi d'Anterre et à son royaume de grands inconvéniens de l'alliance d'Espagne; en ce que, comme le roi d'Espagne se dit chef des catholiques, et, par je ne sais quelle rencontre d'affaires et artifices, non par piété, se trouve en effet avoir ses intérêts le plus souvent liés avec les leurs; le roi d'Angleterre, d'autre part, l'étant des protestans, ses alliés et vassaux prendront jalousie de lui à raison de ce mariage, d'autant qu'il sera bien plus vraisemblable que le roi d'Espagne, qui est sans comparaison beaucoup plus puissant, le fasse condescendre à partie de ce qu'il désirera de lui, que non pas qu'il puisse gagner quelque chose sur le roi d'Espagne; d'où il arrivera que ses alliés et voisins se défieront de lui, et ne le tiendront plus pour leur chef sur qui ils se refient et appuient entièrement.

En second lieu, que cette alliance lui préjudicieroit encore, en ce qui concerne les négociations secrètes et publiques avec ceux de sondit parti, chacun desquels, estimant avoir fait en son particulier la même perte en lui que tout leur parti en général, ne pourroit plus entretenir avec lui la même confiance qu'il y avoit auparavant; ce qui même pourroit aboutir en son royaume à une division dangereuse, et causer les accidens lamentables que l'on a vus en France et en Allemagne.

De plus, que les Anglais perdront les frais qu'ils ont faits pour les équipages des Indes, que leurs profits du trafic diminueront; en quoi ledit Roi et son royaume seroient beaucoup intéressés.

Davantage, le roi d'Angleterre s'appuie d'une amitié nouvelle, sans autre fondement que la volonté de celui qui l'accepte, et laisse ses propres ligues, encore qu'obligatoires, pour la défense et union des protestans et alliés dont il est chef, et amoindrit son autorité dedans sa propre monarchie, où à présent il est suprême en toutes choses; de sorte qu'il s'expose à tout ce qui peut succéder des volontés d'autrui en des points essentiels et vitaux comme sont ceux-ci, qui semblent révoquer tous les Etats à nouveaux principes, remettant les choses en pareils termes qu'elles étoient auparavant la désobéissance de Henri VIII, auteur des nouveautés qui succédèrent en sa nation et en sa religion.

Qui plus est, il n'y a personne qui ne sache que l'Espagnol est comme le chancre, qui ronge et mange tout le corps où il s'attache; personne qui ne sache qu'il le fait d'ordinaire sous prétexte de la religion, qui, se trouvant plus grand en Angleterre qu'en autre autre lieu, pour la division des catholiques et protestans, fait voir clairement que le roi d'Espagne n'aura point de pied en Angleterre sans dessein et sans péril pour l'Etat.

Or est-il que cet inconvénient n'aura point de lieu en l'alliance de la France, étant certain que les Français trouvent leur pays si gras, si abondant et si puissant, qu'ils n'ont autre dessein que de s'y conserver, sans prétendre en conquérir d'autres, particulièrement sur l'Angleterre, sur laquelle ils n'ont jamais prétendu aucun droit comme sur l'Italie, etc.

Ce doit être, en outre, un motif très-puissant, que les Anglais ont très-grande aversion au mariage d'Espagne, et très-grande inclination à celui de la France, et ce avec raison; non-seulement pour le dessein général de l'invasion qu'a le roi d'Espagne, mais en outre pource que la France a toutes les mêmes alliances et considérations que l'Angleterre, et que les Espagnols les ont toutes contraires.

Quant à juger si, ainsi que le roi d'Angleterre faisoit bien de rechercher notre alliance, nous ferions bien de l'accepter, en cela consistoit tout le point de la difficulté; pour laquelle résoudre il falloit premièrement peser avec loisir et jugement diverses considérations qui se présentoient en ce sujet : la première est de savoir si licitement il se peut faire, dont il n'y a lieu de douter, pourvu qu'il apparoisse un fruit notable pour l'Eglise, et que l'ame de celle qui sera mise en un tel vaisseau ne soit exposée à aucun péril de naufrage.

La seconde dépend de cette première, et consiste à savoir s'il nous est fructueux, soit pour la religion, soit pour l'Etat.

Sur quoi il n'y a rien à dire, sinon que, au cas qu'on le fasse avec telles conditions que notre princesse conserve sa religion, et obtienne liberté de conscience, ou au moins fasse cesser la persécution, il est honorable et fructueux à l'Eglise et à l'Etat.

Fructueux à l'Eglise, puisque en cela elle seroit délivrée des persécutions qu'elle souffre en ce royaume-là;

Fructueux à l'Etat, attendu que cette princesse étant catholique, non-seulement sera en état d'empêcher que les huguenots français ne reçoivent aucun secours d'Angleterre, mais en outre d'en donner aux catholiques français, à cause du pouvoir absolu qu'elle aura parmi les siens, ce qui feroit qu'en tel cas il seroit clair que l'on le pourroit et devroit faire.

Mais si on le faisoit à telle condition que, les catholiques n'ayant aucune liberté ou soulagement, la religion même de la princesse que nous donnerions fût hasardée, il seroit non-seulement infructueux, mais honteux et préjudiciable en tous points.

Premièrement, en ce qu'on ne peut mettre une ame en péril éminent de sa perte sans horrible péché, en péril éminent de telle perte sans perdre notre honneur et réputation, sans offenser le Pape, perdre la bienveillance non-seulement de lui, mais de tous les catholiques de la chrétienté; ce qui n'est pas de petite considération.

Secondement, en ce que si cette princesse étoit huguenotte, étant sœur de notre Roi, tous nos huguenots auroient à gloire de dépendre d'elle, et elle à honneur et décharge de conscience de les pro-

téger en tout et partout où il iroit de la religion, ou en effet ou par prétexte.

Et quand même, ayant perdu sa religion, elle se conserveroit le cœur français, et voudroit nous secourir en quelques occasions, elle seroit impuissante pour ce faire, étant bien certain que perdant la religion elle perdra le cœur des catholiques, mais non pas qu'elle acquière celui des huguenots. Ce qui faisoit résoudre feu M. le duc d'Alençon, lorsqu'il traitoit du mariage d'Angleterre, de conserver sa religion, disant qu'il ne gagneroit autre chose, au changement d'icelle, que perdre les catholiques sans acquérir les huguenots; et partant il est très-clair que, supposé qu'elle fût en péril de sa religion, on ne peut légitimement, et ne doit-on, par raison d'Etat, entendre en ce mariage.

Que nous puissions, à juste titre, demander la liberté de conscience, c'est chose claire; puisqu'en France nous la donnons à une secte nouvelle, on la peut bien donner en Angleterre à un corps ancien comme le nôtre, duquel ils sont contraints de confesser être sortis.

Au moins est-il bien raisonnable qu'au lieu que la France donne liberté aux calvinistes, l'Angleterre donne assurance de ne persécuter point les prêtres et les catholiques, en faisant une perpétuelle boucherie d'eux.

Bien que les catholiques anglais soient affligés, il nous importe de ne les offenser pas, devant juger, par la durée de toutes les hérésies, que celle d'Angleterre ne doit plus avoir grand cours, et appréhender qu'ayant maltraité les catholiques en leur affliction, ils nous méprisent en leur prospérité; ce qui fait que le roi d'Espagne en fait un extrême cas.

On pourra demander si en nul cas, hors celui de la liberté ou soulagement des catholiques, on ne peut traiter ce mariage.

En quoi il faut confesser que les théologiens et les gens d'Etat se trouvent fort empêchés, n'y ayant, en autre cas, aucun fruit apparent, ains beaucoup de mal à craindre.

Toutefois, si on assuroit tellement sa religion qu'elle ne pût courir aucun hasard en sa personne; si elle avoit auprès d'elle des dames saintes et de grande vertu; s'il lui étoit permis d'avoir un évêque en qualité de grand-aumônier, et plusieurs autres personnes doctes et de sainte vie; qu'elle eût une église où le service de Dieu fût fait avec liberté, on pourroit, sinon conseiller, au moins ne déconseiller pas ce mariage, attendu qu'il semble que ce seroit donner lieu aux catholiques anglais d'avoir consolation par espérance en leurs peines.

Et cela est bien la moindre chose qu'on nous puisse accorder, puisqu'autrefois un roi de France donnant sa fille à Ethelbert, roi d'Angleterre, encore payen, obtint de lui les mêmes conditions, sans y en ajouter aucune, selon que Bède le rapporte; ce qui devroit combler de honte les Anglais, si nous ne pouvions obtenir de leur Roi chrétien ce que l'on obtint autrefois d'un roi payen.

Surtout, pour l'honneur de la France, il faut rechercher en cette alliance tous les avantages qu'il se pourra pour la religion, se souvenant de ce qui se passa il y a huit ou neuf ans en pareil sujet.

L'ambassadeur de Savoie, traitant du mariage du prince de Savoie avec la fille d'Angleterre, et se portant un peu froidement pour l'article de la religion, les Anglais publièrent, par moquerie, que le duc de Savoie étoit content que leur princesse retînt sa religion. En même temps Pierre de Zuniga, ambassadeur d'Espagne en Angleterre, disoit tout haut que si le prince de Galles vouloit se faire catholique, le Roi son maître lui enverroit sa fille sur un pont d'or; mais, s'il y persistoit, qu'il ne lui voudroit pas donner en mariage la plus chétive chambrière de son royaume. Le zèle de l'Espagnol fut estimé, et la froideur du Savoyard blâmée.

Faisant ce mariage mal à propos et illicitement, il seroit grandement à craindre de provoquer l'ire de Dieu sur nous, comme fit Josaphat, qui, quoique pieux roi, sentit rigoureusement la main de Dieu, pour s'être joint avec Achab, roi d'Israël, qui persécutoit cruellement les serviteurs de Dieu.

Le roi d'Angleterre publie, et l'a dit ouvertement au sieur de Bisseaux, qu'il ne se soucie pas que l'on dise des messes en Angleterre, pourvu que son Etat demeure paisible; s'il est ainsi, on le peut assurer de ses fins et le mettre hors d'intérêt, les catholiques se soumettant, en recevant la grâce qu'il leur fera, à s'astreindre de garder fidélité au Roi, par le serment le plus obligeant qu'il se pourra faire, et qu'il sera jugé à propos par le clergé de France. Ce qui lui doit donner toute assurance, si les ministres ne veulent dire que la vraie religion ne permet pas à un catholique d'astreindre sa foi à un prince d'autre croyance : ce que je puis dire être un blasphème, et qui devroit mettre grandement notre Roi en soupçon, vu que par ce moyen il ne peut s'assurer de la fidélité des huguenots.

Que si le roi d'Angleterre représente qu'en ce faisant son fisc diminuera, d'autant qu'il tire beaucoup des catholiques; après avoir représenté qu'il semble plus décent à un grand prince de relâcher quelque chose de ses droits, que de continuer à persécuter ses sujets pour tirer avantage d'eux, les catholiques s'offrent de lui donner autant comme on tire d'eux par leur persécution.

Après toutes ces raisons succinctement déduites, selon que l'importance du sujet le pouvoit permettre, le cardinal conclut qu'il étoit d'avis de recevoir l'offre qui nous étoit faite de ladite alliance, pourvu qu'on la pût obtenir aux conditions susdites, et que tant s'en faut qu'il la fallût rejeter, qu'au contraire il la falloit poursuivre avec soin, pource que toujours l'alliance d'Angleterre nous a été avantageuse, cette île étant située comme un boulevard sur ce royaume; ce qui convia les ducs de Bourgogne de faire grand état de l'amitié desdits Rois, pour donner un frein puissant aux forces de la France.

L'Espagnol ne conquit le royaume de Navarre, sous Louis XII, qu'après avoir fait ligue avec l'Anglais contre nous, et s'étant unis pour nous attaquer des deux côtés.

Davantage, si nous nous allions avec le roi d'Angleterre, l'Espagne perdra le moyen qu'elle avoit d'arrêter nos mouvemens sur le sujet de nos prétentions contre elle, si elle avoit de son parti ledit Roi, qui nous est si proche voisin et a des prétentions contre nous, qu'il s'imagine n'être pas moins clairement justifiées que les nôtres contre le roi d'Espagne ; en quoi nous recevrons un double avantage, et que l'Espagnol perd, en ce faisant, l'assistance de ce royaume-là, et que nous nous en fortifions contre lui.

Le Roi suivit l'avis du cardinal, et arrêta de ne pas rejeter l'offre qui lui étoit faite par lesdits ambassadeurs : on commence à traiter avec eux. La plus grande difficulté qui se rencontra fut sur le sujet de la liberté de conscience en Angleterre, ou publique, ou tolérée secrètement.

Quant à la liberté publique, ils n'en voulurent pas seulement entendre parler, témoignant que c'étoit avoir dessein, sous ombre d'alliance, de détruire leur Etat que de leur faire telle demande.

Quant à la secrète, ils avoient encore grand'peine à l'accorder. Néanmoins le cardinal leur faisant voir clairement que le Roi ne pouvoit faire ce tort à sa qualité de fils aîné de l'Eglise, que de n'obtenir pas en cette occasion tout ce que les catholiques anglais pouvoient raisonnablement attendre de soulagement par le moyen de cette alliance, et ne prendre pas les assurances raisonnables qui pouvoient être prises pour l'exécution de ce qui seroit promis, ils s'y relâchèrent, avec cette condition qu'il n'en parût rien par écrit, et que le Roi se contentât seulement d'une promesse verbale du roi d'Angleterre et du prince de Galles.

Ils apportoient pour raisons que c'étoit vouloir mettre mal le roi d'Angleterre avec son peuple, qui étoit protestant, que de faire paroître au public qu'il eût promis aucune chose pour les catholiques, au préjudice des lois du royaume ; que cela lui feroit perdre le moyen de tirer du secours de son parlement, qui étoit fort zélé à leur religion;

Que c'étoit même lui ôter le pouvoir de bien traiter les catholiques, que de faire connoître publiquement qu'il eût ce dessein, et s'y fût obligé, pource qu'un chacun prendroit garde à ce qu'il feroit pour eux, et que la moindre grâce qu'il leur départiroit seroit considérée, pesée et enviée, au lieu que si ses peuples n'en avoient point de soupçon, il auroit plus de liberté de les favoriser, et on ne s'en apercevroit pas si facilement, ni ne lui feroit-on pas tant d'instance d'observer les rigueurs des lois entre eux.

Et enfin que la Reine à son arrivée en seroit mal vue, au contraire du désir qu'ils avoient qu'elle fût reçue avec une joie universelle de tous.

Le cardinal, au contraire, persistoit à ce qu'il en fût fait une promesse par écrit, pource qu'il lui sembloit qu'on ne pouvoit prendre trop d'assurance en une chose si importante.

Et qu'il étoit à croire que si les Anglais, animés du faux zèle de leur religion, faisoient, ci-après, peu de compte de leur parole en ce point, et vouloient prendre résolution d'y manquer, ils en seroient retenus par la force d'un contrat écrit et signé de leur main, dont ils auroient honte de violer la foi.

Il répondoit aux ambassadeurs que les raisons par eux apportées pour excuses n'étoient qu'un prétexte;

Que le roi de la Grande-Bretagne étoit assez puissant dans la bonne volonté de son peuple pour tirer d'eux ce qu'il voudroit; qu'on en avoit vu l'expérience au temps de la recherche de l'alliance d'Espagne, durant laquelle il avoit plusieurs fois donné une grande liberté à tous les catholiques de ses États, sans que néanmoins son peuple eût témoigné lui en être moins affectionné, ni moins prompt à le servir de ses moyens;

Que cet écrit ne donneroit pas au Roi leur maître plus d'empêchement de la part de ses peuples pour l'exécuter, que la simple promesse verbale qu'ils offroient, pource que toujours les protestans se douteroient-ils bien qu'il l'auroit promis, et le simple soupçon en matière de religion est si violent, qu'il feroit le même effet que s'ils en avoient une preuve certaine.

Quant à la Reine, que ce lui seroit un si grand déshonneur en toute la chrétienté d'entrer en Angleterre sans apporter aucun soulagement à ceux de sa religion, qu'elle ne voudroit pas acheter à ce prix la bienveillance d'une partie du peuple d'Angleterre, et que ce lui étoit assez d'avoir les bonnes grâces du Roi son mari.

Au reste, que le roi Très-Chrétien y avoit un très-grand intérêt, pource qu'il ne pouvoit autrement assurer le Pape que ce que l'on promettroit seroit exécuté, qu'en lui témoignant qu'on ne s'étoit pas contenté d'une simple obligation de parole, mais on l'avoit voulu stipuler par écrit qui peut être exposé à la vue de tout le monde.

Davantage, que la bonne intelligence du Roi avec les princes catholiques, qui est si nécessaire non-seulement au bien de son service, mais encore à celui de tous ses alliés, sembloit ne pouvoir être maintenue que par ce seul moyen;

Qu'on ne pouvoit autrement détourner les mauvaises impressions que les ennemis de cette couronne essaient tous les jours de leur donner d'elle (aux États et peuples catholiques), si Sa Majesté, assistant, comme elle fait, d'argent et d'hommes les Hollandais et les autres princes protestans ses confédérés, prenoit encore alliance en Angleterre sans tirer une promesse précise, solennelle et publique à un chacun, de faire cesser la persécution des catholiques qui gémissent oppressés sous la rigueur des lois qu'on exerce contre eux.

Les ambassadeurs demeurèrent fermes en ce point et ne le voulurent jamais passer; ce qui fit que le Roi fut obligé d'envoyer pour ce sujet le marquis d'Effiat ambassadeur en Angleterre, au lieu du comte de Tillières qui fut rappelé.

Ledit marquis eut charge de représenter au roi d'Angleterre l'importance de cet article, et que le Roi ne le demandoit ni pour vanité ni pour crainte qu'il lui manquât de parole, mais par nécessité pour les raisons ci-dessus déduites, et d'abondant pour faciliter la dispense de Sa Sainteté, sans laquelle Sa Majesté ne pouvoit consentir à ce mariage.

Ce Roi y apporta un long temps beaucoup de difficultés. Enfin, toutefois après plusieurs instances, et principalement pource qu'il apprenoit par toutes les dépêches de ses ambassadeurs qu'on ne vouloit rien ici conclure autrement, il leur donna ordre de s'y accorder. Tout le différend qui resta fut sur la forme de l'écrit, ledit Roi ne le voulant donner que sous seing privé, l'ambassadeur au contraire ayant ordre de demander qu'il en fût couché un article exprès dans le contrat de mariage.

Les ambassadeurs d'Angleterre s'étonnoient de l'instance qu'on en faisoit, d'autant que La Vieuville leur disoit que le Roi avoit pour indifférent le traitement que le roi de la Grande-Bretagne feroit aux catholiques, et que ce qu'il en parloit n'étoit que pour la forme et pour contenter le Pape et les catholiques de France; de sorte que le cardinal, qui leur tenoit tout un autre langage, eut peine de leur faire croire que le Roi avoit, pour sa piété et pour son honneur, un si grand désir que les catholiques anglais fussent soulagés ensuite de cette alliance, qu'il n'y avoit point de condition pour y parvenir plus essentielle que celle-là, sans laquelle il ne le concluroit jamais.

Or il sembloit nous être plus avantageux d'en avoir un article dans le contrat, pourcé que ce seroit une obligation plus solennelle et publique à tous les catholiques anglais, qui s'en sentiroient plus obligés à la France et à toute la chrétienté; qui en honoreroit davantage le Roi.

Mais les ambassadeurs anglais représentoient que, si nous faisions plus grande instance en notre demande, le Roi leur maître auroit occasion de se défier de la sincérité de notre intention, pource que ce lui seroit un juste sujet de jalousie, si ses sujets catholiques avoient lieu d'estimer qu'ils seroient dispensés des rigueurs ci-devant exercées contre eux, par le soin et l'intervention du roi Très-Chrétien, et non par le propre mouvement et la bonté naturelle de leur prince.

D'autre part, qu'il étoit nécessaire, pour la sûreté de Madame, que son contrat de mariage fût vu et arrêté au parlement; mais qu'il étoit du tout impossible au roi de la Grande-Bretagne d'y faire passer cet article-là, à cause de leur opiniâtreté à leurs lois, qui y sont toutes contraires;

Qu'en Espagne on s'étoit toujours contenté d'un article secret, jusqu'à ce que, voyant leur traité sur le point d'être rompu, ils feignirent de se vouloir affermir à demander qu'il fût inséré dans le contrat; ce qu'on refusa en Angleterre avec opiniâtreté, s'y étant enfin seulement laissés aller pour délivrer leur prince qui étoit en Espagne en une honnête captivité, et pour essayer si on pourroit cependant, sous cette apparence, retirer le Palatinat, mais résolus de ne rien tenir de cette promesse; ce qui parut assez en ce que le prince ayant, en Espagne, promis ledit article avant son partement, il ne fut pas sitôt embarqué qu'il ne manda à son ambassadeur qu'il ne donnât point les procurations qu'il lui avoit laissées, et n'exécutât aucune chose jusqu'à ce qu'il eût nouvel ordre du Roi son père.

D'abondant, qu'après que le Roi et le prince eurent fait connoître au dernier parlement que ce qu'ils avoient accordé sur ce fait en Espagne n'étoit que pour les raisons susdites, ils s'obligèrent par serment de ne s'engager plus à semblables promesses, à quelque fin et intention que ce fût.

Pour toutes ces raisons, très-fortes et capables de convaincre tout homme non préoccupé de passion, le cardinal conseilla au Roi de condescendre à un article particulier, jugeant que la religion en recevroit un solide avantage, et que disputer plus opiniâtrément ce point ne seroit que rechercher une vaine réputation de promouvoir l'utilité de l'Eglise sans effet, vu que moins il y auroit d'opposition de la part des protestans à ce qui seroit promis, plus le roi de la Grande-Bretagne auroit-il facilité à le faire observer;

Que la difficulté que le Roi faisoit de donner cet article public à cause de ses peuples, montroit bien qu'il avoit volonté de le garder étroitement étant secret;

Enfin que la sûreté de cet article, comme de tous les autres, en quelque manière qu'ils soient stipulés, dépend de la foi et de la parole dudit Roi et du prince son fils, qu'ils tiendroient d'autant plus religieusement que moins ils verroient qu'on en auroit douté par des précautions plus capables de faire connoître des soupçons que d'assurer la chose.

Il conseilla néanmoins au Roi de ne donner pas son consentement sans essayer auparavant d'en profiter pour le bien des catholiques, ce qui lui réussit; en sorte qu'au lieu d'une seule église qu'on promettoit jusqu'alors à Madame en la ville de Londres, ils consentirent qu'elle feroit bâtir, dans tous les châteaux et maisons où elle demeureroit, de grandes chapelles, capables de tenir tant de gens qu'il lui plairoit; ce qui n'étoit pas un petit gain pour la religion, les catholiques étant bien plus assurés de venir dans les chapelles encloses dans les maisons royales, qui sont des asiles sacrés, que non pas en une église publique, et y pouvant encore d'autant plus hardiment venir qu'elles sont plus retirées et moins à la vue du peuple; joint que les fruits qu'on pouvoit recueillir d'une seule église pourroient être bien plus avantageusement tirés de plusieurs chapelles partout où la Reine seroit.

Après cela il ne restoit plus que d'envoyer à Rome pour obtenir la dispense.

Le père de Bérulle, général des pères de la Congrégation de l'Oratoire de Jésus, fut proposé par le cardinal au Roi, pour y aller travailler avec le sieur de Béthune, qui y étoit lors ambassadeur extraordinaire.

Il eut charge de représenter à Sa Sainteté le soin avec lequel le Roi avoit pourvu à la sûreté de la conscience de Madame et de ceux de sa maison, et au soulagement des catholiques, par tous les moyens les plus forts qu'il avoit pu s'imaginer;

Et de l'assurer que, qui connoîtroit l'esprit et la dévotion avec laquelle Madame a été nourrie, ne douteroit point qu'elle ne fût capable de gagner autant sur son mari que fit autrefois une fille de France sur Ethelbert, roi d'Angleterre, qu'elle rendit si bon chrétien de païen qu'il étoit, que depuis il a été canonisé.

Qu'outre le bien qu'on devoit attendre pour l'Angleterre de la conduite et du zèle de cette princesse, elle ne serviroit pas peu à dissiper l'hérésie en France, affoiblissant ceux qui en font profession, en ce qu'elle empêcheroit non-seulement que les huguenots français ne reçussent du secours de ceux qui sont en Angleterre, ce qu'ils feroient autrement, mais en outre fortifieroit les catholiques français par les catholiques d'Angleterre;

Que ceux qui sont un peu versés en la suite du cours de l'Église, savent que les progrès de la foi se font plus par le temps, par la raison et la douceur, que par traité, convention et espèce de contrainte; que quelquefois, lorsqu'on pense plus assurer des événemens qu'on désire, c'est lors qu'on les rend plus douteux;

Que Valerius, évêque d'Hippone, ayant autrefois proposé d'envoyer Félix, un de ses diacres, pour travailler à la conversion des donatistes, on lui opposa, pour retarder son dessein, que c'étoit tenter Dieu de le jeter en ce péril; mais il ne laissa pourtant de passer outre, disant qu'il n'est pas permis de faire un mal évident pour en tirer du bien, mais que l'on peut donner quelque chose à la fortune quand le gain est plus apparent que la perte;

Qu'Hippolyte, évêque de Tyr, ayant, par l'artifice des ariens, perdu Sidonius, qu'il avoit envoyé pour leur conversion, dit qu'il regrettoit sa chute et non pas la commission qu'il lui avoit donnée; car, s'il avoit perdu un homme, il pouvoit gagner un peuple;

Que ces deux exemples faisoient reconnoître clairement qu'on devoit marcher confidemment en cette affaire, puisque, n'y ayant rien à craindre, il y avoit beaucoup à gagner, et qu'aux entreprises faites par ces deux évêques, s'il y avoit quelque avantage à attendre, ce n'étoit pas sans péril évident d'une notable perte;

Que le fruit que l'Église se devoit promettre de ce mariage étoit manifeste, puisqu'il la délivroit en partie des persécutions qu'elle souffroit en Angleterre; que s'il vient à se rompre, les catholiques anglais ne pouvoient éviter d'en recevoir un notable dommage, par l'exécution de la rigueur des lois contre eux, qui auroit lieu d'autant plus aisément que le prince épouseroit quelque Allemande protestante;

Que si on vouloit passer aux raisons d'Etat, il n'y

avoit personne qui ne reconnût qu'il étoit utile à toute la chrétienté que l'orgueil d'Espagne fût abaissé par toutes sortes de moyens, entre lesquels ce mariage ne seroit pas un des moindres;

Que la puissance spirituelle du Saint-Siége auroit d'autant plus de poids que son autorité temporelle seroit plus considérable, et qu'elle ne pouvoit avoir grande force que dans l'égalité qui devoit être entre les premières et principales couronnes de la chrétienté.

Par là il paroissoit que Sa Sainteté, qui est un des plus religieux papes qui ait jamais été, et des plus grands politiques qui puissent être, n'avoit pas peu de sujet d'accorder promptement la dispense qui lui étoit demandée par Sa Majesté, qui estimoit satisfaire à la dignité de roi Très-Chrétien si, pour procurer solidement un avantage du tout signalé à l'Eglise, elle se relâchoit de certaines apparences, qui ne sont bonnes que pour se mettre en réputation auprès de ceux qui ne connoissent pas qu'on les a seulement demandées pource qu'on savoit bien qu'on n'en pouvoit avoir l'effet.

Avec ces ordres, le père de Bérulle s'en va à Rome; mais, tandis qu'il y négocie, retournons à Compiègne voir ce qui s'y passe.

Pendant le séjour que le Roi y fait, peu après que le cardinal y fût entré dans le conseil, arrivent des ambassadeurs extraordinaires de Hollande, pour demander secours au Roi contre la maison d'Autriche, qui ne les peut opprimer sans la ruine universelle de toute la chrétienté.

On avoit depuis quelque temps, à l'avantage de

l'Espagne et au grand préjudice de cet Etat (1), négligé cette alliance contre les instructions du feu Roi ; le voile de la religion servoit d'excuse à ceux que l'intérêt de leurs affaires particulières tenoit si occupés qu'ils perdoient le soin des publiques.

Ils mettoient en avant la considération de Rome, comme un épouvantail pour faire abandonner les Etats.

Le cardinal soutint courageusement que, bien que de prime abord il semblât qu'à Rome on pût trouver à redire à une union plus étroite que le Roi voudroit reprendre avec eux, il pensoit toutefois pouvoir assurer qu'on ne l'improuveroit pas, étant certain qu'à Rome, plus qu'en tous les lieux du monde, on juge autant les choses par la puissance et l'autorité, que par la raison ecclésiastique ; le Pape même sachant que les princes sont souvent contraints de faire, par raison d'Etat, des choses du tout contraires à leurs sentimens.

Il disoit aussi que témoigner une si grande crainte de Rome seroit nous faire tort, parce qu'en matière de princes on interprète souvent à foiblesse la déférence que les uns rendent aux autres ; ce qui fait qu'il n'y a rien de tel aux princes que de prendre des conseils hauts et généreux.

Quant aux inconvéniens qu'on pourroit dire qui nous en arriveroient de la part d'Espagne, le feu Roi les a toujours méprisés, et estimé que l'alliance de Hollande n'apportoit pas une petite sûreté à son Etat, pource qu'elle étoit capable d'empêcher la maison d'Autriche de lui faire une querelle d'Allemand, qui

(1) *De cet Etat :* Il s'agit de la France.

est plus à craindre que jamais, maintenant que l'Empereur s'est rendu maître de l'Allemagne. Et au cas que, par quelque disgrâce, les deux maisons de France et d'Autriche se vinssent à heurter, la crainte que les Espagnols auroient des Hollandais nous assureroit la frontière des Pays-Bas, qui est la porte la plus commode aux ennemis de la France, et par laquelle nous avons reçu plus de dommage d'eux.

D'autre part, la guerre des Hollandais affoiblit notre ennemi sans que nous entrions en aucun péril, et, en la concurrence des affaires présentes, elle nous est plus nécessaire que jamais. Les Hollandais sont plus foibles qu'ils n'ont encore été jusques ici; leurs dettes croissent de jour à autre; leurs secours ayant été diminués; et les efforts du roi d'Espagne étant plus grands, ils pourroient bien facilement incliner à rechercher le renouvellement de la trève, ou le traité d'une bonne et éternelle paix; ce qui ne semble pas être impossible aux termes où les choses sont.

Car, pour la trève, il n'y a point de doute que le roi d'Espagne ne la voulût faire aux conditions de la précédente.

Quant à la paix, il y a une voie ouverte pour y parvenir, qui sera au contentement des deux parties, et peut-être du roi d'Angleterre, mais à notre seul dommage et à la ruine de cet Etat.

Autrefois, du temps de Henri-le-Grand, de glorieuse mémoire, en l'an 1608, lorsque, par l'entremise de ses ambassadeurs et de ceux du roi de la Grande-Bretagne, la trève se traita entre les Etats et l'archiduc, entre plusieurs propositions d'accommodement qui furent faites, celle-ci fut mise en avant:

Que le roi d'Espagne déclareroit, ainsi qu'il avoit déjà fait par la première trêve, qu'il ne prétend plus rien sur les Etats des Provinces-Unies; qu'il les tient pour une république, peuple libre, et consent qu'ils soient à l'avenir réputés membres de l'Empire, et en dépendans, avec mêmes priviléges, autorité et pouvoir que les princes et villes franches qui sont de cette qualité, et reconnoissent l'Empereur avec des charges si peu onéreuses, qu'elles n'entament aucunement leur liberté; déclarant, en outre, qu'il ne demande rien d'eux, sinon qu'ils se promettent l'un à l'autre un mutuel secours, Espagne et tous les Pays-Bas, y compris ce que les Etats possèdent; et de n'avoir aussi pour l'avenir que mêmes amis et ennemis, en quoi ils entendoient comprendre le roi d'Angleterre, sans l'exprimer, de crainte d'offenser le feu Roi, qu'ils voyoient bien n'être pas disposé à le souffrir.

Ce qui seroit proprement le renouvellement de l'ancienne alliance des Pays-Bas avec la maison de Bourgogne, toujours désirée et poursuivie par les rois d'Angleterre, et jugée utile aussi par les rois d'Espagne, pour se fortifier contre nous.

Aussi cette proposition fut-elle approuvée par les Anglais, mais rejetée par nous et par les Etats, lesquels, bien qu'ils y vissent quelque apparence de sûreté pour eux, ne jugèrent pas toutefois qu'elle fût vraie et entière en effet, joint que les inimitiés étoient trop récentes, et que tout ce qui provenoit de la part d'Espagne leur étoit suspect.

Mais aujourd'hui les choses ont pris une autre face, et il y a tel changement en leurs affaires, qu'ils pourroient bien approuver ce qu'ils ont autrefois rejeté.

Ils ne se sentent plus si forts qu'ils étoient lors ; ils sont désunis et divisés en eux-mêmes. Le schisme des arminiens les déchire et les envenime de haine les uns contre les autres. Rien ne rend la division dans les Etats plus dangereuse que quand elle est fondée, non-seulement sur un prétexte, mais sur un sujet de religion.

Arminius étoit un homme né de peu, en l'an 1560, qui, ayant perdu son père, fut élevé, en sa jeunesse, par un bon homme qui avoit été prêtre, nommé Théodore Emilius, lequel lui ayant manqué, il alla à Leyde, où il paracheva ses études.

Il succéda à François Junius en la chaire qu'ils appellent de théologie, en laquelle il commença à acquérir grande autorité.

Il prit amitié avec Barneveldt, et, peu après, se voyant porté par les plus puissans, il mit en avant quelques opinions nouvelles qu'il avoit touchant la prédestination.

La Hollande, qui est tellement la principale des provinces qui sont associées pour la commune défense, qu'elle seule contribue beaucoup plus à cet effet que toutes les autres ensemble, reçut, plus que toutes, l'impression de cette opinion. Barneveldt, qui y avoit engagé le prince Henri, fit qu'en l'an 1618 on enjoignit aux prédicans d'enseigner les peuples simplement à bien croire et à bien vivre, et s'abstenir d'embrouiller les esprits de ces questions difficiles et curieuses.

A quoi les calvinistes ne voulurent acquiescer. Les magistrats de quelques villes, ne s'y pouvant opposer sans péril de leurs personnes, furent contraints, pour leur sûreté, suivant leurs priviléges, de prendre quelque petit nombre de soldats pour garder leurs hôtels de ville et leurs magistrats.

La partie contraire donna une si mauvaise interprétation à ce bon dessein, que lors on éclata en invectives, de bouche et par écrit; pour à quoi remédier le Roi envoya, en juillet de ladite année, le feu sieur de Boissise vers messieurs des Etats; son intervention, quoique puissante, ne le fut pas assez pour apaiser ce tumulte; ils eurent recours à la force, emprisonnèrent l'avocat général de Hollande, Barneveldt, et quelques autres, et destituèrent tous les magistrats des villes qui avoient pris lesdits soldats pour leur défense; chose non jamais pratiquée auparavant, non pas même par les princes souverains auxquels ils ont été sujets, d'autant que lesdits magistrats sont, par leur institution, perpétuels, et ne peuvent être déposés que par mort ou forfaiture.

A quelque temps de là ils firent mourir Barneveldt, et condamnèrent la plupart des autres à prison perpétuelle; ce que plusieurs d'entre eux tiennent plutôt être une vengeance qu'une sincère justice.

Cette division, comme un chancre, les ronge au dedans, et les affoiblit davantage que ne font pas toutes les ruines que la guerre apporte avec soi.

Outre cette foiblesse qu'ils reconnoissent en eux, et leur fait désirer de se voir en repos, ils n'ont plus cette haine si vive qu'ils avoient contre l'Espagnol, à cause des avantages qu'ils ont ressentis de la trève passée.

Joint que le roi d'Angleterre, qui désire ardemment le recouvrement du Palatinat pour son honneur, l'affection qu'il porte à sa fille et la sûreté de son Etat, sera toujours bien aise de regagner l'amitié d'Espagne, sous quelque assurance apparente qu'elle lui donnera de vouloir, à quelques conditions raisonnables, lui rendre ledit Palatinat, duquel ledit Roi croit pouvoir difficilement venir à bout par la voie des armes, quelque effort qu'il fasse pour cela.

Si le roi d'Angleterre est persuadé, il sera un puissant motif pour faire consentir ladite paix aux Hollandais, principalement ne se voyant plus lors appuyés que du Roi, les secours duquel sont incertains, à cause des fréquens mouvemens que jusques ici nous avons toujours eus en ce royaume.

Il ne leur sera pas difficile de penser y trouver suffisamment leur sûreté, comme étant, par ce moyen, conjoints en amitié avec le roi d'Angleterre, et n'ayant plus sujet de craindre l'Espagne, qui vraisemblablement ne voudra plus entrer en guerre contre eux, pour y faire les mêmes dépenses, encourir les mêmes dangers qu'elle a soufferts au passé. Et pource que le prince d'Orange est à présent celui qui a plus de pouvoir dans les Etats, le roi d'Espagne pourra consentir qu'il soit gouverneur perpétuel desdites provinces, lui donner de grands Etats et appointemens, et de l'honneur et commandement en ses armées, s'il entre en confiance avec lui.

De dire que le roi d'Espagne n'y voudra pas consentir, il n'y a point de vraisemblance; car c'est son avantage. Si l'obligation est mutuelle entre eux tous de se secourir l'un l'autre, et de n'avoir plus, à l'avenir, que mêmes amis et ennemis, il en tirera autant de profit que s'ils demeuroient ses sujets; étant bien certain que les pays que les Etats possèdent à présent, n'ont contribué en argent à leurs anciens seigneurs que fort peu; et même quand ils étoient en la sujétion des Empereurs romains, ils n'étoient obligés à autre charge qu'à fournir armes, chevaux et le service de leurs personnes en guerre, sans contribuer aucune chose en argent. Aussi a-t-on vu que l'une des premières causes de leur rébellion contre l'Espagne a été les impositions qu'on vouloit lever sur eux. Aussi le roi d'Espagne en eut-il la proposition agréable, quand on la lui fit, entre les autres, ainsi que nous avons dit ci-dessus.

Que si jamais les Hollandais en sont réduits à ce point, nous avons beaucoup à craindre d'eux, tant parce que c'est un peuple aguerri, proche de nous, puissant en soi-même, et beaucoup plus lorsque les pays possédés par l'archiduc seroient unis avec eux et à même fin, que parce aussi qu'ils seront plus animés contre nous qu'aucuns autres; l'expérience nous faisant connoître qu'un ami abandonné se fait ennemi plus irréconciliable que ceux qui de tout temps ont été nos ennemis.

Pour toutes ces raisons, le cardinal estima qu'il falloit contracter avec eux une amitié aussi étroite que du temps du feu Roi, ne les abandonner point en leur besoin, et faire un nouveau traité avec eux, qui nous obligeât réciproquement à une sincère et mutuelle correspondance; ce qui leur seroit avantageux, d'autant qu'en ce faisant Sa Majesté fera paroître, aux yeux de toute l'Europe, qu'elle s'intéresse, autant qu'elle le peut, à leur conservation.

Et, pour ne manquer à rien de ce qui étoit du service du Roi et de l'avantage de la France en ce traité, il lui sembla qu'il falloit ajouter, à ceux qui avoient été faits ci-devant, quelques articles importans à l'Etat et à la religion.

Premièrement, que non-seulement ils ne donneront point d'empêchement, mais toute assistance à nos marchands, trafiquans aux Indes orientales et occidentales; leur laisseront le choix des côtes pour y trafiquer en toute sûreté et liberté, et les associeront avec eux en leurs navigations èsdits pays.

En second lieu, qu'ils révoqueront tous traités d'alliance faits avec les pirates d'Alger, sous l'ombre desquels plusieurs particuliers déprèdent les marchandises et vaisseaux des sujets de Sa Majesté, et leurs propres personnes, et les transportent ès terres des infidèles.

En troisième lieu, le cardinal, reconnoissant que jusques alors la messe n'avoit point, depuis nos alliances, été dite en Hollande ni chez l'ambassadeur, qui avoit toujours été huguenot, ni dans les troupes françaises, quoiqu'elles fussent presque toutes catholiques, d'où s'ensuivoient de grands inconvéniens, tant pour la réputation du Roi que pour le salut des ames, conseilla au Roi deux choses :

La première, d'y envoyer un ambassadeur catholique qui fît dire la messe en sa maison.

La seconde, de ne leur accorder le secours qu'ils demandoient, qu'à condition qu'il seroit permis aux gens de guerre français d'avoir aussi des aumôniers, pour leur célébrer la messe et administrer les sacremens.

Les ambassadeurs contestèrent long-temps ce second point; mais la fermeté du Roi à ne s'en vouloir relâcher les contraignit enfin de s'y accorder. Il en fut couché un article exprès dans le traité qu'on fit depuis avec eux, à Compiègne, le 20 juillet 1624.

Tandis que ces choses se passoient, La Vieuville se gouvernoit si mal, qu'il ne pouvoit pas subsister davantage.

Le cardinal ne fut pas plutôt dans les conseils, qu'il ne vit par effet ce qu'il avoit prévu, qui est qu'il n'avoit pas dessein d'amender ses procédures.

Il songeoit peu aux affaires publiques; son esprit n'étoit occupé qu'aux moyens de se maintenir, et le pauvre homme prenoit des voies du tout capables de le perdre; il prenoit jalousie de son ombre.

Tantôt, sous prétexte de la foible complexion du cardinal, il lui disoit qu'il pouvoit faire la charge sans incommodité, puisqu'il suffisoit qu'il allât au conseil deux ou trois fois la semaine, sans aller chez le Roi pour lui parler en particulier.

Puis il lui proposa un expédient, qui est que, quand au conseil, lui, qui opine le premier, ouvriroit un avis qu'on n'estimeroit pas devoir être suivi, au lieu de le dire ouvertement, il seroit meilleur de dire seulement: « cette affaire est de conséquence, il vaut mieux la remettre à une autre fois, » et qu'étant remise, on conviendroit, en particulier, de ce qu'on estimeroit devoir être fait. Après quoi ouverture nouvelle en seroit faite au premier conseil, de sorte qu'on entend et reçoit cet avis et le pratique-t-on.

Depuis, étant au conseil, et arrivant l'occasion de parler du rasement de quelques places et de la dépense des garnisons, le cardinal fit une ouverture qui fut applaudie de tout le monde, qui étoit d'ôter toutes les garnisons particulières des places, augmenter les troupes que le Roi avoit sur pied, et tour à tour en envoyer dans les places et châteaux particuliers, en les changeant de temps en temps, ce qui feroit que, bien que les gouvernemens fussent à des grands, ils y seroient plus de nom que d'effet. Cette affaire ayant été exagérée par le cardinal, qui offrit, de la part de la Reine-mère, de commencer à pratiquer cet ordre par Angers, La Vieuville, qui étoit près le cardinal, étant fâché qu'il eût mis en avant cette proposition, reconnue utile au service de Sa Majesté, lui dit tout bas : « Ne parlez plus de cela, je le ferai valoir, en particulier, comme il faut. »

Etant proposé que le Roi se doit fortifier au Liége, parce que c'est le cardinal il rejette cette proposition. Enfin il y prête l'oreille pour faire avoir au beau-frère de Joyeuse trois mille Liégeois en commandement.

Parce que l'agent de Bavière n'avoit pas, en quelque rencontre, traité avec lui comme il désiroit, il fit soudain faire une lettre au duc de Bavière, par M. de Nevers, pour rappeler son agent. De là à peu de temps, l'agent, en ayant avis, tâcha de lui faire le plus de civilités qu'il lui est possible; aussitôt il fait écrire, par le duc de Nevers, au duc de Bavière qu'il ne prît pas garde à ce qu'il lui avoit mandé.

Tant qu'il voit que les ambassadeurs d'Angleterre disent du bien du cardinal de Richelieu, il est mal avec eux; et pour leur faire connoître que c'est par lui qu'il faut passer, lorsque le cardinal et le garde des sceaux demeurent dans les termes prescrits par Sa Majesté, non-seulement sous main il leur promet, de sa propre autorité, qu'on se contentera d'une simple lettre pour assurance que les catholiques ne seront point persécutés, et, encore de plus, dit qu'en effet on ne s'en soucie pas, sinon que parce qu'il faut, sous ce prétexte, obtenir la dispense; ce qui est bien croyable, puisqu'il est certain qu'en parlant de ce mariage il dit : « Morbleu, ces prêtres-ci me gâtent tout. » Et il renvoya le milord Riche en Angleterre sur ces propositions-là, sans qu'on en sût rien, l'assurant que le mariage se feroit aux conditions qui avoient, peu après la mort du feu Roi, été proposées par le sieur de Villeroy, sans qu'on s'arrêtât à en demander d'autres.

Le comte de Carlisle, un des ambassadeurs extraordinaires d'Angleterre, avoua au comte de Tillières qu'au commencement il n'estimoit point cet homme, pour les extravagances qu'il savoit qu'il faisoit ; mais qu'enfin il leur avoit fait dire que, s'ils vouloient avoir confiance en lui, et ne traiter qu'avec lui, il feroit leur affaire; à quoi ils s'étoient résolus, ayant su qu'il faisoit auprès du Roi ce qu'il vouloit ; d'où il arriva ce mal-là, que depuis ce temps la négociation fut cachée et se faisoit sous main : ce que l'honneur du Roi, le bien des catholiques et la nature de l'affaire ne pouvoient souffrir.

Mais il n'étoit pas seulement vain et jaloux de tout ce qui étoit mis en avant ou traité par autre que par lui; mais il faisoit, pour ses intérêts particuliers, des propositions dommageables au service du Roi, ou, s'il les faisoit bonnes, il tramoit sous main tout le contraire, selon ses passions.

Vers la Saint-Jean, sur quelque alarme, il prend

résolution de faire venir M. le prince pour agir contre la Reine-mère. Six jours après il change de résolution, vient à elle pour savoir si elle ne voudroit pas s'y opposer; et comme elle lui répondit que non, et qu'il lui étoit indifférent qu'il vînt ou non, pourvu que le Roi en fût content, qu'elle seroit bien et mal avec lui, selon qu'il seroit bien ou mal avec le Roi, il lui dit qu'il étoit raisonnable que la Reine, sa fille, eût sa part des fardeaux qu'il falloit porter, par conséquent qu'il prendroit prétexte de ne le point faire venir sur ce que la Reine l'appréhendoit; que, pour cet effet, il feroit qu'elle en parleroit au Roi et à elle-même pour la prier de s'y opposer. A quoi la Reine dit qu'il n'étoit point besoin de cela, parce qu'en cette affaire elle ne vouloit que suivre la volonté du Roi.

Cependant, pour se mettre bien avec ledit seigneur le prince, il dit à ses agens qu'il désiroit ardemment son retour, mais que la Reine-mère l'empêchoit; et la Reine disant au Roi que, s'il veut que M. le prince revienne, elle le veut bien encore, il lui dit qu'il ne faut point qu'elle découvre son sentiment sur ce sujet, afin qu'étant couvert il le puisse faire croire tel qu'il voudra.

Une autre fois, pour s'insinuer en la bonne grâce de Monsieur, il lui fait dire que c'étoit le cardinal de Richelieu qui avoit fait chasser le colonel (1); que,

---

(1) *Qui avoit fait chasser le colonel:* Ornano, gouverneur de Monsieur, avoit porté ce jeune prince à demander d'entrer au conseil. La Vieuville excita la jalousie du Roi, et Ornano, ayant été arrêté, fut enfermé dans le château de Caen. La Vieuville donna alors pour gouverneur à Monsieur, Despréaux, qui avoit été sous-précepteur du Roi : ce dernier ne conserva pas long-temps cette place, parce que aussitôt que Richelieu eut la principale influence dans le ministère Ornano fut rappelé.

pour témoignage de cela, il n'avoit été chassé que depuis qu'il étoit entré aux affaires.

Il fait profession d'être bien avec M. le comte, pour lui donner témoignage qu'il est son serviteur; il dit à Barentin qu'il avoit proposé devant le Roi et les ministres M. le prince pour général d'armée, et que ceux que madame la comtesse pensoit qui aimassent M. le comte, n'avoient fait autre chose que secouer la tête.

Il veut être amiral; pour venir à ses fins de l'amirauté il propose au conseil, trente fois pour le moins, qu'il est besoin de penser aux affaires de la mer; il feint qu'il ne peut plus empêcher messieurs de Guise et de Montmorency d'avoir querelle sur leurs prétentions; il propose de la part de M. de Guise ce qu'il désire, ce que ledit sieur de Guise ne consent que par force, qui est qu'on connoisse ses droits; il dit que Montmorency, avec qui il est d'accord, ne le consent pas, et ainsi il dit les menteries aussi hardiment que les vérités.

Il représenta au Roi qu'il étoit périlleux de faire le mariage de mademoiselle de Montpensier avec Monsieur. Cependant en même temps le comte d'Auvergne, son affidé, traitoit sous main ce qui s'ensuit; savoir est de marier le fils dudit comte avec la fille de M. de Guise,

Le comte d'Harcourt avec la fille dudit sieur de La Vieuville;

Donner les galères à M. de Guise,

La charge d'amiral audit sieur de La Vieuville,

Celle de maréchal de camp général à M. le comte d'Auvergne, moyennant quoi le marquis de La Vieuville se charge de faire faire le mariage de Monsieur avec mademoiselle de Montpensier.

Il tâche de mettre ses créatures en la maison de Monsieur; voyant que cela ne peut réussir, lors il y fait introduire le sieur de Brèves, afin que le monde croie que la Reine fait chasser le colonel, et afin de donner plus facilement soupçon au Roi de la mère et du fils, et que Monsieur eût plus la Reine suspecte.

Mais la Reine dit au Roi et à La Vieuville qu'elle les prioit de se ressouvenir qu'elle ne leur avoit jamais parlé de lui en aucune façon, et qu'elle ne l'avoit point désiré.

Au commencement on ne veut pas régler les rangs entre les grands; cependant en un instant, parce qu'on fait voir que M. de Nevers est la moindre maison et M. d'Angoulême n'est pas légitime, on fait un réglement qui les rend tous égaux.

On préfère un marché de la citadelle de Montpellier à 100,000 écus plus qu'un autre, parce que c'est M. de Valençai qui fait offrir le moindre prix, et M. de Montmorency qui porte ceux qui offrent le plus.

Or non-seulement ses intérêts, mais encore ses passions, sont la règle de sa conduite.

Il est mal avec Bassompierre, il le prive de ses appointemens, et propose de le mettre à la Bastille; ensuite le comte de Tillières est rappelé, à cause de lui, au hasard de rompre le traité du mariage.

Châtelet dit au cardinal que, plusieurs fois, il lui avoit voulu faire dire contre le chancelier plusieurs choses qui n'étoient point en son procès.

Et ledit Châtelet lui avoua encore qu'une certaine

lettre d'un nommé Lavau, qu'on disoit parler contre la Reine-mère, n'en contenoit aucune chose.

Il voulut aussi faire mettre Laffemas à la Bastille, sous prétexte d'un bruit inventé par lui-même, pour brouiller le cardinal et le garde des sceaux. Ledit garde des sceaux, interrogeant Laffemas sur cela, trouva que ledit La Vieuville lui vouloit mal, pource qu'il avoit découvert une volerie qu'il vouloit faire aux monnaies, par l'introduction d'un moulin propre à faciliter la fabrication de la fausse monnaie; dont il y eut information, où il se trouva enveloppé.

Aussi étoit-il si haï qu'à la cour, partout on l'appeloit la véronique de Judas, et si méprisé que Beaumont, premier maître-d'hôtel du Roi, ayant dit au connétable que La Vieuville ayant fait mettre son régiment en un lieu où il n'étoit pas bien, il venoit savoir de lui ce qu'il auroit agréable qu'il en fît; l'autre lui répondit: «Dites au Roi, mais dites-lui que La Vieuville, instruit par son beau-père, est capable de faire ses affaires aux finances, mais que, seul ou avec quelque autre que ce puisse être, il n'entend rien à la guerre, et que si le Roi ne veut agir de lui-même, y ayant tant de gens capables, qu'il en prenne. »

Depuis, ou afin de se défaire dudit connétable et l'éloigner de lui, ou par inconsidération, il lui fit permettre de s'en aller, chose de telle conséquence qu'elle pouvoit apporter la guerre en France.

Mais sa folie passa bien outre; car il se mêloit de vouloir faire signer aux secrétaires d'État des choses non-seulement sans le su du Roi, mais contre ses ordres mêmes.

Le Roi fait en l'état des garnisons de Champagne l'apostille de sa main ; on le donne au secrétaire d'État : La Vieuville en refait un autre sans en parler au Roi ; le secrétaire lui dit qu'il ne peut changer l'état apostillé du Roi sans lui en parler, et que si cela étoit su il lui nuiroit ; il l'en remercie et reprit l'état qu'il avoit fait.

Au bout de deux jours, il renvoie au secrétaire un état refait de nouvelle façon, où il y avoit huit ou dix officiers que le Roi y avoit employés, ôtés pour faire le fonds de six mille livres que lui-même s'applique comme lieutenant du Roi à Reims, en ces termes : au sieur de La Vieuville, jusqu'à tant qu'on lui ait donné un gouvernement pour le récompenser de celui de Mézières dont il a été privé.

Une autre fois il pria le même secrétaire d'expédier un acquit patent pour le sieur de Joyeuse, de quatre mille écus à prendre sur des bois de Champagne, de la vente desquels on feroit porter l'argent à l'épargne. Le secrétaire refusa de faire cette affaire sans en parler au Roi. Après qu'il vit ne pouvoir le disposer à cela, il consentit qu'il en parlât ; le Roi refusa tout à plat, et, quoique le secrétaire le pressât, il ne voulut jamais. Ayant su cette réponse, Joyeuse pressa derechef le secrétaire de l'expédier, nonobstant tout ce qui s'étoit passé, l'autre ne le voulut pas ; sur cela il le fit expédier par un autre.

Il voulut faire changer toute les garnisons de Champagne pour augmenter celle de Mouzon, où Longpré son parent étoit. Le secrétaire le refuse ; nonobstant tout cela, de sa propre main il augmente et lui donne augmentation de cinq cents hommes.

Enfin ces extravagances vinrent si grandes, que toutes ses entreprises se contredisoient les unes les autres, et, comme un ivrogne, il ne faisoit plus un pas sans broncher.

Il promet aux Espagnols que Mansfeld ne viendra point; que le mariage d'Angleterre ni le traité avec la Hollande ne se feront point; de se contenter que le roi d'Espagne ait les passages par la Valteline, pourvu qu'il les demande, ce qui fit incontinent son effet, car le Pape en voulut prier.

Il les assure aussi qu'il n'y auroit point de guerre; ensuite de quoi l'ambassadeur de Venise, passant par la frontière de Flandre, trouva qu'en toute la frontière il n'y avoit pas un soldat, ce qui étoit très-préjudiciable aux affaires du Roi, vu qu'on faisoit un armement pour étonner qui ne produisit aucun effet, attendu qu'ils furent avertis qu'on ne feroit rien.

Il manda à Mayence qu'on feroit venir le Turc contre l'Empereur avec cinquante mille hommes, ce qui lui fit faire la paix avec Betlem Gabor.

L'article de la religion obtenu par le traité de Hollande étant public, autant pour les troupes françaises comme pour l'ambassadeur, par précipitation ou autrement, on s'engagea à le rendre particulier seulement pour l'ambassadeur.

Desplan, Bautru, Toiras sont chassés par proposition non approuvée; il en parla seul au Roi, après l'avoir proposé au cardinal qui ne l'avoit voulu consentir.

Il tint l'emploi de M. de Longueville si peu secret qu'il fut su de tout le monde, comme aussi la levée de six mille Suisses, d'où pouvoit arriver la ruine des peuples dont étoit question.

Toutes ces choses et plusieurs autres, qui témoignoient son ambition démesurée à vouloir seul gouverner, et son incapacité à s'en bien acquitter, son audace à ordonner de tout sans le su et contre les ordres de Sa Majesté, sa légèreté en ses avis, son peu de sincérité à les donner, son défaut de secret aux choses résolues au conseil, sa témérité à les changer de soi-même, sa malice en ses négociations vers les ambassadeurs, son mépris de Dieu et de la religion, sa vengeance par des fausses accusations contre les serviteurs du Roi, son peu d'affection vers Sa Majesté sur laquelle il rejette la haine que le public lui porte, et généralement toute la mauvaise conduite dudit sieur de La Vieuville, tant ès affaires principales du royaume qu'ès finances mêmes, ayant donné un extrême mécontentement à Sa Majesté, elle s'en ouvrit au cardinal de Richelieu et au garde des sceaux, qui, au commencement, l'excusèrent autant qu'il leur fut possible, et avertirent ledit sieur de La Vieuville, non du dégoût du roi, mais de modérer sa conduite. Mais comme cet esprit n'étoit point capable de règle, il continua à donner plus de mécontentement de ses actions au Roi et au public que jamais, lequel vint jusqu'à ce point, qu'ayant su ce qu'il avoit fait contre son ordre au mariage d'Angleterre et en la Valteline, et appris particulièrement par le père Séguiran les extrêmes médisances qu'il faisoit de sa personne, il se résolut de l'éloigner. Il le communiqua encore auxdits cardinal et garde des sceaux, qui ne l'en détournèrent pas. Mais le cardinal étant revenu trouver le soir Sa Majesté chez la Reine sa femme, selon qu'il lui avoit commandé, Sa Majesté s'étant

retirée dans un cabinet à part, il supplia le Roi de
regarder bien à ce qu'il alloit faire; et après avoir fait
une énumération, la plus entière qui lui fut possible,
des désordres passés au gouvernement de son Etat,
lui représente que si, à l'avenir, en l'établissement
de son conseil il faisoit encore une pareille faute, elle
seroit sans remède; qu'il étoit aisé de détruire, mais
difficile d'édifier; que l'un étoit du diable et l'autre
de Dieu; partant qu'il falloit premièrement penser à
l'établissement qu'il vouloit faire que se résoudre tout-
à-fait à la ruine de celui qui l'avoit méritée. Le cardinal lui protesta ne lui vouloir nommer aucune personne, ains au contraire le vouloir avertir seulement
d'y penser de bonne heure, de peur de s'y tromper
par précipitation. Il lui représenta savoir certainement que ceux qui étoient demeurés auprès de lui,
quand il avoit éloigné quelqu'un des ministres, l'a-
voient toujours porté à chasser ceux qu'ils vouloient
perdre devant que penser à établir personne, afin
que la difficulté du choix qu'il feroit ne l'empêchât
pas d'éloigner ceux qu'il vouloit perdre, mais qu'il
vouloit se comporter tout autrement; qu'il désireroit
avec passion qu'il pût conserver La Vieuville, mais
que, ne le pouvant pas, il seroit très-méchant et penseroit à ses intérêts particuliers, comme avoient fait
les autres, s'il ne l'avertissoit qu'en vain changeroit-il
quelque chose en son conseil, si ce n'étoit pour y
faire un si bon établissement que le choix des personnes qu'il prendroit fît approuver l'éloignement
de La Vieuville. Sur cela le Roi commanda au cardinal de lui nommer ceux qu'il estimoit capables de
le servir; il s'en excusa autant qu'il lui fut possible,

allant avec grande retenue en telles matières; mais Sa Majesté lui commanda tant de fois de lui dire son avis, que lui ayant nommé quatre personnes capables de le servir, et ayant conclu que le sieur de Schomberg étoit le plus propre, le Roi lui témoigna qu'il faisoit grande estime de sa personne, mais qu'il n'étoit pas propre aux finances, et qu'une chose le fâchoit, qu'il étoit lié avec M. le prince. Le cardinal répondit que, pour M. le prince, il croyoit bien que du temps que Puisieux et Schomberg étoient aux affaires, parce qu'ils étoient ennemis et que Puisieux étoit lié avec le prince de Joinville et ses amis, Schomberg avoit été soigneux de s'attacher à M. le prince pour se fortifier contre les autres, mais qu'il n'y avoit point d'apparence de croire que cette liaison eût été contre le service du Roi, étant impossible qu'un homme d'esprit, de jugement et de probité, pût être contre son maître, la conscience ne le pouvant permettre, et nulle utilité ne s'y pouvant trouver.

Il ajouta que, pour ce qui étoit des finances, il étoit aisé d'y apporter remède en ne lui en commettant pas le soin; joint qu'il étoit meilleur que ceux qui les manieroient dorénavant n'eussent point de séance au conseil secret et ne fussent admis au nombre de ses ministres, d'autant que ces qualités conjointes à une seule personne lui donnent tant de pouvoir dans l'Etat qu'au lieu de rendre compte au conseil de l'administration des finances, comme il est de justice et du bien du service du Roi, il faut, au contraire, que tous les ministres dépendent du surintendant, lequel, par le maniement absolu de la bourse, gagne des gens, tant auprès de Sa Majesté qu'ailleurs, pour faire réussir toutes choses ainsi qu'il se les a proposées, en quoi les affaires du Roi reçoivent un notable intérêt. C'est pourquoi il semble plus à propos que le Roi nomme trois personnes, qui ne soient ni de trop haute ni de trop basse condition, qui s'appellent chefs ou administrateurs des finances, qui feront la charge que faisoit le surintendant, sans néanmoins pouvoir rien ordonner qu'il ne soit arrêté au conseil, et ne soient pas gens d'épée, d'autant que telles gens ont trop d'ambition et de vanité, et prétendent incontinent des charges et des gouvernemens au préjudice de l'État; qu'il valoit beaucoup mieux y mettre des gens de robe longue, dont les prétentions ne pensent à aller à des offices de la couronne ou gouvernemens comme les autres. Il n'oublia pas à représenter que peut-être telles gens n'avoient pas assez d'audace pour supporter la haine des refus qu'il falloit faire; mais il conclut qu'il seroit bon d'éprouver.

Au reste qu'il étoit bon de ne donner point une telle puissance à un homme seul, mais à diverses personnes qui s'éclairassent l'un l'autre; surtout choisir des gens qui, outre leur profession, fussent modérés de réputation publique, telle que leur probité donnât bonne odeur au gouvernement futur.

Le Roi commanda au cardinal d'en nommer; il s'en excusa. Enfin, après avoir dit à Sa Majesté qu'il seroit difficile de trouver des gens tels qu'il seroit à souhaiter, il lui dit que le sieur de Champigny, qui étoit contrôleur général des finances, demeurant, par la retraite du sieur de La Vieuville, le premier aux finances, comme d'ailleurs il étoit le plus ancien du conseil, il n'y avoit point d'apparence de le changer, étant reconnu de tout le monde pour homme de probité tout entière.

Il dit, en outre, que la réputation de M. de Marillac étoit si entière, et sa capacité si grande, qu'il croyoit que son emploi ne serviroit pas peu à faire croire que les finances seroient administrées avec ménage.

Il nomma aussi le sieur Molé (1), procureur général du parlement, comme personne de singulière probité, et dont les mains innocentes aideroient beaucoup au dessein qu'on avoit de bien administrer les finances, et le faire connoître, outre que les communautés verroient qu'on choisissoit dans les corps des gens pour l'administration de l'Etat.

Le Roi approuva toutes ces propositions; ce qui n'étonna pas peu le cardinal, vu que, lorsqu'il avoit été question de semblables affaires, il avoit toujours fait le choix des ministres qu'il établissoit, sans le su de ceux qui l'étoient.

Le cardinal ne manque pas de témoigner au Roi son étonnement, et le ressentiment qu'il avoit du procédé qu'il plaisoit à Sa Majesté garder en son endroit, lui faisant connoître que, s'il le continuoit, il n'oseroit plus lui dire ses pensées, qu'il avançoit pour être commises au changement que Sa Majesté, par sa prudence, y voudroit apporter.

Ensuite le Roi résolut d'appeler Schomberg au conseil, sur la proposition que le cardinal lui en fit, après lui avoir représenté qu'il étoit important de jeter

---

(1) *Le sieur Molé*: C'est le célèbre Mathieu Molé, qui devint premier président en 1640.

les yeux sur quelque personne de bon sens, de ferme jugement, de haut courage, non sujet à ses passions et intérêts, et qui eût bonne réputation dans le public.

Le Roi étant résolu de ceux dont il se devoit servir, résolut d'ôter de ses affaires La Vieuville. Il y avoit déjà cinq ou six jours qu'il en étoit si alarmé, que son soupçon augmentoit d'heure à autre; les conférences particulières que le Roi avoit avec le cardinal et le garde des sceaux, lui faisoient bien croire que le mécontentement de Sa Majesté ne diminuoit pas, d'autant qu'il n'y avoit aucune part; la haine et le mépris de tout le monde lui étoient un augure certain de sa ruine, et plus que tout sa conscience lui faisoit craindre ce qu'il savoit bien qu'il méritoit: au lieu qu'il avoit gourmandé et méprisé tout le monde en sa fortune, il n'y avoit personne qu'il ne recherchât; et, comme un chacun l'avoit recherché lorsqu'il les pouvoit obliger sans en pouvoir recevoir aucun office, la chance étant tournée, il mendioit le secours de tout le monde sans qu'aucun lui voulût donner.

Le Roi étant allé voir la Reine sa mère à Ruel, il fut chez M. le garde des sceaux, duquel il fit tout ce qui lui fut possible pour découvrir s'il devoit être éloigné; mais il s'y gouverna avec tant de discrétion et de retenue qu'il n'y reconnut aucune chose. De là il vint chez le cardinal, qu'il pressoit si vivement de l'assurer qu'il ne seroit point éloigné, que ledit cardinal, qui savoit bien taire la vérité, mais jamais la violer, ne lui put jamais répondre avec telles précautions qu'il n'odorât quelque chose de ce qui lui devoit arriver.

Sur cela il se résolut d'aller demander son congé au Roi ; il monta en carrosse et l'alla trouver à Ruel, où il étoit allé voir la Reine.

Etant arrivé, il dit à Sa Majesté qu'il connoissoit bien qu'il ne se vouloit plus servir de lui; cela étant qu'il le prioit de lui faire cet honneur, qu'il pût sortir sans cette infamie d'être éloigné par autre voie que par celle qu'il faisoit de se retirer.

Le Roi étoit dès lors résolu de l'arrêter, tant pour les grandes charges qui étoient contre lui, que parce qu'il étoit à craindre que sa légèreté à parler, jointe à sa mauvaise volonté qui augmenteroit par sa disgrâce, ne lui fît découvrir les affaires très-importantes qui lors se traitoient ; cela lui donna de la peine à trouver un expédient par lequel, sans contrevenir à aucune parole qu'il lui donnât, il pût demeurer dans la suite du dessein qu'il avoit déjà fait. Mais La Vieuville, qui reprenoit quelque espérance par la prudence avec laquelle Sa Majesté lui parloit, donna bientôt lieu à Sa Majesté de le trouver, en ce que lui, qui avoit vu que ceux qui étoient éloignés auparavant n'avoient jamais eu permission de lui parler depuis qu'ils avoient eu leur congé, estimoit que si le Roi lui promettoit de ne lui donner congé que de sa bouche, qu'assurément il éviteroit de l'avoir en effet.

En cette considération il dit au Roi qu'il retourneroit à Saint-Germain très-volontiers, pourvu qu'il plût à Sa Majesté lui promettre que, si jamais il étoit las de son service, il lui donneroit congé de sa propre bouche. Sa Majesté lui promit volontiers, se résolvant sur-le-champ de le faire venir le lendemain au matin en sa chambre, pour lui dire lui-même que ses actions l'avoient obligé à ne se servir plus de lui, et le faire arrêter au sortir de là.

Cela fut exécuté. Le sieur de La Vieuville répondit au Roi, avec force extravagances, selon qu'il avoit accoutumé de parler, qu'il le supplioit de considérer les services que ses prédécesseurs, aïeux et bisaïeux, avoient rendus à ceux de sa personne de Navarre, s'expliquant qu'il entendoit non tant aux rois de France ses prédécesseurs, comme au roi de Navarre prédécesseur de sa personne.

Sur cela il se retira, et fut arrêté dans la cour du château par M. de Tresmes, et de là envoyé prisonnier à Amboise (1).

Incontinent le Roi envoya quérir tout le conseil, auquel, après que Sa Majesté eut fait part des principaux desservices que La Vieuville lui avoit rendus, et des mécontentemens qu'elle avoit sujet d'avoir de sa conduite, dont tout le monde avoit assez de connoissance, et s'étonnoit de ce qu'on ne l'avoit plus tôt chassé, le cardinal parla ainsi :

« On ne sauroit assez louer votre Majesté de s'être défaite d'une personne qu'elle nous fait connoître avoir commis tant de manquemens à votre service. Ainsi qu'il n'y avoit aucun qui ne fût étonné quand vous l'aviez appelé à votre conseil, il n'y a personne qui n'estime qu'en l'en éloignant il ne reçoive ce qu'il mérite. Chacun connoît les qualités qui sont en lui, qu'il n'agissoit que par passion et par intérêt; jamais ne donnoit aucun conseil que sur ces principes,

(1) *Prisonnier à Amboise :* La Vieuville s'échappa de cette prison l'année suivante.

changeoit tous les jours de résolution, et, pour dire en un mot, n'avoit aucune des parties nécessaires pour le lieu qu'il tenoit.

« Toutes ses mauvaises qualités et comportemens ne feront point tant approuver sa chute, comme le bon choix que vous ferez de ceux qui lui succéderont; la mémoire de ses fautes s'oubliera, mais les actions de ceux qui entreront en sa place dureront autant qu'ils y seront.

« Si votre Majesté faisoit encore un choix pareil à celui de La Vieuville, vos affaires seroient perdues, en sorte qu'il seroit impossible de les remettre jamais sur pied; car celui-ci les a mises en tel état qu'on n'oseroit vous promettre assurément de les rétablir comme on peut désirer. Le mariage d'Angleterre est en mauvais termes par un traité particulier qu'il a fait sans le su de votre Majesté, et contre ce que nous avions arrêté tous ensemble.

« L'affaire de la Valteline a été conduite avec tant d'extravagance et de contrariétés, qu'il est à craindre que vous y perdiez et votre réputation et vos finances, vu qu'au même temps que vous avez armé, au même temps La Vieuville a fait envoyer en Espagne et en Italie, par le nonce Corsini et le marquis de Mirabel, pour assurer qu'enfin vous consentiriez les passages secrètement, qui est la seule chose que vous disputez.

« Si par malheur nous tombions encore en ces inconvéniens, votre Majesté jugeroit bien que les affaires de l'Etat seroient sans remède; elles se doivent faire par concert, et non par un seul à l'oreille.

« Votre Majesté ne doit pas confier ses affaires publiques à un seul de ses conseillers et les cacher aux autres ; ceux que vous avez choisis doivent vivre en société et amitié dans votre service, et non en partialités et divisions. Toutefois et quantes qu'un seul voudra tout faire, il voudra se perdre; mais, en se perdant, il perdra votre Etat et vous-même; et toutes les fois qu'un seul voudra posséder votre oreille, et faire en cachette ce qui doit être résolu publiquement, il faut nécessairement que ce soit pour cacher à votre Majesté, ou son ignorance, ou sa malice.

« Quand l'un médit de ses compagnons, s'il ne le prouve clairement, vous le devez tenir pour ennemi de votre repos et de votre Etat.

«Comme entre les ministres il ne faut point d'amitié que dans les bornes du service de votre Majesté, aussi est-elle du tout nécessaire jusqu'à ce point, étant certain qu'autrement il arriveroit que la passion feroit qu'on ne s'accorderoit pas en beaucoup de choses bonnes, utiles et nécessaires.

« Bien que jusques ici on ait trouvé quelque chose à redire que votre Majesté écoute trop facilement ceux qui lui veulent parler contre les ministres, pour moi, j'ai toujours estimé que votre Majesté doit ouvrir les oreilles à tous ceux qui lui en voudroient parler, à condition de les récompenser s'ils prouvent quelque chose contre eux, et les punir rigoureusement s'ils leur imposent calomnieusement quelque faute non commise ; car, recevoir leurs inventions pour vérités, cela dégoûte, et tient en telle crainte ceux qui vous servent, qu'appréhendant de mauvais événemens des meilleurs conseils, ils n'agissent pas librement. »

Ensuite, il conseilla d'entretenir les grands et faire caresses à tout le monde ; de pratiquer en effet un conseil trivial, d'autant plus nécessaire qu'il est dans la bouche et sentiment d'un chacun : récompense au bien, punition au mal.

Il s'étendit aussi sur une chose qu'on a quasi toujours pratiquée, qui est d'avoir pour maxime d'abaisser les grands, quand même ils se gouverneroient bien, comme si leur puissance les rendoit si suspects que leurs actions ne dussent point être considérées.

Sur quoi il représenta que d'autant plus ils étoient grands plus leur falloit-il faire de bien; mais qu'aussi ne falloit-il pas qu'en leurs personnes toute faute fût impunie; que c'étoit chose injuste que de vouloir donner exemple par la punition des petits, qui sont arbres qui ne portent point d'ombre, et qu'ainsi qu'il falloit bien traiter les grands faisant bien, c'étoient eux aussi qu'il falloit plutôt tenir en discipline.

Il lui dit, en outre, que le plus de familiarité que Sa Majesté pouvoit avoir avec la Reine sa femme étoit le meilleur ; car, outre que Dieu bénit ceux qui vivent bien, comme Sa Majesté faisoit, en mariage, un Dauphin étoit nécessaire à la France et à la sûreté de sa personne.

Ensuite il lui dit qu'il garderoit cet ordre en toutes les demandes qu'on lui voudroit faire : qu'il en avertiroit Sa Majesté, et se chargeroit, en sa personne, du refus de celles qu'elle ne pourroit accorder, et pour celles qu'elle voudroit donner il feroit semblant de n'en vouloir parler ; cependant il conseilleroit les parties de faire leurs demandes eux-mêmes au Roi, afin que la grâce vienne purement de lui, et qu'ils en aient obligation à lui seul.

Il finit par les supplications qu'il fit au Roi de se gouverner en sorte que tout le monde reconnût qu'il pensoit à ses affaires comme il étoit à désirer.

Il s'y disposa volontiers, et lui fit l'honneur de lui dire, en plein conseil, qu'il verroit dorénavant ses affaires, et avec plaisir, puisqu'elles seroient conduites avec ordre;

Que jusques alors il n'avoit rencontré pour ses ministres que des gens si intéressés et passionnés, qu'au temps qu'ils lui demandoient pour lui parler de ses affaires, ils lui parloient de leurs intérêts et le pressoient de choses injustes, en considération de quoi il les fuyoit;

Que par le passé on avoit voulu dire qu'il étoit, de son naturel, rigoureux; mais que c'étoient le connétable, Puisieux et La Vieuville qui le portoient à l'être, et se déchargeoient sur lui de leurs mauvaises humeurs; faisant par ce moyen croire, à ses dépens, qu'on leur avoit beaucoup d'obligation;

Qu'on avoit aussi voulu donner impression qu'il n'aimoit pas à donner; mais que les mêmes en étoient la cause, pource que perpétuellement ils lui disoient, en particulier, que les nécessités de l'Etat ne permettoient pas qu'il donnât, et par ce moyen s'excusoient malicieusement envers tout le monde des choses mêmes qu'ils lui déconseilloient de donner; et quand il faisoit du bien à quelqu'un ils en tiroient toute l'obligation à eux, disant qu'ils avoient eu beaucoup de peine à l'obtenir de lui;

Que La Vieuville se plaignoit qu'il se méfioit de lui,

qu'ainsi il n'étoit pas possible de le servir; qu'il s'en méfioit pource qu'il n'estimoit pas sa tête, et voyoit qu'il ne buttoit qu'à ses intérêts et ses passions; ce qu'il connut dès le commencement par le président Le Jay, qu'il vouloit faire garde des sceaux; mais que s'il n'eût point été tel il n'eût point fait cette plainte de lui.

Quant à l'estime qu'il devoit faire des grands, le connétable, Puisieux et La Vieuville l'avoient détourné de prendre grande familiarité avec eux : ce qu'il reconnoissoit bien maintenant qu'ils faisoient, de peur qu'ils ne prissent crédit auprès de lui à leur préjudice; mais qu'à l'avenir on verroit s'il les aimeroit.

Le cardinal l'en loua autant qu'il lui fut possible, et le convia de garder cet ordre-là.

Cela fait, on écrivit aux provinces, gouverneurs et parlemens, et aux ambassadeurs du Roi résidant ès cours des rois et princes nos voisins, pour les informer des mouvemens du Roi sur le fait dudit changement.

On envoya aussi messieurs les secrétaires d'Etat, le même jour que le sieur de La Vieuville fut démis, vers les ambassadeurs résidant en cette cour, pour les rendre capables de cette action; leur faisant entendre, en termes généraux, que Sa Majesté s'étoit plus portée à ce changement en considération de l'avancement de leurs affaires particulières et des étrangères en général, que pour aucune autre raison, dont le temps les éclairciroit plus amplement : cependant qu'ils savoient eux-mêmes que, les choses étant en l'état où elles étoient, il étoit comme impossible à Sa Majesté de rien faire avec mûre délibération, d'autant que le surintendant faisoit toujours sous main quelque négociation à part, au préjudice de la réputation de Sa Majesté et bien de ses affaires.

Ensuite le cardinal conseilla au Roi de rappeler le colonel, et lui dit qu'on mesuroit toujours les conseils en deux façons :

Ou par la raison pour laquelle on les avoit donnés,
Ou par leur événement;

Qu'en quelque façon qu'on considérât celui de l'éloignement du colonel, on le trouveroit avoir été mauvais;

Que La Vieuville l'avoit donné purement et simplement pour ses intérêts, pour introduire en sa place, comme l'expérience l'avoit fait voir par les efforts qu'il avoit faits à cette fin, des personnes du tout à sa dévotion, ses alliés et ses parens;

Qu'il s'étoit servi de fausses accusations contre lui, pour venir à ses fins; ce qui montroit que la fin et les moyens qu'il avoit tenus pour y parvenir n'étoient pas justes;

Que l'événement avoit été mauvais en toutes façons, Monsieur s'étant licencié, depuis qu'il ne l'avoit plus eu auprès de lui, et en ce qui est de sa santé et en ses mœurs, et, de plus, au respect qu'il devoit au Roi et à la Reine sa mère; qu'il y avoit péril que ces licences passassent plus avant, étant à craindre que ses excès, innocens devant Dieu, le portassent à quelque fièvre ou maladie violente, et que ceux dont il devoit rendre compte à son confesseur, lui en apportassent quelques autres aussi dangereux que malhonnêtes.

Et de plus, qu'il étoit à craindre que les jeunes gens qui prenoient créance auprès de lui, en adhérant à ses plaisirs, le portassent à des cabales et factions préjudiciables à l'Etat. Partant, il conclut qu'il étoit nécessaire de remettre le colonel auprès de lui, particulièrement en cette conjoncture de la disgrâce de La Vieuville, qu'il verroit bien par sa délivrance, faite en ce temps, avoir été le seul qui lui avoit causé son malheur.

Comme il eut justifié l'éloignement du colonel, mauvais par raison du conseil et de l'événement, il justifioit encore, par les mêmes voies, que celui qu'on prenoit de le remettre ne pouvoit être que bon.

Par raison, en ce que, par nécessité, il falloit quelqu'un pour retenir l'ardeur de l'âge de Monsieur; ce qui ne pouvoit être fait que par lui, vu qu'il n'étoit plus temps d'y bâtir une nouvelle créance; joint aussi que si on y eût mis quelqu'un des grands du royaume, il eût été à craindre qu'il y en eût pris au préjudice de l'Etat.

Par l'événement, en ce qu'outre qu'on vouloit croire le colonel être homme de bien, quand il eût été autre, et intéressé comme le Roi le croyoit, il étoit certain qu'il ne pouvoit trouver un solide avantage qu'en portant Monsieur à son devoir; et quand il voudroit faire autrement, toujours donneroit-il deux ans à tenter si ses desseins pourroient réussir par bonne voie, devant que d'en chercher une capable de le ruiner. Et, en matière d'Etat, gagner le temps est gagner beaucoup.

Qu'au reste Sa Majesté désirant le bien traiter en ses intérêts, il n'y avoit point d'apparence qu'il voulut s'éloigner de son service.

Le Roi, ayant approuvé ces raisons, le rappela et

le rétablit auprès de Monsieur en la charge qu'il y avoit auparavant; fit revenir le comte de Schomberg pour le servir dans son conseil, et donna la direction de ses finances aux sieurs de Champigny et de Marillac, anciens conseillers d'Etat.

Les malversations que La Vieuville avoit commises dans les finances, et les plaintes qui furent faites au Roi par plusieurs personnes des voleries des financiers, firent qu'incontinent après son éloignement l'on proposa, dans le conseil, d'établir pour leur recherche une chambre de réformation, à l'instar de celle de justice que le feu roi Henri-le-Grand avoit établie à la même fin durant son règne, et principalement vu la promesse que le Roi avoit déjà faite à son peuple en l'assemblée des Etats généraux de son royaume, en l'an 1614.

Cette affaire ayant été agitée au conseil par plusieurs jours, le cardinal dit au Roi qu'il y avoit trois choses principales à examiner:

S'il falloit faire cette recherche, les diverses issues qu'elle pouvoit avoir, et les moyens de la conduire à bonne fin;

Qu'il n'estimoit pas qu'il y eût à douter de l'entreprendre, que plusieurs raisons y obligeoient, et celles qui sembloient en pouvoir détourner n'avoient point de proportion avec les autres;

Que les peuples, chargés à l'extrémité, estimeroient être soulagés par la saignée de telles gens;

Qu'il n'y a que la réputation qui soutienne les actions du prince et son gouvernement; que maintenant on attendoit beaucoup de la conduite qu'on avoit commencé à prendre; si on voyoit d'abord qu'on se démentît l'on ne feroit plus d'état du conseil du Roi, qu'on accuseroit de foiblesse ou de pis encore, estimant qu'il auroit diverti Sa Majesté par diverses considérations toutes calomnieuses;

Que chacun croiroit qu'il n'y aura plus qu'à faire résistance aux résolutions qu'on prendroit pour en divertir l'effet;

Que les financiers voleroient plus hardiment que jamais, et leur exemple faisant croire que les punitions ne seroient pas à craindre, beaucoup entreprendroient, même en choses concernant l'Etat, ce que bon leur sembleroit, sous espérance d'impunité;

Ou au contraire, si les voleurs étoient punis, outre que les peuples seroient satisfaits, chacun en sa condition estimeroit être obligé de demeurer dans les règles de son devoir, de peur de châtiment.

Quant à ce qu'on pourroit objecter, que le temps et l'occasion font d'ordinaire les affaires, qu'il n'est pas bon d'en entreprendre trop à la fois, et par conséquent qu'il étoit à craindre qu'en ce temps auquel on avoit plusieurs affaires étrangères, cette recherche ne fût pas de saison, vu principalement qu'on avoit besoin d'argent, et que les financiers possédoient tout celui de la France;

Qu'il répondoit à cela qu'on avoit assuré de l'argent pour le courant des affaires présentes, et que celle-ci sera sitôt faite par les moyens qu'on y prendroit, que telles gens n'auront pas lieu d'arrêter le cours des affaires du Roi, et témoigner par effets leur mauvaise volonté.

Partant, qu'il estimoit que non-seulement falloit-il

entreprendre la recherche, mais que toutes ces raisons y contraignoient, et qu'en effet, en tous Etats et en tout temps, telles gens avoient été quelquefois pressés comme des éponges; d'autres fois punis non-seulement par la privation de leurs états, mais de leur vie.

Quant au second point, que ladite recherche aboutiroit indubitablement à de quatre fins l'une:

Ou qu'ils sortiroient comme innocens, sans punition quelconque ni marque de leurs crimes;

Ou qu'ils se rédimeroient par une taxe générale portée par tous ceux qui ont des offices de finances en ce royaume;

Ou que les coupables, pressés par leur conscience, appréhendant la punition méritée par eux, connoissant bien la bonté trop grande du Roi pour souffrir la taxe des innocens, consentiroient d'être taxés par son conseil, pour éviter la perte de l'honneur et celle de leur vie;

Ou qu'ils seroient condamnés rigoureusement et justement à perdre la vie et le bien tout ensemble.

Qu'il falloit éviter les deux premières issues de cette affaire.

La première perdroit tout-à-fait la réputation du gouvernement, et les voleurs, s'étant sauvés sans être punis, prendroient licence de faire encore pis à l'avenir.

La seconde crieroit vengeance devant Dieu, en tant que les innocens paieroient pour les coupables;

Qu'il restoit donc de sortir de cette entreprise par l'une des deux dernières voies; savoir est, ou par taxe particulière sur les seuls coupables, ou par punition corporelle et confiscation de leurs biens.

Bien que les peuples tirassent grande satisfaction de la punition exemplaire et corporelle de ceux qui sucent leur substance, qu'il avoit grande répugnance à voir terminer cette affaire par cette voie, si ce n'étoit à toute extrémité. Joint qu'il se falloit donner garde de les porter dans le dernier désespoir; que nous en avions un mauvais exemple arrivé en ce royaume du temps du roi Henri III, auquel Videville, poursuivi vivement, se retira en Lorraine, d'où il disposa ses compagnons à donner de l'argent à M. de Guise pour commencer à acheminer les desseins de la ligue; qu'il étoit donc à craindre que beaucoup de méchans esprits et inventifs, comme sont d'ordinaire ceux des hommes de finances, et tant de seigneurs qui leur sont alliés ou qu'ils peuvent intéresser, ne se jetassent dans quelque résolution semblable; et encore que le temps n'y semblât pas être beaucoup disposé, si est-ce qu'il falloit appréhender l'esprit avaricieux de M. le prince, et de la plupart des officiers de la couronne et seigneurs qui étoient privés des pensions qu'ils étoient accoutumés d'avoir.

Et partant, qu'il falloit tâcher de conduire cette affaire en sorte que les coupables se portassent à se taxer eux-mêmes, mais si notablement, que les communautés et les peuples eussent sujet de croire qu'on n'auroit pas tiré plus d'eux par quelque rigueur que l'on eût pu exercer en leur endroit.

Par ce moyen, on éviteroit les grands frais d'une chambre réglée, les longueurs incroyables à quoi les formes astreignent. On loueroit d'une part la clémence du gouvernement, et de l'autre sa justice; les financiers ne se pourroient plaindre, les communautés seroient satisfaites, le Roi secouru et le peuple déchargé, vu qu'il faudroit qu'il subvînt aux nécessités de l'Etat par d'autres moyens;

Que si l'on pratiquoit cet expédient, de sorte que, sans donner une définitive absolution aux voleurs, quelques-uns de ceux qui seroient les plus coupables fussent dépossédés de leurs charges pour marque de leur faute, il pensoit qu'il seroit parfait de tout point, et qu'en effet il se trouveroit tel, pourvu que la taxe des financiers fût faite sur la déclaration qu'ils donneroient de leurs biens, signée de leur main, à condition que, s'il se trouvoit qu'ils en eussent d'autres que ceux qu'ils auroient déclarés, ils seroient confisqués au Roi, et pourroient de nouveau être poursuivis. Et si, en outre, on prenoit les offices des plus coupables sur le pied de la finance qu'ils auroient mise aux coffres du Roi pour le prix de leurs taxes, qu'il étoit certain qu'on trouveroit toujours à redire en cette recherche, si quelques-uns des plus coupables n'étoient punis pour servir d'exemple aux autres, ou si, au moins, ils n'étoient privés des charges desquelles ils auroient tant abusé, au préjudice du Roi, de l'Etat et du peuple;

Qu'il n'y avoit financier qui ne fût associé avec des partisans pour prêter de l'argent à Sa Majesté; ce qui est contre l'ordonnance de Charles IX, aux Etats tenus à Blois, l'an 1560, qui leur défend de s'associer avec marchands ou banquiers, à peine de privation de leurs états.

Quant au troisième point, qui étoit des moyens de

faire réussir cette recherche à cette fin-là, qui sembloit être la plus juste et la plus avantageuse au service de Sa Majesté;

Il estimoit l'établissement d'une chambre de justice être nécessaire, tant pource qu'elle condamneroit les coupables, que d'autant que l'appréhension qu'ils auroient d'elle feroit qu'ils se taxeroient eux-mêmes, ou se soumettroient à la taxe du conseil; et partant qu'il falloit publier l'édit, lequel, néanmoins, avant que de faire, il seroit bon de travailler plus que jamais à informer et saisir papiers, et ce en vertu d'une nouvelle commission qui porteroit que Sa Majesté, en attendant, auroit été contrainte de faire user de telle procédure, sur la connoissance qu'elle auroit que les financiers, leurs commis et entremetteurs, détourneroient tous papiers et les preuves qu'ils prévoient être à l'encontre d'eux;

Que, si cette poursuite ne donnoit une si grande alarme à ceux qui se sentiroient coupables en leur conscience, qu'ils vinssent aux pieds de Sa Majesté rédimer leur vie par leur bourse, il faudroit, dans huit jours actuellement, établir ladite chambre et prendre les juges dans tous les parlemens, et de telle réputation, que les noms seuls leur donnassent de l'étonnement, et qu'on fît courir le bruit que l'intention du Roi seroit de les loger tous dans le bois de Vincennes, où ils oiroient et examineroient les charges et informations, sans qu'il fût permis à personne de leur parler, fors ceux qui en auroient la permission du conseil.

Et afin d'éviter les longueurs qui seroient à craindre à raison des privilégiés qui pourroient demander leur recours au parlement, il faudroit déclarer dans ladite commission qu'ils répondront tous devant lesdits commissaires, les rois n'ayant jamais entendu donner des priviléges contre eux, et partant, ne se pouvant étendre en une cause générale où ils ont le Roi pour partie, et le chancelier ou garde des sceaux, avec les maîtres des requêtes, pour juges, quand ils veulent prendre connoissance de leurs différends.

Qu'outre cela il faudroit en même temps faire une injonction à tous les financiers de n'abandonner leur domicile, à peine de perte de leurs états, et commandement à ceux qui l'auroient fait, de revenir dans huitaine et rapporter tous les papiers qu'ils auroient détournés, sur les mêmes peines ; et qu'assurément la plupart, au lieu de témoigner leur innocence par leur demeure, prouveroient leur crime par leur fuite ; ce qui seroit avantageux pour l'affaire ;

Qu'il faudroit, outre cela encore, faire une autre déclaration, et la publier à son de trompe et cri public en tous les siéges, à ce que nul n'en prétendît cause d'ignorance ;

Que tous les notaires eussent à rechercher dans leurs minutes tous les contrats d'acquisition passés sous le nom et au profit desdits financiers, depuis vingt ans; ce qui est conforme à l'ordonnance de François I, l'an 1532; que lorsqu'ils seront véhémentement soupçonnés on les mette prisonniers, et fasse-t-on saisir leurs biens jusqu'à ce qu'ils soient purgés, sauf à ordonner quelque provision à leurs femmes et enfans.

Et que la même déclaration portât que tous ceux qui auroient prêté leurs noms, soit pour promesses simples, ou contrats d'acquisitions, ou recélé des biens desdits financiers, en auroient la sixième partie en le venant déclarer aux commissaires; s'ils y manquoient et que le recélé fût découvert à l'encontre d'eux, ils perdroient leurs biens propres, qui demeureront confisqués au Roi; ce qui est selon l'ordonnance de Charles IX à Gaillon, l'an 1566;

Qu'on pourroit aussi faire publier monitoires aux prônes des paroisses de Paris, et lieux où ils auroient du bien, à ce que ceux qui en auroient connoissance eussent à le révéler; remettant la même portion des biens qui seroient découverts à ceux qui en donneroient avis.

Mais surtout qu'il seroit besoin de commettre, en l'exercice de leurs charges, autres personnes, n'étant raisonnable qu'ils les exercent; car, par ce moyen, ils tiendroient en sujétion et crainte tous ceux qui ont eu ci-devant affaire avec eux, et pourroient déposer des péculats et exactions par eux commises;

Qu'au reste il n'étoit juste que, pendant que l'on travailleroit à leur procès, ils fussent payés de leurs gages, fors et excepté quelque modéré appointement pour les commis qui exerceroient, outre les droits et taxations appartenant pour l'exercice des offices;

Qu'il ne falloit pas craindre que les affaires demeurassent, pource que Charlot prendroit volontiers l'épargne, pour tant et si peu de temps qu'on voudroit; que Faideau seroit bien aise d'en faire autant, telles gens pensant par là se mettre à couvert; que plusieurs bourgeois de Paris même ne refuseroient pas de servir, et que cet expédient fût pratiqué par le chancelier de L'Hôpital ès années 1561 et 1562; l'exercice de telle commission ayant lors demeuré dix-huit mois, pendant lesquels on ne voulut jamais se résoudre de les remettre, ne semblant pas chose raisonnable de rétablir en leurs charges ceux qui par elles ont desservi le Roi et le public;

Qu'il seroit aussi à propos d'accorder abolition à quelques-uns de ceux qui auroient fait des compositions pour lesdits financiers, à la charge qu'ils déclareroient ce qu'ils savent; telle chose ayant toujours été pratiquée, et les lois le permettant, vu qu'autrement difficilement pourroit-on avoir connoissance de tels crimes, qui, soupçonnés de beaucoup, ne sont connus et ne peuvent être prouvés que par ceux qui y ont trempé;

Qu'on ne présume jamais qu'une personne veuille se mettre une marque perpétuelle sur le front pour ruiner un autre; joint que telles accusations ont toujours des suites et des circonstances infaillibles qui servent à la conviction des accusés;

Que les Romains émancipoient tous les jours les esclaves de la servitude de leurs maîtres particuliers, et les mettoient en la sujétion d'autres, pour tirer la connoissance de certains crimes où ils avoient trempé.

Mais surtout que Sa Majesté eût agréable de faire entendre à sa cour qu'elle tiendroit à crime qu'aucun, de quelque qualité qu'il pût être, la vînt supplier ni lui parler en faveur de ceux qui se trouveroient accusés de malversations;

Que, par telles voies, ils viendroient indubitablement à subir une taxe, et promptement, selon que déjà ils en faisoient ouverture, et, au cas qu'ils ne le fissent pas, qu'il falloit hâter la chambre à la faire travailler incessamment par certaines maximes particulières, justes et raisonnables, qu'elle s'établiroit elle-même et jugeroit nécessaires, pour ne demeurer pas dans les formes des autres affaires qui porteroient dans des longueurs que le bien public, dont il s'agissoit, ne pouvoit souffrir ;

Qu'une de ces principales maximes pourroit être d'examiner les biens desdits financiers, et voir la proportion de ceux qu'ils ont avec ceux de leur naissance ; ce qui n'est point si étrange qu'il n'ait été pratiqué en la personne d'Enguerrand de Marigny, qui fut condamné sur l'immensité de son bien, comme nous le lisons en Paul Emile, qui rapporte qu'un de ses principaux interrogats fut : *undè tam immensæ et tam repentinæ divitiæ.*

Que, si les lois ne veulent pas qu'on soit obligé de rendre raison d'où vient le bien qu'on possède, elles s'entendent de ceux qui n'ont pas manié les finances publiques ; car ceux-là doivent déclarer d'où sont venus leurs biens, quelles sont les donations qui leur ont été faites, les successions qui leur sont échues, et combien se montoient les partages de leurs biens paternels et maternels. Et, au reste, que le moyen le plus certain de les convaincre de s'être enrichis aux dépens du Roi, est de voir que les gages et émolumens légitimes de leurs offices, et la multiplication des profits qu'ils en peuvent faire, ne sauroient de bien loin monter au prix de leurs richesses.

Qu'en usant ainsi, on auroit sans doute raison desdits financiers, qui déjà s'offroient, et Morant entre les autres, de demander pardon et dépendre de la grâce du Roi, et avouoient que, si on les jugeoit par la rigueur des ordonnances, les plus innocens d'entre eux, sans qu'ils s'en puissent plaindre, seroient condamnés à perdre leurs offices. En quoi Sa Majesté gagneroit pour plus de 12,000,000 de charges, et un grand réglement pour l'avenir, réduisant tous ces offices en commissions.

Mais qu'il étoit absolument nécessaire que Sa Majesté persévérât en la résolution qu'elle prendroit ; étant certain que, nonobstant les défenses qu'elle auroit faites d'intercéder pour les financiers, elle aura à combattre les sollicitations de plusieurs personnes intéressées, ou par parenté, ou par utilité secrète, ou touchées de compassion, quoique sans sujet ; et qu'elle fût aussi à l'épreuve de certains mauvais succès qui pourroient arriver en la poursuite de quelque particulier, au procès duquel quelque juge se rendroit peut-être favorable ; où un témoin seroit corrompu, ou une preuve seroit altérée, ou on prolongeroit le temps pour empêcher la condamnation ; étant chose assurée qu'ès grandes affaires, et particulièrement de cette nature, il se trouve de grandes difficultés, et qu'il est presque impossible de faire, contre l'intérêt de plusieurs particuliers, l'établissement d'un bien notable pour le public sans une peine indicible, qui enfin rend les succès de ce qu'on a entrepris plus glorieux.

Et pourcé que toutes les affaires de France n'ont rien de chaud que les commencemens, si celle-ci n'étoit poursuivie avec même vigueur, et que les financiers aperçussent qu'on s'alentît, ils diroient qu'on ne trouveroit point de sujet de leur faire du mal, ou qu'on n'auroit pas le courage : ce qui les feroit passer pour être aussi innocens qu'ils sont coupables, les rendroit plus insolens, et feroit que la composition qu'on leur pourroit demander à la fin, ne seroit pas si avantageuse pour le Roi.

Le cardinal conclut que de toutes ces raisons on pouvoit tirer cette résolution, que, puisqu'il étoit périlleux de porter la recherche des finances jusqu'aux extrémités, il étoit honteux de la quitter; que les affaires présentes requéroient qu'on la fît, et qu'il étoit expédient pour l'avenir qu'elle fût; il la falloit faire jusqu'à une grande saignée de leur bourse, et donner ordre que dorénavant elle ne se remplît point tant.

Suivant cet avis, le Roi fit une déclaration pour l'érection de ladite chambre, datée à Saint-Germain-en-Laye au mois d'octobre 1624, et une autre pour l'ordre qu'il entendoit qui y fût observé.

En suite de cet établissement, plusieurs financiers furent accusés, et aucuns emprisonnés; ce qui fit prendre la fuite à d'autres, entre lesquels Beaumarchais, beau-père de La Vieuville, fut des premiers à se sauver dans l'île de Noirmoutier. Les charges contre lui furent si grandes, qu'il fut enfin condamné à être pendu et étranglé, et fut exécuté en effigie.

Dans ces charges La Vieuville se trouva tellement mêlé (1), que la chambre de justice, reconnoissant

(1) *Se trouva tellement mêlé* : Malgré la prévention de la chambre de justice, qui obéissoit à l'impulsion donnée par le gouvernement, il n'y eut rien de prouvé contre La Vieuville comme surintendant des finances, ni contre son beau-père Beaumarchais comme trésorier de l'épargne.

pleinement qu'il trempoit par complicité en tous les crimes de son beau-père, décréta tacitement contre lui, ordonnant, par le décret qu'elle décerna contre Beaumarchais, que La Vieuville seroit ouï et interrogé sur les faits résultant desdites charges et informations, et décréta prise de corps contre Bardin son premier commis.

La Vieuville, par bonnes preuves, se trouva coupable, 1°. d'avoir donné moyen à son beau-père de dérober plusieurs millions au Roi; 2°. d'avoir changé de son autorité privée les états faits et arrêtés par son prédécesseur en sa charge; 3°. d'avoir, au préjudice des finances de Sa Majesté et des ordonnances, favorisé et porté des partisans pour des transports de deniers hors du royaume; 4°. d'avoir fait, par lui et par les siens, des compositions illégitimes de rescriptions et acquits patens; 5°. d'avoir pris de grands pots-de-vin; 6°. d'avoir dégradé à son profit les forêts du Roi en Champagne, proche de ses maisons; 7°. d'avoir voulu, depuis sa prison, lier amitié avec des étrangers. Il y eut encore des charges contre lui d'avoir trempé en l'assassinat de Potrincourt.

Nonobstant tout cela, la grande bonté du Roi, surpassant la malignité de ses crimes, fit que Sa Majesté se contenta de le tenir en état de ne pouvoir nuire, et ne voulut pas faire poursuivre son jugement et sa condamnation.

Auparavant que le Roi partît de Compiègne, il reçut le second traité de l'accommodement que Sa Sainteté avoit dressé pour les affaires de la Valteline.

Mais, parce que le fait en toutes choses est le fondement du droit et de la justice, et qu'il faut savoir ce qui est et a été fait en une affaire pour porter jugement de sa suite à l'avenir, et de ce qui s'y est dû et pu faire pour la bien terminer, reprenons celle-ci dès sa source, et faisons un abrégé de tout ce qui s'y est passé jusqu'à maintenant, pour connoître la prudence avec laquelle d'ici en avant on s'y sera gouverné.

La Valteline est une vallée qui contient environ trente mille ames; sa longueur est de vingt heures de chemin à cheval; sa largeur d'une petite lieue française.

Elle appartient aux Grisons, qui sont peuples qui en partie ont été possédés autrefois par plusieurs seigneurs, la postérité desquels étant faillie, ils embrassèrent la liberté qui s'offrit à eux; partie se sont rachetés, autres se sont soustraits, il y a long-temps, de l'obéissance des évêques de Coire, et partie de la maison d'Autriche, comme ont fait les Suisses.

De plusieurs villages qui étoient unis sous une même juridiction, ils composèrent des communes, et plusieurs communes, usant d'une même coutume, formèrent une province, laquelle ils appelèrent ligue, c'est-à-dire association. Ils sont divisés en trois ligues: la première, et plus ancienne desquelles, est appelée ligue Grise, d'autant qu'elle porte en ses armes et devise la couleur grise mêlée avec la blanche;

La seconde, la Cadée, qui a été autrefois sujette à l'évêque de Coire, de qui elle a secoué le joug, bien qu'elle lui laisse encore le droit de battre la monnoie, les péages et quelques autres priviléges;

La troisième, les Droitures, qui se sont révoltées de la maison d'Autriche, qui y jouit encore de quelques droits.

Toutes trois ensemble font un corps d'Etat qui, empruntant le nom de la première, s'appelle Grisons ou ligues Grises.

Ils se gouvernent en communauté, et ont même administration de justice, même ordre et discipline militaire, et le peuple en chacune a le souverain pouvoir en toutes choses.

Ils s'allièrent avec les Suisses en l'an 1498, de sorte qu'ils font partie de la république helvétienne, qui est composée de treize cantons, et aucuns peuples libres qui sont sous leur protection, des dizaines de Valais et des trois ligues Grises.

Le roi Louis XII, pour le recouvrement de Milan, fit alliance avec eux l'an 1509, par laquelle ils lui permettoient de faire levée en leurs Etats de tel nombre d'hommes qu'il auroit besoin, et étoient tenus, toutefois et quantes que le Roi feroit levée de Suisses, de laisser leurs passages ouverts, et ne permettre que les ennemis de Sa Majesté y puissent passer.

Cette alliance a depuis été inviolablement observée et renouvelée par tous les rois qui ont succédé à Louis XII, et la France en a joui paisiblement toute seule jusqu'à l'an 1603.

Durant tout ce temps-là, les Grisons ont, à l'abri de cette alliance, vécu en repos et tranquillité entre eux et avec leurs voisins.

Mais les biens que nous possédons de long-temps nous semblant ne dépendre que de nous et nous appartenir par nous-mêmes, la cause à laquelle nous en sommes redevables étant trop éloignée, les Grisons, oubliant les biens qu'ils recevoient de si long-temps de l'alliance qu'ils avoient avec la France seule, après avoir sagement, durant les premières années, résisté aux sollicitations que leur faisoient les Vénitiens et le gouverneur de Milan, enfin leur prêtèrent l'oreille; et en l'an 1603, méprisant l'alliance de la France, s'allièrent à la république de Venise. L'Espagne, qui désiroit cette alliance pour soi, et en avoit toujours été refusée, et qui, ès années 1578 et 1592, durant nos troubles, leur avoit en vain envoyé des ambassadeurs pour cela, enfin, en l'an 1603, avoit poussé ses pratiques si avant, qu'elle pensoit l'avoir conclue, et les articles mêmes en ayant été rédigés par écrit, ne pouvant souffrir que les Vénitiens leur fussent préférés, essayèrent, par menaces et par interdiction de commerce, de les obliger par force à s'allier à eux aussi bien qu'à Venise.

Le Roi assista les Grisons à soutenir l'opposition qu'ils firent à l'Espagnol; mais il dissimula en l'alliance des Vénitiens à cause de l'ancienne et bonne intelligence qu'il a avec eux, quoiqu'elle fût préjudiciable à la sienne, en ce qu'ils leur donnoient les passages contre qui que ce fût sans aucune exception; ce qui pouvoit pourtant être contre lui-même. Et quoiqu'il prévît bien les malheurs qui en devoient survenir, et que les Vénitiens mêmes avoient procédé en cette affaire par artifices peu louables, entre lesquels est celui-là, qu'ils employèrent à faux titre le nom et l'autorité du Roi à l'endroit des communes, pour par ce moyen les induire à recevoir cette alliance, comme si non-seulement il y eût consenti, mais l'eût désirée, il ne voulut pas leur faire cet affront que son ambassadeur les désavouât.

Les Espagnols commencèrent pour leurs derniers efforts, dès le mois de septembre de la même année, la construction du fort de Fuentes, sur un tertre qui est presque dans le pays des Grisons, pour se saisir de leur passage en la Valteline, et s'en rendre les maîtres en la première occasion de mésintelligence. Au pied de ce tertre ils firent un autre petit fort sur l'embouchure du lac de Côme, où ils mirent une garnison d'Espagnols pour visiter les marchandises qui entrent ou sortent par là de l'Etat de Milan.

Les Grisons, se voyant aux fers par ces deux forts, commencèrent, bien que tard, à se repentir de la faute qu'ils venoient de faire, d'avoir ajouté une autre alliance à celle qu'ils avoient avec la France; s'étant départis de la maxime salutaire à leur Etat, qui étoit l'exacte observation de la neutralité à l'endroit de leurs voisins, par le moyen de laquelle ils se les conservoient tous bons amis.

Se voyant sur le penchant de leur ruine, ils députèrent, en l'année 1604, vers le feu roi Henri-le-Grand, pour le supplier de les délivrer de la servitude qui les menaçoit.

Sa Majesté leur répondit que si les Vénitiens, leurs nouveaux alliés, l'y vouloient assister selon qu'ils y étoient obligés, il ne leur dénieroit pas aussi son assistance; mais qu'il n'étoit pas raisonnable que, n'étant plus seul confédéré, il portât seul le poids de la guerre pour leur protection.

Les Vénitiens, pour éviter d'entrer en cette dépense, dirent qu'ils ne jugeoient pas à propos de demander ou poursuivre par armes la destruction d'une place que les Espagnols avoient bâtie sur leur propre terre, non sur celle d'autrui, mais promirent qu'au cas que le gouverneur de Milan s'en voulût servir contre les Grisons, ils ne leur refuseroient pas alors le secours qu'ils leur avoient promis. Ainsi les forts demeurèrent sur pied avec bonne garnison dedans, et les Esgagnols continuèrent toujours leurs pratiques pour venir à bout de cette alliance; tant qu'enfin, en l'an 1606 et 1607, quelques articles en furent dressés, à la suscitation des principaux du pays, nommés Belly et Balzelga, partisans d'Espagne, qui, incontinent après, en furent punis, et les articles dressés à Milan lacérés. Tous ces maux, survenus aux Grisons à cause de l'alliance de Venise, joints à quelques mécontentemens encore qu'ils reçurent de la république, firent que l'an 1611, le terme de cette alliance, étant expiré, ils mandèrent à Venise qu'ils ne la vouloient plus renouveler, et désiroient seulement vivre en bons amis et voisins avec eux.

Ils apportèrent pour raison qu'ils leur avoient promis plus grand nombre d'hommes que leur pays ne pouvoit porter, si en même temps le Roi et les Suisses leur demandoient ceux qu'ils étoient obligés de leur fournir par leurs alliances;

Qu'ils n'avoient autre meilleur moyen de faire cesser, ou au moins diminuer la jalousie de la maison d'Autriche dont ils avoient reçu tant d'incommodités;

Et qu'ils ne laisseroient pas à l'avenir, quand la république les en requerroit, de les assister de leurs hommes; et ce avec d'autant plus de bonne volonté que ce seroit sans obligation.

La république, ne se rebutant pas par ce refus, y envoya le secrétaire qui y avoit résidé auparavant, qui reçut encore une seconde renonciation.

Elle y en envoya plusieurs autres consécutivement, et un ambassadeur même destiné pour aller en Angleterre, qui n'oublia aucune sorte d'artifices pour y parvenir.

Ils firent tant qu'au mois de mars 1617 il y eut un traité d'alliance entre eux.

Les articles duquel ayant été communiqués au sieur Gueffier, ambassadeur du Roi aux Grisons, il s'y opposa, les jugeant préjudiciables à l'alliance de Sa Majesté, pource que les déclarations et réserves que Padavin, qui traitoit pour la république, avoit promises sur son seing audit Gueffier de faire insérer dans les articles de ladite alliance, n'y étoient pas.

Ces déclarations étoient qu'ils ne pouvoient faire de levées pour Venise que celles du Roi, s'il en avoit besoin, ne fussent faites auparavant;

Qu'à l'article où ils obligeoient leurs hommes à servir la république contre qui que ce fût, il seroit ajouté, « fors contre le Roi, ses amis et confédérés. »

Et qu'en l'endroit où ils promettoient de fermer leurs passages, il seroit dit, « hormis aux forces du Roi, auxquelles ils seroient ouverts contre qui que ce fût, voire contre la république de Venise même; »

Et qu'outre tout cela, il seroit encore ajouté à la fin un article à part, par lequel il seroit dit qu'en tout ce qui auroit été promis aux articles précédens, ils entendoient que l'alliance avec la couronne de France demeurât en son entier, sans qu'il y fût dérogé ni préjudicié en aucun point.

En la même année, ils en firent une autre avec l'Espagne, à laquelle, et à celle de de Venise, ils renoncèrent incontinent après.

Et pour être dorénavant en plus de paix et d'union, et empêcher qu'aucun d'entre eux ne fît plus de secrètes menées pour l'une et l'autre alliance, qui leur causoient tant de troubles et d'inconvéniens, ils dressèrent enfin, en l'an 1619, certains articles qu'ils promirent entre eux d'observer.

On ne laissa pas de recommencer encore de nouvelles poursuites, et avec tant de violence, que ce n'étoient plus que meurtres et brigandages; l'un et l'autre parti qui favorisoient Espagne ou Venise, selon qu'il avoit le dessus, exerçant à son tour beaucoup de cruautés. Tant qu'enfin, au commencement de juillet, l'an 1620, Pompée Planta, chef des mutins du parti d'Espagne, qui avoit l'année précédente été condamné d'être mis en quatre quartiers, se mit aux champs avec seize mille hommes levés aux dépens du roi d'Espagne sur les petits cantons, et entreprit de se saisir de la basse Engadine, de laquelle toutefois il ne put se rendre maître.

Les Grisons, se voyant ainsi attaqués par les rebelles, en donnent avis à l'ambassadeur de Venise résidant à Zurich, le priant que, nonobstant le décret qu'ils avoient fait de ne permettre à aucun ambassadeur de prince étranger d'entrer en leur Etat, il lui plût, au danger éminent qui les menaçoit, venir à Coire les assister de ses bons avis.

Il prend cette occasion au poil pour renouer son alliance, qui étoit toute prête d'être conclue lorsque le gouverneur de Milan, n'ayant plus d'autre moyen de l'empêcher, convie les Valtelins de se rébeller contre les Grisons.

Depuis l'alliance que les Grisons firent avec Venise en l'an 1603, comme on a vu ci-dessus, ce ne furent que troubles et divisions en cet Etat-là, où les divers partis, de France, Venise et Milan, exercèrent les uns contres les autres beaucoup d'injustices et cruautés, selon que chacun d'eux venoit à avoir la puissance en main. Et comme il arrive qu'au temps des dissensions civiles les plus méchans ont lieu d'autorité, les juges et les officiers établis par les Grisons commettoient plusieurs extorsions sur le peuple, principalement sur les catholiques qui sont les plus foibles d'entre eux, et en la Valteline où il y en a le plus grand nombre.

Ce mauvais traitement donna une grande disposition aux Valtelins à secouer le joug des Grisons; mais, comme ils n'avoient pour cela autre appui que celui d'Espagne, ils ne l'osèrent entreprendre qu'en ce temps auquel le gouverneur de Milan, pour donner l'exclusion à la ligue de Venise, qu'il voyoit déjà conclue, le leur conseilla avec promesse de les y assister.

Ensuite de quoi, le 19 juillet 1620, Robustely, gentilhomme valtelin, y entra avec des troupes catholiques, prit plusieurs places, où il fit passer tous les protestans au fil de l'épée, favorisé des rebelles bannis, qui y entrèrent quant et quant du côté du Tyrol, prirent les passages plus proches par où les Grisons pouvoient être secourus du côté de Venise et de Zurich; de sorte que les troupes dudit Zurich et de Berne, qu'on y envoya, furent contraintes de prendre un long chemin. A leur arrivée elles gagnèrent le dessus et reprirent, en huit jours, toute la Valteline;

mais le gouverneur de Milan y envoya des forces qui les rechassèrent sans coup férir, et pour assurer sa conquête y fit bâtir quatre forts, à Morbegno, Sondrio, Nova et Riva.

Les Grisons, abattus de courage par ce mauvais succès, ne sachant plus de quel bois faire flèche, recoururent au Roi, leur bon et ancien allié, et le supplièrent de ne les abandonner pas en l'extrémité où ils étoient réduits.

Sa Majesté, déplaisante de voir souffrir ces peuples libres, croyant, pour plusieurs considérations, être intéressée à leur conservation, et à remédier à une telle invasion, qui se faisoit au préjudice de l'alliance qu'elle avoit avec eux, leur promit de les assister de ses armes, si par la voie de la douceur elle ne pouvoit faire réparer le tort qui leur étoit fait.

Ensuite elle intervint vers le roi d'Espagne à ce que les choses fussent remises en leur premier état, et y envoya pour ce sujet, en ambassade extraordinaire, le sieur de Bassompierre, qui, ne pouvant exécuter sa commission de vive voix vers le roi Philippe III, à cause de la maladie en laquelle il étoit détenu, donna sa lettre de créance et mit par écrit ce qu'il avoit à lui dire.

Ledit Roi, trouvant juste le sujet de son envoi, se résolut de faire exécuter ce qui lui étoit proposé de la part de Sa Majesté, y étant encore convié par l'instance fort expresse qu'en ce même temps le Pape lui en faisoit par un bref particulier.

Mais la mort le prévenant, il fut contraint de remettre l'accomplissement de son désir à Philippe IV son fils, auquel il en laissa un commandement précis par son testament, en exécution duquel se fit le traité de Madrid, le 25 avril 1621, par lequel les forts devoient être rasés, et toutes choses incontinent remises comme elles étoient auparavant.

On attendoit l'exécution de ce traité; mais les troubles des huguenots en France la faisoient différer de jour en jour, car nos hérétiques firent, le 26 novembre 1620, une assemblée générale à La Rochelle contre la volonté du Roi, et une autre de l'abrégé à Montauban, lesquelles ils ne voulurent rompre, quelque commandement exprès qu'ils en reçussent de Sa Majesté, sous peine d'être déclarés criminels de lèse-majesté. Ce qui fit acheminer le Roi à Saumur, dont il s'assura, de là à Saint-Jean qu'il assiégea et prit, et à Montauban qu'il assiégea, mais avec un moins heureux succès.

Les Espagnols, qui espéroient que ces mouvemens prendroient un long trait de temps, sursoient l'exécution promise; en sorte que, durant le siége de Montauban, on disoit publiquement que la restitution de la Valteline dépendoit de la prise de cette place.

Cependant ils tramoient, en tous lieux, toutes sortes de ruses pour favoriser leur mauvais dessein.

Premièrement, à Rome, le duc de Sena força les Valtelins à recourir au pape Grégoire XV, pour le supplier de faire suspendre l'exécution du traité.

Le président d'Ascoli, sous prétexte d'aller à Notre-Dame-de-Lorette, passa à Rome pour y animer Sa Sainteté.

En Espagne ils firent qu'on leur dépêcha de Milan le chancelier chargé des griefs de l'archiduc Léopold, de la clameur des Valtelins et des raisons de conscience, d'honneur et d'Etat, pour n'exécuter ledit traité de Madrid.

Et tout publiquement, à la nouvelle du siége de Saint-Jean-d'Angely, ils représentèrent en plein conseil leurs intérêts de conserver la Valteline; l'empêchement que le Roi avoit dans son royaume pour ne s'y opposer; que le roi d'Espagne n'auroit jamais une saison si favorable pour avoir les armes spirituelles et temporelles à son pouvoir, et demeurer le seul arbitre du monde;

Représentèrent l'importance d'avoir des papes à sa dévotion, et la faute que Philippe II fit de ne subjuguer pas l'Italie durant la guerre de la ligue, parce qu'y étant absolu, et l'empire en la maison d'Autriche, il pouvoit prétendre légitimement d'arriver où Charles V n'avoit pu parvenir.

Ensuite, en l'an 1622, ils mirent de nouvelles et captieuses propositions en avant à Aranjuez exprès, et à dessein que l'ambassadeur de France les ayant seulement écoutées, bien que ce fût sans les agréer ni s'y arrêter, ils pussent néanmoins prétendre, comme ils firent depuis, que ce traité postérieur avoit annulé et anéanti le premier.

A Milan, le gouverneur, sans aucun égard aux promesses du Roi son maître, et contre les protestations journellement réitérées à Sa Majesté d'y satisfaire de bonne foi, envoyoit continuellement vers les Grisons les solliciter d'abandonner le Roi, et faire un nouveau traité avec lui, à l'exclusion de l'alliance de France; interdisant le commerce avec eux pour les contraindre par la nécessité à ce à quoi il ne les pouvoit induire de leur bon gré.

En France, ils y travaillèrent directement et indirectement : directement, en ce que le roi d'Espagne ayant envoyé au marquis de Mirabel, son ambassadeur, commission de convenir avec les ministres du Roi, au contentement de Sa Majesté, sur les manquemens du traité de Madrid, et les moyens en ayant été trouvés tels en avril 1622, qu'assurément l'accord s'en fût ensuivi à la satisfaction des intéressés, ledit marquis fut aussitôt désavoué de son maître de ce qu'il avoit fait ; indirectement, en ce que les Espagnols n'oublièrent rien de ce qu'ils purent pour nous troubler au dedans et au dehors du royaume, et nous ôter les moyens de les contraindre par la force d'armes à nous tenir la foi.

En Angleterre étant venu l'avis d'une émotion qui arriva à Tours, par la démolition du temple des huguenots, l'ambassadeur d'Espagne fit tellement exagérer cette affaire par les pensionnaires d'Espagne aux deux chambres du parlement, qu'il s'en fallut peu que le départ du Roi pour aller en Poitou, conjoint avec cette nouvelle, ne fît résoudre les puritains à se déclarer ouvertement en faveur des rebelles.

Le parlement ayant donné deux subsides au roi d'Angleterre de 800,000 livres pour en secourir le Palatin, l'ambassadeur d'Espagne représenta que, par le moyen du mariage de l'Infante et du prince de Galles, les prétentions de Bourgogne et d'Angleterre devoient être conjointes, et que le Roi s'en allant faire la guerre en Guienne à ceux de la religion prétendue, ils devoient assister les Rochelois, afin qu'ils lui gardassent une porte pour entrer en France.

Le Roi eût suivi le conseil de l'ambassadeur sus-nommé, si le parlement ne s'y fût ouvertement opposé, disant que l'argent qu'ils avoient donné étoit destiné pour le secours de ses enfans, qui lui devoient être plus proches que les Rochelois.

Ledit ambassadeur persécuta tellement le roi de la Grande-Bretagne, qu'il le fit résoudre d'envoyer vingt vaisseaux aux Rochelois pour favoriser leurs desseins. Il n'en put être détourné que par l'avis qui lui fut donné d'envoyer premièrement un ambassadeur au Roi, pour le convier à donner la paix à ces rebelles. Ce que l'ambassadeur d'Espagne ayant su, il en donna avis au marquis de Mirabel, lequel fit animer par quelque prélat le nonce de Sa Sainteté, jusqu'à s'opposer à l'arrivée du susdit ambassadeur. Il donna plusieurs mémoriaux au Roi sur ce sujet, et persévéra jusqu'à ce qu'on lui dit qu'il ne gagneroit rien de faire cette instance, et quand il verroit le succès de ce voyage, il béniroit Dieu de ce qu'on l'auroit laissé venir.

Ledit ambassadeur étant arrivé, tant s'en faut qu'il obtînt rien à l'avantage des rebelles, qu'il n'eut pas la permission de conférer avec personne de ce parti; et, par ce moyen, sans empêchement du côté d'Angleterre, le Roi eut le loisir de faire ce grand progrès qu'il fit en six mois en Poitou et en Guienne. Alors le nonce avoua que Sa Majesté avoit usé d'une grande prudence de l'avoir laissé venir, nonobstant l'avis plus zélé que sage de ses ecclésiastiques, qui faisoient scrupule d'approuver ce voyage et beaucoup d'efforts pour le rompre.

Ils travailloient aussi soigneusement pour les diviser entre eux, et trouvèrent une invention pour colorer plus apparemment leur perfidie; il leur sembla pouvoir légitimement retarder l'exécution du traité, si lesdits Suisses étoient capables d'être persuadés de refuser à promettre, conjointement avec les Grisons, ce qui étoit arrêté dans ledit traité en faveur des catholiques de la Valteline.

Ils dépêchèrent vers eux à cette fin; et, pour se donner loisir de les induire par menaces, par promesses et par corruption, à ce qu'ils désireroient d'eux, le président de Dole, qui étoit envoyé à Lucerne de la part d'Espagne, pour traiter avec l'ambassadeur du Roi et le nonce sur ces affaires, voulut prendre la qualité d'ambassadeur, nonobstant que, dans le traité de Madrid, pour éviter la compétence des couronnes, il eût été résolu qu'il ne prendroit que la qualité d'ambassadeur de l'archiduc. Ce qui fit consommer six mois de temps inutilement, sans pouvoir entrer en aucune conférence.

Durant ce temps, les Espagnols travaillèrent en sorte avec les cantons d'Uri, Schwitz, Underwald, Zug, Lucerne et Fribourg, qu'ils les firent résoudre à ne point ratifier le traité de Madrid, sous prétexte que les Valtelins disoient qu'ils seroient opprimés en leur religion.

Quoique les ambassadeurs du Roi leur représentassent qu'en ce cas le Roi demeureroit conjoint avec le Pape et les susdits cantons pour la conservation de la religion, et les assisteroit de forces et d'argent pour empêcher d'être opprimés, néanmoins l'artifice et la distribution d'argent que les Espagnols firent parmi les susdits cantons fut si grande, qu'il n'y eut pas moyen de leur faire ratifier le susdit traité.

Les cantons de Soleure, de Berne, Zurich, Bâle, Schaffhouse, de Glaris, et les protestans d'Appenzel, offrirent de faire la promesse de demeurer inséparablement attachés à l'exécution du traité avec le Roi.

Sa Majesté, pour ne mettre pas la division dans leur république, continua à poursuivre en Espagne nouvel ordre pour réprimer l'audace du duc de Féria, et faire exécuter de bonne foi ce qui avoit été conclu.

Le temps défaudroit si l'on vouloit particulariser les artifices, les violences et le peu de sincérité qui se pratiqua durant sept ou huit mois que l'on traita inutilement à Lucerne de cette affaire. Il suffit de dire que M. de Montholon mourut sans avoir pu apercevoir en l'archiduc Léopold, au duc de Féria et au président de Dole, une seule action qui lui pût faire espérer de pouvoir, par la négociation, vaincre leur obstination à troubler la paix de la chrétienté.

Que ce soit eux qui, exprès à ce dessein, sollicitèrent les cantons catholiques de ne pas donner leur consentement, il appert assez manifestement par les remercîmens que le sieur Cazaty, envoyé à Bade, où se tenoit l'assemblée générale de toute la Suisse l'an 1623, en fit aux cantons catholiques, au nom du gouverneur de Milan; et la traite du blé qu'il leur accorda en récompense en est encore un autre témoignage assez suffisant.

D'autre part, l'archiduc Léopold et le duc de Féria, qui donnoient toute sorte de jalousie aux Grisons pour les rendre agresseurs, et faisoient travailler jour et nuit aux forts de la Valteline, firent avancer le comte de Loderon avec ses lansquenets à la frontière du Tyrol, et le duc de Féria, le terzo de don Juan Brano et celui de Naples. Il dépêcha aussi dans la Valteline à Julio César Césari, sous prétexte de demander justice aux trois Ligues de quelque prétention qu'il avoit dans Coire, qui dit à ce peuple qu'ils n'espérassent aucun confort ni assistance du Roi, qui avoit une guerre civile en son royaume ; qu'il leur offroit de la part de son maître liberté de conscience, commerce et toute sorte d'avantages en leur condition, moyennant qu'ils ne voulussent avoir d'autre ami ni protecteur que la maison de Milan ; que, par ce moyen, ils pouvoient vivre opulemment ; car Sa Majesté Catholique, sans avoir égard à la religion, feroit une grande distribution d'argent parmi les communes, et se serviroit de leur nation par préférence.

Outre ce discours qu'il tenoit publiquement, il donna de l'argent à quelques factionnaires d'Espagne (1) qui avoient approuvé le traité avec le duc de Féria au mois d'avril, afin qu'ils portassent les Grisons à confirmer unanimement le traité de Milan, ou d'entreprendre sur la Valteline à force ouverte. Les susdits factionnaires représentèrent, ou qu'il se falloit soumettre au duc de Féria, ou à l'archiduc Léopold, vu les armes dont ils étoient environnés, ou essayer pour le dernier coup de recouvrer généreusement avec les armes ce que les Espagnols avoient usurpé et fortifié dans la Valteline, et qu'ils seroient des premiers à y employer leur vie ; tant ils étoient

(1) *Factionnaires d'Espagne* : partisans de l'Espagne.

jaloux de la liberté et réputation de leur patrie; que tout le pis qui leur en pourroit arriver seroit d'être reçus à bras ouverts du duc de Féria. Ce dernier avis fut suivi, et Julio César Césari en eut soudain la nouvelle, qui la fit entendre au duc de Féria qui s'en prévalut heureusement; car les Grisons croyant avoir quelque intelligence dans Bormio qui étoit double, sans chef, sans ordre et nulle correspondance, ils entrèrent dans la Valteline pour l'attaquer, d'où ils furent repoussés avec perte de deux cents hommes, et le reste se retira avec toute sorte de confusion, ne laissant à leurs étendards que quarante hommes à chacun pour tenir corps aux environs de leurs communautés.

L'archiduc Léopold et le duc de Féria les attaquèrent si vivement après cette entreprise, que la vallée de Pragalia fut brûlée, la haute et la basse Engadine conquise, Chiavenne pris; tous les passages qui étoient aux montagnes, dont les Grisons pouvoient être secourus, ou la Valteline reconquise, furent saisis, et le reste de la Réthie à la discrétion de la maison d'Autriche; les bannières de Berne et de Zurich, qui gardoient quelques passages, se retirèrent; et soudain l'archiduc Léopold usurpa Meyenfeld et toute la ligue des Droitures. La ville de Coire reçut, quelques mois après, garnison; ce qui abattit tellement de courage les Grisons, qu'ils résolurent, en un *pittag* (1) qu'ils tinrent, d'envoyer demander ignominieusement la paix au duc de Féria, et dépêchèrent particulièrement le docteur Belly et Jean Borgonnet à Rodolphe Pianta, ennemi de la patrie, et réfugié à

(1) *Pittag* : Conseil.

Milan, quoiqu'il fût luthérien, afin qu'il intercédât pour eux.

Voilà les artifices avec lesquels l'Espagne, manquant à sa foi, éludoit par continuelles remises l'exécution de ce traité, de laquelle dépendoit la tranquillité de l'Europe. En quoi l'excès de leur mauvaise volonté contre la France paroît d'autant plus, qu'elle les aveugloit en leur propre intérêt, pource que, vu les affaires qu'ils avoient en toute la chrétienté, ce n'étoit pas leur bien que ne pas apaiser les mouvemens de la Valteline; car ils se mettoient en hasard de perdre leurs Etats propres, s'ils contraignoient le Roi à leur faire la guerre puissamment avec ses alliés, pour la restitution de ce qu'ils retenoient injustement.

Don Balthazar Zuniga, homme consommé dans les ambassades, et estimé le plus habile du conseil d'Espagne, leur en dit librement son opinion, et représenta l'impossibilité d'entreprendre, comme ils vouloient faire, la conquête d'Italie, la rupture avec la France et la guerre en Allemagne pour le Palatinat; qu'aussitôt qu'on s'apercevroit qu'on voudroit garder la Valteline, la paix se feroit en France indubitablement, et que les catholiques et les hérétiques s'en iroient en Allemagne assister le Palatin, et mettroient en péril l'Empire et les Etats patrimoniaux de la maison d'Autriche; que, si cela survenoit, l'Italie seroit perdue; car elle ne sauroit subsister que par la paix et les secours d'Allemagne;

Que le Pape et toute l'adhérence d'Espagne en Italie entreroient en jalousie de l'usurpation de la Valteline;

Que la France, se trouvant en paix et ne pouvant

demeurer en repos, feroit une ligue en Italie; et cela étant, les bannières de France arborées delà les monts, moyennant qu'on connût que la guerre civile ne pouvoit être suscitée dans le royaume, préjudicieroient plus à la maison d'Autriche que la Valteline, les Grisons et les cinq cantons catholiques ne lui pouvoient porter d'avantage, quand ils seroient entièrement subjugués;

Que c'étoit une grande ignorance de soutenir que l'exécution du traité de Madrid pût exclure le roi d'Espagne des passages des Grisons; que tant que le comte de Tyrol, les cantons qui sont dans les Alpes et la maison de Milan seroient conjointes d'alliances, les Grisons ne se pouvoient passer de blé, de sel, et de la communication des susdits lieux, et en allégua plusieurs exemples;

Qu'outre cela Sa Majesté Catholique avoit garnison dans Bellinzone, encore que la ville fût aux cantons d'Uri, Zug et Underwald, qui lui gardoient le passage du mont Saint-Gothard; qu'il avoit encore le mont Simplon pour entrer et sortir de l'Italie quand bon lui sembleroit, et, du côté du Tyrol, un passage pour entrer en la duché de Milan, que les Vénitiens ne lui pouvoient jamais faire perdre quoiqu'il fallût passer une lieue dans leurs terres;

Que c'étoit à Sa Majesté de considérer ce qui lui étoit plus honorable et moins périlleux, ou d'exécuter un traité dont il ne lui pouvoit jamais arriver de reproches ni de préjudice à son autorité, ou se jeter la guerre sur les bras en Italie, où la seule réputation d'y vouloir entretenir la paix étoit le plus assuré fondement de sa conservation;

Que ses prédécesseurs avoient sagement considéré qu'il ne falloit pas accroître leur puissance, pour mettre en hasard et perdre ce qu'ils y possédoient.

Tout ce discours fut inutile, et le mauvais génie d'Espagne ne permit pas qu'ils écoutassent un si salutaire conseil mais leur fit prendre une résolution toute contraire à se prévaloir de nos guerres civiles pour ce qui étoit de retenir la Valteline, éludant par continuelles remises l'effet du traité de Madrid.

Cela dura si long-temps, qu'enfin les Grisons perdirent l'espérance du secours qu'ils avoient attendu du Roi, et se laissèrent aller à faire, en janvier 1622, deux traités fort désavantageux avec le duc de Féria, gouverneur de Milan; par l'un desquels ils promettoient de donner passage aux gens de guerre du roi Catholique; par l'autre, ils renonçoient entièrement à la Valteline, laquelle, pour ne leur être sujette, s'obligeoit à leur donner une pension annuelle de vingt-cinq mille écus.

En même temps ils en firent un troisième avec l'archiduc Léopold, par lequel lesdites ligues s'obligeoient à recevoir garnison aux dépens dudit archiduc.

Ces traités si honteux, qui sembloient témoigner autant de foiblesse aux princes leurs alliés qu'en eux-mêmes, et l'offense des excuses vaines, ou plutôt refus continuels d'accomplir ce qui avoit été promis, obligèrent le Roi de traiter à son retour de Montpellier, en l'an 1622, et enfin arrêter, le septième février 1623, une ligue avec la république de Venise et M. de Savoie, pour contraindre l'Espagnol à rendre ce qu'il avoit usurpé et effectuer sa parole.

Au bruit de cette ligue, les Espagnols étonnés, et

Sa Sainteté même appréhendant la guerre qu'elle allumeroit en Italie, et la conséquence d'une guerre générale en toute la chrétienté, convinrent, pour en arrêter le cours, que la Valteline, avec tous les forts, seroit baillée en dépôt au Saint-Siége, en attendant que, par son entremise, le différend se pût accommoder à la satisfaction des deux couronnes.

Les raisons de ce dépôt apportées par le roi d'Espagne furent qu'attendu qu'il n'avoit été mû à se saisir du pays, faire faire et défendre ces forts que pour le seul zèle de religion, et appelé par les catholiques de cette vallée, il condescendoit volontiers à les mettre entre les mains de Sa Sainteté pour lui donner satisfaction et entretenir bonne correspondance avec le Roi, puisque Sa Sainteté croyoit que de là dépendoient la paix et le repos d'Italie, et encore pour faire connoître à tout le monde, et principalement aux Italiens, combien Sa Majesté Catholique étoit désintéressée et avoit cheminé avec droiture en cette affaire, jugeant satisfaire assez à son zèle envers la cause catholique, puisqu'il ne s'agissoit ici que de la religion, en remettant le tout entre les mains de Sa Sainteté, comme du père universel; à la charge néanmoins que les capitaines, officiers et soldats qu'elle y mettroit, fussent tous vassaux du Saint-Siége, et que la conclusion de l'affaire se fît à la satisfaction de Sa Sainteté et des deux couronnes; et que si cependant le repos public de l'Italie venoit à être troublé sans que la cause en provînt de la part d'Espagne, Sa Sainteté y mettroit promptement remède effectif, ou restitueroit les forts au roi d'Espagne, en la même manière qu'elle les auroit reçus.

Cet écrit fut signé à Madrid le 4 février 1623, et de là envoyé à Rome.

Le Roi, qui a toujours désiré un juste et honorable accommodement plutôt qu'une rupture ouverte, en étant averti, y consentit, et manda à Sa Sainteté que, bien qu'il se fût promis que Sa Sainteté, avant que de prendre la résolution de se charger du dépôt de ces forts, eût voulu rechercher son consentement et son avis, toutefois il vouloit croire qu'elle avoit été induite à ce faire comme père universel, et par un pur zèle qu'elle avoit eu au bien public et au repos général de toute la chrétienté; et que sur la confiance qu'il avoit que sa béatitude, comme prince sage et prévoyant, auroit eu soin de tirer du côté d'Espagne toute sorte d'assurance pour l'entière restitution de toutes les places retenues en la Valteline et autres lieux et pays des trois ligues, il n'entendoit pas contredire en rien de ce qui étoit de sa volonté.

Au contraire, après avoir assuré Sa Sainteté de la singulière estime qu'il feroit de ses bons et paternels avis et conseils, et de la profession qu'il faisoit aussi d'entretenir un bonne intelligence avec le roi Catholique son frère, il consentit que le dépôt eût lieu, mais avec ces conditions :

Que ce seroit pour l'entière exécution des choses accordées par le traité de Madrid, et non autrement;

Que dans trois mois seroient vidées toutes les choses qui étoient en différend en cette affaire, et que cependant Sa Majesté et les collègues continueroient à faire leurs préparatifs, suivant la délibération prise entre eux, et que, pour des raisons très-importantes qui seroient représentées à Sa Sainteté par l'ambassadeur de France résidant à Rome, Sa Sainteté seroit tenue d'assurer que dans un mois tous les forts de la Valteline et des Grisons, tant ceux qui étoient possédés par les ministres de Sa Majesté Catholique, que ceux qui étoient en la puissance de l'archiduc Léopold, seroient entièrement démolis, et le pays des Grisons et toute la vallée rétablis en sa première liberté.

Et parce que Sa Majesté Très-Chrétienne n'entendoit pas que ce fût avec aucune sorte de préjudice, ni au moindre désavantage de la religion catholique; elle offroit et promettoit à Sa Sainteté de l'assister en tout ce qui seroit nécessaire pour l'avancement de la religion, et pour l'assurance des catholiques; Sa Majesté ne cédant à qui que ce fût en zèle et en piété à l'endroit de la même religion et de Sa Sainteté, laquelle, pour un témoignage authentique du soin qu'elle auroit de se montrer père commun, seroit tenue de faire apparoir l'amour qu'elle a pour la justice et pour la liberté de l'Italie, comme grand prince qu'il est en cette province-là; et partant qu'au cas que l'on vînt à découvrir en ceux qui lors occupoient et qui étoient en possession de la Valteline et autres lieux des Grisons, des desseins différens des bonnes intentions qu'ils publient, Sa Sainteté seroit obligée de se joindre à Sa Majesté Très-Chrétienne, pour y apporter les remèdes qu'on jugeroit convenables et nécessaires pour la liberté de l'Italie et pour l'accomplissement des promesses qui ont été faites.

Ensuite le dépôt fut exécuté au mois de mai en ladite année.

La mort du pape Grégoire XV arrivant incontinent après, son successeur, Urbain VIII, se chargea du même dépôt, estimant ne pouvoir mieux employer les premières fonctions de son pontificat qu'à la recherche des moyens de cet accommodement.

Ces places ayant été rendues au marquis de Bagny, qui y fut envoyé de Sa Sainteté pour les recevoir, plusieurs mois se passent sans exécution. Le Roi et les confédérés s'en plaignent à Sa Sainteté, qui, par sa bonté, espérant toujours que les Espagnols se mettroient à la raison, n'exécute rien de son autorité.

Enfin se voyant pressée, et après s'être entièrement éclaircie des droits des parties, elle fait dresser, en novembre de ladite année, des articles d'accommodement, qu'elle juge être tels pour la satisfaction des intéressés, que chacun d'eux, et l'Espagne entre les autres, s'en devoient raisonnablement contenter, et que tout ce qui se pourroit désirer à l'avantage de la religion y étoit ordonné, spécifié et assuré.

Mais l'ambassadeur d'Espagne résidant à Rome, se voyant pris, ne sachant plus par quelle raison vraisemblable il se pouvoit opposer à la conclusion de cette affaire, s'avise de déclarer qu'il n'avoit pas un pouvoir assez ample pour la terminer, ni recevoir les propositions de Sa Sainteté, lesquelles il étoit de besoin d'envoyer en Espagne, bien qu'auparavant il eût souventes fois témoigné le contraire.

Sur cette réponse, non prévue ni attendue de Sa Sainteté, elle dépêcha en diligence, le 6 dudit mois, un courrier exprès en Espagne, pour se plaindre de ce refus ; et après y avoir fait remontrer, par son nonce, les raisons et la justice du traité qu'elle avoit projeté, protester audit Rói que si, sans plus de remises, il ne le vouloit accepter, elle ne devroit ni ne pourroit s'abstenir de lui donner le tort et la coulpe des maux et des ruines qui en arriveroient, et penseroit, avec les autres intéressés, au moyen de leur commune conservation et sûreté.

Lors ils levèrent le masque, et se voyant réduits à l'extrémité d'être obligés de parler franchement, ils changèrent le langage déguisé dont ils avoient usé jusqu'alors; et au lieu qu'ils n'avoient jamais mis en avant, ni dans le dépôt même, que le prétexte de la religion, et qu'ils publioient n'avoir autre intérêt en ces mouvemens, sinon que la foi fût conservée et les catholiques eussent pleine et entière liberté de servir Dieu, ils découvrirent lors les vraies causes qui les avoient portés à allumer et entretenir cette guerre, et déclarèrent au nonce fort impérieusement qu'ils avoient en cela des intérêts d'Etat et de réputation si importans, qu'ils ne pouvoient ni ne vouloient en façon quelconque consentir audit traité;

Qu'outre le fait de la religion, ils avoient promis aux Valtelins que jamais plus ils ne retourneroient sous la domination des Grisons;

Que le roi d'Espagne ayant en plusieurs lieux de la chrétienté les armes en main contre les hérétiques, il n'y auroit point d'apparence qu'ils rendissent aux Grisons, qui le sont, des pays et des passages de si grande conséquence;

Que la guerre qu'il y avoit faite pour la religion, lui avoit acquis droit sur ledit pays, quand il n'en auroit point d'ailleurs;

Qu'outre ce droit-là, l'Etat de Milan y en avoit

de toute ancienneté d'autres encore bien plus considérables, et la maison d'Autriche semblablement;

Que la maison d'Autriche avoit droit de souveraineté sur la ligue des Droitures; que lesdits Valtelins avoient des titres sur lesquels ils pouvoient de droit prétendre être libres de toute sujétion;

Que pour toutes ces raisons ils n'étoient point obligés de la rendre, et qu'à l'extrémité, quand il seroit de besoin d'en venir là, il faudroit, auparavant que d'en parler, les dédommager de leurs dépenses, ou, en tout cas, leur laisser pour cela à tout le moins la liberté des passages.

Ces raisons sans raison, qu'ils apportèrent pour colorer le refus qu'ils faisoient de consentir à ce que le Pape avoit trouvé raisonnable en ce sujet, font bien voir à tout le monde qu'ils sont aussi injustes en leurs intérêts d'Etat qu'ils sont hypocrites au masque de la religion dont ils se couvrent toujours le visage; car rien de ce qu'ils mettoient ici en avant ne pouvoit subsister.

En la promesse qu'ils disoient avoir faite aux Valtelins, ils avoient compté sans leurs hôtes; ils avoient promis ce qui n'étoit ni juste ni en leur puissance: ils n'ont aucun droit au bien d'autrui; et l'ayant pris, ils étoient obligés de le rendre, et les princes intéressés étoient sur le point de les y contraindre.

De dire qu'il n'étoit pas raisonnable qu'ils rendissent aux hérétiques, qui étoient leurs ennemis, les places qu'ils avoient prises sur eux, les hérétiques ne sont pas, en qualité d'hérétiques, les ennemis d'Espagne; elle a alliance avec les uns, et recherche de l'avoir avec les autres. Les Grisons sont de tout temps en alliance avec la maison d'Autriche, et alliance qu'ils appellent *erbeinung*, c'est-à-dire alliance héréditaire, et les Milanais et eux ont toujours vécu avant ces mouvemens en bons amis et voisins. C'est une chose bien injuste de dépouiller ses amis, puis, pource que l'on les a déjà dépouillés, les appeler ennemis, afin d'avoir prétexte de s'exempter de leur rendre ce qu'on leur a ravi, et en cette manière les traiter comme s'ils avoient fait des actes d'hostilité et ne les avoient pas simplement endurés, cédant à la force et injustice du plus puissant.

De mettre en avant qu'ils avoient entrepris cette guerre pour la religion, ils montroient bien que c'étoit une feinte puisqu'ils s'accordoient à tout ce que vouloient les Grisons, pourvu qu'ils eussent la liberté de leurs passages. C'étoit ce qui les blessoit, et le seul intérêt qui les avoit portés à tramer tous ces soulèvemens.

Pour ce qu'ils disoient qu'il y avoit des titres en vertu desquels les Valtelins prétendoient être libres de la sujétion des Grisons, une seule réponse suffit à cela, qui est que depuis plus d'un siècle les Grisons sont en possession de leur souveraineté sur les Valtelins, et ont été depuis ce temps-là, sans interruption, reconnus de tous les princes, et entre autres des rois de France, seigneurs dudit pays; ce qui se prouve de ce que lesdits rois ayant recherché, l'an 1509 et depuis, la disposition des passages de la Valteline, n'ont jamais traité avec les habitans d'icelle, mais seulement avec les Grisons; ce que les autres n'eussent pas souffert s'ils en eussent été les maîtres : aussi chacun écrit que les Grisons, dès le commencement de leur domination, départirent la Valteline, du consentement de ceux du pays, en trois parts, établissant en chacune deux officiers qu'ils appellent podestats, qui ont toujours depuis gouverné le pays, chacun en sa juridiction, avec pleine puissance de mort et de vie sur les Valtelins, qui ne l'auroient pas si long-temps enduré s'ils ne se fussent reconnus véritablement sujets. Ils n'ont jamais manqué de leur prêter serment de fidélité d'année en année aux *bundstagz*, qui sont leurs assemblées générales, et de réitérer ledit serment de deux en deux ans, qui est le terme auquel se fait la mutation des officiers, sans y faire aucunes protestations ni réserves, que de quelques priviléges qui leur furent accordés dès le commencement et dans la convention qu'ils firent avec l'évêque de Coire et les trois ligues, en l'an 1513. Ils s'obligent précisément à leur obéir, et à leur payer tous les ans mille tarmins qui sont levés sur les biens de tous les habitans de ladite vallée, exempts et non exempts.

Quant au droit prétendu par l'État de Milan sur ladite vallée, il ne peut non plus être mis en considération, attendu la longue possession des Grisons; et même qu'après que le pape Jules et Maximilien Sforce eurent à leur aide, en l'an 1512, chassé les Français d'Italie, ledit Maximilien leur donna en récompense la Valteline, en tant qu'à lui appartenoit.

Le gouverneur de Milan témoigna bien, en l'an 1621, que le Roi son maître n'y avoit point de droit, attendu qu'en l'alliance qu'il fit avec lesdits Grisons il les accorda avec les Valtelins, à la charge que lesdits Valtelins, pour se racheter de leur sujétion aux Grisons et demeurer libres, leur paieroient par forme de tribut vingt-cinq mille écus par an. En quoi il reconnoissoit que les Grisons étoient leurs souverains, et que l'État de Milan n'avoit nul droit sur la Valteline, puisqu'elle demeuroit libre, s'étant rachetée des Grisons.

Pour la prétention de la maison d'Autriche sur la ligue des Droitures et la basse Engadine, elle est mal fondée, puisque la maison d'Autriche, en faisant avec les Grisons la paix perpétuelle qu'ils appellent *erbeinung*, avoit elle-même traité avec cette ligue-là, qui s'appelle des Dix Droitures, comme la reconnoissant souveraine aussi bien que les deux autres ; depuis laquelle paix elle lui a payé jusqu'à présent la troisième partie de l'annuelle distribution d'argent qu'elle a promis aux trois ligues.

Enfin la conclusion qu'ils apportoient, qu'il étoit raisonnable qu'ils eussent quelque chose pour le dédommagement des dépenses qu'ils avoient faites en cette guerre, et qu'ils méritoient au moins la liberté des passages, nous étoit bien une évidente preuve qu'ils n'avoient pas eu la religion pour principe en ces mouvemens; car, en ce cas, Dieu seul devoit être le prix de leur travail; que, s'ils y ont été portés pour leurs intérêts, c'est injustice d'en demander récompense de personne;

Que devroit demander le Roi pour les frais qu'il a faits en cette guerre pour la conservation du pays, si le roi d'Espagne en demande une très-grande pour les frais qu'il a faits pour leur faire du mal?

Quant aux passages, c'est chose si importante, que les Grisons ne sont en nulle considération que pour cela, et ils ne peuvent être accordés que par la volonté du Roi, qui seul les a pour lui et pour ses alliés et amis, et ce par un article exprès de l'alliance qu'il a avec les Grisons depuis l'an 1509.

Aussi cette réponse, que Sa Sainteté reçut le 25 décembre audit an, la désabusa, et lui fit voir manifestement la mauvaise foi d'Espagne en ses procédures, son dessein de s'agrandir à quelque prix que ce soit, et de ne pas rendre ce qu'elle avoit usurpé, et que c'étoit folie de rien espérer d'elle, en ce fait-ci, que par la voie de la force.

Néanmoins, pour empêcher que l'on en vînt aux armes, elle ne laissa pas de projeter un autre accommodement en février 1624, qu'elle proposa au commandeur de Sillery, lors ambassadeur du Roi auprès d'elle, pour l'accepter.

N'ayant pas pouvoir de ce faire, il consentit seulement qu'il fût envoyé en France pour voir si Sa Majesté l'agréeroit : c'étoit lorsque le chancelier de Sillery son frère et le sieur de Puisieux son neveu furent éloignés de la cour, et le cardinal fut appelé au conseil.

Par ce traité les passages étoient accordés au roi d'Espagne, et les Grisons prioient les deux rois de soutenir, par armes ou autrement, les Valtelins contre eux, s'ils manquoient à tenir auxdits Valtelins ce à quoi ils étoient obligés vers eux dans ledit traité.

Le jugement de ce manquement étoit entièrement remis à Sa Sainteté ; et, quatre mois après qu'elle l'auroit déclaré, si le Roi n'y apportoit remède, il étoit permis au roi d'Espagne d'entrer en armes en la Valteline, ainsi que la même permission lui étoit encore donnée si les Grisons entroient armés en la Valteline, bien que ce fût pour une cause particulière.

Le cardinal dit au Roi que ce second traité n'étoit pas recevable, et à cause des articles politiques qui étoient en icelui, et à cause des circonstances qui étoient apportées à ceux qui concernoient la religion.

Quant aux articles politiques, d'autant qu'ils donnent la liberté des passages au roi d'Espagne, et que la raison pour laquelle il lui est important de les avoir est celle-là même pour laquelle il nous l'est, et à toute la chrétienté, qu'il ne les ait pas.

Que la Valteline confine vers le levant avec le pays d'Autriche au comté de Tyrol; vers le midi, elle joint les montagnes de Bresse et de Bergame, qui sont aux Vénitiens.

Vers le couchant, elle est bornée du Milanais, aboutissant au lac de Côme.

Et du côté du septentrion, elle confronte les Alpes habitées pas les Grisons, de manière que toutes les vallées et passages desdites Alpes, pour aller en Italie, se viennent rendre dans la Valteline.

Que la situation de cette vallée étant telle, ce n'est pas de merveille si les Espagnols tentent depuis un si long temps tous les moyens qu'ils peuvent de se l'approprier, et, l'ayant envahie, essaient, par les artifices qui leur sont ordinaires, d'en différer et esquiver totalement s'ils peuvent la restitution.

Par le moyen de ce passage ils unissent les terres d'Autriche à celles de Milan, et partant leurs Etats d'Italie à ceux de Flandre, qui sont unis par le Palatinat à l'Allemagne; et ce chemin est si court qu'ils peuvent conduire des forces de Milan jusqu'à Vienne en dix journées d'armée, et de Milan en Flandre en quinze, passant de la Valteline dans le Tyrol, de là dans l'Alsace, et de là dans la Lorraine et la Franche-Comté.

Ils auroient un autre chemin par les Grisons, qui seroit aussi court, mais non aussi aisé, allant de Coire dans la gorge de Ster, de là passant à Felchir, ville qui appartient à l'archiduc Léopold, puis s'allant embarquer à Schaffhouse sur le Rhin, et descendant à Bâle, Strasbourg, Cologne et le Liège où ils prennent terre.

On ne peut douter qu'ils n'aspirent à la monarchie, et que jusqu'à présent les deux plus grands, pour ne dire les deux seuls obstacles qu'ils y ont rencontrés, sont la séparation de leurs Etats, et la faute d'hommes : or, par l'acquisition de ces passages, ils remédient à l'un et à l'autre.

Le roi d'Espagne, jusqu'ici, pour faire passer ses armées d'Italie en Flandre, étoit contraint de prendre un long et pénible chemin par les Suisses, et de leur demander passage, ou au duc de Savoie, qui demeuroient libres de l'octroyer ou non, selon qu'ils le jugeoient à propos pour le bien de l'Italie et de la chrétienté.

Mais ayant la Valteline et les Grisons à leur commandement, qu'ils n'auroient plus de besoin du consentement de ces deux puissances; ils couvriroient leurs desseins, et feroient passer, sous les prétextes qu'ils voudroient, de puissantes armées d'Allemagne à l'oppression de l'Italie, qui, divisée et mal armée comme elle est, ne pourroit qu'en recevoir beaucoup de dommage.

Autant en pourroit-il faire, au préjudice de cette couronne, par le transport de grand nombre de gens de guerre d'Italie, sous prétexte de conserver la Flandre et l'Allemagne, et ainsi il n'y auroit plus de repos et d'assurance en la chrétienté.

Davantage, que l'octroi de ce passage seroit un partage de l'autorité de la couronne de France, qui en recevroit la récompense (1) qu'elle fit d'avoir divisé avec eux le royaume de Naples.

Que si, par la cession que le Roi a faite du marquisat de Saluces, la France a tant perdu de réputation et d'estime en Italie, comme ne pouvant plus désormais lui faire ni bien ni mal, quel préjudice recevroit-elle encore si elle méprisoit ce qui lui reste d'union avec elle; que ce seroit la forcer à s'assujettir à la maison d'Autriche, et la livrer entre les griffes de l'aigle, au lieu qu'à notre gloire elle a toujours respiré ci-devant à l'ombre des fleurs de lys.

De penser apporter un tempérament à cet octroi, le restreignant à la seule défensive, c'étoit se tromper soi-même.

Car, l'accorder pour la défensive, c'est encore l'accorder contre nous, vu que les Espagnols ne peuvent être attaqués de qui que ce soit, que par l'intelligence avec la France; de sorte que ce seroit leur donner des forces contre nous que de leur donner moyen d'être secourus en cette occasion.

Leur accordant le passage, il le falloit accorder à

(1) *Qui en recevroit la récompense:* En 1501, Louis XII avoit partagé le royaume de Naples avec le roi d'Espagne Ferdinand-le-Catholique. Les Français furent complètement dupes de ce traité. (*Voyez* première série, tome XV, *Tableau du règne de Louis XII*, p. 45 et suivantes.)

tout le monde, vu qu'il n'y auroit pas d'apparence de le refuser à nos amis, l'accordant à ceux avec qui nous avons jalousie d'Etat.

Et le leur accordant, nous le perdrions pour nous-mêmes ; car, étant plus voisins que nous, plus agissans, et ayant besoin d'y faire passer tous les jours leurs troupes, par le commerce et la hantise qu'ils prendroient avec eux, ils diminueroient l'estime de la France, dont s'ensuivroit enfin l'abandonnement de notre alliance, pour la conservation de laquelle nous avons dépensé jusqu'à ce jour d'hui des millions, et qui nous est nécessaire pour être seuls, ou, aussi bien que les Espagnols, arbitres de l'Italie.

Que, par ces passages, nous empêchions que l'Italie fût inondée du déluge d'hommes qu'ils y feroient descendre, et en France même, de leurs Etats de Flandre et d'Allemagne, et qu'ils ne fermassent les portes de l'Italie à tout secours, contraignant le Pape d'être leur chapelain, et faisant plier le cou à tous les autres potentats de l'Italie sous le joug de leur servitude ;

Qu'il n'y avoit nul danger ni crainte pour la chrétienté que la France eût ces passages, en étant éloignée comme elle est.

Au contraire, étant entre les mains de l'Espagne, ils peuvent être dits à aussi bonne raison les fers et les ceps de la chrétienté, que le roi Philippe de Macédoine appeloit le fort d'Acrocorinthe, qui étoit à l'entrée du Péloponnèse, les fers dont il tenoit la Grèce captive ;

Que, pour toutes ces raisons, l'article qui étoit en ce traité, donnant la liberté de ces passages au roi d'Espagne, ne pouvoit être accordé par le Roi. Quant à ceux qui concernoient la religion, il y en avoit de si rudes pour les Grisons, entre autres celui-là qui leur défendoit, s'ils étoient hérétiques, de pouvoir demeurer en leurs maisons et héritages plus de deux mois l'année, et ce encore en plusieurs termes, qu'il n'y avoit point d'apparence qu'une convention si rigoureuse pût être de durée; car comme Alexandre demandoit aux Scythes s'ils garderoient fidèlement quelques ordonnances qu'il leur avoit données, ils lui répondirent qu'ils les observeroient à jamais si elles étoient équitables, sinon les observeroient seulement jusqu'à ce qu'ils eussent moyen de se délivrer de cette charge.

D'autre part les circonstances qui y étoient apportées ne serviroient qu'à favoriser les usurpations d'Espagne, et leur donner lieu de recommencer et publier qu'ils retiendroient justement ce que les plus grossiers reconnoissent qu'ils envahissent par injustice.

Que bien qu'il soit juste de prendre toutes les sûretés possibles pour obliger les Grisons, qui sont un peuple assez barbare et infidèle, à tenir de bonne foi ce qu'en faveur de la religion ils promettront aux Valtelins, néanmoins, en tant de cas, donner pouvoir au roi d'Espagne d'entrer à main armée en la Valteline, n'étoit autre chose que favoriser le dessein des Espagnols, qui étoit de pouvoir toujours trouver l'occasion de faire leurs affaires sous prétexte de l'avancement ou conservation de la religion, de laquelle néanmoins ils ont peu de souci;

Que nonobstant toutes ces choses, il se falloit gouverner si dextrement en cette affaire, que, par le refus que Sa Majesté feroit de ce traité, le Pape connût que son intérêt et celui de l'Église étoient les principales considérations qui empêchoient Sa Majesté de l'accepter.

Pour cela il ne falloit point mettre en avant qu'on trouvoit quelque chose à redire ès articles dressés pour la religion, de peur que les Espagnols tournassent à mal la sincérité de notre intention, et, prenant de la main gauche ce que nous donnons de la droite, prissent occasion de nous calomnier et mettre de la division entre nous, le Pape et les catholiques, qui ne considéroient peut-être pas que nous n'y trouverions rien de mauvais, que l'avantage qu'en peuvent prendre les Espagnols sans que la religion en reçût aucun.

Mais il falloit seulement nous arrêter sur cette raison, que nous savions que ce qui fait que le Pape désire la conclusion de ce traité, est pour empêcher la rupture ouverte entre ces deux couronnes, et que le même désir que le Roi a que l'union y soit entretenue inviolable, fait qu'il ne peut accepter ce traité comme il est, vu que les articles en sont tels qu'il est impossible que d'iceux, dans peu de temps, il ne naisse nouveau sujet de division plus grande que ceux qui s'y rencontrent maintenant.

Que cette considération-là seule suffit pour retenir le Roi de recevoir ce traité qu'il désire tant être conduit à sa fin, qu'il le prie d'apporter remède à tous les inconvéniens d'icelui;

Qu'en ce qu'il s'arrête à la liberté du passage donnée aux Espagnols, ce n'est pas pour la conséquence d'icelui, ne prévoyant pas qu'il puisse arriver aucune rupture entre l'Espagne et lui, mais pour deux autres raisons.

La première, que le roi d'Espagne n'y a plus de prétention, parce qu'au traité de Madrid, tant s'en faut qu'il fît grande instance ni des passages ni de l'alliance des Grisons, qu'il aima mieux, pour en exclure les Vénitiens, se priver lui-même de la prétention qu'il en avoit, ainsi qu'il paroît par une promesse du 25 avril 1621, qu'il voulut avoir des ambassadeurs extraordinaires et ordinaires du Roi, signée Bassompierre et Rochefort, et ratifiée de Sa Majesté, qui porte qu'en exécution dudit traité elle empêchera qu'à l'avenir nul autre qu'elle, sans exception, la puisse obtenir.

La seconde, pource que, si entre les particuliers même le droit veut que, lorsque par voie de fait on se met en possession d'une chose où on a même un droit coloré, elle soit remise en l'état qu'elle étoit auparavant qu'on vienne à juger le fond, à plus forte raison se doit-il faire entre les rois, auxquels la réputation est et doit être beaucoup plus chère qu'aux autres;

Que si le Roi se relâchoit en cela, il manqueroit à la protection que ceux qui sont en son alliance attendent de lui, et laquelle il leur doit;

Que le roi d'Espagne lui a promis, par le traité de Madrid, le rétablissement des choses contestées en leur premier état; ce qui fait que, s'il ne lui tenoit, il sembleroit qu'il fait moins d'état et de son pouvoir et de son amitié qu'il ne doit par raison;

Qu'outre ces intérêts-là, celui du roi d'Espagne,

puisque sa parole y est engagée, s'y trouve aussi;

Qu'au reste, pour ce qui est du passage, il doit plus attendre de sa courtoisie que par traité, et qu'il n'y a personne qui veuille être contraint à ce qui dépend de sa pure liberté.

Pour ce qui est du Pape, que Sa Majesté se sent extrêmement obligée à Sa Sainteté du soin paternel qu'elle prend en cette occasion, particulièrement de ce qu'elle sait que Sa Sainteté a bien jugé qu'accorder le passage n'étoit chose convenable à sa dignité et à sa réputation, en ce qu'il y a trois mois qu'il avoit envoyé une autre capitulation en Espagne, où il n'étoit point inséré que Sa Majesté est très-fâchée que les Espagnols ne l'acceptèrent, et que cette considération lui est et doit être de très-grand poids, pour ne rien faire contre les premières pensées d'une personne qu'il honore, comme le doit un vrai fils, et qu'en effet, s'il acceptoit maintenant le traité tel qu'il est, ce seroit céder aux sentimens et intérêts des Espagnols, et non aux avis et résolutions du Pape qu'ils n'ont pas voulu suivre.

Qu'outre ce que dessus, il étoit nécessaire de remontrer les intérêts qu'a l'Eglise à ne point donner tant de pied au roi d'Espagne en Italie, et que les restrictions qu'on avoit mises aux passages sont toutes nulles, et telles que, bien qu'en apparence elles garantissent l'Italie de péril, elles ne le font pas en effet.

Le Roi, ayant approuvé l'avis du cardinal, déclare au nonce qu'il ne pouvoit accepter ledit traité; le cardinal lui en rapporta les raisons susdites.

Le commandeur de Sillery fut rappelé de Rome,

pour n'avoir pas représenté à Sa Sainteté que ce traité n'étoit pas recevable, et n'avoir pas empêché qu'il fût envoyé à Sa Majesté. M. de Béthune fut envoyé en sa place, en qualité d'ambassadeur extraordinaire, avec charge de supplier Sa Sainteté de terminer cette affaire conformément au traité de Madrid ; faisant instance pour la restitution de la Valteline aux Grisons, comme aussi des autres lieux occupés aux ligues Grises par l'archiduc Léopold, suivant et conformément audit traité.

Quant à la religion, qu'il y fît tel établissement qu'il estimeroit plus à propos.

Sa Sainteté, du commencement, lui répondit que c'étoit une affaire terminée par le consentement dudit commandeur, et qu'elle ne pouvoit rien altérer à ce qu'elle avoit concerté avec lui.

Puis, voyant que Béthune faisoit instance au contraire, selon qu'il lui étoit ordonné, elle lui dit qu'il falloit que lui et l'ambassadeur d'Espagne trouvassent quelque tempérament pour composer ce différend au contentement des deux couronnes ; ou que si les choses venoient à se brouiller davantage, elle seroit obligée, en vertu du dépôt qu'elle avoit de la Valteline, de la remettre, et les forts qui y sont, entre les mains des Espagnols.

Sur cela il fut donné ordre à Béthune de représenter à Sa Sainteté l'inconvénient qui se pourroit ensuivre, si elle remettoit ces forts entre les mains des Espagnols, à cause de la rupture qui seroit à craindre, comme aussi si elle les rendoit aux Grisons, à cause du peu de sûreté pour la religion catholique, et de proposer, comme de lui-même, un parti moyen entre ces deux, qui est de remettre lesdits forts entre les mains des Valtelins.

Il lui fut quant et quant commandé de représenter à Sa Sainteté que, jusqu'à présent, elle ne s'étoit mêlée d'accorder les deux rois sur le sujet de la Valteline, que comme arbitre amiable qui vouloit pacifier ce différend au contentement des deux parties.

Qu'en cette qualité il avoit envoyé un projet d'accord en Espagne qui fut refusé.

Depuis, il en avoit envoyé un en France qui n'avoit pas aussi été agréé;

Que sans doute, n'ayant pu faire réussir ce traité comme arbitre amiable, il étoit de sa dignité et piété paternelle de l'entreprendre comme père et souverain chef de l'Eglise, qui ne peut souffrir que ceux qui en sont les premiers enfans viennent à une guerre inévitable, s'il n'interpose son autorité.

Partant que Sa Sainteté, pour éviter ces malheurs, devoit prononcer un dernier jugement en cette affaire, et l'effectuer tout ensemble, la moindre dilation qui y arriveroit étant capable d'allumer un feu qui ne se pourroit plus éteindre.

Que ce jugement devoit porter le rasement des forts et le rétablissement des Valtelins et Grisons au même état que les choses étoient auparavant toutes les contentions émues sur ce sujet, auquel temps les passages n'étoient point au roi d'Espagne.

Quant à ce qui est de la religion, Sa Sainteté s'en réserveroit la disposition.

Que le roi d'Espagne ne se sauroit plaindre, ni de la substance de ce jugement, ni de la forme et procédure; non de la substance pour deux raisons:

La première, que par le traité de Madrid, fait par lui-même, il étoit obligé à davantage;

La seconde, qu'il a toujours protesté ne prétendre autre intérêt en cette affaire que celui de la religion, qui sera soigneusement conservé par Sa Sainteté.

Qu'il ne sauroit aussi se plaindre de la forme et procédure, puisque, par le testament du feu Roi son père, il étoit obligé de suivre ce que le Pape prononceroit.

Par ce moyen, les Espagnols, dont les affaires ne requéroient pas la guerre, se sentiroient grandement redevables à Sa Sainteté s'il leur tire cette épine du pied, qui à la fin pourroit monter jusqu'au cœur.

Qu'ils en seront délivrés honorablement, en ce qu'ils diroient que l'obéissance qu'ils doivent au Pape, spécialement en ce fait particulier, vu le testament du feu roi Philippe III, les fait subir son jugement, prononcé absolument sans avoir pris leur avis ni cherché leur consentement;

Qu'au reste ils auroient lieu de prétendre avoir l'avantage en ce qu'outre que la religion demeureroit en la disposition du Pape (ce qu'ils ont toujours apparemment désiré), Sa Sainteté ordonnant que les choses soient rétablies comme elles étoient auparavant, il s'ensuit qu'il n'y auroit que la France qui eût alliance avec les Grisons, et que les Vénitiens n'y en auroient point, qui est ce que les Espagnols ont toujours prétendu, comme il appert par la lettre reversale qu'ils voulurent avoir de M. de Bassompierre;

Que Sa Sainteté même, pour contenter davantage les Espagnols, ordonnant que les choses soient rétablies comme auparavant, pourroit ajouter « sans que lesdits Grisons et Valtelins puissent, outre l'alliance de la France en laquelle ils demeureront, en faire aucune autre particulière avec les Vénitiens, sans la faire conjointement avec le roi d'Espagne, à cause du duché de Milan et ceux de la maison d'Autriche. »

Ils penseront que la France et leurs collègues auront difficulté de consentir à cette proposition, pource qu'on croit qu'ils ont un dessein de guerre résolu à d'autres fins, et que les préparatifs à cet effet sont trop avancés, et qu'en cette affaire même ils n'auront pas leur compte, puisqu'ils veulent non-seulement que le Pape remette les choses comme elles étoient, mais prononce en outre que le roi d'Espagne n'a aucun sujet de prétendre les passages;

Qu'il n'y a qu'une seule chose qui pût empêcher que cette salutaire proposition ne réussît, le tempérament que Sa Sainteté peut apporter à se résoudre, étant certain qu'elle ne peut produire l'effet qu'on en espère qu'en surprenant les parties et prévenant toutes les considérations qu'on pourroit mettre en avant pour l'exécuter.

Sur la difficulté que le Saint-Père fit d'agréer cet avis, et remettre les forts entre les mains des Valtelins, il fut délibéré au conseil s'il étoit expédient pour le service du Roi de tenter, par la voie des armes, le rétablissement de la Valteline en l'état qu'elle étoit auparavant, et, pour cet effet, prier Sa Sainteté de remettre les forts entre les mains des Espagnols; ou bien s'il valoit mieux différer encore, et voir ce que le temps et les instances continuelles de notre ambassadeur nous produiroient.

Les ruses et la mauvaise volonté d'Espagne en cette affaire étoient manifestes durant tout le cours d'icelle; ils se fortifioient tous les jours dans les places qu'ils tenoient aux Grisons, et un des commissaires du duc de Féria et de l'archiduc Léopold avoit dit peu auparavant, à des personnes dignes de foi, que, s'ils pouvoient gagner six mois de temps, tous les monarques de la terre ne pourroient pas leur faire quitter prise.

Par là il se voyoit que le délai, non-seulement ne nous servoit de rien, mais nous étoit beaucoup dommageable.

De tenter la voie de la force, il y auroit beaucoup de choses à penser :

S'il étoit juste ;

Si nous le devions ;

Et les moyens que nous devions tenir pour conduire cette entreprise à une heureuse fin; le cardinal sur ce sujet dit que de la justice on n'en pouvoit douter.

Le pays des alliés de la couronne est envahi, le Roi par une ancienne alliance est obligé de les défendre.

Il a tenté la voie de la douceur, on manque à la parole qu'on lui a donnée.

L'intervention du Pape a été inutile.

Il ne reste plus que le moyen de la force pour tirer raison de cette injure.

Que le Roi ne le doive pour son honneur, et l'intérêt de son État, il est aussi sans difficulté.

Les Grisons ne le méritent pas, ils ne se sont pas comportés avec le respect qu'ils devoient vers le Roi et son ambassadeur; ils ont traité de mauvaise foi avec lui, ils ont écouté les Vénitiens et les Milanais à son préjudice, et ils ont mis leur alliance et leurs passages au plus offrant et dernier enchérisseur ; de là est venue la division entre eux, qui a appelé les armes d'Espagne, et les a réduits à l'état où ils sont maintenant.

Mais, puisqu'ils ont recours au Roi et implorent sa miséricorde, il est de son honneur de les protéger ; le seul nom d'alliés, sans aucun mérite de leur part, leur acquiert ce bien-là.

Leur oppression est injuste ; cela suffit pour obliger la bonté du Roi de les assister en leur légitime besoin. La puissance royale doit être si prompte et si prête à faire bien à ceux qui ont recours à elle, qu'aux affligés il suffit, pour remède, qu'ils lui fassent savoir qu'ils le sont ; le terme de leur mal ne devant pas passer, s'il se pouvoit, outre le moment qu'il en est averti.

L'intérêt de son État et de toute l'Europe est grand ; l'union des États de la maison d'Autriche séparés, ôte le contre-poids de la puissance de France qui donne la liberté à la chrétienté.

Les Suisses, autrefois sujets de la maison d'Autriche, ne demeureront guère à être divisés par pratiques secrètes, et par là rappelés à l'ancienne sujétion.

Davantage, l'Espagne avoit grand sujet de croire que nous la craignons ; elle n'ignore pas nous avoir fait injure, et que le Français, de son naturel, ne souffre pas volontiers ; elle sait, et par nos intérêts qui lui sont connus comme à nous, et par les instances que nous en avons faites, combien nous désirons le rétablissement des choses en leur premier état ; et partant elle fera tous les jours de nouvelles entreprises contre nous et nos alliés, d'autant plus hardiment qu'elle aura éprouvé que ce sera impunément. Et si nous y voulons résister, nous serons d'autant moins en état de le faire, que nous serons déjà affoiblis par la perte de ces trois ligues, et eux fortifiés d'autant.

La réputation de la France l'y oblige; tous les autres princes se départiroient de son alliance, qu'ils estimeroient inutile si elle n'avoit pu défendre ses anciens alliés.

L'Espagnol, au contraire, en prendroit avantage, comme il fait déjà assez, d'avoir tant gardé cette injuste conquête.

Il reste à voir les moyens que nous devons tenir, et en cela gît toute la difficulté.

Les maladies les plus dangereuses sont celles que les médecins appellent compliquées, c'est-à-dire, maladies composées de plusieurs jointes ensemble, pource que les remèdes qui sont bons aux unes aigrissent les autres et leur sont contraires.

L'affaire de la Valteline n'est pas seule entre les affaires étrangères, il y en a d'autres en Suisse, en Flandre et en Allemagne.

Il y en a aussi au dedans; savoir est les mauvais desseins des huguenots, la recherche des financiers : ce qui est bon à un de ces maux est mauvais pour les autres; car, qui enverroit aux pays étrangers de puissantes armées, viendroit à bout du dehors, vu les incommodités qu'ont les Espagnols; mais le mal est que l'on dégarniroit le dedans, et c'est ce qu'attendent les financiers, les huguenots et les Espagnols mêmes, qui voient bien ne pouvoir pourvoir à leurs maux que par diversion.

Il faut trouver des expédiens qui pourvoient à tout le mieux que faire se pourra, et ne hasarder rien.

Il est difficile d'en trouver de si assurés qu'on pourroit désirer.

Le meilleur est celui qui a le moins d'inconvéniens.

Le premier remède est la fermeté aux choses entreprises; car la résistance accroît la grandeur de celui à qui l'on résiste, si elle n'est forte et constante jusqu'à la fin de ce qu'on a entrepris.

Le second; il faut pourvoir au cœur, c'est-à-dire au dedans, renvoyer tous les grands en leurs gouvernemens, fortifier les frontières, et lever quelque notable nombre de gens de guerre pour les y tenir; étant certain que les huguenots ne peuvent entreprendre par force ouverte, ains par seule surprise.

Quand donc ils verront un corps d'armée non occupé, ils ne se hâteront pas d'exécuter leurs mauvais desseins.

Il sera bien à propos encore de faire connoître à M. le connétable que, si les huguenots remuent, le Roi ne peut exécuter les entreprises qu'il feroit sans cela, étant certain que, désirant être employé en Italie, comme il fait, s'il lui reste quelque ancienne intelligence parmi les frères, il s'en servira pour favoriser les desseins d'Italie, ou au moins veillera-t-il sur eux fidèlement. Cela fait, il faut sommer la république de Venise et le duc de Savoie, paresseux à l'exécution, d'accomplir le traité de la ligue fait avec eux, et leur déclarer, sans délibération nouvelle, que, suivant ce qui a été arrêté, le Roi va armer.

Il faut prendre garde de ne pas faire un grand armement qui épuisât cette année, en laquelle apparemment nous ne ferions rien, les finances de Sa Majesté, et nous mît en nécessité d'accorder avec nos financiers comme ils voudroient, et fît croire à tout le monde, au préjudice de la réputation de la France, que nos forces ne seroient pas beaucoup à craindre. Il est nécessaire de savoir si nous pouvons forcer les forts, et si les fortifications n'en sont pas telles que nous ne les puissions emporter. Il faudra laisser la liberté au Pape de les remettre entre les mains des Espagnols, et, s'il ne le fait, l'en solliciter, afin de les attaquer sur eux de vive force. Il conviendra aussi de solliciter les Grisons de se soulever, et commencer d'attaquer eux-mêmes la Valteline et les autres parties de leur Etat que les Espagnols et l'archiduc Léopold leur ont occupées, et convier les Suisses, qui sont intéressés en leur cause, de les assister.

Pour arrêter le secours qu'on leur pourroit envoyer de Milan, une diversion est nécessaire en Italie, en laquelle les armes de Sa Majesté ne paroissent pas : celle qui semble être le plus à propos, c'est l'attaque de Gênes au nom du duc de Savoie, sous prétexte de l'injure qu'il a reçue de cette république sur le sujet de Zucarel qu'elle lui détient.

Le fief de Zucarel appartient pour trois quarts à Scipion Caretta, et pour un quart à Octavio Caretta. M. de Savoie a acheté ces trois quarts de Scipion sans le consentement de l'Empereur, de qui ils dépendent, et contre un contrat que ledit Scipion avoit passé avec la république de Gênes, par lequel il s'obligeoit à ne rendre point Zucarel de vingt ans, qui n'étoient pas expirés. Il en poursuivit l'investiture, laquelle lui est toujours déniée. Octavio Caretta cependant vend son quart à la république de Gênes, qui obtint l'investiture de l'Empereur; ledit Empereur confisque ensuite les trois quarts qui appartenoient à M. de Savoie, parce qu'il n'avoit pas observé ce qui étoit dû à l'Empire, en ce qu'il avoit acheté Zucarel *inscio domino*. Ensuite de cette confiscation, la république achète ces trois quarts de l'Empereur, bien cher auprès de ce qu'ils avoient coûté à M. de Savoie; de là M. de Savoie vient aux armes. Voilà le plus juste prétexte que nous eussions pu désirer.

L'Etat de Gênes, étant proche de Milan, tiendra en jalousie et arrêtera ses armes pour sa propre défense, s'il étoit attaqué.

D'autre part, cette république, qui fournit l'argent à l'Espagne pour l'entretènement de ses armées, ne lui en fournira qu'écharcement, de crainte d'en avoir affaire pour elle-même.

Il faut retarder ou empêcher, si nous pouvons, la prise de Bréda, et exhorter les Provinces-Unies de faire un effort extraordinaire pour arrêter en Flandre toutes les forces d'Espagne qui y sont.

Et, afin que celles de la ligue catholique en Allemagne soient encore occupées, il faut solliciter le roi d'Angleterre de s'employer vigoureusement au recouvrement du Palatinat, et s'efforcer de donner un grand secours d'argent pour cela au roi de Danemarck.

Il y faut encore envoyer Mansfeld pour fortifier ladite diversion, mais prendre garde néanmoins de ne désespérer pas ladite ligue, qui n'est point encore déclarée, et la contraindre de se mettre contre nous;

Dans les engagemens dans lesquels on est, il est difficile d'en trouver un moyen assuré.

Le seul remède, non absolument curatif, mais palliatif pour quelque temps, est de leur faire connoître que l'on a voulu plutôt rompre le mariage d'Angleterre que de se liguer contre eux pour le Palatinat;

Que l'intérêt de la Valteline requiert qu'on s'oppose aux Espagnols en Flandre, et partout ailleurs, pour les affoiblir;

Que nous les assurons qu'entre ci et le mois de janvier Mansfeld ne passera point en Allemagne;

Qu'entre ci et ce temps nous traiterons pour le Palatinat, priant le duc de Bavière de faire de meilleures conditions pour gagner le roi de la Grande-Bretagne;

Que si dans ce temps l'accord ne se peut faire, et que ce Roi le refuse à conditions raisonnables, Sa Majesté n'assistera point Mansfeld, aimant mieux en user ainsi que de manquer à témoigner à la ligue catholique l'affection qu'elle lui porte.

Par cet expédient, si Bavière s'en peut contenter, comme il le doit, on empêcheroit que Spinola ne reçoive secours de Tilly; que les intérêts d'Espagne et ceux de la ligue d'Allemagne ne se conjoignent ensemble, ce qu'il faut éviter; et, d'autre part, on ne manquera point aux Anglais, auxquels nous ne sommes obligés que de donner de l'argent pour Mansfeld; ce que nous ferions toujours pendant six mois, et non pas des hommes.

Pour induire Bavière à cette condition, il lui faut représenter que, s'il ne l'accepte, il n'aura pas seulement le Mansfeld sur le bras, mais l'armée de Champagne; étant certain que si le Roi le voit se liguer ouvertement avec les Espagnols il ne pourra pas moins faire; et d'autant que le Pape est le père commun des Chrétiens, l'autorité duquel donne grand poids au parti qu'il favorise, outre la raison de conscience, il est du tout nécessaire d'être étroitement lié avec lui, et par conséquent de lui faire approuver toutes nos actions. Ce que nous pouvons par deux moyens: l'un de religion, lui faisant voir, en tous nos desseins, l'avancement de la religion que nous voulons procurer; l'autre, d'Etat, n'y ayant personne qui ne connoisse que l'intérêt du Pape et de tous les princes requiert qu'il y ait balance entre les deux couronnes.

Il ne faut pas aussi entrer en rupture avec les Espagnols, et venir avec eux à une guerre déclarée, y ayant, en ce cas, beaucoup d'inconvéniens à craindre, qui pourroient être à la ruine de toute la chrétienté. Nous pouvons faire tout ce que dessus avec dextérité, sans rompre les traités que nous avons avec eux, si nous prenons simplement le prétexte d'aider, par nos armes, les alliés en Italie, en la Valteline et en Flandre.

Celui donc qu'il faut prendre n'est pas l'inexécution du traité de Madrid, qui est l'accessoire problématique et peut-être mal fondé; mais, revenant au fait principal et à la source, il faut dire que le Roi donne aux Grisons, contre leurs sujets rebelles, le secours qu'ils ont demandé, ce qui est un sujet très-légitime de prendre les armes, et à quoi l'alliance oblige le Roi, sans que l'Espagne, Autriche ni aucun autre prince s'en puissent raisonnablement offenser;

Que, s'ils le faisoient, ce seroit avec une manifeste injustice, et lors les armes de Sa Majesté seroient si clairement justifiées et agréables à un chacun, que toute la chrétienté se joindroit avec elle, et on en devroit espérer un bon et glorieux succès.

Ensuite de cet avis du cardinal, le Roi manda au sieur de Béthune qu'il continuât ses poursuites envers Sa Sainteté, et qu'il le laissât en sa liberté de remettre, s'il vouloit, les forts entre les mains des Espagnols.

Cependant Sa Majesté envoya quelques troupes en Picardie sous le commandement de M. le maréchal de La Force, d'autres en Champagne sous le duc d'Angoulême, et fit lever six mille hommes de pied pour envoyer en Bresse, où le connétable de Lesdiguières eut charge de s'acheminer. Ledit connétable envoya en son nom le sieur de Bellujon vers messieurs des Etats pour faire un traité avec eux de vingt navires bien équipés, qu'ils devoient fournir pour l'armée d'Italie et rendre prêts le mois de mars 1625. Le traité fut passé à La Haye le 24 décembre 1624.

Marescot, maître des requêtes, fut envoyé en Allemagne pour reconnoître particulièrement l'état où étoient les affaires, afin que Sa Majesté y pût prendre une solide résolution.

Et le marquis de Cœuvres, qui avoit été, de la part du Roi, en l'assemblée générale des Suisses à Bade, pour obtenir des cantons catholiques leur acquiescement à être cautions de ce qui avoit été promis au traité de Madrid, et faire accorder par les Grisons le pardon général qu'ils étoient obligés de donner aux Valtelins pour les choses passées, ayant obtenu des uns et des autres ce qu'il désiroit, non sans grande difficulté, pour les factions contraires qui s'y étoient toujours opposées, Sa Majesté lui donna commandement de solliciter les Grisons de se tenir prêts pour lors qu'il leur seroit ordonné, et prendre les armes contre ceux qui les tenoient en oppression.

Ils s'y accordèrent tous, mais avec grande crainte. Tous les bannis des pays que l'archiduc Léopold avoit occupés, qui sont les deux Engadines, la seigneurie de Meyenfeld et les Dix-Droitures, promirent plus courageusement de commencer quand on voudroit, et mettre leurs vies et leurs biens pour leur liberté, espérant d'en avoir une bonne issue, pourvu que le Roi les assistât d'un peu d'argent et d'armes.

Autant en firent les habitans de la vallée de Mesot, tant contre Léopold que le Milanais, et n'avoient pu être occupés par eux, ni contraints de renoncer à l'alliance de France.

Ceux de Valais se montrèrent aussi très-prompts à secourir leurs frères.

Et le canton de Berne et quelques autres offrirent de fournir les hommes qui leur seroient demandés.

Le Roi, pour les assister, fit arrêt des armes à Zurich ; Sa Sainteté continuant toujours en ses remises ordinaires, parce qu'elle voyoit les Espagnols aheurtés à ne point vouloir tenir le traité de Madrid, le sieur de Béthune eut ordre du Roi d'en presser l'exécution, avec cette alternative que, si elle n'y mettoit une fin, Sa Majesté la supplioit à ce défaut de remettre les places entre les mains des Espagnols, vu que le long temps que cette négociation traînoit sans effet, étoit préjudiciable à sa réputation et à ses affaires, et que rien ne devoit retenir Sa Sainteté, puisque le Roi et ses confédérés s'obligeoient volontiers à l'entretènement de ce qui lui plairoit établir pour la religion.

Sa Sainteté refusa cette promesse absolument, dit seulement qu'elle apporteroit ce qu'elle pourroit pour le bien des couronnes.

Sur cela Béthune supplie absolument Sa Sainteté de remettre les forts entre les mains des Espagnols, puisqu'aussi bien il y avoit long-temps qu'ils n'étoient plus comme déposés entre les mains de Sa Sainteté.

Le Roi, ne voyant plus aucune espérance que cette affaire se pût accommoder, pressé par l'intérêt de sa réputation et celui de tous ceux qui en avoient en cette affaire, commanda au marquis de Cœuvres de faire une levée de quatre mille Suisses et Grisons, et fit couler encore par les Suisses jusqu'aux Grisons cinq cents chevaux et trois mille hommes français, afin qu'ils eussent des forces suffisantes pour assister les Grisons au soulèvement qu'ils feroient pour le recouvrement de leur liberté.

Cependant le marquis de Cœuvres, qui avoit, au *pittag* du 25 novembre 1624, réuni aux ligues Grises celle des Droitures que l'archiduc Léopold, comte de Tyrol, avoit envahies, et, par ce moyen, rétabli les trois ligues en leur premier et ancien corps de la république des Grisons, fait la confirmation de leur alliance avec la couronne de France seulement, à la réserve de la paix éternelle et héréditaire avec la maison d'Autriche et leur confédération avec les Suisses, et ensuite fait résoudre et accorder, par lesdits Grisons, un pardon général à tous leurs sujets rebelles de la Valteline, Chiavenne et Bormio, partit le 26 dudit mois de la ville de Coire, avec cinq ou six mille hommes de pied et trois cents chevaux, laissant autres deux mille hommes de pied et cent chevaux sous la charge de M. d'Haraucourt, maréchal de camp, pour la garde et conservation, tant dudit Coire que des lieux et passages occupés du côté des Etats de l'archiduc Léopold.

Avec ces forces il se saisit du passage du Sterch, et fit fortifier le pont du Rhin, pour servir de barrière entre les Grisons et le Tyrol.

Puis, pour s'avancer vers la Valteline, il prit le chemin des Engadines pource que, marchant en cette sorte dans le milieu du pays, c'étoit tenir en jalousie en même temps toutes les places qu'il eût pu ou voulu attaquer, à savoir Chiavenne, Tirano Bormio et le val Monastère.

La garnison de cette dernière, ci-devant bâtie par l'archiduc en une vallée servant de communication à ses Etats du Tyrol en la Valteline, sur l'avis de la démarche dudit sieur marquis, abandonna et brûla la place, ayant auparavant renvoyé leur artillerie et munitions de guerre.

Cet avis étant donné aux Grisons qui étoient avec le marquis, ils ne le pouvoient croire, parce que sans canon il n'étoit pas en état d'attaquer cette place, ni aucune autre qui eût voulu tenir; cela le fit résoudre de continuer son chemin dans la Valteline, afin de reconnoître si cette même bonne fortune y accompagneroit la justice des armes de Sa Majesté.

Pour cet effet, ayant pourvu à la garde et défense des passages des haute et basse Engadines et du val Bregaglia, èsquels lieux il distribua un régiment de mille hommes de pied, il ordonna au sieur de Vaubecourt, qui conduisoit avec soi le régiment de Salis, de quinze cents hommes, deux compagnies du sien et celle de carabins de Maubuisson, de s'avancer et se saisir de Poschiave, de crainte qu'on ne le vînt brûler.

Ils trouvèrent des gens de guerre que le marquis de Bagny y avoit envoyés pour s'en saisir, lesquels faisoient main basse à tous ceux du pays qu'ils rencontroient, et en se retirant se saisirent de la tour de Cusachio, où ils mirent le feu le lendemain.

Telles entreprises sur les Grisons, de la part du marquis de Bagny, semblèrent au marquis de Cœuvres autant d'actes d'hostilité contre les armes du Roi.

Arrivant à Poschiave, il reçut Bormio en la protection du Roi, et ayant appris que le marquis de Bagny avoit fait emprisonner pour cela cent ou six vingts hommes, au lieu qu'il fortifioit toutes les places de la Valteline et faisoit prendre les armes à tous les habitans des villages, il se résolut de s'y acheminer.

L'entrée de la Valteline étoit fermée par une forteresse, appelée Platemaille, ci-devant bâtie sur un roc, en un passage fort étroit, par le roi Louis XII, qui se rendit d'effroi aux armes de Sa Majesté.

L'armée entra lors dans la Valteline et se logea en plusieurs villages deçà et delà la rivière Piave, ayant la communication toute ouverte avec les Vénitiens, d'où doivent venir les canons et autres munitions de guerre.

Le marquis de Bagny fit rompre tous les ponts à l'entour de la ville de Tirano, et mit le feu aux faubourgs.

Le marquis de Cœuvres offrit et écouta toutes sortes

de propositions d'accommodement ; mais ledit Bagny, qui ne les faisoit que pour l'amuser attendant le secours de Milan, prit au milieu de la négociation les chefs de la ville, se saisit des armes des habitans et fit tirer plusieurs volées de canon sur l'armée du Roi, qui paroissoit en bataille assez proche de là.

Le marquis de Cœuvres, qui jusqu'alors n'avoit fait approcher aucuns gens de guerre de la ville, se sentant offensé de ce procédé, se résolut de l'attaquer, et dans deux jours l'emporta, les habitans qui l'avoient vu agir de bonne foi n'ayant voulu se défendre contre lui.

Le château où le marquis de Bagny s'étoit retiré se rendit peu de jours après. De là le marquis de Cœuvres s'avança vers Sondrio qui se rendit à lui. Le château seul, où le marquis de Bagny avoit en se retirant laissé bon nombre de soldats sortis de Tirano au préjudice de la capitulation, tint trois jours après ; et bien que notre armée l'emportât de force, le marquis néanmoins, pour témoigner le respect et la révérence que Sa Majesté vouloit qui fût rendue à Sa Sainteté, renvoya les enseignes de Sa Sainteté à Morbegno au marquis de Bagny, et le gouverneur, et les officiers, et les soldats pris prisonniers, au nombre de cent quarante. Il eut soin de faire panser les blessés et pourvoir d'habits aux dévalisés. Ensuite il prit Bormio, Morbegno, villes et châteaux et autres places de la Valteline, laquelle ayant toute réduite, il passa outre à Chiavenne et à Ripa qui ne sont pas de cette vallée, prit Chiavenne et assiégea Ripa en janvier 1625.

LIVRE XVI.

[1625] Cette année vit dès son commencement éclore une infâme rébellion de nos hérétiques, qui fut tramée par Soubise, lorsqu'on n'attendoit point de lui une semblable infidélité.

Il étoit signalé entre les rebelles, de ce qu'il avoit été le premier de tous qui s'étoit osé présenter pour défendre au Roi l'entrée en une de ses villes.

Sortant de Saint-Jean-d'Angely par composition, il jura de ne plus porter les armes contre Sa Majesté.

Au préjudice de son serment, il ne laissa pas, à quelque temps de là, de se saisir des Sables d'Olonne, où, voyant le Roi fondre sur lui, il se retira à La Rochelle, comme les oiseaux craintifs se cachent dans les creux des rochers quand l'aigle les poursuit. Là il reçut encore grâce pour la seconde fois de Sa Majesté.

Mais comme la reconnoissance des infidèles est aussi infidèle qu'eux, ces grâces descendirent si peu avant dans son cœur, que, ne lui en demeurant aucun sentiment ni mémoire, sa rébellion, aussi féconde que l'hydre, renaît de nouveau.

Il met le feu dans le royaume tandis que le Roi est employé en la défense de ses alliés, ainsi qu'Erostrate embrasa le temple de Diane tandis qu'elle étoit attentive à promouvoir la naissance d'Alexandre.

Dès l'automne de l'année précédente, machinant en son esprit cette méchante entreprise, il alla en Languedoc trouver le duc de Rohan son frère pour la concerter avec lui.

Il lui dit que les grands vaisseaux de Sa Majesté sont au port de Blavet, sans garde, en assurance et en belle prise.

Il feint de vouloir faire un voyage de long cours, et sous ce prétexte arme quelques vaisseaux pour s'aller saisir de ceux-là, et quant et quant tenter de surprendre le château, qui est une place qu'il seroit difficile au Roi de reprendre sur eux s'ils l'avoient entre les mains.

Il n'est point besoin de rapporter ici les raisons qu'il lui mit en avant pour lui faire trouver bon ce dessein; car, à des infidèles, le seul pouvoir de nuire suffit à les y persuader.

Le duc de Rohan envoya incontinent sa femme au bas Languedoc, pour solliciter les villes à se soulever pendant qu'il travailloit au haut Languedoc à la même fin.

Soubise, après avoir demeuré quelques journées avec lui, sous prétexte d'aller consoler sa mère sur la mort de sa fille, s'en alla en Aunis pour exécuter son entreprise.

Dès qu'il fut à la mer, il se saisit de l'île de Ré. Les Rochelois, qui ne vouloient pas encore paroître de la partie jusqu'à ce qu'ils la vissent plus assurée, le prièrent de s'éloigner afin qu'il ne fît point tomber l'orage sur eux.

Pour contenter leur désir, il fit voile plus tôt qu'il n'avoit pensé, et arriva, le 6 de janvier 1625, à Blavet avec douze navires, force barques et chaloupes.

Il se saisit, sans coup férir, de six vaisseaux qui étoient au port, entre lesquels étoit celui de *la Vierge*, artillé de quatre-vingts canons de fonte verte, se rendit maître de la ville de Blavet, et bloqua le château, qu'il pouvoit prendre s'il eût osé l'attaquer, vu qu'il n'y avoit que seize hommes dedans lorsqu'il y arriva.

Mais, quelques jours après, Querolin, lieutenant dans la place, s'y rendit avec des soldats.

Le duc de Vendôme, qui en reçut la nouvelle à Nantes, y alla promptement avec toute la noblesse qu'il put amasser, et lui fit quitter la ville et rentrer dans ses vaisseaux.

Le Roi avoit eu avis plus d'un mois auparavant de cette entreprise, et avoit commandé à Manty et au chevalier de Saint-Julien d'y aller en diligence, et se jeter dans les vaisseaux avec nombre de soldats et matelots nécessaires pour les défendre ; mais le retardement que les surintendans apportèrent à leur faire délivrer l'argent qui avoit été ordonné à cette fin, fut cause qu'ils n'y purent arriver que trois jours après.

Par là voit-on clairement combien les plus petits manquemens produisent de grands inconvéniens, avec quelle exacte diligence il faut, en matière d'Etat, exécuter ce qui est commandé, et que les maux, pour légers qu'ils soient en leurs commencemens, ne doivent pas être méprisés.

Le point est le commencement d'une ligue infinie s'il y en a quelqu'une, et les plus grands fleuves ne sont pas plus considérables en leur source que les moindres ruisseaux.

Le duc de Vendôme, nonobstant toutes les troupes et le canon qu'il avoit, ne put ou ne voulut empêcher, durant dix ou douze jours, Soubise de calfater et équiper à sa vue les navires qu'il avoit pris; après quoi il fit voile et s'en alla le long de la côte, prenant dans les ports les vaisseaux qu'il rencontroit pour grossir sa flotte.

Le Roi, incontinent qu'il sut que ses vaisseaux étoient pris, en envoya demander au roi d'Angleterre, qui lui promit de l'en assister de huit, ne pouvant lui en bailler davantage à cause de la grande flotte qu'il préparoit pour envoyer en Espagne.

Il manda au Roi que, s'il avoit besoin de sa propre personne, il iroit le trouver, bien qu'il eût sujet de se plaindre de Madame, qui n'avoit pas voulu recevoir ses lettres ni celles de son fils, sans en avoir eu auparavant la permission de la Reine sa mère. Elle l'avoit satisfait après en avoir eu la licence, mettant sa lettre, après qu'elle l'eut lue, sous son chevet, et celle de son fils en son sein, voulant par là donner à connoître qu'elle vouloit avoir son appui en lui, et loger son fils en son cœur.

En ce temps-là, qui étoit le mois de février, le père de Bérulle, qui avoit été envoyé à Rome pour la dispense du mariage d'Angleterre, après avoir surmonté toutes les traverses que l'Espagne apporta pour l'empêcher, l'obtint enfin de Sa Sainteté, qui l'envoya à son nonce avec ordre de ne la point délivrer que les articles, qu'elle avoit dressés en langue latine, ne fussent signés de la main des deux rois.

Cela apporta un grand trouble en cette affaire, le roi de la Grande-Bretagne faisant difficulté de signer rien de nouveau outre ce qu'il avoit déjà signé, pource que la substance des articles latins étant la même de ceux qu'il avoit signés en français, il sembloit que ce qu'on lui demandoit maintenant n'étoit qu'en dessein de le faire intervenir en un acte qui parlât en catholique ; ce qu'il ne vouloit pas, estimant que Sa Majesté Très-Chrétienne ne l'y pouvoit raisonnablement astreindre et obliger, et qu'il suffisoit qu'ils fussent signés par elle, qui seule traite avec le Pape, et non pas lui.

Le Roi dépêcha pour cet effet un courrier en diligence à Rome, rendant par cet envoi un nouvel acte d'obéissance et de respect à Sa Sainteté et au Saint-Siége, nonobstant l'empêchement de ses affaires et l'avis de la plupart de ses conseillers, qui lui disoient qu'il pouvoit et devoit passer outre ; ce qu'il fut néanmoins retenu de faire par la grande révérence qu'il a toujours rendue et vouloit rendre au Saint-Père.

Sa Majesté commanda par le courrier au sieur de Béthune, son ambassadeur, de supplier Sa Sainteté, de sa part, de ne s'arrêter point en cette affaire, si importante à la chrétienté, sur de simples formalités sans substance et sans réalité ;

Que le principal point, qui étoit l'article secret demandé en faveur des catholiques, étoit déjà obtenu, et le roi Très-Chrétien en avoit livré l'original ès mains de M. le nonce pour assurer davantage Sa Sainteté. Il n'y avoit que cette différence, qu'on le lui donnoit en français, et il le désiroit en latin.

Il donna encore à M. le nonce, en latin et en la même forme que Sa Sainteté l'avoit prescrite, toutes les obligations particulières qui avoient été ordonnées par Sa Sainteté.

Tellement que tout étoit accompli, hors cette seule différence, que quelques articles latins n'étoient pas signés du roi de la Grande-Bretagne, mais la substance en étoit signée en français, et la garantie de tous les articles latins étoit donnée par Sa Majesté ;

Qu'il ne falloit pas que cette affaire, si grande et importante à la France et à l'Angleterre, et peut-être à la chrétienté, fût réduite en extrémité, non par aucun point de substance et de considération particulière, mais par une simple formalité.

Et qu'il n'étoit pas à présumer que Sa Sainteté fît plus d'état de cette simple formalité que des grands périls et inconvéniens qui suivroient la rupture de cette affaire dans l'Angleterre, dans la France, et peut-être dans l'Europe ;

Que, si ce mariage se rompoit, la religion huguenotte étoit fortifiée en France par le secours des Anglais, lequel eût été empêché par ce mariage, et la religion catholique étoit perdue en Angleterre ; car, très-assurément, le prince seroit marié à une hérétique s'il n'épousoit la sœur du roi Très-Chrétien, et le dessein en étoit tout formé. C'avoit toujours été le but des puritains, lesquels ont toujours tramé la rupture de tout mariage catholique, et de celui d'Espagne comme de celui-ci.

Au contraire, si ce mariage se faisoit, la religion catholique recevroit un très-grand appui en Angleterre, et la religion huguenotte seroit ruinée en France ; car, les huguenots ayant donné lieu au Roi par leur rébellion de les châtier et les perdre, Sa Majesté les vouloit pousser jusqu'au bout, et le feroit d'autant plus facilement qu'ils ne pourroient être si ouvertement secourus, ni de Hollande ni d'Angleterre ;

Que le Roi, pressé de ces considérations si puissantes, et voyant qu'il n'y avoit rien d'important et essentiel dans les articles latins envoyés de Rome, qui ne fût compris virtuellement, quoiqu'avec moins d'étendue, dans les articles français signés du roi de la Grande-Bretagne, avoit cru devoir absolument empêcher la rupture de ce mariage ; et ayant une parfaite confiance en l'affection paternelle de Sa Sainteté vers sa personne, et au grand jugement qu'elle a de ce qui peut arriver dans les affaires présentes, par l'expérience du passé, ne lui restant aucun autre moyen d'empêcher cette rupture, avoit pensé devoir promettre dans un mois l'accomplissement du mariage dont il avoit plu déjà à Sa Sainteté accorder la dispense; se réservant ce temps pour obtenir de Sa Sainteté ordre exprès à son nonce de la délivrer sans autre condition que les pièces qui lui seroient délivrées par son ambassadeur, et celles qu'il devoit mettre ès mains du nonce, selon les formes prescrites par Sa Sainteté, hors ces articles latins, signés par le roi de la Grande-Bretagne ;

Que si Sa Sainteté, après que toutes ces choses lui auroient été représentées, n'étoit pas encore entièrement satisfaite, il la supplioit de donner plein pouvoir à messieurs les cardinaux, conjointement avec M. le nonce, pour délivrer ladite dispense, aux conditions qu'ils estimeroient en conscience le pouvoir et devoir faire; et, d'autant que d'ordinaire l'opinion des hommes se trouve différente, qu'il seroit bon que le pouvoir portât, ce qui est commun en toute délibération, que les deux emportent la troisième.

Si, d'aventure, Sa Sainteté vouloit que, pour plus grande lumière et pour plus grande décharge en cette affaire, messieurs les cardinaux appelassent en cette délibération un des premiers professeurs de théologie en la Sorbonne, avec le confesseur du Roi et le père de Bérulle qui a connoissance de toute cette affaire, Sa Majesté se contenteroit de cet expédient, pourvu que Sa Sainteté leur commandât de terminer cette affaire sans délai.

Ces choses étant ainsi représentées au Saint-Père, il se résolut de donner au Roi le contentement qu'il désireroit.

Cependant Jacques, roi d'Angleterre, mourut en mars 1625 : le prince son fils lui succéda. Dès qu'il est venu à la couronne, il écrit au Roi, et le supplie de hâter ses fiançailles avec Madame, sa sœur. Elles furent célébrées [1] le 2 de mai sur un échafaud dressé à la porte de l'église cathédrale de Notre-Dame de Paris, tout ainsi et avec les mêmes cérémonies dont on avoit usé au mariage du feu roi Henri-le-Grand, lors roi de Navarre, avec la reine Marguerite.

Cette cérémonie fut suivie d'un festin royal en la salle de l'archevêché, de feux de joie par toutes les rues de Paris, et de lumières aux fenêtres, qui sembloient faire d'une nuit un beau jour.

Le cardinal, qui avoit avec tant de peine et de prudence conduit cette alliance à une heureuse fin, se

---

[1] *Elles furent célébrées :* Ce fut le duc de Buckingham, favori de Charles Ier., qui vint épouser, au nom de son souverain, la sœur de Louis XIII. Il étala un luxe extraordinaire; et, secondé par la duchesse de Chevreuse, avec laquelle on prétend qu'il avoit une intrigue secrète, il osa élever ses prétentions jusqu'à la reine Anne d'Autriche, qui, alors un peu coquette, ne repoussa pas ses empressemens avec assez de dignité. Richelieu montra beaucoup d'humeur ; et l'on prétendit qu'il étoit lui-même amoureux de la Reine et de la duchesse de Chevreuse.

sentant comme obligé de témoigner son contentement, qui excédoit celui de tous les autres, fit à Leurs Majestés et à toute la cour une collation et un feu d'artifice qui étoient dignes de la magnificence de la France.

Mais ne nous y arrêtons point davantage ; retournons trouver Soubise, qui est à la mer avec les vaisseaux du Roi qu'il a enlevés.

Il n'eut pas plus tôt fait cette infidèle équipée, que La Rochelle et les huguenots qui lui avoient donné le conseil et les moyens de la faire, La Rochelle lui ayant fourni l'argent, le corps et l'équipage de ses vaisseaux, désavouèrent par écrit public et par les députés généraux en cour ce qu'il avoit fait.

Mais dès qu'ils virent que la flotte étoit grossie, et que, par l'enlèvement des vaisseaux qu'il alloit ravissant de port en port, elle s'étoit rendue puissante et considérable, ils se déclarèrent en sa faveur, nonobstant les désaveux passés.

Castres et Montauban commencèrent. Le duc de Rohan prit ouvertement les armes, et déclara de bonne prise tous les serviteurs du Roi qu'il put attraper.

Le Roi, pour leur faire sentir sa colère, et appréhender d'être assiégés, envoya le duc d'Epernon faire le dégât autour de Montauban, et le sieur de Thémines à Castres.

Cette révolte venoit si à contre-temps au Roi en cette saison où il avoit tant d'affaires au dehors, que la plupart de ceux de son conseil étoient si éperdus, que tantôt ils vouloient qu'on fît une paix honteuse avec l'Espagne, tantôt qu'on accordât aux huguenots plus qu'ils ne demandoient.

Le cardinal, au contraire, regardant d'un cœur assuré toute cette tempête, dit au Roi :

Que pour bien juger quelle résolution il devoit prendre, il falloit voir et considérer mûrement quelle étoit la face des affaires présentes en toute la chrétienté ;

Qu'il sembloit que toutes choses conspirassent maintenant à rabattre l'orgueil d'Espagne ;

Qu'il n'y avoit personne qui ne sût l'état des armes du Roi en Italie, qui étoit tel qu'en un mot il étoit maître de la Valteline, et que difficilement Gênes pouvoit-il éviter d'être pris.

Celui des Pays-Bas étoit aussi connu d'un chacun ; le siége de Bréda, dont l'événement à la vérité étoit incertain, au moins portoit-il ce préjudice aux Espagnols, que quand même ils l'auroient pris, leur armée seroit tellement ruinée, qu'il leur seroit impossible de faire aucun effet notable de tout l'été, vu, principalement, que les États avoient, outre leur armée ordinaire, celle de Mansfeld, capable d'empêcher, pour cette année que l'armée de Spinola ne fît en leur pays ou ailleurs autre progrès que celui de Bréda, quand même ils ne pourroient secourir la place à cause que de long-temps les assiégeans s'étoient retranchés et fortifiés ;

Qu'en Allemagne, les princes et Etats de la basse Saxe avoient élu capitaine-général de leur cercle le roi de Danemarck, qui est membre de leur corps à cause de son duché de Holstein ; que ce Roi, avec celui de Suède et le marquis de Brandebourg, mettoient une armée très-puissante sur pied, pour rétablir les princes dépouillés par la maison d'Autriche et ses adhérens ;

Que déjà ils avoient assemblé plus de vingt-cinq mille hommes de pied et quatre mille chevaux ; qu'on avoit aussi nouvelle que Gabor étoit armé et vouloit entrer en la Hongrie ; Mansfeld, ayant fait ce qu'il prétendoit faire en Hollande, entreroit aussi en Allemagne de ce côté, et tous les princes de deçà Wurtemberg et autres se joindroient à lui avec leurs forces ;

Qu'aux Indes, un chacun savoit les pertes qu'y avoient faites les Espagnols, tant à la baie de Todos los Santos qu'à la dernière flotte, qui fut défaite par celle de l'Hermite, et que les Hollandais seuls étoient capables d'occuper tous les armemens de mer qu'ils sauroient faire ;

Qu'il se préparoit un grand armement de cent voiles en Angleterre, tel que de deux cents ans on n'en avoit vu un pareil, qui n'avoit autre fin que l'abaissement d'Espagne, tant le roi d'Angleterre se tenoit offensé en ce qui s'étoit passé sur le fait de son mariage ;

Que les Espagnols n'avoient point d'argent, ni en Espagne, ni en Flandre, ni en Italie ; tous leurs peuples étoient extrêmement mécontens de leur gouvernement, harassés et ruinés des gens de guerre qui, n'ayant point été payés, ont vécu à discrétion et à la foule du pays, particulièrement en Flandre et en Italie.

Quelque effort qu'ils pussent faire pour défendre l'Italie, il étoit difficile qu'ils la pussent garantir, vu, principalement, que l'Italie avoit toujours tiré son secours de Gênes quant à l'argent, et d'Allemagne pour les hommes ; ce qu'elle ne sauroit faire, supposé la prise de Gênes et les troubles qu'on voyoit naître en Allemagne ;

Que le Roi avoit force argent devant lui, et, sans hyperbole, pouvoit faire état de douze millions de livres pour le fonds de la guerre ;

Que ses armes étoient victorieuses en la Valteline, et du côté de Gênes sa réputation très-grande ; il avoit, sur ses frontières de Champagne et Picardie, des armées considérables et considérées de ses ennemis, qui les regardoient avec crainte ;

Que le roi d'Angleterre avec qui il contractoit une nouvelle alliance, en la naissance desquelles on en tire toujours quelque profit, désiroit la guerre avec Espagne, et ne pouvoit aisément s'y réconcilier à cause de ses intérêts ;

Que le duc de Savoie, qui avoit un cœur de roi et ne l'étoit pas de naissance, n'avoit autre but que la guerre, comme le seul moyen par lequel il le pouvoit devenir, aux dépens d'Espagne ou de ses alliés ;

Que Venise, qui craint et hait la puissance d'Espagne, estimant le temps propre à la diminuer, désiroit passionnément qu'on le fît, et craignoit que, si on perdoit cette occasion, Espagne attendît son temps pour en prendre revanche à leurs dépens, puisqu'elle le pouvoit faire plus aisément sur eux que sur aucuns autres ;

Que tous les princes d'Italie qui étoient attachés à l'Espagne, l'étant plus par crainte que par amour, n'attendoient autre chose qu'à voir qui sera le plus fort pour s'y joindre, et que c'étoit chose sans doute qu'ils suivroient la fortune du victorieux, de peur qu'en voulant s'y opposer ils en fussent la proie ;

Que le Pape même voudroit que les Espagnols fussent hors de l'Italie, et ne prendroit nul intérêt en cette affaire, sans celui qu'il y prétend avoir, en ce que ses gens ont été délogés de la Valteline;

Que tous les protestans d'Allemagne étoient obligés de jouer leur reste en cette occasion, et s'y préparoient.

Le duc de Bavière même ne s'intéresseroit pas en la diminution de la maison d'Autriche, pourvu qu'il fût assuré qu'on ne le voulût point priver de la qualité d'électeur, ni de quelques autres avantages dont il étoit aisé de s'accorder avec lui;

Que le roi de la Grande-Bretagne vouloit se servir de cette occasion pour le rétablissement de son beau-frère, en considération duquel il préparoit l'armement de mer mentionné ci-dessus;

Que, par toutes ces considérations, il sembloit qu'il n'y eût une si belle occasion au Roi d'augmenter sa puissance et rogner les ailes à ses ennemis; mais qu'il falloit tourner le feuillet, et voir quelles autres considérations pouvoient contre-peser celles qui sont ci-dessus déduites;

Qu'il ne mettroit point en avant qu'il semble qu'il étoit difficile de prendre tous les avantages qu'on peut ès occasions présentes, sans diminution de la religion en quelque chose, d'autant que, bien que cela fût en apparence au commencement, le zèle et la piété du Roi feroient qu'à la fin elle y trouveroit son avantage;

Qu'il ne diroit point que nous avons toujours été assez heureux à conquérir en Italie, mais si malheureux à conserver, que les lauriers qu'on y avoit cueillis avoient promptement été changés en cyprès, d'autant qu'étant devenus sages à nos dépens, nous avions appris que le vrai secret des affaires d'Italie étoit de dépouiller le roi d'Espagne de ce qu'il y tenoit, pour en revêtir les princes et potentats d'Italie, qui, par l'intérêt de leur propre conservation, seroient tous unis ensemble pour conserver ce qui leur auroit été donné; et que, bien que nous n'eussions pas été assez forts pour maintenir ce que nous avions conquis, notre force et leur prudence seroient plus que suffisantes pour produire infailliblement cet effet. Et le seul partage que devoit désirer la France en toute cette conquête, ne devoit être que la diminution de l'Espagne, qui prétendoit égalité avec elle, et qui nous vouloit affoiblir, et l'avoit fait depuis quelque temps;

Qu'il ne mettroit point encore en avant qu'on pouvoit craindre que l'Espagne, pressée à l'extrémité par nous, pût entrer à force ouverte en France, soit du côté d'Espagne ou de la Flandre, tant parce qu'il étoit aisé de l'en garantir du côté d'Espagne avec de médiocres forces, à cause de la situation du pays, que parce que le Roi avoit une armée fraîche et puissante sur la frontière de Picardie et Champagne, laquelle, sans nouvelle dépense, il fortifieroit toujours de six mille hommes de pied et de mille chevaux, en y portant sa personne, que parce que le Roi, contribuant aux frais de Mansfeld, il pouvoit faire en sorte que, au cas que Spinola tournât tête vers la France, cette armée le suivroit en queue.

Mais qu'il falloit considérer que les rébellions sont si ordinaires en France, qu'il étoit à craindre que tandis que nous penserions à humilier autrui, nous ne reçussions plus de mal de nous-mêmes que nous n'en saurions faire à nos propres ennemis;

Que ces rébellions ne pouvoient venir que des grands du royaume mécontens, ou des huguenots.

Des grands il n'y avoit rien à craindre maintenant, tant à cause de leur impuissance que parce, aussi véritablement, que bien qu'il y en eût beaucoup qui désireroient qu'il arrivât quelque remuement, pour cependant faire mieux leurs affaires, il n'y en avoit aucun qui en voulût être auteur, pour la connoissance que tous ont que ce n'est plus le temps d'en tirer avantage.

Quant aux huguenots, qu'ils étoient si accoutumés à faire leurs affaires aux dépens de l'Etat, et d'en prendre le temps lorsqu'ils nous voyent occupés contre ceux qui en sont ennemis déclarés, ainsi qu'ils firent pendant le siége d'Amiens, que nous devons appréhender qu'ils ne fissent de même en cette occasion, la prise des armes et les insolentes demandes qu'ils font, ôtant tout lieu d'en douter.

Partant, qu'il falloit voir si leur puissance étoit assez considérable pour arrêter le Roi de poursuivre le dessein qu'il avoit de faire la guerre au dehors;

Qu'il étoit certain que d'eux-mêmes ils n'étoient pas puissans, mais qu'ils le pouvoient être par accident, parce que l'Espagne les pouvoit favoriser d'argent et de vaisseaux, comme nous en avons déjà quelque connoissance;

Que si par hasard ils avoient quelque bon succès, ce qui pouvoit arriver par la trahison de quelque gouverneur qui, par quelque surprise volontaire, leur vendroit sa place, tel maintenant qui ne les favorisoit que de volonté se déclareroit pour eux en effet, et pourroit mettre les affaires en compromis;

Qu'il falloit considérer davantage que les affaires sont comme les corps humains, qui ont leur croissance, leur perfection et leur déclin; que toute la prudence politique ne consiste qu'à prendre l'occasion la plus avantageuse qu'il se peut de faire ce qu'on veut;

Que maintenant tout trembloit sous la terreur des armes de la France; jusqu'ici tout avoit succédé à souhait; on ne s'étoit point aperçu des divisions qui se mettent d'ordinaire dans les armées des ligues, bien que nous ne puissions ignorer que la semence en étoit déjà germée en celle de Piémont;

Que quoique le Roi eût de l'argent, comme il l'avoit dit ci-dessus, et qu'il n'eût point encore manqué aux armées, les dépenses étoient si excessives en France, qu'il n'y avoit personne qui pût répondre qu'on pût toujours fournir à si grands frais, vu principalement qu'en matière de guerres on sait bien comment et quand elles commencent, mais nul ne peut prévoir le temps et la qualité de leur fin, d'autant que l'appétit vient quelquefois en mangeant, et que les armes sont journalières;

Partant, qu'il croyoit qu'il n'y avoit personne qui n'estimât qu'il falloit par nécessité donner la paix à soi-même, en l'assurant au dedans de l'Etat, ou la donner à ses ennemis étrangers; étant certain que tout homme qui aura du jugement avouera que c'est trop d'avoir deux affaires à la fois, dont l'une seule est capable d'occuper;

Que les médecins tiennent pour aphorisme assuré

qu'un mal interne, quoique petit en soi-même, est plus à craindre qu'un externe beaucoup plus grand et douloureux; que cela nous devoit faire connoître qu'il falloit abandonner le dehors pour pourvoir au dedans, s'il se pouvoit, par remèdes simples et purgations légères, qui ne meuvent ni n'altèrent point le corps; qu'il se falloit bien donner de garde d'avoir recours à d'autres; mais que si la maladie étoit si grande que tel remède ne fît qu'aigrir le mal au lieu de le guérir, il falloit se servir de ceux qui étoient capables d'en couper les racines; pourvoyant non-seulement au présent, mais à l'avenir qu'il falloit prévoir;

Que tant que les huguenots auroient le pied en France, le Roi ne seroit jamais le maître au dedans, ni ne pourroit entreprendre aucune action glorieuse au dehors;

Que la difficulté étoit de faire la paix avec l'Espagne en sorte qu'elle fût sûre, honorable, et que tous nos alliés y pussent avoir l'avantage que raisonnablement ils pouvoient désirer, vu qu'autrement, pour spécieuse qu'elle fût, elle seroit très-dommageable;

Qu'il étoit certain que quand une fois nous aurions posé les armes, si l'établissement de la paix n'étoit sûr, nous aurions de la peine à porter nos collègues à les reprendre de nouveau, et à nous y résoudre nous-mêmes, étant des Etats comme des hommes, qui ont un certain feu hors lequel on ne peut attendre d'eux ce que pendant icelui on n'eût su empêcher.

Que c'étoit chose aussi très-assurée que, s'il y avoit quelque condition foible dans le traité que l'on feroit, toute la gloire et réputation qu'on avoit eue jusques alors se convertiroit en honte;

Qu'au reste, si nous manquions à procurer l'avantage de nos alliés, nous n'en pourrions plus faire état à l'avenir; ce qui feroit que nous aurions beaucoup plus perdu en cette affaire que gagné.

La question étoit donc de faire la paix de la Valteline, de Gênes, et, s'il se pouvoit, du Palatinat, en sorte que chacun eût raisonnablement son compte, et que nous demeurassions plus liés que jamais;

Qu'il falloit voir promptement la fin des négociations qu'on proposoit sur ce sujet, afin que, si elles ne pouvoient réussir, Sa Majesté contentât les huguenots, et se disposât, de toutes parts, fortement à la guerre contre les Espagnols, étant certain que les Espagnols ne la pourroient soutenir long-temps, si en même instant on les attaquoit puissamment de divers côtés; au lieu que si l'effort qu'on feroit étoit foible, ils la supporteroient aisément, ce qui nous mettroit en une guerre de durée, en laquelle ils auroient autant d'avantage, par l'habitude qu'ils ont à pâtir, comme nous en avons aux entreprises dont le bon succès dépend de la furie française.

Cependant Soubise entra le 11 juin en la rivière de Bordeaux avec soixante-quatorze voiles, descendit à Castillon en Médoc, et le prit; mit du canon en terre, fit quelques courses pour épouvanter le pays et voir si quelques-uns se voudroient joindre à lui; mais le maréchal de Praslin, qui étoit à l'entour de La Rochelle, y envoya le sieur de Toiras avec des forces, qui le fit retirer en ses vaisseaux et quitter la rivière.

Le Roi, ne pouvant pas assez promptement faire

équiper en son royaume nombre suffisant de navires pour s'opposer à la flotte de Soubise, et ne tenant l'assistance des huit vaisseaux anglais qui lui avoient été promis suffisante, demanda secours de vingt vaisseaux aux Hollandais, selon qu'ils étoient obligés par l'alliance renouvelée avec eux en juin 1624, et plus particulièrement par le contrat qu'avoit fait avec eux Bellujon au nom du connétable, bien que ce fût pour employer à la guerre de Gênes.

Ils l'eussent volontiers refusé contre leurs frères s'ils eussent pu; mais au moins s'opposèrent-ils à une condition avec laquelle le cardinal vouloit absolument qu'on les leur demandât: c'est que, prévoyant bien que si on en venoit aux mains avec Soubise ils eussent fait un faux-bond au Roi et n'eussent pas voulu combattre, ou l'eussent fait foiblement, si les vaisseaux eussent été en leur puissance et commandés par eux, il leur fit dire que le Roi vouloit mettre sur douze de leurs vaisseaux des capitaines et des soldats français.

Ils y firent grande résistance, et le refusèrent entièrement. En l'absence du cardinal on se relâcha de cette condition; mais le cardinal la reprit, et montra que, bien que le corps des Etats eût bonne intention, la malice d'un seul capitaine particulier pouvoit ruiner une armée, et donner victoire aux ennemis, dont jamais on ne relèveroit; étant certain que si une fois ils avoient du succès, les huguenots et catholiques mal affectionnés y courroient tous.

Partant, qu'il falloit avoir des vaisseaux absolument et sans condition, et soutint qu'ils n'étoient point en état de le refuser, vu le secours qu'ils tiroient de nous en argent, en hommes, et en l'occasion présente de Mansfeld.

Pour cet effet, qu'il falloit faire une forte dépêche qui témoignât combien le Roi trouvoit étrange, vu les obligations qu'ils lui avoient, qu'ils lui voulussent donner un secours qui lui seroit à plus de préjudice qu'à avantage.

Un mousse peut ruiner toute une armée, et un capitaine de navire, étant assuré par les ennemis du paiement de son vaisseau, peut entreprendre de brûler toute l'armée, et ce d'autant plus facilement qu'il penseroit faire un grand sacrifice à Dieu à cause de sa religion.

En cela le cardinal se mettoit en grand hasard auprès du Roi; car il soutint absolument qu'en tenant ferme et menaçant les Hollandais de les priver du secours que le Roi leur donnoit, s'ils manquoient à faire en cela ce que Sa Majesté désireroit, assurément ils accorderoient ce qu'on demandoit. En quoi on eut ce bonheur que la chose réussit comme on l'avoit prédite, et le Roi eut pouvoir de mettre, non-seulement sur les vaisseaux des capitaines français, mais, qui plus est, sur chaque vaisseau cent Français.

Mais le malheur du temps étoit tel, qu'il sembloit qu'on fût responsable de tous les événemens, tant parce que la cour étoit pleine de gens qui n'attendoient autre chose qu'un mauvais succès pour se servir du talent qu'ils avoient acquis à faire du mal à ceux qui servoient le public, que parce que les princes d'ordinaire jettent sur ceux qui sont auprès d'eux les mauvais succès des choses qui leur ont été bien conseillées.

Qui se fût considéré soi-même n'eût peut-être pas pris ce chemin, qui, étant le meilleur pour les affaires, n'étoit pas le plus sûr pour ceux qui les traitoient; mais sachant que la première condition de celui qui a part au gouvernement des Etats, est de se donner du tout au public et ne penser pas à soi-même, on passa par dessus toutes considérations qui pouvoient arrêter, aimant mieux se perdre que manquer à aucune chose nécessaire pour sauver l'État, duquel on peut dire que les procédures basses et lâches des ministres passés avoient changé et terni toute la face.

Il eut la même difficulté avec les vaisseaux anglais. Sans lui on les eût reçus pour ruiner les affaires du Roi, et non pour y servir; car les matelots, soldats et capitaines anglais, disoient ouvertement qu'ils ne tireroient pas un coup de canon contre les huguenots, qu'on savoit d'ailleurs s'en tenir tout assurés.

La nécessité qu'on avoit de vaisseaux étoit si grande, que tout le conseil étoit d'avis qu'on les devoit prendre à ces conditions plutôt que de ne les avoir point; le cardinal seul soutint le contraire, dit qu'il valoit mieux ne les prendre point que de les prendre ainsi, pour plusieurs raisons aisées à concevoir, et trop longues à déduire; qu'au reste il ne doutoit point que, si l'on s'opiniâtroit à les avoir sans matelots, officiers et soldats anglais, le roi de la Grande-Bretagne ne les dénieroit pas à l'extrémité, quoi qu'il eût fait et dit jusqu'ici; que la chaleur d'une alliance fraîchement faite, et la nécessité qu'il avoit de la France en beaucoup d'autres choses, ne lui permettoient pas de faire ce refus;

Que, pour parvenir à ce qu'on désiroit, il n'y avoit qu'à renvoyer les vaisseaux, et faire entendre clairement que le Roi aimoit mieux ne les avoir point, que de les avoir en sorte qu'il n'en fût pas le maître.

Tout le monde fut d'avis contraire, et cependant le Roi déférant par sa bonté à celui du cardinal, il succéda en sorte que le roi d'Angleterre envoya les vaisseaux au Roi avec plein pouvoir d'en user comme bon lui sembleroit.

Le temps justifia bien l'utilité de ce conseil, non-seulement par le gain de la bataille navale, où les Anglais ne se fussent pas trouvés s'ils eussent été sur les vaisseaux, et où il fallut que le chevalier de Saint-Julien portât l'épée à la gorge d'un capitaine hollandais sur le vaisseau duquel il commandoit, parce qu'il ne vouloit pas aborder un vaisseau ennemi; mais, en outre, par les instances et poursuites pressantes que les Anglais et Hollandais, touchés du déplaisir du gain de cette bataille, firent plusieurs fois depuis pour ravoir leurs vaisseaux; ce qu'on empêcha par les mêmes façons qu'on avoit obtenu contre leur gré ledit secours.

Les légèretés et inégalités ordinaires des Anglais feront assez juger la peine qu'il y eut d'obtenir d'eux leurs vaisseaux, et résister aux importunités avec lesquelles ils les redemandoient. Il est impossible de les concevoir toutes, si l'on ne sait qu'en même temps le parlement d'Angleterre, animé contre le duc de Buckingham, lui imputa à crime ce secours de vaisseaux, ce qui le rendoit d'autant plus soigneux de les ravoir.

Durant les peines qu'on avoit à obtenir ces vaisseaux anglais et hollandais en la manière que le Roi les demandoit, et qu'il savoit être seule utile à son service, on traitoit avec les huguenots par l'entremise du connétable de Lesdiguières, qui, voyant bien que ce soulèvement retranchoit toute l'espérance de la gloire qu'il avoit conçue de son voyage d'Italie, obligeant le Roi d'y employer les vaisseaux qu'il avoit destinés pour le secourir, employa tous ses efforts pour le terminer par une bonne paix.

Il envoya, pour cet effet, avec la permission du Roi, le sieur de Bellujon, en qui il avoit beaucoup de confiance, vers les sieurs de Rohan et de Soubise, les villes du Languedoc et de La Rochelle; et fit tant, par remontrances et par menaces, qu'il les fit condescendre à quelques conditions de celles que Sa Majesté pouvoit désirer.

Mais comme leur esprit étoit dans la fureur de la rébellion, ils faisoient incontinent de nouvelles demandes outre les choses qu'ils avoient premièrement proposées, et y avoit une extrême peine pour les faire joindre et mettre à la raison.

Le Roi, qui ne vouloit pas leur faire croire qu'il n'y avoit qu'à demander pour obtenir, ce qui eût augmenté leur audace à l'infini, demeura ferme à ce dont il étoit convenu.

Sur quoi Bellujon répondant de leur part que les nouvelles demandes ne se faisoient pas par capitulation, mais étoient seulement prétendues de grâce, le Roi lui donna charge de mander à Soubise, et à ceux de La Rochelle, qu'à cette condition ils pouvoient envoyer au plus tôt leurs députés bien intentionnés et autorisés, et leur faire savoir, comme de lui-même, qu'étant auprès de Sa Majesté ils pouvoient bientôt résoudre ce qui étoit à polir et éclaircir, pour ajuster entièrement leur demandes avec l'intention de Sadite Majesté.

Que pour faciliter le moyen de l'envoi de leursdits députés, et faire voir comme même le Roi les convioit derechef à la paix sûre et perpétuelle qu'il vouloit donner à tous ses sujets, ledit sieur de Bellujon obtint de Sa Majesté tous les passe-ports nécessaires qui leur étoient envoyés;

Que si le sieur de Soubise n'avoit déjà dépêché au duc de Rohan, avec le passe-port du sieur de Praslin, pour le faire convenir à même intention que lui, et faire cesser tous actes d'hostilité de sa part, il lui seroit envoyé passe-port du Roi pour un des siens, afin qu'il le dépêchât en diligence vers ledit sieur de Rohan, et fît que son député, bien autorisé, se trouvât à la cour au même temps que les autres;

Que Sa Majesté croyant que le sieur de Faye-Saint-Orse étoit bien intentionné, et informé de ce qui étoit à faire, selon la volonté du Roi, pour cet accommodement, Sa Majesté trouvoit bon qu'il retournât diligemment vers M. de Rohan, avec les lettres dudit sieur de Bellujon et des députés généraux, pour l'informer des réponses rapportées de La Rochelle par ledit sieur de Bellujon, et de ce que le conseil du Roi avoit répondu sur icelles;

Qu'il procureroit que les députés de Montauban, Castres, Nîmes, Uzès et Milhaud, vinssent en même temps que celui de M. de Rohan faire leurs protestations au Roi, suivant ce qui étoit porté par lesdits articles du 7 mai;

Et procureroit aussi de faire retirer de la campagne les gens de guerre que M. de Rohan y avoit mis, afin que les troupes du Roi ne fussent point obligées à agir contre eux, dont il arriveroit des effets tout contraires à l'accommodement que Sa Majesté désiroit voir en ces affaires; par le moyen duquel elle auroit le contentement de voir ses sujets délivrés des appréhensions et malheurs que les guerres civiles apportent.

Et que cependant il seroit mandé auxdits sieurs de Praslin et de La Rochefoucauld de contenir les troupes du Roi sans rien altérer, afin que, par mésintelligence, cette affaire, qui étoit en très-bon état, ne se gâtât; pourvu aussi que les vaisseaux du sieur de Soubise et des Rochelois ne fissent aucun préjudice durant ce temps-là aux sujets de Sa Majesté.

Que l'on ménageroit au plus tôt aussi l'amiral Hottin (1), pour le disposer à l'échange de cinq vaisseaux, pour convenir de la qualité d'iceux, de ce qu'il fera des hommes qui sont dedans, et autres particularités à démêler avec lui, s'il n'étoit trouvé plus à propos de le mander de venir en cour en diligence, puisqu'il est aux côtes de la France, de peur que l'on ne se trouve avoir compté sans son hôte au fait du change desdits vaisseaux.

Par les ordres susdits, il se voit qu'on n'oublioit précaution, industrie, ni diligence quelconque, pour

(1) *L'amiral Hottin* : Haustein. C'étoit un officier hollandais qui s'étoit embarqué sur la flotte fournie par cette puissance.

rassurer ces esprits dévoyés et les faire rentrer en leur devoir.

La plus grande difficulté de la part des villes étoit le rasement du Fort-Louis; de la part des sieurs de Rohan et de Soubise, le paiement de ce qu'ils prétendoient leur avoir été promis par le traité de Montpellier.

Le premier, outre cela, demandoit de commander un petit corps d'armée pour aller joindre par terre le connétable de Lesdiguières; et le dernier demandoit être fait duc et pair, et employé par le Roi avec des vaisseaux pour son service en Italie.

Moyennant cela, Soubise promettoit de démolir ce qu'il avoit fortifié de nouveau ès îles de Ré et d'Oleron.

Selon ces propositions, les huguenots envoyèrent, en juillet, des députés à Fontainebleau, pour demander la paix au Roi.

Sa Majesté leur accorda la plupart de ce qu'ils demandoient, mais demeura ferme sur le refus du rasement du Fort-Louis, le cardinal y insistant absolument, bien que le duc de Guise fût ouvertement d'opinion contraire, fondé sur quelques raisons apparentes, lesquelles furent détruites, quoique non sans hasard pour le cardinal, vu que, si l'événement eût été mauvais, il en eût été responsable. Il représenta au Roi que, bien que l'audace et le crime du sieur de Soubise fussent tels qu'ils méritassent un châtiment exemplaire, et non aucun pardon, Sa Majesté, néanmoins, devoit considérer que le secret du gouvernement des Etats consistoit à prendre les occasions les plus propres aux actions qu'on veut faire, et que les grandes et diverses affaires qu'elle avoit lors sur les bras requéroient que Sa Majesté ne regardât pas présentement l'excès de cette faute, ains la couvrît de sa prudence, et se contentât de recevoir, pour le présent, des satisfactions qui fussent suffisantes au public, et n'arrêtassent le cours des desseins de Sa Majesté, qui pourvoiroit puis après aisément à tous ces désordres;

Que les demandes des sieurs de Rohan et Soubise étoient diverses, les unes regardoient leur particulier et les autres le général de leurs églises prétendues; l'aîné désiroit être employé par terre avec six mille hommes et cinq cents chevaux en Italie, et être payé de 150,000 écus qui lui avoient été promis par le traité fait à Montpellier.

Le second demandoit être employé en Italie par mer, avec les vaisseaux qu'il avoit pris, ceux qu'il avoit et ceux qu'il pourroit mener de La Rochelle.

Pour l'intérêt général des huguenots, ils demandoient tous deux le rasement du fort de La Rochelle.

Que le Roi pouvoit donner emploi à M. de Rohan en Italie, pourvu qu'on ne lui donnât point plus grand nombre de troupes qu'un régiment et une compagnie de gendarmes. Cela le pouvoit contenter et ne pourroit lui donner le moyen de desservir le Roi; mais que le nombre plus grand des troupes qu'il demandoit, lui donneroit un corps dans lequel il s'autoriseroit, et avec lequel il pourroit revenir en France, au préjudice de la tranquillité publique et du service de Sa Majesté.

Quant à l'argent, Sa Majesté lui pouvoit accorder sans faire brèche à sa réputation, puisqu'il lui étoit dû, et que, s'il n'avoit été payé, ce n'étoit que par la faute de ceux qui avoient l'administration de ses finances ;.

Que le sieur de Soubise devoit rendre à Sa Majesté les vaisseaux de M. de Nevers qu'il avoit pris, et lors Sa Majesté, après avoir mis sur lesdits vaisseaux les mêmes capitaines et soldats qu'elle avoit destinés devant qu'ils fussent pris, pouvoit bien les prêter à son altesse de Savoie, et approuver qu'ils fussent joints à une escadre que le sieur de Soubise commanderoit; mais qu'on ne pouvoit permettre qu'il les emmenât autrement, et il ne le devoit pas désirer, vu que ce seroit lui donner lieu de faire voir aux pays étrangers les marques de la honte de la France, et les trophées d'une victoire qu'il n'avoit acquise que par surprise et trahison.

Sur les prétentions de La Rochelle, il falloit considérer qu'il n'y avoit personne qui ne vît que Sa Majesté ne pouvoit maintenant ni raser le fort ni le permettre, ou en donner espérance pour sa réputation, tant à cause qu'il sembleroit qu'on extorqueroit par force cet avantage qui devoit être reconnu de la pure bonté du Roi, que parce aussi que ceux qui en recevroient le fruit en sauroient le gré aux sieurs de Soubise et Rohan, qui, par ce moyen, feroient réussir les prétentions qu'ils avoient toujours eues de se rendre chefs de parti.

Mais que Sa Majesté pouvoit bien permettre au connétable de dire aux Rochelois qu'il avoit toujours connu la volonté du Roi être de satisfaire à ce qui avoit été ci-devant promis en son nom, dont il avoit été diverti jusqu'à présent par diverses rencontres;

qu'il s'en présentoit une maintenant plus considérable qu'aucune autre passée, ce qui faisoit qu'il n'y avoit point de lieu maintenant de demander l'exécution qu'ils souhaitoient;

Qu'il falloit laisser passer ces occasions présentes, qui justement devoient arrêter le cours de la bonne volonté du Roi; mais qu'étant passées, il leur promettoit de s'en venir en cour, et se faisoit fort d'obtenir ce qu'ils désiroient, pourvu que, pour donner sujet au Roi de l'accorder, s'il restoit quelque chose à exécuter de ce qui avoit été promis de leur part, ils le fissent premièrement.

Cet avis étoit sans péril pour deux raisons:

La première, que l'exécution qui étoit préalablement désirée de la part des Rochelois, tireroit de longue des années entières.

La seconde, que le grand âge du connétable donnoit lieu de prévoir plutôt sa fin que celle de cette affaire, dont l'exécution ne se pouvoit faire en peu de temps.

En tout cas il n'étoit question que de laisser perdre aux mutins de La Rochelle cette occasion de témoigner leur mauvaise volonté; étant certain que, quand par après ils continueroient leurs desseins, ils ne pourroient entreprendre de les exécuter qu'avec leur ruine totale.

Mais qu'on ne pouvoit, en façon quelconque, faire intervenir M. de Savoie, parce qu'étant prince étranger, cela lui donneroit liaison et autorité avec un corps formé dans le royaume; ce qui, en certain temps et certaines occasions, lui pourroit donner lieu d'entrer en divers desseins, vu principalement les prétentions qu'il avoit eues sur la France, et la condition de son esprit, qui, à quelque prix que ce fût, vouloit s'agrandir aux dépens de ses voisins, et même des deux principaux, bien qu'ils fussent plus puissans que lui.

Les députés généraux de la religion prétendue réformée dirent qu'ils ne pouvoient recevoir ni approuver d'eux-mêmes ce que le Roi leur faisoit l'honneur de leur offrir, si le duc de Rohan et La Rochelle ne l'agréoient.

Ils dépêchèrent vers eux: le duc ne voulut rien agréer qu'il n'eût fait auparavant une assemblée de colloques des prétendues églises du haut et du bas Languedoc, et n'eût eu leur avis.

Et ceux de La Rochelle demeurèrent en doute de ce qu'ils devoient faire, à cause qu'ils n'avoient pas le contentement qu'ils se promettoient du rasement de leur fort.

En ces entrefaites, le bruit étoit incertain de la paix ou de la continuation de la guerre; et, comme on espère d'ordinaire ce que l'on désire le plus, l'opinion la plus commune étant de la paix, le duc de Montmorency, qui devoit commander l'armée navale du Roi, demeura à Fontainebleau, et ne se hâta pas d'aller en sa charge.

L'armée du Roi, composée de trente grands vaisseaux français et hollandais, s'étant avancée jusqu'aux côtes de Poitou, où vingt-six vaisseaux olonnais la devoient joindre, Soubise envoya prier l'amiral des Hollandais, nommé Haustein, de n'entreprendre point sur lui ni sur ses vaisseaux, jusqu'à ce que le traité de paix fût entièrement fait ou failli, et qu'il feroit le même envers lui.

Manty, vice-amiral français, qui n'aimoit pas voir tant d'intelligence entre Haustein et Soubise, l'en dissuada tant qu'il put, mais en vain. Ils firent ledit accord et se donnèrent des otages.

Mais ceux qui manquent de foi à Dieu et à leur prince ne la pouvant garder à des particuliers, ni à eux-mêmes, ni à leur propre bien, Soubise prit de sa promesse occasion de faire à Haustein une insigne perfidie : il se mit à la voile peu de jours après, qui fut le 16 juillet, avec trente-neuf vaisseaux, tant petits que grands, et, arrivant à l'amiral hollandais, le fit aborder par deux pataches jointes ensemble, qui, étant pleines d'artifices de feu, consumèrent et brûlèrent ledit vaisseau en moins d'un quart-d'heure. Haustein, avec soixante des siens, se sauva à l'Equilon ; il en voulut faire autant à Manty, qui s'en garantit. Soubise voulant se retirer après cet effet, Manty le suivit avec toute sa flotte quatre heures durant ; mais le vent contraire le fit retourner par le pertuis d'Antioche, où il joignit les vingt-deux vaisseaux olonnais, et se retira à la rade d'Olonne, et Soubise à Saint-Martin-de-Ré et à Chef-de-Bois.

Haustein, restant blessé au vif de l'affront qu'il avoit reçu, se résout de faire payer à Soubise la peine de son infidélité.

Nonobstant toutes ces choses on ne discontinue point le pourparler de la paix, on fait des allées et des venues de part et d'autre sur ce sujet. Il importe au service du Roi qu'on croie qu'elle soit faite, encore qu'elle ne le soit pas, à cause que cette opinion facilite, en Angleterre, l'octroi des vaisseaux qu'on leur demande, espérant qu'ils contenteront le Roi et ne désobligeront point le parti huguenot, duquel il fut dit, en plein conseil d'Angleterre, qu'ils devoient faire plus de compte que de l'Irlande, tant pour se faire rechercher d'Espagne que pour affoiblir le Roi en cas de guerre contre eux.

On est contraint d'user de merveilleux artifices pour cela; les Rochelois demeurent fermes à vouloir que le fort fût présentement rasé, sans cela ils disent tout haut qu'ils veulent faire la guerre.

On leur envoya Pescharnant et Nouaillan pour les adoucir et persuader au contraire.

Ils demeurèrent long-temps à traiter avec eux. Sur le retardement de leur retour on fait à la cour divers jugemens, et tous au désavantage du service du Roi.

Le cardinal, qui craint encore qu'enfin Sa Majesté ne se dégoûte de donner la paix à ses sujets, par leur trop opiniâtre continuation en leur désobéissance, pour éluder la curiosité des ennemis de la paix, conseille d'envoyer secrètement Bellujon au devant d'eux, pour les aller rencontrer où il pourra; s'ils rapportent de bonnes nouvelles, revenir avec eux, ou sinon les faire arrêter en autre lieu qu'en la cour; et quant à lui, écrire à tous qu'il a lieu d'espérer tout contentement pour le Roi, et cependant continuer diligemment son voyage vers La Rochelle pour y faire le dernier effort, assurer les Rochelois, de la part du connétable, que véritablement le Roi veut raser le fort; et, pour les délivrer de l'appréhension qu'ils avoient qu'il n'y fût pas satisfait, leur proposer que la Reine-mère et les ministres, par le commandement du Roi, promettroient solennellement de procurer par effet;

auprès de Sa Majesté, le rasement du fort dans quelque temps ;

Que pour faciliter d'autant plus son dessein d'amener ce peuple effarouché à la confiance et à l'obéissance, donnant quelque satisfaction à Loudrières, au comte de Laval et autres tribuns et boute-feu, il eût pouvoir de leur assurer la distribution de quarante mille livres.

Enfin il prit pour ceux de La Rochelle de bonnes lettres du connétable, dont il avoit des blancs, excitatives à leur devoir, et pour Soubise aussi des blancs pour les remplir, sur les difficultés que lesdits Pescharnant et Nouaillan pourroient rapporter.

Durant ces allées et venues, le duc de Montmorency va à sa charge, les vaisseaux d'Angleterre arrivent, on les fait équiper de matelots et soldats français, ils joignent la flotte du Roi.

Dès qu'ils l'ont jointe, ledit duc va le 14 septembre chercher l'armée ennemie qui est à la Fosse-de-l'Oye; il la canonne, elle se retire à l'accul de ladite Fosse, où, la marée se retirant peu à peu, ils échouèrent leurs vaisseaux.

A la faveur de son armée, les sieurs de Saint-Luc, de La Rochefoucauld, Toiras et autres, descendent en l'île de Ré et s'en rendent maîtres, quelque résistance que leur puissent faire les troupes de Soubise, qui, durant le combat, se tenoit avec cinq ou six chevaux derrière les bataillons pour voir quelle en seroit l'issue.

Dès qu'il vit quelque apparence qu'elle ne seroit pas bonne pour lui, et que la victoire commençoit à incliner du côté du Roi, il se retira, laissant pour gage son épée et son chapeau qui lui tombèrent en fuyant, et se retira dans une chaloupe en Oleron. Ses vaisseaux étant échoués en la Fosse-de-l'Oye, la plupart de l'armée du Roi croyoient qu'ils étoient amortis, et qu'il n'y avoit point de marée, pour grande qu'elle fût, qui les pût remettre à flot. Sur cette pensée, ils prirent résolution d'aller à Chef-de-Bois pour l'affamer, empêchant la communication de La Rochelle avec lui.

Mais ils furent étonnés que dès le lendemain matin Soubise, voyant le vent bon, s'en servit, et vint avec tous ses vaisseaux droit à eux. L'amiral du Roi ne perd point temps, et fit si bien qu'il reprit le vent sur les rebelles.

Le combat fut âpre, les ennemis eurent du pire, et se voulurent retirer ; la nuit qui survint favorisa leur dessein ; néanmoins ils furent si vivement poursuivis, que le lendemain, au point du jour, on prit huit de leurs vaisseaux.

La marée se retirant, *la Vierge* et *Saint-Michel* touchèrent et ne purent gagner Oleron, où une partie du reste de leurs vaisseaux s'étoit retirée.

On prit ledit *Saint-Michel*, et *la Vierge* se défendit et se brûla avec quatre vaisseaux du Roi qui étoient attachés à elle.

Haustein se signala en cette journée, et combattit courageusement, contre sa première intention, pour avoir revanche de l'injure du vaisseau que Soubise lui avoit méchamment brûlé au préjudice de l'accord fait entre eux.

Ensuite le fort de Saint-Martin-de-Ré se rendit à composition. De là le duc de Montmorency fit voile en Brouage pour chasser les rebelles de l'île d'Oleron et du fort qu'ils y faisoient. Soubise s'enfuit avec deux ou trois vaisseaux en Angleterre; Manty l'y suit, assisté de quelques vaisseaux que Haustein commandoit.

Cette grande diversion des armes du Roi contre ses sujets rebelles affoiblit bien celle qu'il faisoit en Italie des armes d'Espagne, pour faciliter le recouvrement de la Valteline dont ils s'étoient emparés.

L'armée du connétable et de M. de Savoie, composée de vingt-six mille hommes, fut, dès le mois de mars, en campagne aux environs d'Ast; ils en partirent le 9. Le connétable menoit l'avant-garde, et le duc de Savoie le corps de l'armée.

Ils allèrent attaquer Acqui, qu'ils prirent, Novi et plusieurs autres petites places, qui ne durèrent point devant eux.

Gavi leur fit quelque résistance et ne se rendit que le dernier avril.

Cependant le duc de Savoie prit ses troupes, tira du côté de la rivière du Ponant pour préparer le chemin au siége de Savone. Tout cède à ses armes, et, entre plusieurs places, prend Pièvé et Etage, où il fit quantité de prisonniers et de grande qualité; il prit trente drapeaux qu'il envoya à Sa Majesté, et lui furent présentés le 24 mai.

Les Génois prirent Oneille sur lui, mais il les en chassa bientôt après.

Les armes du Roi ne passèrent pas jusqu'à Gênes, faute de l'armée de mer qui leur devoit servir pour avoir des vivres, laquelle fut divertie et employée contre Soubise.

Ce retardement donna loisir à la république d'assembler jusqu'à quarante galères et faire une armée de dix mille hommes de pied, cinq mille chevaux et quatorze canons.

Avec cette armée elle vint droit à Acqui, où les Valaisans que le duc de Savoie y avoit mis en garnison, ne voulant point combattre, le gouverneur fut contraint de se rendre.

Cette nouvelle fit retourner le connétable qui s'acheminoit vers Savone pour l'assiéger.

Bien que son armée fût inégale, il tourna tête droit à l'armée ennemie et la vouloit combattre; mais il la trouva logée si avantageusement qu'il se retira à Cannes en Piémont.

Le duc de Féria, en même temps, s'en alla à Nice-de-la-Paille; de là il passa par Gavi, qui ne se voulut pas rendre à lui, mais se rendit peu après à l'armée de Gênes; puis il prit sa brisée vers Asti, et se vint loger à une canonnade de la ville à la fin de juillet.

Le connétable, qui y étoit demeuré malade, il y avoit trois semaines, en sortit, et le sieur de Créqui y entra en sa place, avec quatre mille hommes des troupes du Roi, le 3 août.

Il y avoit déjà six jours que l'armée ennemie étoit campée à l'entour de la ville, et se retranchoit lorsque le sieur de Créqui y arriva.

Dès le lendemain, 4 août, il sortit de la ville du côté des ennemis, et leur fit quitter un pont qu'ils gardoient sur une petite rivière nommée la Verse, qui passe près des murailles de ladite ville; le duc de Féria désespérant de la prendre leva le siége. Pour mettre son armée en curée, il alla assiéger Vérue, le long du Pô, assise sur un roc. Le château n'est qu'une maison ancienne composée d'une tour et d'un corps de logis sans fossés ni boulevart, et la ville et le faubourg qui en est détaché ne font ensemble que quarante ou cinquante feux. On délibéra si on pouvoit défendre le faubourg; enfin le courage français résolut qu'il ne falloit pas laisser prendre l'avantage d'une seule maison à l'armée espagnole.

Pour la facilité du secours, nos gens firent un pont sur le Pô entre Crescentin et Vérue, et logèrent leurs troupes, partie deçà et partie delà le Pô.

Le siége, qui commença vers la mi-août, dura jusqu'au 7 novembre, auquel le connétable étant allé de Turin à l'armée, où étoit arrivé un nouveau renfort de six régimens que Vignoles commandoit, il considéra et remarqua d'un lieu haut les forts des ennemis, et, les faisant attaquer courageusement, les emporta tous en moins d'un quart-d'heure ; ce qui leur donna un tel effroi, qu'ils firent mettre toute l'armée en bataille pour regagner ce qu'ils avoient perdu ; mais ils furent si bien reçus et soutenus par les troupes du Roi, qu'ils ne purent reprendre qu'un de leurs forts qui étoit par trop commandé.

La nuit même les Espagnols se retirèrent et laissèrent dans leur camp les morts, les blessés et une partie du bagage.

Cette déroute releva l'honneur des armes du Roi qui étoient décriées en Italie pour avoir en un long temps fait si peu de chose, qu'en quatre jours les ennemis regagnèrent sur eux ce qu'en trois mois ils leur avoient pris. Cette action fut si glorieuse qu'elle effaça tout le blâme qu'on leur pouvoit donner. On peut dire, avec vérité et sans vanterie, qu'elle est due à la seule prudence et à la fermeté du courage du cardinal; car le Roi étant embarqué dans les affaires d'Italie, mais quant et quant diverti par la rébellion des huguenots, il ne pouvoit pas facilement maintenir ses armées en l'état auquel elles devoient être. Cependant on voyoit qu'il se formoit une nuée d'hommes en Allemagne pour passer au Milanais, et faire cette armée de trente mille combattans pour le service d'Espagne, qui, depuis, fut celle qui descendit en Piémont et assiégea Vérue.

Le cardinal crut qu'à cette occasion il falloit, pour l'honneur des armes du Roi, faire un grand effort.

Il représentoit sans cesse que ce n'étoit rien de bien commencer et d'avoir de bons desseins, si on ne préparoit les moyens proportionnés à cette fin; que la guerre qui ne se fait d'un courage délibéré et avec toutes les forces et l'industrie qui se peut, n'a jamais un heureux succès; que le défaut d'une résolution courageuse fait qu'on obtient toujours moins qu'on ne s'est proposé; et partant, qu'il faut que les préparatifs soient toujours plus grands que ce qui semble qui doit suffire pour ce que l'on entreprend;

Que rien n'emporte les Espagnols qu'une fermeté continue; que c'est par là qu'ils ont eu avantage sur nous jusqu'aujourd'hui; et partant, qu'il faut faire de nouvelles levées de gens de guerre pour rafraîchir l'armée du Roi.

Il avoit beau dire, on n'y prenoit point de résolution, soit manque de prévoyance, manque d'affection au service du Roi, ou manque d'argent.

Enfin, il fit telle instance qu'on tira de l'armée de

Champagne six mille hommes et mille chevaux, qui furent envoyés promptement en Italie sous la conduite du sieur de Vignoles, maréchal de camp, et quant et quant fut commandé de faire nouvelles levées en diligence du même nombre d'hommes, pour remplacer les troupes qu'on avoit ôtées de ladite armée, lesquelles on jugeoit bien devoir être assez à temps pour s'opposer à ce qu'on voudroit entreprendre sur cette frontière.

Cette levée vint si à propos, qu'aussitôt qu'elle arriva au siége de Vérue, le connétable s'en servit si heureusement qu'il en fit l'effet que nous avons dit ci-dessus, faisant succomber les Espagnols sous le poids des armes du Roi, démentant leur maxime qu'il n'appartient qu'à eux d'assiéger et prendre les places, puisqu'une méchante bicoque comme Vérue leur a fait tête.

Par ce moyen le Roi fut garanti de l'opprobre qu'eût apporté à sa réputation la foiblesse de nos armes en Italie, causée par la diversion de la rébellion de l'hérésie en France.

Si ce soulèvement de nos hérétiques empêcha que le Roi ne s'appliquât avec tant d'affection aux affaires d'Italie qu'il eût désiré, et pour son honneur et pour le secours de ses alliés, il ne fut pas moins dommageable à la défense de Bréda, laquelle néanmoins le Roi n'abandonna pas entièrement, mais bien n'eut-il pas moyen d'y faire tout ce qu'il eût fait sans cela.

Le Roi avoit résolu avec le roi d'Angleterre d'y envoyer Mansfeld avec des troupes; l'infanterie devoit être anglaise, et la cavalerie française. Il y en eût envoyé davantage s'il n'en eût eu de besoin contre ses propres sujets.

Il y avoit diversité d'opinions sur le moyen qu'il falloit tenir pour l'y faire passer. Le comte Maurice sollicitoit fort le Roi de l'y envoyer par terre, et proposoit quatre divers chemins qu'il devoit tenir :

Le premier, marchant dans la Flandre tout du long de la côte jusqu'à Dunkerque, se rendant maître, en passant, de deux forts qui y ont été faits, assez incapables de résister à une si puissante armée, et toutefois si bien situés, qu'étant entre les mains de Mansfeld ils se pourroient aisément garder, et donneroient moyen d'avoir par mer autant de vivres et commodités qu'on voudroit, par le bénéfice du canal appelé le Scheurken ou la Tente.

Le second, faisant marcher son armée plus haut dans la Flandre, entre les rivières de Laye et de l'Escaut, ou bien vers les villes d'Ypres et Bruges, où il y a plusieurs places ouvertes et fort riches, lesquelles, sans aucun doute, eussent bien pressé Spinola de leur donner une vigoureuse assistance.

Le troisième, attaquant le pays d'Artois et Hainaut, lesquels consistant en une puissante noblesse et bonnes villes, les Espagnols eussent assurément fait tout devoir pour ne les point abandonner, et les assister promptement, de crainte d'une plus grande conséquence et du soulèvement général de ce pays-là, glorieux et non accoutumé d'être laissé en proie aux ennemis.

Le quatrième, allant droit vers le Cambresis et poussant jusques à Bruxelles, là où et aux environs il demeureroit campé, faisant contribuer Brandtschatter, brûler et piller tout le pays sans distinction ; ce qu'il faudroit faire aussi tenant les autres trois chemins ci-dessus spécifiés ; et si, nonobstant cela, l'ennemi ne vouloit point encore déloger de devant Bréda, qu'il faudroit alors marcher plus avant vers les villes de Lumen, Thienen, Hasselt et les pays circonvoisins qu'on trouveroit abondans en fourrages, vivres et autres commodités pour nourrir long-temps l'armée, joint que les deux armées se pourroient aider d'armes et de conseil, selon les besoins qu'ils en pourroient avoir.

Le premier chemin de Dunkerque lui sembloit le plus sûr et profitable, pource qu'il étoit le plus court, qu'il n'y falloit pas grand attirail de chariots, de chevaux et autres choses nécessaires pour le train d'une grande armée ;

Que cette entreprise se pouvoit faire, sans crainte de résistance, en tout temps et en toutes les marées basses, à la faveur du fort que Sa Majesté avoit fait faire sur la frontière près de Gravelines ; qu'on se pouvoit aisément emparer des villes de Dunkerque, Bourbourg et autres places voisines, lesquelles prises, tout le pays d'alentour, qui est fort riche, seroit mis en contribution ; et enfin que, par le moyen de la prise des deux forts qui sont sur le canal, l'armée pourroit être rafraîchie de vivres et d'autres commodités, sans les tirer de la France par terre, et donner aux Espagnols prétexte de faire plainte de nous.

Le second chemin lui sembloit aussi facile à entreprendre et sans beaucoup de danger ; mais il craignoit qu'il fût de peu d'effet, tant pource que Spinola n'auroit pas d'appréhension que les grandes villes bien munies, comme elles étoient, pussent être prises sitôt qu'il n'eût loisir de prendre Bréda auparavant, que pource qu'il redouteroit peu notre armée, sachant qu'il étoit bien difficile qu'en ces lieux-là elle pût recevoir aucun secours d'Angleterre ni des Provinces-Unies, et qu'il avoit moyen d'y envoyer les troupes du baron d'Anhalt et les nouvelles levées faites en Artois et en Hainaut, sans diminuer ses troupes devant Bréda, où il seroit encore assuré de ne pouvoir être attaqué que de l'armée des Etats.

Le troisième chemin, par l'Artois et le Hainaut, lui sembloit avoir quelque difficulté, pource que la plupart de ces villes-là sont bien fortifiées, tout le plat pays y porteroit ses commodités, et s'y retireroit.

La noblesse y est en grand nombre et courageuse, et tout le peuple adroit aux armes, qui, avec les bandes d'ordonnance qui étoient déjà sur pied, s'opposeroient si puissamment à notre armée dès son entrée dans le pays, que difficilement s'y pourroit-elle avancer si elle n'étoit assistée d'un bon nombre de cavalerie française pour combattre celle de l'ennemi; et quand bien elle ne trouveroit point de résistance à son passage, cette diversion ne seroit pas assez puissante de faire lever le siége de devant Bréda, que Spinola croyoit être si pressé qu'il ne pouvoit résister long-temps; et que cependant l'Artois et le Hainaut ne recevroient pas de dommage si considérable qu'il ne réparât en peu de jours, y allant avec toute son armée incontinent après la prise de la place. Néanmoins, que cela n'empêcheroit pas les clameurs du pays, qui presseroit d'être secouru avec protestation contre le gouvernement étranger des Espagnols, auxquels le siége de Bréda auroit été plus considérable que leur protection ; ce qui feroit peine aux Espagnols, outre la crainte qu'ils pourroient avoir que Sa Majesté, en cas de quelque bon succès, voulût ouvertement seconder ledit sieur de Mansfeld.

Le quatrième chemin lui sembloit être le plus hasardeux, mais aussi, après le premier, le plus expédient, pourvu que ledit Mansfeld pût être renforcé de plus de troupes, et principalement de cavalerie, afin de pouvoir rompre le premier effort et rencontre des ennemis.

Car toutes les villes et le plat pays seroient en confusion, se voyant surpris d'un orage si inopiné ; et chacun, appréhendant un plus grand et général saccagement, enverroit à foule à Spinola demander assistance, et lui-même seroit réduit à tel point qu'il faudroit qu'il se résolût, ou d'être affamé devant Bréda, ou de faire sa retraite entre deux puissantes armées ennemies, non sans danger de grands accidens, son armée étant fort affoiblie et matée par les incommodités d'un si long siége ;

Que, pour exécuter cela, il étoit besoin d'user de diligence et de secret, et d'une correspondance parfaite avec l'armée hollandaise, afin que toute l'affaire fût conduite d'un même esprit et n'eût qu'un même mouvement, et qu'assurément cet exploit se feroit avec réputation et fruit, si les affaires du Roi pouvoient porter qu'il voulût fortifier les troupes de Mansfeld de mille chevaux français, ou au moins envoyer quelque cavalerie et infanterie sur les frontières, loin du lieu par où ledit Mansfeld devroit faire entrer dans le pays, afin de faire diviser les forces de l'ennemi par incertitude et jalousie.

Cet avis des Hollandais étoit bon pour leur Etat, mais préjudiciable au Roi, pource qu'il ne pouvoit être exécuté sans rompre avec le roi d'Espagne, puisque cette armée, en partie composée de Français, fût partie de France pour entrer en ses Etats et les ravager.

C'est pourquoi le cardinal proposa à Sa Majesté qu'il étoit expédient de faire passer cette armée dans des vaisseaux en Hollande; ce qui fut exécuté dès le mois de mars. Son infanterie fit sa descente près de Languestrate, au-dessus de Gertruydenberg, et partie de la cavalerie française s'embarqua en cinquante-deux vaisseaux le 7 mars, et le reste en cinquante-cinq le 13, qui furent jetés en divers havres de Hollande et de Zélande.

Toute son infanterie consistoit en treize mille Anglais, mille Allemands, et sa cavalerie en deux mille Français, deux cents Anglais et trois cents Allemands.

En avril, le comte Maurice mourut après avoir tenté une entreprise sur Anvers, qui étoit infaillible si on eût eu le courage de la poursuivre comme il falloit. Ce déplaisir lui avança ses jours.

Les États firent héritier de ses charges son frère Henri, qui partit le second jour de mai avec leur armée pour aller faire le dernier effort de secourir Bréda, plus pour satisfaire au désir des États que pour espérance qu'il eût d'en venir à bout.

Le lendemain Mansfeld partit avec la sienne. Le prince d'Orange attaqua un des forts du marquis de Spinola; mais en étant repoussé, il retourna dans ses retranchemens, et manda aux assiégés la mort du comte Maurice son frère, l'attaque qu'il avoit faite en vain, pensant les secourir, le peu d'espérance qui lui restoit de le pouvoir faire, et partant qu'ils fissent le mieux qu'ils pourroient.

Ils ne voulurent néanmoins penser à capituler, qu'ils n'en eussent auparavant un ordre signé de lui, lequel il leur envoya incontinent, leur mandant qu'ils eussent à se rendre sans attendre davantage, et qu'ils n'avoient pas seulement à répondre de la place, mais encore de leurs personnes et des soldats qui leur avoient été donnés. Suivant ce commandement, ils capitulèrent, et la ville fut rendue le 25 ensuivant.

Mansfeld ayant perdu de maladie la plupart de son infanterie anglaise, les Français aussi se débandant, étant chacun revenu en France par où il avoit pu, il reprit le chemin du Rhin avec ce qui lui restoit de troupes et cinq mille lansquenets qui lui arrivèrent de renfort, et rentra en la Westphalie pour aller joindre le roi de Danemarck, qui, ayant été, par le cercle de la basse Saxe dont il est membre à cause de son duché de Holstein, élu capitaine général, avoit fait une grande armée, et étoit lors campée sur le Weser, où Tilly d'un côté, avec l'armée de la ligue catholique, et Fridland (1) de l'autre, avec ses troupes, s'étoient venus opposer à lui.

Tandis que Bréda se défend et est réduit à l'extrémité de se rendre, le marquis de Cœuvres en la Valteline et ès comtés de Chiavenne et de Bormio, ayant pris tous les forts, assiége celui de Rive, qui seul restoit en la puissance des ennemis.

(1) *Fridland* : Albert Walstein, baron de Bohême, duc de Fridland.

Le Pape, voyant que les Espagnols n'avoient pas de forces suffisantes pour résister audit marquis, se résout d'envoyer le cardinal Barberin son neveu légat en France, pour se plaindre du tort qu'il prétendoit lui avoir été fait en la prise des forts qui avoient été déposés entre ses mains, en demander la restitution, et faire instance particulière que la souveraineté de la Valteline fût ôtée aux Grisons.

Le Roi, ayant eu avis de sa résolution, commanda au sieur de Béthune d'en empêcher l'exécution, attendu qu'elle n'alloit qu'à la diminution de sa gloire et au dommage de ses alliés.

Il travailla en vain. Le légat part de Rome, arrive à Paris le 21 mai, où il est reçu avec toutes les magnificences dues à sa qualité, dit à Fontainebleau la messe à la mi-août, où il communia le Roi et les Reines; le 19 dîne avec Sa Majesté, aux dépens de laquelle il fut toujours traité et défrayé, lui et sa suite, avec une dépense convenable à la grandeur de cet État.

A peine le légat étoit-il arrivé, que Buckingham, qui avoit été favori du roi Jacques d'Angleterre, et par une fortune peu ordinaire l'étoit encore du Roi son fils, vint le 24 mai en France, son ambassadeur extraordinaire, sous couleur de témoigner la joie du Roi son maître sur le sujet de son mariage, mais en effet pour deux autres fins :

La première, pour empêcher la paix entre nous et l'Espagne, dont la venue du légat leur donnoit appréhension.

La seconde, pour avancer le dessein que les Anglais avoient toujours eu, depuis la perte du Palatinat, de faire une ligue offensive avec nous.

Il n'oublia rien de ce qui se pouvoit imaginer pour l'effet qu'il désiroit; mais le Roi ne fut pas conseillé de se relâcher ni en l'un ni en l'autre, n'y ayant apparence de faire une ligue offensive et défensive, ni à se lier les mains pour ne pas faire la paix.

On lui fit connoître que l'on vouloit bien promouvoir la restitution du Palatinat, mais qu'il n'étoit pas raisonnable de nous y engager jusques à ce point de faire ligue offensive et défensive;

Que trois sortes d'intérêts doivent joindre et pousser ceux qui pensoient à rétablir le Palatin;

Que le premier étoit de ceux qui perdent leurs Etats, et sont intéressés en cette affaire pour intérêt utile;

Le second étoit de ceux à qui c'est honte de souffrir l'injure qui est faite au prince dépouillé, qui sont intéressés en son rétablissement par intérêt d'honneur;

Le troisième étoit un intérêt plus général, qui est de tous ceux qui doivent désirer que les affaires de la chrétienté soient en balance, une puissance n'étant pas si grande qu'elle puisse engloutir les autres, et cet intérêt est d'Etat et concerne tous les princes.

Que le roi d'Angleterre se devoit porter en cette affaire, pour la considération de ces trois intérêts :

Par celle du premier, puisque c'étoit son frère, qui étoit un autre soi-même, qui étoit dépouillé;

Par celle du second, puisqu'à proprement parler il ne touchoit que lui, en tant qu'il étoit le seul proche du Palatin dépouillé qui eût puissance de le remettre;

Par celle du troisième, puisqu'il étoit commun à

tous les princes, que la France n'y avoit que ce dernier intérêt d'Etat, et étoit par conséquent moins obligée à y contribuer que l'Angleterre.

De plus, on lui représenta que ladite ligue seroit préjudiciable aux deux couronnes, parce que de là on donneroit lieu à tous les princes catholiques d'Allemagne de s'unir avec le roi d'Espagne, et faire une ligue catholique, qui, sous prétexte de procurer l'avantage de la religion, n'auroit d'autre effet que la grandeur d'Espagne et la ruine de la chrétienté ;

Que l'on n'espéroit point la paix avec l'Espagne, mais qu'il n'étoit pas raisonnable de s'engager à ne la faire pas.

De là il descendit à des propositions plus douces en apparence, disant qu'il ne vouloit plus parler du nom de ligue, mais désiroit qu'il se passât quelque chose entre les deux couronnes qui eût le même effet ;

Qu'il sembloit au moins raisonnable de joindre l'affaire du Palatinat avec celle de la Valteline et de Gênes, en sorte que l'on ne terminât point l'une par accord, que par la même voie on n'eût satisfaction pour les autres.

On lui dit franchement que ces propositions ne pouvoient être reçues ; que retrancher le nom de ligue et en retenir la substance, ne remédioit pas aux inconvéniens susdits, vu que les noms ne changent point la nature des choses ;

Qu'au reste, il n'étoit pas raisonnable de joindre les affaires d'Allemagne avec celles d'Italie, puisque les unes étoient quasi finies, et que les autres étoient encore à commencer, et que le Roi ne le pouvoit faire, vu que, ès affaires d'Italie, il avoit Venise et Savoie pour collègues, qui, s'étant unis à lui par intérêt qu'ils y avoient, ne voudroient pas faire le même pour le Palatinat où ils n'en ont point.

Après cela, il proposoit de faire la paix avec les huguenots, pour faire plus fortement la guerre à l'Espagne.

On lui représenta que le Roi désiroit passionnément le repos de son royaume, mais que l'intérêt du Roi son maître le devoit empêcher d'en parler, nul prince ne devant assister, même de paroles, les sujets rebelles d'un autre;

Que si cette maxime générale étoit vraie, moins devroit-on aider les huguenots, pour le genre particulier de leur rébellion, faite en une occasion où ils devoient épandre jusqu'à la dernière goutte de leur sang, puisqu'il s'agissoit non-seulement de l'abaissement des étrangers, qui sont particulièrement leurs ennemis, mais en outre de rendre la liberté à nos confédérés, qui sont particulièrement leurs amis communs, professant une même créance.

Il reçut fort bien ces raisons, et n'insista pas davantage. Mais, pour nous porter à ce qu'il désiroit, plus par intérêt que par persuasion, il fit entendre que, la France n'agréant pas ces propositions, le Roi son maître seroit contraint de rechercher l'amitié d'Espagne et procurer la restitution du Palatinat par traité; au lieu qu'au contraire si on y condescendoit, il enverroit la flotte qu'il avoit préparée de cent voiles descendre en Espagne, brûler tous les vaisseaux qui seroient dans les ports, se saisir de Cadix, faire descendre une armée de 15,000 Anglais en Flandres, pourvu qu'il plût au Roi y joindre 6,000 chevaux; que cette armée, jointe à celle de Mansfeld, conquerroit l'Artois; qu'il consentoit que le Roi le prît pour lui, etc.

A cela on répondit que c'étoit à eux de considérer si le bien de leurs affaires requéroit qu'ils envoyassent leur flotte en Espagne, et fissent descendre une armée en Flandre; que le Roi leur conseilloit de bien penser, devant que l'entreprendre, si par ce moyen ils pourroient ravoir le Palatinat; que s'ils pouvoient faire le même effet par traité, il leur conseilloit de prendre cette dernière voie, préférable à toute autre;

Que, pour l'offre qu'ils lui faisoient de la conquête d'Artois, il les pouvoit assurer qu'au mariage qui s'étoit fait, il n'avoit désiré faire autre acquêt que l'alliance et l'amitié du Roi son frère; qu'il n'avoit pas pris les armes en Italie et aux Grisons pour y faire aucune conquête, mais seulement pour délivrer ses alliés de l'oppression, et leur rendre la liberté; mais que si le Roi son frère, après avoir tenté les voies de douceur, ne pouvoit ravoir le Palatinat, Sa Majesté, qui affectionnoit ses intérêts comme les siens propres, verroit quelle aide elle lui pourroit donner.

Ce fut sur ce point que Sa Majesté, par une ferme et forte délibération avec son conseil, eut à prendre une résolution définitive pour ce qui est du bien de la chrétienté. Il y eut diversité d'opinions; les uns furent d'avis qu'il falloit refuser toutes les offres des Anglais, de peur qu'ils n'empêchassent la paix qu'on vouloit faire avec Espagne, et n'embarquassent le Roi à la guerre.

Ils alléguoient que la dépense de la cavalerie seroit

très-grande, que le Roi en faisoit déjà beaucoup sans s'engager à davantage, et plusieurs autres considérations.

En ces pensées, ils passèrent jusques à ce point de croire qu'il valoit mieux que les Anglais s'en allassent mécontens que de leur laisser aucune espérance.

Le cardinal, désirant la paix autant qu'eux, ne put néanmoins être de leur avis, et n'estimoit pas que la voie qu'ils prenoient fût propre à mener à une telle fin; ains au contraire, le Roi lui commandant de proposer ses raisons, il dit qu'en cette affaire il y avoit trois choses à désirer et une principale à éviter;

Que les trois qu'on devoit désirer étoient de demeurer en bonne intelligence avec les Anglais, de les embarquer à la guerre avec les Espagnols, et conserver une pleine liberté de faire la paix entre nous et lesdits Espagnols;

Que la première étoit nécessaire, parce qu'en vain aurions-nous contracté alliance entre la France et l'Angleterre, si ces deux couronnes ne demeuroient en état d'en tirer quelque profit mutuel; que si nous nous séparions mal, on nous accuseroit d'une légèreté bien inconsidérée, de laquelle nous pourrions bien nous ressentir les premiers, en ce qu'il leur étoit aisé d'assister les huguenots, dont le Roi vouloit châtier la rébellion, et qu'il étoit croyable qu'ils le feroient, au moins sous main, lorsque, n'ayant rien à espérer de nous, ils penseroient ne gagner pas peu en nous laissant cette épine au pied.

La seconde, parce que si nous avions la guerre avec Espagne, celle qu'y auroient les Anglais empêcheroit que nous n'aurions l'effort de toute leur puissance sur les bras, et les contraindroit de diviser leurs forces déjà occupées en divers lieux.

Si aussi nous faisions la paix avec eux, la même chose nous étoit nécessaire, afin que l'occupation qu'ils auroient ailleurs les obligeât à garder les conditions qu'ils auroient arrêtées avec nous; ce qu'autrement ils ne feroient pas.

La troisième, parce que rien ne nous devoit empêcher de retirer, par une paix honorable et glorieuse, le fruit des armes du Roi qui, jusqu'alors, avoient été victorieuses en Italie; ce qui faisoit qu'on n'eût pu prendre un temps plus commode de se retirer sur son avantage, vu principalement que la Valteline, qui étoit le sujet du différend, étoit reconquise.

Il ajouta que celle qu'il falloit éviter, étoit d'entrer ouvertement en cause pour raison des affaires d'Allemagne, parce que, si on faisoit autrement, il seroit à craindre que cela empêchât qu'on ne pût faire la paix pour l'Italie séparément;

Qu'on romproit tout-à-fait avec la ligue catholique d'Allemagne, avec laquelle, bien qu'il fût bien difficile de demeurer en bonne intelligence en assistant sous main l'Angleterre contre eux, si est-ce toutefois qu'en ne faisant pas davantage on ne seroit pas hors d'état de réconciliation, ni privé du moyen de se rendre arbitre amiable de leur différend. Sur ces considérations, il conclut que Sa Majesté ne devoit faire aucune difficulté de s'engager à la continuation du paiement de Mansfeld pour autant de temps qu'elle avoit déjà promis;

Qu'elle devoit assurer aussi l'exécution du traité

secret fait pour l'entretien de l'armée de Danemarck en Allemagne ;

Qu'elle pouvoit davantage accorder une levée de cavalerie de deux mille chevaux, et suffisante à l'effet désiré des Anglais, et qu'il n'en pouvoit arriver aucun inconvénient, pourvu que l'embarquement s'en fît à Dieppe et non en Picardie, de peur que la proximité de la frontière ne donnât lieu aux Anglais d'entrer en Artois par la France, et que la levée ni l'entretien de ces troupes ne se fît aux dépens du Roi; ce que les Anglais consentiroient indubitablement, vu qu'il ne seroit pas juste de leur donner ce secours autrement qu'ils nous prêtent leurs vaisseaux, savoir est aux frais de ceux qui les emploient.

Il dit que, par ce moyen, nous demeurerions en parfaite intelligence avec les Anglais, nous les embarquerions à la guerre, puisqu'ils ne pouvoient recevoir notre assistance qu'à cette condition, et que nous nous réserverions le pouvoir de faire la paix en Italie, puisque nous ne nous obligerions point envers eux à ne le faire pas, et qu'en effet nous ne faisions rien qui dût empêcher l'Espagne de traiter avec nous pour ce qui est de l'Italie, vu que les affaires le requéroient, et qu'ils ne devoient pas trouver étrange si, lorsque nous étions mal avec eux, nous nous étions engagés à ce que dessus, puisque ce n'étoit qu'un échange du secours que nous avions reçu des vaisseaux anglais contre nos rebelles.

Il dit davantage, en rebattant ce qu'il avoit déjà touché, que si, au commencement de notre alliance, les Anglais ne pouvoient espérer le secours qu'ils désiroient de nous, la France ne devoit jamais attendre aucun fruit de ce mariage, et que si on laissoit ralentir l'ardeur qu'ils avoient à la guerre, dans le commencement du règne de ce roi, où d'ordinaire on se veut signaler, et dans l'occasion du Palatinat, où il alloit de l'intérêt de tout le bien de son beau-frère, jamais on ne pourroit les y échauffer en autre occasion; étant clair qu'en certains temps on fait beaucoup pour peu de chose, et lorsqu'ils sont passés on n'y peut plus revenir, quoiqu'on veuille y travailler et dépendre beaucoup davantage.

Il représenta, de plus, qu'étant incertain si nous aurions la paix avec l'Espagne, puisque le légat ne faisoit nulle ouverture par laquelle on vît qu'elle se pût faire, quoiqu'on lui eût fait témoigner par voie secrète, mais suffisamment autorisée pour qu'il y ajoutât foi; qu'en considération du Pape et du bien de la chrétienté on s'y porteroit, pour après embrasser des desseins très-avantageux à la religion catholique.

Et le sieur de Béthune nous ayant donné avis de l'incertitude et du changement qui arrivoit souvent ès résolutions de Sa Sainteté, par les divers artifices et intimidations des partisans d'Espagne;

Nul ne pouvant douter encore de l'humeur des Espagnols, dont la principale maxime et prudence consiste à attendre leur temps et ne le perdre pas; n'ayant autre foi que celle à laquelle la nécessité de leurs affaires les oblige, et n'étant jamais portés à la raison que par contrainte;

L'expérience faisant, de plus, connoître qu'en matière de ligue on doit être grandement soigneux d'ôter tout sujet d'appréhension aux collègues les plus foibles, d'autant que, quand elle les surprend, ils se portent facilement à y chercher remède par des traités secrets, il n'y avoit personne qui, avec jugement, pût être assez hardi pour donner conseil au Roi de se séparer des Anglais; en sorte que, n'espérant pas de lui ce qu'ils en pourroient désirer pour le Palatinat, ils eussent lieu d'entrer en quelque traité avec l'Espagne, ou au moins ils se déportassent à la vue de tout le monde d'entreprendre contre elle. D'où il arriveroit indubitablement que la paix entre nous et elle seroit impossible, ou au moins plus difficile; que nos ennemis prendroient courage et ne perdroient pas leur temps, et que nos collègues se dégoûteroient et nous seroient peu assurés.

Sa Majesté n'eut pas plutôt entendu cet avis qu'elle n'estima qu'il le falloit suivre, et qu'en cette conjoncture la vraie prudence et toutes sortes de raisons la devoient porter à faire la paix entre lui et Espagne pour ce qui est de l'Italie, et laisser la guerre d'Allemagne entre la maison d'Autriche, ses partisans et les Anglais.

Partant, elle commanda de rendre cette réponse au duc de Buckingham, que par après elle confirma de sa bouche; le priant de faire en sorte, envers le Roi son frère, qu'il n'acceptât point le secours qu'il lui offroit, s'il n'étoit résolu de faire quelque grand effort capable de produire l'effet qu'il désiroit pour la restitution du Palatinat, et qu'il lui donnât parole qu'il ne se feroit rien en Allemagne, soit en paix, soit en guerre, sans son consentement.

Il arriva aussi un ambassadeur extraordinaire de Hollande pour la même fin; mais le Roi, pour les mêmes raisons d'Etat, n'y put pas condescendre.

Buckingham, qui étoit venu sous le prétexte de hâter le partement de la reine d'Angleterre, le sollicita avec tant de soin, qu'elle partit de Paris le 11 juin pour aller s'embarquer à Boulogne, où les vaisseaux du roi d'Angleterre la vinrent recevoir.

Le Roi l'accompagna jusqu'à Compiègne, les Reines jusques à Amiens, et Monsieur jusqu'à Boulogne. Par ordre du Roi, on lui fit des entrées superbes par toutes les villes où elle passa, et elle donna liberté aux prisonniers.

Le cardinal, qui jugea que cette princesse, qui alloit en un pays étranger et de religion différente à la sienne, avoit besoin de bons et sages conseils pour se savoir conduire parmi les périls dont elle seroit environnée, et qu'il étoit bien besoin que ces salutaires avis lui fussent donnés par une personne le respect de laquelle les lui fît graver dans le cœur et les observer religieusement, dressa une instruction (1) ample, pleine de piété et de prudence, qu'il mit entre les mains de la Reine sa mère pour la lui donner, comme le plus précieux et le dernier gage de son amour.

(1) *Dressa une instruction* : Ce ne fut point Richelieu qui dressa cette instruction. Il en chargea le père de Bérulle, personnage plein de vertu et de piété. Cette pièce n'est pas à la fin du volume, comme l'annonce l'auteur des mémoires; mais nous l'avons retrouvée dans l'histoire du cardinal de Bérulle, par M. Tabaraud : elle est écrite au nom de la Reine-mère, et, quoique un peu diffuse, elle offre beaucoup d'onction et de tendresse. En voici le passage le plus remarquable :
« Montrez-vous digne fille de saint Louis, qui est allé mourir pour la
« foi dans les pays étrangers. Fréquentez les sacremens; et, pour le
« faire avec fruit, faites des œuvres dignes de la foi que vous profes-
« sez. Ayez soin de protéger auprès du Roi votre mari les catholiques
« anglais. Soyez à leur égard une Esther suscitée de Dieu pour le salut
« de son peuple. Ils sont depuis plusieurs années dans la souffrance, et

Cette instruction est si pleine d'enseignemens qui peuvent utilement servir en semblables occasions, que ce seroit ravir un trésor au public de ne la pas exposer à la vue de tout le monde. C'est pourquoi nous la mettrons à la fin de ce volume. Elle fut donnée et reçue avec larmes.

La reine d'Angleterre l'emporte, s'embarque le 24 juin, arrive dès le soir à Douvres, où le roi d'Angleterre la vient trouver le lendemain.

Laissons-les-y pour quelque temps en repos goûter les plaisirs de leur première entrevue, mais en sorte, toutefois, que nous ayons toujours l'œil tourné vers eux pour les revenir trouver ci-après.

Maintenant retournons au légat et à sa négociation si importante, qui dès long-temps nous appelle, et, comme un gouffre, entraîné notre discours.

Incontinent après l'arrivée du légat auprès de Sa Majesté, avant que d'entrer en négociation avec lui, il lui fut demandé, de la part du Roi, s'il avoit pouvoir valable du roi d'Espagne pour l'accomplissement de ce qui seroit convenu avec lui. Sur quoi il assura qu'il seroit bien avoué de la part d'Espagne de ce qu'il traiteroit avec Sa Majesté. D'ailleurs le Pape ayant donné parole semblable au sieur de Béthune, son ambassadeur à Rome, Sa Majesté ne voulut différer de faire traiter avec ledit légat, pour témoigner la particulière confiance qu'elle prenoit en la parole de Sa Sainteté et en la sienne, et pour montrer plus

« ils souffrent pour la religion, double titre qui doit vous les rendre
« recommandables. N'oubliez pas non plus les autres Anglais. Quoi-
« qu'ils soient d'une autre religion que vous, vous êtes leur Reine : vous
« les devez assister et édifier, et, par cette voie, les disposer douce-
« ment à sortir de leur erreur. »

clairement ses bonnes intentions au bien de la paix.

La première proposition dudit légat fut une suspension d'armes. Sa Majesté ne la put ni ne la dut recevoir et accepter, parce que cette surséance ne pouvoit produire aucun effet que de donner loisir aux adversaires d'assembler leurs forces et de se fortifier contre celles de Sa Majesté et de ses alliés; joint qu'il étoit nécessaire d'avoir convenu des articles de la paix auparavant que traiter une trève, suivant l'ordre et l'usage accoutumé, et qu'il étoit évident que les conditions n'en seroient pas moins difficiles à établir que celles du principal différend, qui pouvoit être terminé en peu de temps, sur le fondement du traité de Madrid, y ajoutant ce qui seroit jugé convenable pour la religion catholique.

La seconde proposition fut sur le sujet de la satisfaction du Pape pour ce qui s'étoit passé en la Valteline. On lui dit que le Roi n'avoit jamais consenti le dépôt des forts qu'à condition d'un temps limité, dans lequel Sa Sainteté devoit faire exécuter le traité de Madrid;

Que les longues négociations qui s'en sont ensuivies, sans venir à l'effet du rasement desdits forts, les déclarations faites au nom de Sa Majesté au Pape par ledit sieur de Béthune, et les divers partis par lui proposés, immédiatement avant la soulevation des Grisons, pour disposer Sa Sainteté d'apporter le remède effectif au trouble qui menaçoit l'Italie, pouvoient justifier suffisamment devant tout le monde l'action qui s'y étoit faite; joint à ce le respect rendu par le marquis de Cœuvres à tout ce qui s'étoit couvert du nom de Sa Sainteté, bien que les forces du

Pape le fussent venues attaquer jusques à Poschiave, lorsqu'il ne pensoit seulement qu'à prendre son passage dans la Valteline, sans toucher aux forts, pour se joindre aux Vénitiens, et n'être pas réduit à nécessité de vivres, les pouvant tirer du Bressan.

Néanmoins la révérence de Sa Majesté envers le Saint-Siége étoit si grande, qu'elle offrit audit légat la satisfaction telle, pour ce sujet, qui seroit jugée convenable à la dignité de Sa Sainteté et à celle de Sa Majesté.

La troisième fut pour le regard de la sûreté de la religion catholique en la Valteline, comtés de Bormio et Chiavenne, avec laquelle il joignoit ce qui touchoit la souveraineté desdits lieux. On lui répondit que, outre que les actions passées de Sa Majesté l'avoient fait connoître autant zélée à la gloire de Dieu et à l'accroissement de la religion catholique que prince qui l'eût devancé ou qui fût à présent en la chrétienté, il faisoit encore clairement voir, en l'affaire qui se traitoit, qu'il étoit roi très-chrétien et premier fils de la sainte Eglise, puisqu'il consentoit à des conditions plus favorables que celles mêmes qui avoient été proposées par les Valtelins; que, comme en cet intérêt de religion sa piété le faisoit reluire, il ne pouvoit aussi, en l'intérêt politique, approuver ni souffrir le déni et refus absolu que l'on faisoit de rendre la souveraineté de la Valteline aux Grisons ses alliés, qui en sont les légitimes seigneurs; que le droit divin et humain ordonnoit de faire rendre à un chacun ce qui lui appartient; que ce refus étoit fondé sur une opinion nouvelle, contraire aux premières qui avoient été tenues à Rome, concertées du commandement du Pape, et qui ne pouvoit être ouvertement soutenue ni par les théologiens, ni par les jurisconsultes; que l'intérêt général des princes étoit de ne favoriser, sous quelque prétexte que ce fût, la révolte des sujets contre leur souverain, ni de permettre que des sujets, pour cause de religion, fussent soustraits de la domination de leur vrai et légitime seigneur; que l'exemple et la conséquence en étoient périlleux pour les rois dans les Etats desquels il avoit plu à Dieu (de qui seul ils tiennent le sceptre) de permettre, pour certaines causes secrètes, la diversité de religions, parce que ce seroit donner argument aux sujets qui sont ou pourroient être imbus d'opinions contraires à la religion de leur prince, de croire qu'ils seroient déchargés envers eux de la sujétion. Mais quant au particulier de Sa Majesté, qui agissoit en ce sujet comme prince allié et protecteur des Grisons, qu'il ne pouvoit avec justice, honneur et réputation, consentir qu'ils fussent dépouillés de leur souveraineté, et étoit obligé, par les mêmes considérations, d'employer les forces de son royaume pour les y maintenir et protéger.

Quant à ce qui concernoit l'article de l'alliance et des passages par les Grisons et la Valteline, on lui dit que cet intérêt étoit reconnu si important à la France, qui avoit consommé tant de millions d'or pour les conserver en leur entier, depuis cent ans que l'alliance étoit établie, que le Roi devoit être soigneux et jaloux de n'y laisser apporter aucune altération, et que toutes raisons d'Etat et de réputation l'obligeoient de maintenir cette couronne en la possession en laquelle elle étoit seule desdits passages, vu que son intention étoit semblable à celle des rois ses prédécesseurs, d'user desdits passages pour le bien de la religion catholique, le secours et assistance des princes d'Italie, et surtout du Saint-Siége, en cas que, par une puissance supérieure, ils vinssent à être assaillis et opprimés.

Le légat s'arrêta opiniâtrément à ne pouvoir conseiller à Sa Sainteté d'autoriser un traité par lequel les Valtelins fussent remis sous la sujétion des Grisons, disant que, comme chef de l'Eglise, il ne le pouvoit en conscience, et que ce qui avoit été cidevant traité l'avoit été entre les deux Rois, Sa Sainteté promettant seulement ce qui s'arrêtoit entre eux, et y fermant les yeux, comme elle feroit encore, si l'Espagne intervenoit avec le Roi au traité. Et, sur ce qu'on lui répondit que Sa Sainteté laissât accorder les Grisons et les Valtelins ensemble, sans y intervenir, et que par après elle toléreroit ce qu'ils auroient fait, qui est le propre de l'Eglise, non-seulement aux choses indifférentes, mais mauvaises, il y consentit facilement au nom du Pape, mais demanda qu'afin que ce traité se pût faire librement, tous les forts de la Valteline, sans condition aucune, fussent remis entre les mains de Sa Sainteté, afin que l'on ne pût dire que les Valtelins l'eussent fait par force.

On lui dit premièrement que si, en un tel traité, il pouvoit y avoir présomption de force, ce seroient les seuls Grisons qui se relâcheroient de quelques grâces envers les Valtelins, qui le pourroient alléguer, mais non les Valtelins qui recevroient faveur en ce traité; n'y ayant personne qui ne connût que celui qui reçoit grâce en un traité, et n'y perd rien, ne peut prétendre en être relevé sous prétexte de force.

Secondement, que la restitution des forts ne se devoit faire, attendu que Sa Sainteté ne pouvoit donner de sûreté; que (au cas qu'on la fît) la souveraineté, qu'il ne vouloit pas accorder aux Grisons, leur demeureroit par le traité qu'ils feroient entre eux;

Que les Espagnols fussent déboutés du passage, et que les forts fussent rasés.

Il ne laissa pas d'en continuer l'instance, assurant que Sa Sainteté n'empêcheroit pas que les Valtelins consentissent de demeurer en la sujétion des Grisons, et qu'il n'y avoit pas de doute qu'ils ne s'en contentassent;

Qu'elle raseroit les forts, et qu'il avoit parole des Espagnols que, moyennant la restitution des forts, ils consentiroient à ce que la France demandoit pour les passages; mais qu'il ne l'avoit pas par écrit, parce qu'ils ne vouloient pas se déclarer que les forts ne fussent entre les mains du Pape.

A tout cela, on lui dit qu'en matière de traités il falloit des assurances réelles; que celles-là n'étoient que de paroles bien incertaines; que, s'il ne s'agissoit que de la parole du Pape, le Roi s'y confieroit absolument; mais que les Valtelins le pouvoient faire manquer, bien plus les Espagnols, qui sont sujets à n'exécuter pas ce qu'ils promettent.

Il répliqua que cela n'arriveroit pas, mais que s'il arrivoit contre la volonté de Sa Sainteté, elle ne rendroit les forts, ni aux Espagnols, ni aux Français, mais les garderoit.

Sa Majesté ne jugea pas que, s'étant, par une ligue, obligé avec ses collègues à faire que les Grisons fussent remis en l'état qu'ils étoient auparavant, elle pût ni dût, après avoir beaucoup dépendu et pris la Valteline, remettre les choses en plus grand hasard qu'elles n'étoient auparavant la prise des armes; vu que, de tout ce qui se proposoit, on ne donnoit aucune sûreté que la parole du Pape, l'exécution de laquelle dépendoit de la volonté des Valtelins et de celle des Espagnols, qui seroient sans doute bien aises de tirer les affaires en longueur, sans exécution, comme ils ont fait au traité de Madrid, et qui feroient jouer tel jeu qu'ils voudroient aux Valtelins qui n'agissent que par leur mouvement.

Si, au cas que les Valtelins et les Espagnols voulussent manquer, le Pape avoit moyen de s'en garantir, il n'y auroit rien à dire; mais, outre que Sa Sainteté est mortelle, on ne proposoit autre expédient en tel cas, que de conserver les forts, qui étoit un remède égal au mal même, puisque tous les deux privoient les Grisons de leur liberté.

Elle fit représenter au légat que, pour un scrupule imaginaire et sans fondement, ils alloient mettre toute la chrétienté en feu. A quoi il répondit que, s'il ne tenoit qu'à son sang pour éteindre le feu, il le donneroit volontiers, mais qu'il n'avoit point de pouvoir de faire autres propositions.

Le cardinal l'y voyant toujours arrêté, quelques ouvertures qu'on se pût aviser de lui faire pour le faire condescendre à quelque chose raisonnable que Sa Majesté pût accorder, sans préjudice de sa réputation et de l'intérêt de ses alliés, il écrivit de Limours au Roi, le 3 septembre, et lui manda qu'il lui conseilloit de se servir, en cette affaire de très-grande importance, en laquelle il alloit de la paix de la chrétienté, de la réputation de la France et de la conservation de ses alliés, d'une précaution dont ses prédécesseurs et la Reine sa mère, en sa minorité, avoient souvent usé en semblables occasions, qui étoit d'assembler un conseil extraordinaire des premiers de son royaume et personnes plus qualifiées qui se trouveroient près de la sienne, leur faire voir l'état de cette affaire, les difficultés qui s'y rencontroient, les moyens qu'il avoit tenus pour la conduire à bonne fin, et leur demander leur avis sur ce sujet, avant qu'en former sa résolution;

Qu'il la supplioit de se ressouvenir qu'il avoit souvent pris la liberté de lui dire, quand, par hasard, il s'étoit trouvé seul auprès d'elle, et qu'il se présentoit des affaires, bien qu'ordinaires, qu'elle eût agréable de ne s'en reposer pas sur l'avis de lui seul, mais de prendre encore celui de ceux qui avoient l'honneur de la servir comme lui en ses affaires; maintenant, qu'il la supplioit, au nom de tous ceux de son conseil, qu'en une rencontre si importante à toute la chrétienté, il prît l'avis des principaux de son royaume qui étoient auprès d'elle;

Commandât à tous les princes, ducs, pairs, officiers de la couronne, aux premiers présidens et procureurs généraux des cours de parlement, des aides et chambre des comptes, et prévôt des marchands de Paris, de se trouver, à tel jour, au lieu que Sa Majesté ordonneroit; mandât aussi à l'assemblée du clergé d'y envoyer quatre prélats pour entendre ce qu'il lui plairoit leur déclarer touchant le traité de paix proposé par M. le légat, et, sur ce, donner leurs bons avis.

Que Sa Majesté tireroit pour son service de notables avantages de cette assemblée;

Qu'elle justifieroit le conseil de Sa Majesté, faisant reconnoître la vérité des choses, et feroit qu'on rejetteroit le blâme des malheurs que la guerre apporte sur ceux seulement qui en seront cause, et préviendroit les calomnies que les ennemis de la couronne, par leurs artifices ordinaires, pourroient publier, qu'il ne tiendroit qu'à Sa Majesté et son conseil que la chrétienté ne fût remise en paix et ne jouît d'un parfait repos;

Qu'elle apporteroit à Sa Majesté un grand repos de conscience d'avoir fait mûrement examiner, par le jugement de diverses personnes capables que sa Majesté appelleroit, si les considérations qui arrêtent Sa Majesté en ce traité de paix, touchent tellement sa réputation et celle de son Etat, qu'elles doivent empêcher l'effet d'un si grand bien, pour lequel procurer il donneroit volontiers son sang et n'y plaindroit pas sa vie; mais que faire mal une paix, c'étoit préparer une nouvelle guerre, et quelquefois pire que celle que l'on vouloit finir;

Que tous les sujets de Sa Majesté, ayant eu l'honneur d'y avoir donné leur avis en la personne des principaux qui seroient appelés en ce conseil, et étant par eux rendus capables de ses saintes intentions et généreuses résolutions, seroient d'autant plus affectionnés et obligés d'y contribuer et leur bien et leur vie, s'il en étoit besoin, pour le service de Sa

Majesté; et les principales compagnies du royaume, connoissant ses justes raisons, se porteroient plus volontiers, les uns à la servir de leurs personnes, les autres à favoriser les moyens extraordinaires dont elle auroit besoin en telle occasion, en laquelle, par ce moyen, on auroit lieu de porter messieurs du clergé à subvenir en cette guerre à ses nécessités; au moins en recevroit-on ce profit, que, s'ils ne donnoient de l'argent, ils condamneroient les prétentions et le procédé de ceux qui conseillent M. le légat, et conseilleroient à Sa Majesté, en tel cas, de donner la paix à son royaume : ce qui remédieroit fortement aux mauvais bruits que quelques personnes assez connues épandent tous les jours, que Sa Majesté et son conseil protègent ouvertement les hérétiques.

On gagneroit temps avec M. le légat, auquel on feroit comprendre que Sa Majesté ne pourroit rendre une dernière réponse sur ces propositions, qu'après avoir tenu cette assemblée, qu'elle différeroit jusqu'à lundi, ou tel autre jour qu'il plairoit à Sa Majesté;

Que toutes ces choses feroient penser audit sieur le légat à ne partir pas sans conclure la paix; que l'intérêt du Saint-Siége et le sien, auquel les Italiens sont fort sensibles, le devoient faire croire; étant certain que l'autorité du Pape et de la religion ne pouvoient que beaucoup pâtir pour la continuation des guerres qu'il pourroit apaiser, et qu'au particulier dudit sieur légat, c'étoit le plus perdu homme du monde s'il s'en retournoit comme il étoit venu.

En tout cas qu'il avoit trouvé deux ou trois façons

nouvelles de coucher les articles contestés, au contentement de Sa Majesté, dans les termes, à son avis, que ces messieurs avoient témoigné désirer: et quand ils ne voudroient rien faire, ce qui ne pouvoit être, s'il étoit question d'arrêter davantage M. le légat, comme en effet il le jugeoit nécessaire pour conclure la paix des huguenots; et attendre que les recrues et nouvelles troupes de Sa Majesté fussent sur pied, devant que les Espagnols perdissent l'espérance de la paix, on pourroit faire venir en jeu le traité de la ligue fait avec Venise et Savoie, qui obligeoit Sa Majesté de ne rien faire sans leur avis; ce qui faisoit que leurs ambassadeurs ne sachant pas les résolutions de leurs maîtres, elle ne pouvoit leur dénier du temps d'envoyer vers eux pour l'apprendre. Ainsi Sa Majesté auroit fait tout ce qui se pouvoit imaginer au monde pour donner la paix à la chrétienté, et malheur arriveroit à qui troubleroit un si bon dessein.

Après cette lettre écrite, il ajouta encore un billet à Sa Majesté, par lequel il la supplia de tenir ce conseil secret, d'autant qu'il venoit d'apprendre, par un homme qui avoit de bonnes habitudes chez le légat, que le fondement de leur obstination venoit de ce qu'ils jugeoient qu'on leur accorderoit tout ce qu'ils voudroient, parce que, à quelque prix que ce fût, on vouloit la paix; que ce qui lui faisoit croire cet avis étoit que celui qui le savoit l'avoit appris par voie très-secrète; qu'ils disoient que Sa Majesté n'avoit point d'argent, que les huguenots la pressoient, et que tous ses sujets catholiques étoient mal affectionnés à cette guerre; ce qui le confirmoit de plus en plus en l'assemblée, ci-dessus vu que par là le contraire paroîtroit indubitablement, et surtout qu'il étoit important qu'on ne crût point que Sa Majesté se souciât que le légat s'en allât.

Le Roi, trouvant cet avis très-utile à son service, commanda que l'on convoquât cette assemblée au plus tôt.

Le légat, sans vouloir attendre, partit dès le lendemain de la nouvelle que le Roi reçut de la victoire que son armée navale avoit remportée sur Soubise et les hérétiques; mais il promit de séjourner en Avignon jusqu'à ce qu'il eût su la dernière volonté de Sa Majesté, qui, en partant, lui bailla une lettre pour Sa Sainteté, en laquelle elle lui mandoit que ce qui avoit empêché que la paix, selon son désir, n'avoit pu être conclue, c'étoit que Sa Sainteté ne lui avoit pas proposé les conditions auxquelles Sa Majesté la pût consentir, n'y ayant personne qui ne jugeât bien qu'elle ne pouvoit ni devoit en façon quelconque permettre que les Grisons, ses anciens alliés, fussent dépouillés de ce qui leur appartenoit; qu'elle étoit et seroit toujours d'autant plus ferme en cette résolution, qu'elle n'empêchoit point de vouloir procurer toutes les sûretés qu'on sauroit raisonnablement souhaiter pour la religion; que Sa Sainteté ne voudroit pas lui conseiller d'en user autrement, et elle se pouvoit assurer qu'elle ne feroit jamais rien qui ne fût digne du bonheur qu'elle avoit d'être successeur de plusieurs rois qui ont servi et secouru le Saint-Siége lorsqu'il étoit opprimé par d'autres; qu'elle prioit Dieu de n'avoir jamais occasion de faire connoître, par effet, à toute la chrétienté que leur zèle n'avoit point passé le sien; mais, quoi qu'il arrivât, elle auroit toujours la volonté de lui faire paroître qu'il n'y a personne au monde qui l'égalât au respect et en la vraie affection qu'elle lui portoit.

En cette assemblée (1), après que le Roi eut remis au chancelier à faire entendre le sujet pour lequel il les avoit fait appeler, et que ledit chancelier y eut satisfait, le cardinal parla à la recommandation de la paix, mais qu'il falloit qu'elle se fît honorablement pour Sa Majesté et utilement pour son royaume; que la négociation du légat avoit témoigné un tout contraire dessein, n'ayant été rien proposé par lui qu'à l'avantage d'Espagne, se réglant toujours sur les événemens de la guerre d'Italie; que, lorsque les succès nous étoient favorables, ils nous demandoient la paix, mais néanmoins à des conditions honteuses; s'il nous fût arrivé quelque disgrâce, ils nous eussent méprisés d'effets et de paroles; qu'on pouvoit alléguer trois choses pour nous dissuader la guerre: la dissipation d'une partie de nos troupes en Italie, de nos finances, et la rébellion de nos hérétiques.

Qu'à ces trois raisons il y avoit une réponse générale : que la réputation de l'Etat est préférable à toutes choses; que, sans elle, tous les hommes et tout l'or du monde ne nous serviroient de rien, et nos vies et nos biens seroient exposés en proie à l'étranger; que le Roi faisoit des recrues qui rendroient son armée très-redoutable; que les surintendans assuroient qu'il y avoit fonds suffisant pour quatre montres entières sans toucher au courant, et quand

(1) *En cette assemblée* : Cette assemblée des notables s'ouvrit à Fontainebleau le 19 septembre, en présence du Roi, de la Reine-mère, de la Reine régnante et de Monsieur.

il en faudroit venir à quelques moyens extraordinaires, les compagnies et les bons sujets du Roi ne voudroient rien épargner en une si juste occasion.

Quant aux huguenots, que la signalée victoire que le Roi avoit obtenue sur eux, les avoient mis si bas qu'ils ne sauroient s'en relever;

Et que les grandes offres que faisoit le clergé suffiroient pour les subjuguer entièrement, sans toucher aux finances du Roi, qui seroient réservées pour la guerre étrangère à laquelle le cardinal conclut.

Le légat ayant reçu cette dernière résolution, en donne avis à Sa Sainteté, qui ensuite écrivit au Roi, l'exhortant à la paix, remettant le surplus en créance sur son nonce, qui, en vertu d'icelle, déclara que Sa Sainteté vouloit envoyer six mille hommes en la Valteline.

Le Roi, pour réponse, assura le Saint-Père qu'il n'avoit jamais eu autre intention que de procurer de tout son possible la paix en la chrétienté;

Que Sa Sainteté savoit bien que le vrai moyen de l'établir et de la maintenir, étoit d'empêcher que le fort n'opprimât le foible, qui étoit la seule raison pour laquelle il avoit entrepris de défendre ses alliés, en quoi l'Italie n'avoit pas peu d'intérêt;

Que Sa Majesté se promettoit que, comme Sa Sainteté le convioit à la paix, elle ne feroit aucune action qui l'en dût détourner, l'assurant qu'honorant particulièrement sa personne comme elle faisoit, elle seroit extrêmement fâchée qu'elle le contraignît à prendre une résolution contraire à celle qu'elle avoit toujours eue jusqu'à présent, que le sieur de Béthune lui en diroit davantage.

Cependant, pource que le Roi se voyoit être peu assuré des Suisses en cette occasion, attendu que le duc de Féria avoit, depuis peu, levé aux cantons catholiques trois régimens qui font sept mille hommes, dont il se servoit en son armée d'Italie contre le Roi, afin de voir quel secours il pouvoit attendre d'eux en l'affaire de la Valteline, les choses ne venant pas à être terminées si promptement, et pour les exciter à s'employer de tout leur pouvoir en une occasion si importante, Sa Majesté se résolut d'envoyer en Suisse le maréchal de Bassompierre, en qualité de son ambassadeur extraordinaire.

Il lui donna charge de représenter ce qui s'étoit passé en la négociation de M. le légat, et comme le Roi n'avoit rien oublié de tout ce qu'il avoit jugé convenable à sa cordiale affection vers la république helvétienne, et à sa dignité royale qui doit procurer le bien et le repos de ses alliés, pour induire Sa Sainteté, avec tout le respect qu'elle lui vouloit rendre, à moyenner, comme père commun, le rétablissement de toutes choses en la Valteline, comme elles étoient par le passé; et la paix en Italie;

Qu'il en avoit fait de grandes instances, mais que tout cela ne s'étant pas terminé à la fin qu'il eût désiré, Sa Majesté, voyant que les choses prenoient le chemin de tirer en longueur, l'avoit dépêché vers eux pour les disposer, ou d'entrer en ligue avec elle, la république de Venise et M. le duc de Savoie, pour procurer la restitution entière de la Valteline et desdits comtés aux Grisons, ou, sans entrer en ligue, de continuer leurs instances particulières au Pape et au roi d'Espagne de remettre les Grisons en ce qui leur appartient, ou de faire un accord par lequel la France, Venise et eux, contribueroient à la garde des forts tenus à présent par Sa Majesté en la Valteline et aux Grisons, pour la conservation desdits pays;

Qu'ils devoient considérer qu'il y avoit grande différence des intentions de cette couronne à celles d'Espagne en leur endroit;

Que la France n'avoit travaillé qu'à leur repos et conservation, à l'affermissement d'une bonne union et correspondance entre les uns et les autres; au contraire les Espagnols travailloient incessamment à les diviser et désunir par les jalousies qu'ils jetoient entre les catholiques et les protestans, en dessein, lorsqu'ils les auroient affoiblis, de les assaillir et les assujétir les uns après les autres, sous divers prétextes de religion ou de prétentions anciennes de la maison d'Autriche sur leurs États, de laquelle ils disoient que lesdits cantons s'étoient soustraits, et que de ce dessein lesdits cantons en devoient avoir d'autant plus de défiance, qu'outre les avantages qu'avoient les Espagnols de les environner et enfermer par les États de Milan, de Bourgogne et d'Allemagne, il étoit évident que leur ambition n'avoit point de bornes, et qu'ils aspiroient à l'invasion entière de l'Italie, de l'Allemagne, et de tout leur pays;

Que le Roi n'avoit entrepris cette affaire de la Valteline que pour l'intérêt qu'ils avoient de ne pas permettre le démembrement que l'on vouloit commencer de l'Etat des Grisons;

Que la bonne ou mauvaise issue de cette affaire leur pouvoit causer du trouble ou du repos pour l'avenir;

Qu'ils déclarassent à Sa Majesté quels remèdes ils estimoient plus convenables pour terminer les maux présens, tous lui étant indifférens, pourvu qu'ils fussent bons et utiles pour eux et pour leurs alliés ;

Que la proposition d'entrer en ligue avec Sa Majesté, Venise et Savoie, n'étoit point hors de raison, pource qu'ils ne sauroient jamais s'engager en une affaire avec plus d'honneur, de sûreté et de justice que celle-là.

Et outre cela, que cette union produiroit incontinent la paix et le rétablissement des Grisons en leur pays, tel qu'il se pouvoit désirer, vu que, lorsque les Espagnols verroient que tout le corps seroit joint en cette ligue, et que l'on offriroit de pourvoir suffisamment à la sûreté de la religion catholique, ils seroient contraints d'acquiescer et consentir à un accord raisonnable, parce que, outre qu'ils ne pourroient pas s'opposer à telles puissances, le prétexte de religion dont ils s'étoient servis jusques à présent leur seroit ôté, et cette résolution ne seroit pas improuvée par le Pape qui désiroit la paix; au contraire l'on devoit juger qu'il l'auroit bien agréable, afin d'avoir plus de force sur les Espagnols pour les induire à lui faire instance de cette restitution de la Valteline aux Grisons, à quoi depuis quelque temps ils avoient résisté ;

Que le second expédient, qui étoit de continuer leurs instances pour la restitution de la Valteline aux Grisons, étoit sans péril, et ne pouvoit être rejeté si lesdits Suisses ne se vouloient abandonner eux-mêmes sur ce sujet; que les cantons catholiques étoient entrés d'eux-mêmes en cette instance, ayant, en l'assemblée qu'ils avoient tenue à Lucerne le mois de septembre dernier, déclaré que le seul remède pour terminer les différends de la Valteline étoit de la rendre aux Grisons, leurs légitimes maîtres, avec suffisantes assurances pour la religion catholique, et ensuite avoient écrit au Pape, à Sa Majesté et au roi d'Espagne, pour les exhorter à la paix, ainsi qu'il se voyoit plus particulièrement par l'*abschaid* de l'assemblée, et par les lettres desdits cantons;

Que la troisième proposition qu'on leur mettoit en avant, touchant la garde des forts de la Valteline et conservation du pays des Grisons, étoit aussi du tout nécessaire si les affaires ne se terminoient promptement, étant certain qu'autrement les Suisses et les Grisons se trouveroient enfin incommodés des grandes armées qui passeroient et séjourneroient sur leurs Etats; au lieu que, la garde des forts ayant été bien établie, le différend de la Valteline ne les empêcheroit pas de vivre comme s'ils étoient en bonne paix, et, de plus, ils se rendroient maîtres des lieux que l'on vouloit usurper et des passages dont les Espagnols ne se pouvoient servir que pour se rendre maîtres de l'Italie et de l'Allemagne; ce qui, par suite infaillible, rejailliroit enfin à eux;

Que s'ils ne vouloient entendre à contribuer à la dépense, mais à fournir seulement d'hommes, pour tenir, avec les Français, garnison èsdits forts, à la solde de Sa Majesté et de Venise, il seroit au moins de besoin qu'ils entrassent en accord avec eux pour la sûreté et conservation d'iceux envers et contre tous, et pour la manutention des Grisons en leurs Etats et pays, jusques à ce que le principal différend entre lesdits

Grisons et Valtelins fût terminé, et que les choses fussent rétablies entre eux dans un bon ordre, pour leur repos commun, et que Sa Majesté auroit à plaisir que les cantons protestans, conjointement avec les catholiques, intervinssent à cet accord par un mutuel désir et consentement.

Ledit maréchal, ayant reçu ce commandement de Sa Majesté, s'y achemina au mois de novembre de ladite année, peu après le partement de M. le légat. Les Espagnols, que leurs affaires pressoient de faire la paix en Italie, et qui avoient espéré que, sans qu'ils fissent mine de s'en mêler, elle se feroit avec plus grande réputation par l'entremise du légat, qui ne parloit qu'au nom de Sa Sainteté, sans qu'ils y intervinssent aucunement, se voyant trompés en leurs espérances, cherchèrent d'autres moyens pour renouer le traité de la paix.

Pour cet effet, ils écrivirent à Rome et sollicitèrent qu'on leur envoyât le légat en Espagne, et donnèrent charge au marquis de Mirabel, leur ambassadeur en France, de voir si dextrement il pourroit, avec la réputation de son maître, en entrer en propos avec les ministres de l'Etat.

Il vit le maréchal de Schomberg, et commença son discours par le déplaisir qu'il avoit de ce que le légat étoit parti de la cour sans rien faire, et qu'il sembloit qu'il en voulût rejeter la cause sur l'Espagne; qu'il avoit charge de son maître de déclarer ici que les difficultés ne procédoient point de lui, et le prioit de dire à Sa Majesté et à son conseil que le roi d'Espagne lui avoit donné charge de dire qu'il désiroit la paix, et ne s'arrêtoit point à cette vanité qui parleroit le

premier; qu'il traiteroit ici par ledit marquis de Mirabel, ou bien enverroit, pour cet effet, quelque autre vers le Roi, et le prioit qu'il lui voulût faire prompte réponse, d'autant que les affaires pressoient.

Après cela, il voulut rentrer dans la négociation de M. le légat et dans le traité du commandeur de Sillery, disant qu'il falloit avoir égard à contenter le Pape.

Puis après il parla des passages, et insista qu'il en fût fait quelque petite mention, en telle forme que le Roi ne fût pas blessé en sa réputation.

Et cela en termes si honnêtes, qu'il étoit aisé à juger qu'il s'en départiroit, moyennant que Sa Majesté ne demandât en iceux que les mêmes choses qu'elle avoit eues au passé.

Il ne fit point d'autre difficulté audit maréchal, reconnoissant même qu'il ne seroit juste que les Grisons perdissent leur souveraineté sur les Valtelins.

Le maréchal lui répondit que l'état des affaires ne permettoit pas de faire un nouveau traité ; que, si la négociation duroit plus d'un mois, les choses seroient engagées entre les deux couronnes; qu'il en falloit demeurer au premier article du traité de Madrid, et que, pour parvenir à un accommodement, il étoit nécessaire que les deux Rois ne prétendissent tirer aucun avantage sur l'honneur, les Etats et les alliés l'un à l'autre ;

Que de rentrer dans les difficultés de M. le légat et celles du traité de Rome, ce ne seroit jamais fait, et qu'il falloit voir quelles difficultés se pourroient rencontrer entre les deux couronnes pour cet accommodement; et puis, si les parties convenoient ensemble, qu'elles trouveroient bien aisément après les moyens de contenter le Pape.

Ils demeurèrent d'accord que leur entretien devoit être fort secret.

Sa Majesté, ayant su ce discours, commanda qu'on dît, de sa part, au marquis de Mirabel :

Qu'il avoit eu fort agréable la proposition qui avoit été faite par ledit marquis, avec la candeur et franchise dont il avoit usé, qui faisoit connoître l'affection du roi d'Espagne envers Sa Majesté, laquelle de sa part contribueroit ce que l'on pouvoit justement désirer d'elle pour le maintien de cette bonne intelligence;

Que le vrai moyen de faire la paix étoit que les deux Rois ne voulussent pas en icelle tirer avantage l'un sur l'autre, parce que, désirant tous deux conserver leur honneur plus que leur vie, ils hasarderoient de la perdre plutôt que de laisser entamer leur réputation ;

Que le roi d'Espagne ne pouvoit rien prétendre dans les Grisons et sur les Valtelins qui ne fût préjudiciable à l'honneur du Roi, puisque ce seroit une nouveauté et un accroissement à l'Espagne sur les alliés de Sa Majesté ;

Que le seul moyen donc de faire la paix seroit que ledit Roi, de bonne foi, se départît de la prétention des passages, qui sont toute la cause de ce différend.

Et pour le regard du Pape, Sa Majesté procureroit avec effet tous les avantages que Sa Sainteté pourroit raisonnablement désirer pour la religion catholique, et les deux Rois, en l'exécution de ce traité, observeroient tout ce que des enfans très-affectionnés au

Saint-Père doivent et peuvent faire pour sa satisfaction.

En même temps Fargis (1), ambassadeur du Roi en Espagne, mandoit de deçà qu'il voyoit bien que les Espagnols désiroient bien passionnément la paix, pressés par l'état présent de leurs affaires en Italie et en Allemagne, et que le comte d'Olivarès lui avoit deux ou trois fois tenu des discours par lesquels il montroit qu'il la désiroit absolument.

Sur ces avis, le Roi lui fit réponse, le 29 octobre, qu'il prît bien garde à conserver tellement la dignité de Sa Majesté, qu'il ne fît rien dont ceux qui raffinent le point d'honneur pussent tirer avantage;

Qu'il y a tant de différence entre ce que les Espagnols disent et ce qu'ils font, voire même en ce qu'ils disent un jour et ce qu'ils disent l'autre, qu'on ne sauroit faire un jugement certain des intentions et desseins de telles gens.

Il sauroit donc que, si la paix se pouvoit faire à conditions honorables et sûres, en sorte que la chrétienté n'y trouve rien à redire, et que ce qui seroit arrêté fût réel et effectif, Sa Majesté ne s'en éloigneroit pas, ains au contraire y entendroit volontiers, n'ayant point entrepris cette guerre par aversion qu'il eût à l'Espagne, mais par la nécessité qu'il avoit de conserver ses alliés;

Que les conditions que le Roi demandoit n'aboutissoient qu'à deux principales : l'une à l'exclusion des

---

(1) *Fargis* : Charles d'Angennes, comte de Fargis. Son épouse, Magdeleine de Silly de Rochepot, étoit attachée à la Reine-mère, et passoit pour très-galante. L'un et l'autre jouèrent un grand rôle dans les intrigues tramées par la suite contre Richelieu.

passages, l'autre à la conservation de la souveraineté des Grisons;

Que le légat n'a jamais fait difficulté invincible que pour la souveraineté, croyant bien que sur les passages l'Espagne s'accommoderoit à ce que la France désire raisonnablement, et de la souveraineté encore il ne faisoit difficulté que sur ce que c'étoit le Pape seul qui faisoit le traité, sans qu'aucune des deux couronnes y intervînt; et il lui sembloit honteux que le Saint-Père soumît, par un acte qui provînt purement de lui, les catholiques à la domination des hérétiques, d'où il se voit manifestement que si l'Espagne intervenoit avec la France en un traité, Sa Sainteté n'auroit peine quelconque d'adjuger ladite souveraineté à qui elle appartient;

Que la question donc consisteroit à ce que les deux Rois y intervinssent ensemble; que puisque le comte d'Olivarès n'en fait pas difficulté, mais seulement de savoir qui commencera à témoigner désirer que son compagnon intervienne, ledit Fargis, s'il est assuré que la paix s'en ensuive, pourroit dire au comte d'Olivarès:

Que le légat étant venu en France, et ayant presque tout ajusté, fors ce qui est de la souveraineté, faute de l'intervention d'Espagne, le Roi sera bien aise de savoir si ce sont eux qui font cette difficulté;

Qu'ils pourront répondre que ce n'est point eux, et sur cette demande et réponse il faudra convenir et intervenir pour lever cet empêchement.

Et d'autant que le comte d'Olivarès pourroit, sur l'ouverture de cette intervention, répondre, selon les termes qui ont été tenus vers le Pape, que le roi d'Espagne est prêt d'entrer en traité, pourvu que les forts soient remis, avant toutes choses, ès mains de Sa Sainteté, que Sa Majesté entend que cette difficulté soit vidée avant que faire la proposition qu'elle lui a ordonné, et que si ledit comte insiste sur cette formalité, qu'il essaie de le rendre capable des raisons pour lesquelles elle n'y peut entendre, ajoutant que, s'il désire la paix, il ne doit pas s'arrêter aux choses qui ne regardent pas l'intérêt de son maître; que Sa Majesté conviendra aisément de ce qui s'est passé en la Valteline avec le Pape, lorsque les autres points auront été arrêtés, et qu'elle est résolue de donner à Sa Sainteté toute la satisfaction raisonnable qu'elle pourra désirer; mais que si, au préjudice de ces raisons, ledit comte s'affermit à prétendre cette restitution préalable des forts, comme ce sera une preuve évidente qu'il ne désirera pas la paix, ledit Fargis, après qu'il aura fait tout ce qui lui sera possible pour surmonter cette difficulté, s'il n'y peut parvenir, ne passeroit pas outre à la proposition susdite de l'intervention, et demeureroit sur la réserve plus qu'auparavant;

Que si on traitoit, il falloit conclure directement la paix sans passer par une surséance d'armes, laquelle si on proposoit il devoit rejeter, faisant connoître qu'elle ne pouvoit avoir lieu qu'après que les choses auroient été ajustées, et que la paix ne seroit pas plus difficile à établir qu'une trêve.

Pour fin, Sa Majesté lui recommanda le secret, et de couvrir les conférences qu'il pourroit avoir avec ledit comte du prétexte des saisies des biens des sujets des deux couronnes, afin que les ministres des autres princes n'y puissent rien pénétrer ni apporter obstacle; qu'il en pouvoit donner part au nonce s'il le jugeoit à propos et croyoit que le comte fût pour lui en parler.

Quelques jours après que le marquis de Mirabel eut tenu au maréchal de Schomberg le discours que nous avons dit ci-devant, il se rétracta et parla tout d'un autre air et avec beaucoup de froideur, ce qui fit que le Roi commanda au Fargis de faire le même, et d'aller plus retenu aux offices qu'il lui avoit commandés par sa lettre susdite.

Ledit comte d'Olivarès dressa une forme d'écrit pour le commencement du traité, dans laquelle il s'efforçoit de faire voir que Le Fargis avoit parlé le premier, et fait offre de contentement pour le roi d'Espagne, essayant de faire voir qu'il étoit dû quelque chose à la satisfaction de son maître.

Le Roi la rejeta, et manda, le 6 décembre, audit Fargis qu'il ne vouloit pas souffrir que ledit comte emportât, pour son maître, le dessus au point de la réputation, non plus qu'en l'essence de la chose;

Qu'il ne devoit rien à la satisfaction du roi d'Espagne, qui avoit eu tout le tort et n'en avoit point reçu, et, partant, qu'il montrât dorénavant plus de retenue envers ledit comte, comme ayant occasion de se douloir de l'artifice de son procédé; néanmoins qu'il observât ses mouvemens le plus qu'il pourroit, pour en donner avis ponctuellement à Sadite Majesté.

Nous ajouterions ici la suite de ces entretiens; mais parce que la fin de cette négociation ne fut qu'en l'année suivante, nous la remettrons en ce temps-là, joint que la reine de la Grande-Bretagne, que nous avons seulement conduite jusqu'à Douvres, nous convie de la retourner trouver, et laisser maintenant ces choses, qui sont de moindre considération qu'elle.

Elle s'étoit imaginé de rencontrer en Angleterre une magnificence au moins égale à celle de la cour de France, vu que les ambassadeurs lui en avoient parlé; en sorte que de leurs paroles elle avoit lieu de croire qu'elle la surmontoit de beaucoup.

Elle s'attendoit aussi d'être reçue du Roi avec des témoignages d'une extrême bienveillance, et de voir un prince qui l'aimât autant qu'elle avoit d'amour pour lui, et qui ne lui voulût refuser aucune des grâces que raisonnablement elle lui pouvoit demander.

Mais elle fut étonnée qu'arrivant à Douvres elle est logée dans un château mal meublé, toute sa cour mal reçue, pour un jour d'entrée au royaume dont elle venoit prendre possession.

Le lendemain le Roi la vint trouver, sur son dîner, assez mal accompagné, n'ayant pas l'ombre seulement de la grandeur avec laquelle le roi de France vit.

Tout ce qui l'étonne le plus, c'est que dès le soir de son arrivée on met les prêtres et les catholiques en prison, comme si on vouloit à sa vue les affliger, au lieu qu'elle espéroit les soulager par sa présence, bien qu'on les relâcha depuis à l'instante prière qu'elle en fit.

Au partir de Douvres, le Roi la mit en un carrosse

plein de dames anglaises, afin d'éloigner les dames françaises qu'elle avoit amenées avec elle.

Elle ne put souffrir sans larmes de se voir, jeune princesse, quasi comme étrangère (puisque c'est le jour de son arrivée), toute seule parmi des personnes de langue et de religion différentes, séparée de celles en qui elle avoit créance.

Ses larmes ne purent obtenir qu'on donnât au moins place en son carrosse à sa dame d'honneur; mais les instances des ambassadeurs du Roi l'obtinrent. Le refus qu'on lui en avoit fait lui fut moins sensible que de voir que l'autorité desdits ambassadeurs eût eu plus de crédit envers le Roi son mari que ses prières.

Tout le voyage jusqu'à Londres alla du même air; y arrivant, elle n'y reçut aucuns honneurs, et ne vit nulle des galanteries qu'on a accoutumé de voir en occasions semblables.

Dans la maison du Roi, elle trouva pour son lit de parade un de ceux de la reine Elisabeth, qui étoit si antique que les plus vieux ne se souvenoient point d'en avoir jamais vu la mode de leur temps.

A peine est-elle arrivée que l'on recommence les cruautés contre les catholiques; on remplit les prisons de leurs personnes, les encans de leurs meubles et le fisc de leurs biens. Dieu, qui vouloit montrer qu'il voyoit de l'œil de sa colère une telle injustice, les frappa d'une peste si furieuse, qu'en une semaine, en la ville de Londres seule, il en mourut plus de sept mille.

Pour fuir le mal le Roi la mena à la campagne, continuant toujours envers elle le même traitement qu'il avoit commencé; ce qui lui causoit un tel déplaisir, qu'une personne bien plus âgée qu'elle n'eût pas éu assez de force pour s'empêcher d'en donner quelque connoissance au dehors. Elle n'en donnoit point d'autre néanmoins, sinon qu'il paroissoit bien qu'elle avoit quelque ennui qui la travailloit au dedans.

Buckingham prit cette occasion pour lui rendre de mauvais offices auprès du Roi, et s'échapper encore, contre le respect qu'il lui devoit, en de fâcheuses paroles.

Il la menaça qu'elle seroit la plus malheureuse princesse de la terre, si elle ne vouloit vivre avec plus de gaîté avec le Roi; que ce n'étoit pas lui témoigner qu'elle l'aimât, que d'être triste en sa présence.

Quant à lui, qu'il savoit bien qu'elle lui vouloit mal; mais que cela lui étoit indifférent, pourvu qu'il fût en la bonne grâce de son maître.

Tout le mal qu'il disoit qu'elle lui vouloit, n'étoit autre chose sinon qu'elle avoit fait instance que ses dames, au moins celles d'honneur, demeurassent en son carrosse, et ne fussent point chassées pour celles qu'on lui vouloit donner par force, qui étoient la femme, la sœur et la nièce de Buckingham.

Nonobstant l'effronterie avec laquelle il avoit parlé à la Reine, comme si, par excès de présomption ou de folie, il estimoit les offenses être courtoisies, il ne laissa pas, dès le lendemain, de la venir supplier de recevoir ces trois dames pour ses dames de lit.

La Reine répondit très-sagement que la feue reine d'Angleterre n'en avoit que deux; qu'elle en avoit amené trois de France, et se contentoit bien de ce nombre.

Cette affaire fut poursuivie avec chaleur; il en fût fait instance aux ambassadeurs, qui étoient le duc de Chevreuse et les sieurs de La Ville-aux-Clercs et d'Effiat. Il y avoit raisons pour et contre; mais enfin celle du péril de la religion de la Reine, si on les admettoit sitôt, l'emporta.

La peste de Londres avoit fait remettre le parlement à Oxford. Il témoignoit une grande animosité contre Buckingham, qui, pensant faire chose qui lui fût agréable, ne se contenta pas de remettre en vigueur les anciennes lois contre les catholiques, mais en fit encore proposer de nouvelles plus rigoureuses, et quant et quant offrit de faire chasser tous les Français qui étoient auprès de la Reine. Mais Dieu, qui confond les desseins des méchans, fit que le parlement répondit qu'il falloit garder les promesses que le roi d'Angleterre avoit faites à Sa Majesté Très-Chrétienne; mais que s'il y avoit en elles quelques choses qui fussent contre le droit et les lois du royaume, il falloit châtier ceux qui les avoient accordées.

Le comte de Carlisle, avec cet esprit de mensonge qui ne le quitte jamais, dit impudemment tout haut, devant toute la compagnie, que Sa Majesté Très-Chrétienne et ses ministres lui avoient dit qu'ils n'entendoient pas que les articles concernant les catholiques fussent observés, et qu'ils n'en faisoient mention que pour contenter le Pape.

Mais cette fausseté étoit si évidente, et il étoit si hors d'apparence qu'un grand prince comme le Roi eût pu traiter avec tant d'indignité et si peu de respect de la religion qu'il professe, que le parlement, n'y ayant point d'égard, continua avec le même courage le procéder avec Buckingham, qui fut enfin contraint de le rompre, mais avec dessein de le remettre à peu de temps de là ; se réservant à tirer une si rude vengeance de tous ceux qui lui avoient été contraires en ce parlement-ci, que ceux qui seroient élus en l'autre appréhenderoient de recevoir le même traitement.

En ce temps, le comte de Tillières reçut ordre du Roi de traiter avec ledit duc de quelque chose concernant les affaires d'Allemagne, lui dire force paroles honnêtes de sa part, et lui recommander instamment l'affaire des catholiques, qui étoient extraordinairement persécutés, au préjudice des promesses et des sermens qu'il avoit faits au contraire en faveur du mariage. Mais, comme s'il eût été mû par ses instances de faire encore pis, il poussa le roi de la Grande-Bretagne, dès le lendemain, à faire une proclamation contre eux plus rigoureuse et plus inhumaine encore que toutes celles qui avoient été auparavant.

Après cette action, ils menèrent la Reine à Titchfil, maison du comte de Southampton ; vers la mi-août, le Roi s'en alla à la Forêt-Neuve, qui en est distante de trois ou quatre lieues.

Buckingham, pour la combler de tristesse, lui dit que le temps de l'affliction pour elle étoit venu, qu'elle ne seroit plus traitée en Reine, mais comme elle méritoit. A quoi elle lui répondit fort sagement et modestement.

A quelque temps de là, on reçut nouvelle que le sieur de Blainville devoit bientôt être envoyé, de la part du Roi, ambassadeur extraordinaire pour se plaindre de tant de contraventions qu'ils faisoient à ce qu'ils avoient promis, et informer Sa Majesté de la vérité des déportemens de la Reine, dont les Anglais, pour excuser leur barbarie envers elle, se plaignoient.

On jugea à propos de dépêcher le père de Bérulle en France, pour faire entendre la vérité de toutes choses au Roi et au cardinal, afin d'avoir plus de lumière pour donner instruction à l'ambassadeur de ce qu'il avoit à faire. Il arriva à temps pour cela.

Le duc de Chevreuse et sa cabale, qui n'étoit pas bien aise qu'il parût qu'il n'avoit pas mis en Angleterre les affaires au point qu'il devoit, et qu'un autre ambassadeur fût envoyé pour corriger les fautes qu'il avoit faites et donner un meilleur établissement aux choses, manda en Angleterre qu'on se devoit bien donner garde de rien faire en faveur dudit ambassadeur;

Qu'il n'étoit pas de si grande considération pour sa personne, qu'on dût beaucoup se soucier en France du traitement qu'on lui auroit fait; qu'on l'envoyoit comme un homme habile et le plus rusé qui fût en la cour; qu'il feroit gloire de les avoir trompés s'il obtenoit quelque changement d'eux au procédé qu'ils avoient tenu jusqu'ici.

L'ambassadeur, dès son arrivée, éprouva un effet de cette instruction.

On n'envoya au devant de lui qu'un vicomte; on ne lui donna point de dais en sa chambre. En sa seconde audience, on ne le fit accompagner que par un baron.

Exposant au Roi son ambassade, qui consistoit en

deux points : savoir, et le repos des catholiques, et l'établissement de la maison de la Reine, le Roi lui répondit qu'il ne s'étoit rien fait contre les catholiques que pour le bien de son Etat;

Que, pour la maison de sa femme, il en vouloit être le maître et en disposer à son gré;

Qu'il a accordé à son parent le duc de Chevreuse tout ce qui se peut accorder, et que si d'autres en espèrent davantage ils se trompent.

Le sieur de Blainville lui repart que ce qu'il demande est au nom de son maître, et qu'il parle en qualité de son ambassadeur, et non comme Blainville, et que le duc de Chevreuse n'avoit rien dû ni pu obtenir qu'en cette même qualité.

Le Roi ajouta alors que Sa Majesté avoit fait un tour d'Espagnol d'avoir surpris Soubise au temps que l'on croyoit la paix être assurée.

Cette parole offensa Blainville. Il répondit néanmoins civilement que le Roi son maître ne se servoit point de l'exemple de personne, mais le donnoit à ceux qui vouloient agir généreusement.

Si les paroles du Roi furent mauvaises, les effets furent encore pires.

Il envoya, dès le jour même, quérir le comte de Tillières, et lui commanda de faire prêter le serment à deux Anglais huguenots qu'il vouloit faire recevoir en la maison de la Reine.

Ledit comte, Blainville et la Reine, eurent grande peine à esquiver ce coup.

Buckingham étoit encore à Plemur (1), où il étoit allé pour donner ordre au partement de l'armée na-

(1) *Plemur* : Plymouth.

vale pour Cadix, laquelle étoit commandée par le comté d'Inby, son beau-frère, homme de peu de sens et de nulle expérience en la mer.

Il revint, à quelques jours de là, à Salisbury où étoient Leurs Majestés, vit Blainville, le paya de grands complimens, ne voulant venir avec lui à rien de particulier, espérant peut-être aller en France, de Hollande où son maître l'envoyoit en ambassade extraordinaire.

Blainville crut être obligé de donner avis particulier au Roi de tout ce qui se passoit, et lui envoya son secrétaire, le 2 de novembre, pour l'informer de toutes choses.

Le cardinal, pour réponse, lui donna charge de dire à Buckingham qu'on n'auroit pas sujet d'ajouter foi aux promesses qu'il faisoit en ses entreprises qu'il proposoit, s'il manquoit non-seulement aux paroles qu'il avoit données par le passé, mais à des articles d'un contrat de mariage, entre lesquels un desquels est que tous les domestiques de la Reine seront catholiques; que, si on vouloit avec violence la contraindre à en recevoir d'autres, elle craindroit qu'on la voulût enfin passer jusqu'à sa personne et la forcer en sa religion.

Quant à ce qu'ils prétendoient être aussi bien fondés à se mêler de nos huguenots, comme le Roi l'étoit à agir pour les catholiques d'Angleterre, il leur devoit répondre qu'il ne demandoit pour lesdits catholiques que ce qui avoit été promis par le roi d'Angleterre même, et eux demandent pour les huguenots, non une chose due comme promise, ni une grâce pour des innocens, mais impunité et récompense pour des rebelles, et ce contre les règles de tout Etat.

En ce qui regardoit la demande des vaisseaux que Soubise avoit pris au Roi et volés à ses sujets, que les Anglais ne se pouvoient exempter d'y répondre favorablement, vu qu'il s'agissoit non de grâce, mais de justice, qui en pareil cas ne pourroit être déniée ni par le Pape au Turc, ni par les Anglais au Pape, et qu'en effet la détention de ces vaisseaux ne pouvoit être continuée sans manifeste hostilité; ce qu'il leur devoit dire fortement.

Et que Sa Majesté en useroit bien autrement envers le Roi son frère; car, puisqu'il désiroit la roberge qu'il lui avoit prêtée, quoiqu'on n'eût jamais cru que ce fût pour un temps si court, le Roi étoit tout prêt de la lui renvoyer.

Pour les six vaisseaux loués des marchands anglais, le marché étant fait pour autant de temps qu'on s'en voudroit servir, Sa Majesté devoit présupposer que le Roi son frère étoit bien aise qu'en faisant gagner ses sujets il se servît de leurs vaisseaux.

Le cardinal ajouta qu'il étoit nécessaire qu'il remerciât le roi de la Grande-Bretagne de ce qu'il n'avoit pas voulu voir Soubise, et qu'ainsi que par art il devoit agir avec humilité en semblables occasions, il falloit qu'à l'opposite il agît par raison avec fermeté aux autres, pource qu'en un mot il verroit, par expérience, que l'humeur des Anglais est telle que nous ferions toujours concert de musique avec eux: si nous parlons bas, ils parleront haut; et parce qu'il y a avantage à tenir le dessus, il seroit bon qu'il prît, en certaine occasion, un ton si haut qu'ils ne puissent le renvier;

Que l'extraordinaire insolence et rébellion de La Rochelle faisoit que le Roi, voulant donner la paix à tous les bons huguenots de son royaume, étoit résolu d'humilier et mettre à raison cette ville : partant il jugeroit bien qu'il n'étoit pas à propos de rompre avec les Anglais ; mais que, pour éviter cet inconvénient, le meilleur moyen étoit de leur témoigner qu'on ne l'appréhendoit pas ;

Que la froideur avec laquelle ils se portoient aux actions dont l'utilité est commune à toute la chrétienté, et la chaleur avec laquelle ils témoignoient vouloir embrasser celles qui nous sont préjudiciables en faveur des huguenots, n'avanceroient ni ne retarderoient le Roi en ses desseins ;

Qu'on ne pouvoit croire le roi d'Angleterre si mal conseillé, qu'il se voulût porter à une action dont toute la chrétienté lui donneroit du blâme, en un temps où le Roi n'avoit les armes en la main contre les étrangers que pour libérer d'oppression ses alliés, et que l'occupation qu'il donne à l'Espagne favorise ses intérêts particuliers en Allemagne, au lieu que ceux de Sa Majesté sont seulement dans le bien commun.

Pour conclusion, que, si Buckingham continuoit le dessein de son voyage de France, il lui dît franchement qu'il avoit reçu des nouvelles de France, par lesquelles il avoit appris une chose dont il n'étoit point en doute, qui étoit que, s'il y vouloit aller comme ami de l'Etat et affectionné au Roi, il y seroit le très-bien venu ; mais que, s'il y alloit après avoir refusé au Roi tous les contentemens qui ne lui pouvoient être déniés avec justice, comme sont ceux des articles promis par le traité de mariage, tant en faveur des catholiques que pour la maison de la Reine; et la restitution des vaisseaux du Roi, il pouvoit bien juger qu'il ne pourroit ni ne devroit y être bien reçu;

Que, pour lui montrer que ce n'étoit que la nature des affaires qui oblige les princes à certaines choses, desquelles il ne faut jamais qu'ils se relâchent, et qui, en ce cas, empêcheroit sa bonne réception, il le pouvoit bien assurer qu'ayant mis ordre aux choses susdites, et ajusté avec lui les affaires d'Allemagne en sorte qu'il n'y eût plus qu'à les signer en France, il y seroit très-bien reçu par le Roi, qui l'affectionneroit toujours s'il ne le forçoit à faire le contraire.

De plus, il donna pouvoir audit Blainville de parler et d'agir selon qu'il verroit être de la dignité du Roi; et le cardinal lui manda que ce seroit à lui d'en user en sorte que le succès en revînt au compte de Sa Majesté, s'avançant ou se retenant, selon qu'il verroit que le temps et les occurrences lui en donneroient lieu;

Qu'on ne jugeoit pas que, si Buckingham étoit sage, il voulût porter les affaires à l'extrémité, vu le peu de créance que l'Allemagne et tous les étrangers avoient de leurs forces, et la connoissance qu'eux-mêmes devoient avoir que, sans la France, ils ne pouvoient rien faire contre l'Espagne, et que, s'ils nous fâchoient, on pourroit facilement s'accommoder avec elle, et entrer en intelligence avec Bavière, jusqu'à un point qu'ils seroient à jamais frustrés du Palatinat;

Mais néanmoins, que, nonobstant tout cela, il falloit craindre l'aveuglement et la brutalité des Anglais en la passion de Buckingham, qui les pourroit faire passer par dessus la considération de leur bien, principalement le Roi son maître n'ayant point d'yeux que les siens, et partant que c'étoit à lui à avoir l'œil ouvert à tout, et tenir le Roi bien averti.

Blainville, ayant reçu cette dépêche, s'en servit avec toute l'adresse qu'on pouvoit désirer; mais quoi qu'il fît, si ne put-il retenir Buckingham qu'il ne partît, sans rien conclure avec lui, pour aller en Hollande faire alliance entre les Etats, le roi de Danemarck et le Roi son maître, pour le rétablissement du Palatin, sous le prétexte général de la liberté de Germanie.

Il y fit, le 9 décembre, une alliance avec eux et le roi de Danemarck, mais non pas offensive et défensive, comme il eût bien désiré, et comme ils en avoient, le 12 juin de la même année, fait une avec les Etats, qui devoit durer jusqu'à ce que le Palatin fût rétabli, et que la maison d'Autriche cessoit de rien prétendre sur les Provinces-Unies.

Par cette dernière, les Hollandais s'obligeoient de payer 50,000 florins par mois au roi de Danemarck, et les Anglais 100,000, pour l'entretènement de son armée, et de faire encore une autre armée navale pour renvoyer en Espagne. Ils avoient arrêté qu'ils prieroient le Roi d'y vouloir entrer; mais notre ambassadeur s'en démêla, leur remontrant que leur demande leur étoit préjudiciable, pource qu'ils pourroient maintenant se servir de la puissance entière du Roi, et que c'étoit la partager de s'obliger à la garde de son propre Etat.

Après qu'il eut achevé sa négociation en Hollande, il désira passer en France; mais ledit ambassadeur du

Roi lui témoigna que, sur l'inexécution des traités, Sa Majesté ne pouvoit approuver son dessein qu'on ne lui eût premièrement donné contentement sur les articles qu'on lui avoit promis. Cela le fâcha si fort, que, pour s'en venger, il fit que les Hollandais rappelèrent l'amiral Haustein, avec les vaisseaux hollandais qu'il commandoit, un desquels étoit avec Manty à l'entrée du havre de Porchemut (1), où ils tenoient Soubise assiégé.

Ils prirent leur prétexte sur ce que le Roi, disoient-ils, n'avoit plus d'ennemis puisque Sa Majesté les avoit vaincus, et partant, qu'ils n'étoient pas obligés de lui prêter davantage leurs vaisseaux.

Le Roi en ayant avis, tous ceux de son conseil pensoient qu'il n'y avoit nul remède à ce mal : le cardinal seul tint bon, et dit au Roi que les Anglais et les Hollandais le vouloient, par ce moyen, contraindre de faire la paix avec les huguenots, ce qu'il ne falloit jamais qu'il fît par contrainte, mais avec la gloire et la réputation qui étoient dues à Sa Majesté ;

Qu'il étoit assuré que, menaçant les Hollandais de dénier le secours annuel qu'on leur donne en argent, au cas qu'ils voulussent dénier la continuation de leur flotte au service du Roi, ils seroient contraints de la donner.

Lui-même prit la commission d'en parler au sieur Arsens, leur ambassadeur, et lui dit que si messieurs les Etats persistoient à la résolution du refus de leurs vaisseaux, Sa Majesté auroit lieu de croire qu'ils ne voudroient pas contribuer à la prospérité de ses affaires, et qu'ils seroient capables des impressions que

(1) *Porchemut :* Portsmouth.

ceux qui voudroient traverser son service leur pourroient donner; que la ligue qu'ils avoient signée à La Haye n'auroit pas pour but la liberté de l'Empire et l'abaissement d'Espagne, mais bien celui de la religion catholique, de tous les princes qui la professent, et particulièrement le sien;

Qu'il ne pouvoit assez s'étonner de ce refus; que ce qui l'en fâchoit le plus étoit que, s'ils y persistoient, ils feroient, par ce moyen, connoître à tout le monde que, bien que la France les ait toujours protégés, ils feroient difficulté de l'assister contre des rebelles, parce qu'ils seroient protestans comme eux, bien qu'ils ne se fussent soulevés que lorsqu'ils auroient vu le Roi puissamment armé pour assister ceux qui professent leur même créance; ce qui feroit que Sa Majesté ne pourroit avec honneur leur continuer son assistance contre un prince catholique, aussi peu entrer directement ou indirectement en la ligue faite à La Haye, ains au contraire seroit contraint de prendre des pensées opposées;

Que le Roi seroit bien fâché d'être réduit, contre sa volonté, à cette extrémité; qu'il savoit bien que messieurs les Etats considéreroient son affection, et témoigneroient par effet l'avoir en la considération qu'il méritoit et qu'il désiroit; qu'en ce cas, il abandonneroit plutôt tous ses intérêts que les leurs.

Pour conclusion, il lui fit connoître qu'il désiroit particulièrement deux choses de lui:

L'une, qu'il écrivît à messieurs les Etats par un courrier que Sa Majesté dépêcheroit, et qu'il n'omît aucune chose de ce qui pouvoit les porter à le contenter;

L'autre, qu'il mandât à l'amiral Haustein qu'il attendît avec patience un nouvel ordre de messieurs les Etats.

Il promet et fait le premier. Il ne voulut pas s'engager au second; mais on y suppléa, car on sut si bien traiter avec Haustein, qu'on lui persuada d'attendre un nouvel ordre, lequel vint peu de temps après, en vertu de la lettre d'Arsens et de la poursuite qu'en fit l'ambassadeur du Roi en Hollande, selon les ordres qui lui en furent donnés.

Mais le cardinal, qui savoit qu'il ne faut jamais, en affaire d'importance, prendre assurance en la foi d'autrui, mais en sa propre puissance, et qui prévoyoit bien que, quoi que les Hollandais dissent, ils n'étoient pas contens de voir leurs vaisseaux employés contre leurs frères, et ne les laisseroient pas long-temps au service du Roi, donna charge quant et quant à Launay Rassily d'amener, en toute diligence, six des plus grands vaisseaux qu'il pourroit trouver à Saint-Malo, en payant le naulis; ce qui réussit si à propos, que ces vaisseaux arrivèrent à La Rochelle trois jours après que les Hollandais, par un secret ordre qu'ils reçurent de Hollande, s'étoient retirés. Le seul dommage que le Roi en reçut, fut que Manty, demeurant plus foible que Soubise à Portsmouth, fut contraint de le laisser là, et de s'en revenir.

Si Buckingham montra un cœur si envenimé contre nous en Hollande, il ne revint pas en Angleterre avec dessein de nous y faire mieux.

Il avoit donné charge au comte de Carlisle, en partant, de faire tous les mauvais offices qu'il pourroit à la Reine et à tous ceux de sa suite, pour préparer la voie à un bannissement général de tous les Français, dont on parloit assez ouvertement en la maison du Roi.

Il ne manqua pas d'en faire naître plusieurs occasions, et ne laissa perdre aucune de celles qui se présentèrent.

Blainville faisant grande instance qu'on lui remît entre les mains les vaisseaux de Soubise, l'un desquels il avoit volé au Port-Louis, les autres aux sujets du Roi, on éluda toujours sa poursuite par diverses excuses hors de toute raison.

Les ports furent fermés; Blainville voulant envoyer son secrétaire en France, ils l'arrêtèrent prisonnier, et le maltraitèrent.

Davantage, le Roi ayant donné congé à un des principaux officiers de la Reine, elle ne put jamais le détourner de ce dessein, qu'elle ne se fût mise à genoux pour l'en supplier.

Le comte de Carlisle, peu de jours après, comme si c'eût été avoir gagné un Empire que d'avoir ainsi, hors de sujet, fait humilier cette jeune princesse, poussa le Roi son maître à faire une nouvelle proclamation d'une cruauté inouïe contre les catholiques.

Leur flotte, qui ne fit nul effet en Espagne, retourna, en ce temps-là, maltraitée en Angleterre, rencontra trois ou quatre de nos vaisseaux, dont aucuns venoient d'Espagne. Ils prirent les uns, sous couleur qu'ils n'avoient voulu amener les voiles, et les autres, sous prétexte qu'ils étoient chargés de marchandises appartenant aux Espagnols.

On les redemanda avec grande instance. On prouva

que le bien appartenoit aux sujets du Roi. L'un d'eux, qui étoit du Havre, fut relâché parce que le gouverneur de la place avoit, par représailles, arrêté quelques Anglais.

Les marchandises des autres furent vendues à vil prix, à la vue de Blainville, et ne fut pas permis aux marchands à qui elles étoient, de les retirer à l'encan pour le prix auquel les autres les achetoient.

Buckingham arrive là-dessus, fait semblant d'être marri qu'en son absence on ait fait ces choses, met la faute sur Blainville, la présence duquel il dit être nuisible aux affaires ; qu'il adouciroit l'esprit du Roi tant qu'il pourroit, bien qu'il eût été traité en Hollande un peu rudement de la part de la France.

Au lieu de le faire, il s'en alla aux champs pour laisser plus facilement, en son absence, traiter mal la Reine et les catholiques, sans en pouvoir être apparemment accusé.

Bien que toutes ces choses se fissent en suite du dessein qu'ils avoient pris dès le commencement de chasser les Français, il n'osa pas néanmoins se porter alors à cette extrémité, et pendant qu'il fut éloigné, les affaires demeurèrent au même état qu'elles étoient; mais celles qui concernoient l'ambassadeur alloient toujours en empirant.

Le cardinal, averti de toutes ces choses, en prévoit encore de pires à l'avenir, si elles n'étoient prévenues par un sage conseil.

Il considère que l'ambassadeur du Roi en Hollande a commis une grande faute au refus absolu qu'il a fait, de la part du Roi, au duc de Buckingham de venir en France, ayant pensé que la dépêche qu'il avoit reçue de la cour l'obligeoit de parler ainsi; au lieu que l'ordre du conseil avoit été simplement qu'il tînt au duc un langage qui le conviât, en venant en France, d'apporter contentement au Roi;

Que cette faute avoit produit sur-le-champ le rappel des vaisseaux des Hollandais, et, ayant animé Buckingham contre la France, lui faisoit promettre tout secours aux huguenots de la part du Roi son maître;

Qu'en matière d'Etat, quoiqu'il n'y ait rien de plus facile que de faillir, si est-il plus difficile encore de réparer une faute qu'il n'est aisé de la commettre; mais que pour réparer celle-ci, le meilleur moyen étoit d'y employer le crédit particulier que M. et madame de Chevreuse y avoient.

Ce qui lui donnoit peine, étoit qu'il jugeoit bien que la jalousie de Blainville, qui étoit en Angleterre, lui feroit, s'il se pouvoit, mesurer ce conseil par l'événement. Mais enfin, après y avoir long-temps pensé, prévoyant qu'il falloit nécessairement ou chercher quelque voie d'accommodement, ou venir à une rupture ouverte, laquelle, quoique ledit Blainville, passionné, pensât tout le contraire, ne pouvoit être jugée de saison, il passa par dessus cette considération. Et pour exécuter son dessein de l'entremise desdits sieur et dame de Chevreuse, usa de cette dextérité: il fit que le Roi, comme lassé de toutes les plaintes qui lui venoient d'Angleterre, fit reproche au duc de Chevreuse que les secrètes intelligences que lui et sa femme y entretenoient, étoient préjudiciables à son service et au bien de la religion, et qu'ayant fait le mal il vouloit qu'il y apportât le remède.

Le duc, pour sa justification, consentit que Bautru (1) allât en son nom en Angleterre, pour dire de sa part, au Roi et à Buckingham, ce que Sa Majesté trouveroit bon.

Il partit avec charge de dire ingénument qu'il étoit envoyé dudit sieur de Chevreuse, à qui on imputoit en France tout ce qui arrivoit de mal en Angleterre. Ce qui avoit fait qu'y voyant les affaires prêtes d'en venir à l'extrémité, il avoit désiré voir s'il y avoit lieu de remède, pour prendre ses mesures sur cela.

Que sa femme (2) étoit celle qui avoit fait naître le voyage, étant au désespoir de se voir réduite à quitter pour jamais la cour si les choses n'alloient bien;

Que, pour son intérêt particulier, elle ne voudroit pas donner conseil qui leur fût contraire; mais que si les affaires le leur pouvoient permettre, ils l'obligeroient grandement de faire en sorte que toutes choses s'accommodassent, afin qu'elle eût triple contentement : l'un, de n'être point maltraitée de ses proches, de qui elle recevoit mille mauvais offices en cette occasion; l'autre, de n'être point soupçonnée de tout le monde universellement qui la maudissoit; le troisième, de pouvoir ce qu'elle affectionnoit;

Que ledit duc avoit parlé aux ministres, de tous

(1) *Bautru* : Guillaume Bautru étoit une des créatures les plus dévouées du cardinal de Richelieu. Il avoit beaucoup d'esprit, et se faisoit remarquer par ses bons mots. Il fut un des premiers académiciens français. Richelieu, comme on le verra, l'employa dans plusieurs négociations. Il devint, sous Mazarin, comte de Seran, et introducteur des ambassadeurs. Il ne mourut qu'en 1665, âgé de 77 ans. — (2) *Que sa femme* : Buckingham, pendant son voyage en France, avoit eu une intrigue avec madame de Chevreuse. Elle avoit flatté sa folle passion pour Anne d'Autriche. Richelieu espéroit que l'influence de cette dame seroit puissante sur Buckingham.

lesquels il a appris qu'ils ne pouvoient croire qu'il vînt en France sans apporter tout contentement au Roi; qu'y venant ainsi il seroit bien venu et bien reçu.

Ce qui paraissoit bien, en ce que quand il viendroit autrement le Roi seroit très-fâché de ne pouvoir, par considération de sa dignité et par raison d'Etat, le recevoir comme Sa Majesté le désireroit.

Et sur ce qu'il s'étoit plaint que d'Epesses, ambassadeur du Roi en Hollande, lui avoit bien tenu un autre langage, il eut charge de lui dire que l'intention du Roi n'avoit jamais été autre que ce qu'il lui disoit, et que M. de Chevreuse s'en étoit fort bien éclairci; mais que, s'il se met sur les rodomontades, il lui fît connoître vertement qu'il trouveroit qu'on ne les appréhendoit point, et qu'il étoit à craindre que par là ils ne nous portassent à faire la paix avec l'Espagne.

S'il disoit qu'il secourroit la religion, qu'il argumentât avec lui-même en cette sorte :

Qu'en premier lieu, ils seroient blâmés de tout le monde en le faisant, nul ne pouvant approuver qu'un prince secourût des rebelles à l'Etat d'autrui; que, comme l'exemple en est mauvais, la conséquence pourroit n'en être pas bonne;

Que pour le faire, il le faudroit faire fortement ou foiblement; si foiblement, à couvert, ils seroient battus; si fortement, il faudroit qu'ils le fissent par rupture ouverte : action dont ils seroient blâmés de tout le monde, et qui les rendroit irréconciliables pour jamais.

Le duc de Chevreuse lui bailla une lettre pour le

duc de Buckingham, par laquelle, outre partie des choses susdites qu'il lui mandoit, il ajouta encore qu'il lui conseilloit de venir si son voyage étoit avec dessein et matière pour contenter la France sur le sujet des vaisseaux du Roi, tant marchands qu'autres, qu'ils retenoient, et ce qui concernoit la Reine et son mariage. Si aussi il avoit un autre dessein, il ne le lui conseilloit pas, prévoyant bien que son séjour à la cour seroit fort mélancolique.

Que cependant on se préparoit fortement en France, tant pour la guerre du dedans que du dehors, et qu'à dire vrai il ne voyoit pas qu'on y appréhendât l'événement ni de l'une ni de l'autre, ce qui lui faisoit croire qu'on avoit volontiers deux cordes à son arc.

Bautru arriva avec ces ordres en Angleterre au mois de décembre. Sa négociation eut une heureuse fin ; car il emmena avec lui des ambassadeurs extraordinaires, qui furent le comte de Holland et Carleton : le premier desquels le roi d'Angleterre croyoit être agréable en France, et tenoit le second pour homme entendu à traiter avec les princes étrangers.

Leur voyage pensa être rompu par un fâcheux accident. Un bénédictin et un jésuite anglais, qui servoient d'aumôniers à Blainville, se promenant par la ville furent pris. Blainville les demande, on les lui refuse plusieurs fois ; la chose va si avant, qu'il proteste de se retirer de la cour si on ne les lui rend. Ce qu'étant prêt d'exécuter on les lui renvoie ; de quoi il se sent peu obligé ; car, bien qu'au fond il soit content, la façon dont ils se sont portés l'offense.

Quand il sut la résolution qu'avoit prise le roi d'Angleterre d'envoyer, avec Bautru, des ambassadeurs extraordinaires en France, sans qu'on lui en eût donné aucune communication; ne pénétrant pas la cause de leur envoi, et craignant qu'ils informassent le Roi à son désavantage, lui faisant croire de lui, et du procédé de la Reine, ce qui n'étoit pas véritable, il pria l'évêque de Mende de vouloir, pour la défense de la cause commune, aller en France et les prévenir.

Il prit pour prétexte de son voyage d'aller informer le Roi de la cérémonie du couronnement du roi d'Angleterre, qui devoit être faite en l'année suivante, et en laquelle ledit Roi vouloit joindre celle du couronnement de la Reine sa femme, laquelle y avoit aversion parce qu'elle se devoit faire par un évêque protestant; mais elle étoit bien aise que la France se chargeât de ce refus, afin qu'elle n'offensât point le Roi son mari, lui refusant aucune chose de ce qu'il désiroit d'elle. L'évêque de Mende dit au roi de la Grande-Bretagne que cette action étoit importante, et qu'il étoit besoin qu'il en allât informer le Roi et le cardinal.

Buckingham fut étonné de ce conseil si soudain, et lui fit néanmoins au départ mille civilités, et le roi d'Angleterre l'honora d'un beau diamant.

Il partit sur la fin de décembre, un jour auparavant les ambassadeurs et Bautru.

Le Roi lui dit, en partant, qu'il fît entendre au Roi et à la Reine sa mère qu'il entendoit pourvoir à toutes les charges de la maison de la Reine sa femme; et, quelques remontrances que lui fît ledit évêque

que cela étoit contraire à ses promesses, tant verbales que par écrit, il n'en put tirer autre chose.

Tout ce mauvais traitement de la Reine, de tous les siens, des catholiques anglais et de l'ambassadeur du Roi, l'offense qui étoit faite à Sa Majesté, non-seulement en l'inexécution des choses si solennellement promises, mais ès injures actuelles que ses sujets recevoient, et en celles qui étoient faites à la personne de son ambassadeur; tout cela provenoit de la bizarrerie de l'humeur de Buckingham, du désir qu'il avoit de faire perdre à la Reine sa religion ; pour acquérir la réputation de zélé protestant dans le parlement, et de la mettre mal avec le Roi ; de peur que, jeune, belle et sage princesse comme elle étoit, elle ne gagnât son esprit à son désavantage ; et pour s'ouvrir le chemin de renvoyer en France tous les serviteurs français de Sa Majesté et y établir des Anglais en leur place, pour environner la Reine de ses créatures.

Il ne considéroit pas que les affaires de son maître en pâtissoient, et que le Roi, offensé comme il étoit du mauvais procédé de l'Angleterre, ne secourroit pas avec tant de franchise Danemarck pour son affaire du Palatinat, et pourroit être porté à la paix avec Espagne, pour se délivrer de la nécessité de souffrir tant d'algarades d'un mauvais allié, et prendre volonté d'exterminer le parti huguenot en France ; la considération duquel seul leur donnoit hardiesse de mépriser les forces de Sa Majesté.

Après la bataille navale en laquelle les Rochelois furent défaits, les rebelles du Languedoc et les habitans de La Rochelle envoyèrent au Roi leurs députés pour le supplier très-humblement de leur donner la paix, avouant la faute qu'ils avoient faite de prendre les armes contre Sa Majesté, et lui en demandant pardon.

Il fut lors diversement agité au conseil du Roi si Sa Majesté, vu la guerre qu'elle avoit en Italie, se devoit accommoder avec les Rochelois, à quelques conditions que ce fût, ou avec l'Espagne, pour les réduire après plus aisément par la force à leur devoir. Après qu'un chacun eut dit son avis, le cardinal, parlant le dernier, dit au Roi :

Que c'étoit chose certaine que tant que le parti des huguenots subsisteroit en France, le Roi ne seroit point absolu dans son royaume; qu'il ne pourroit y établir l'ordre et la règle à quoi sa conscience l'obligeoit, et que la nécessité de ses peuples requéroit; aussi peu rabattre l'orgueil des grands, qui, se gouvernant mal, regarderoient toujours La Rochelle comme une citadelle à l'ombre de laquelle ils pourroient témoigner et faire valoir impunément leur mécontentement;

Qu'il étoit certain, en outre, que pendant ce temps on n'oseroit rien entreprendre de glorieux, pas même s'opposer aux entreprises étrangères, parce qu'au même temps ce parti ne manqueroit pas, comme il avoit paru par deux expériences, d'Amiens et de la guerre dernière, de vouloir profiter de l'occasion.

Partant, qu'il n'y avoit point à douter que le premier et principal dessein que Sa Majesté devoit avoir, ne fût de ruiner ce parti.

Mais qu'il falloit voir si le temps et l'occasion y étoient aussi propres, maintenant que l'on avoit de l'occupation au dehors, comme le sujet qu'ils en avoient donné par leur insigne rébellion en étoit grand et odieux à tout le monde;

Que, pour le bien juger, il falloit voir les raisons qui pouvoient donner lieu de continuer sans délai cette entreprise, et celles aussi qui pouvoient convier à remettre la partie à une autre fois;

Que tous les peuples et communautés, et la plupart des compagnies souveraines de ce royaume, étoient tellement prévenues en l'opinion que l'on devoit faire présentement la guerre aux huguenots, et que leur ruine étoit aisée, qu'ils tenoient et publioient pour mauvais catholiques ceux qui parloient seulement contre ce sentiment, étant fomentés en cette pensée par plusieurs grands mécontens;

Qu'il étoit à craindre que, si l'on arrêtoit le cours des armes contre les huguenots, l'on ne commençât à jeter dans le cœur des peuples des impressions capables de produire une ligue, comme autrefois l'on avoit fait sur pareil sujet;

Que le malheur du siècle vouloit que les zélés, levant les épaules avec un soupir entrecoupé, feroient plus de mal à la réputation des hommes avec les grains de leur chapelet, que les plus puissans monarques du monde, avec les boulets de leurs canons, à la vie de ceux qui y sont exposés;

Qu'on ne devoit pas, si l'on n'y étoit contraint par la nécessité des affaires, mépriser la calomnie que telles gens savoient vomir contre ceux qui, ayant les mêmes fins qu'ils ont, prenoient d'autres voies pour y parvenir que celles qu'ils estiment les meilleures; qu'il étoit à craindre que le clergé, qui vouloit maintenant contribuer à cette entreprise, n'y fût pas disposé, ou ne fût pas en pied pour le faire une autre fois;

Qu'il sembloit que l'occasion ne fut jamais plus belle, en ce que La Rochelle étoit fort incommodée d'elle-même ; que tous les huguenots de France étoient étonnés et du tout abattus, et que ceux qui, du dehors, les pourroient aider, comme les Hollandais, et particulièrement les Anglais, ne le sauroient faire, pour être occupés ailleurs, et avoir besoin de nous. Au lieu que si on attendoit une autre conjoncture où ces deux considérations n'eussent plus de lieu, il y avoit grande apparence qu'ils mettroient à effet la bonne volonté qu'ils avoient de tout temps pour cette ville-là;

Que la saison de l'hiver faisoit qu'il n'y avoit pas grand lieu de craindre qu'une attaque étrangère des Espagnols pût détourner Sa Majesté présentement d'une telle entreprise, et il étoit certain que si l'on avoit deux mois de temps pour faire la digue dans le port de La Rochelle, tous les princes du monde ne la sauroient secourir.

Ce temps étoit très-propre à l'exécution de diverses entreprises projetées contre le parti, lesquelles seroient toutes perdues si on les différoit à une autre fois, comme l'on feroit si l'on faisoit la paix; et, si elles reussissoient, La Rochelle seroit tellement affoiblie, qu'elle ne sauroit s'exempter de revenir à son devoir.

Le lèvement du siége de Vérue devoit empêcher que l'on ne se précipitât en cette paix, y ayant grande apparence que ce succès feroit penser les Espagnols à leur conscience et se rendre faciles à la paix. Ce qui faisoit qu'il étoit de la prudence d'attendre ce que produiroit cet accident, comme aussi la surprise de Cadix, laquelle ne pouvoit succéder sans changer la face de leurs affaires;

Que les divers avis que ceux qui commandoient les armées qui étoient en Piémont et en la Valteline donnoient au Roi, d'avoir des entreprises avantageuses contre ses ennemis, faisoient que, par raison, il étoit bon d'en attendre le succès devant que de prendre une résolution définitive pour les affaires du dedans;

Que la passion que le zèle de M. le légat lui donnoit à faire la paix, outre que ses intérêts l'y portoient, sembloit requérir que l'on se donnât la patience de voir ce que produiroit son arrivée à Rome, s'il y alloit, vu, principalement, qu'elle seroit au même temps de la déroute de Vérue et des avantages que l'on attendoit en Italie, si les desseins réussissoient selon les projets;

Que toutes les raisons susdites nous convioient à poursuivre notre pointe contre nos huguenots, mais que de l'autre part aussi il falloit considérer :

Que la prudence ne permet pas d'entreprendre deux guerres à la fois; que l'on ne sauroit, quand on voudroit, terminer celle d'Italie, et partant qu'il sembloit que la raison voulût que l'on pacifiât les affaires du dedans, puisque l'on recouvreroit, quand l'on voudroit, l'occasion des huguenots; au lieu que si l'on perdoit celle de résister aux entreprises des étrangers, il ne seroit plus licite d'y revenir une autre fois;

Que l'on devoit d'autant plus se porter à pacifier les affaires du dedans, que l'on avoit même des expédiens pour ruiner par la paix le parti huguenot;

Que telle paix feroit faire indubitablement celle d'Espagne, qui, ayant eu des désavantages avec nous, lors même que nous avions une guerre intestine, ne voudroit point nous avoir sur les bras quand nous pourrions employer toutes nos forces contre eux;

Que les armes du Roi alloient entrer dans le Milanais, tant du côté du Piémont que de la Valteline; partant il étoit à craindre que les Espagnols, qui ne sont pas insensibles, n'en voulussent prendre revanche dans nos frontières, qui étoit le seul moyen par lequel ils se pouvoient garantir;

Que, si nous avions la paix au dedans, il n'y avoit rien à craindre quand ils le feroient, et que, apparemment et par raison, ils ne l'entreprendroient pas; mais si l'on étoit bien embarqué au siége de La Rochelle, la connoissance qu'ils auroient qu'ils pourroient faire cette entreprise sans qu'il leur en pût arriver inconvénient, feroit qu'ils l'entreprendroient, et en tel cas il faudroit quitter prise;

Qu'on ne pourroit plus faire la paix avec les huguenots qu'en perdant tous les avantages que l'on avoit sur eux maintenant, et qui sans doute avec le temps causeroient la ruine de ce parti; qu'ils deviendroient plus orgueilleux que jamais, *factionnaires d'Espagne* par force; et comme ils se résoudroient alors de servir l'Espagne pour leur intérêt, l'Espagne se résoudroit aussi d'exécuter les pensées qu'ils ont eues plusieurs fois de leur donner de l'argent pour nourrir la guerre dans nos entrailles.

Au reste, qu'il seroit à craindre que Spinola d'un premier effort emportât quelque place, laquelle on auroit bien de la peine à reconquérir, et qui seroit capable de faire perdre tous les progrès que l'on auroit faits en Italie ;

Que si l'on joignoit à cette raison cette autre-là, que, par les lettres prises à Picolomini, il apparoissoit que Spinola avoit ordre de faire quelques entreprises sur la France, et que c'étoit du jeu d'une armée harassée et ruinée comme la sienne par le siége de Bréda, de se mettre pendant l'hiver en garnison pour agir puissamment au printemps, elle seroit de très-grand poids ;

Que les divers et récens avis que le connétable, Bullion et les autres qui étoient auprès de lui, donnoient de faire la paix avec les huguenots, devoient donner à penser et à craindre que, lorsque ce bon homme peu zélé, et catholique, comme tout le monde croit, de légère teinture, verroit la guerre intestine bien allumée, ne ralentît le cours des armes du Roi en Italie, lesquelles, jusqu'à présent, il n'avoit pas menées trop vite, expressément pour contraindre le Roi à ce à quoi il le convioit maintenant par cet avis ;

Que la crainte qu'il y avoit d'employer en cette guerre des personnes aussi négligentes à faire leur devoir, comme l'on rapportoit que M. de Praslin étoit soigneux, non-seulement de ne faire pas de mal à ceux de La Rochelle, mais, en outre, de leur permettre d'en faire aux sujets du Roi et s'avantager au préjudice de sa propre réputation, devoit bien mûrement faire penser à ne s'embarquer pas en un dessein dont il ne revient que préjudice et honte ;

Que les divers discours de M. de Montmorency, qui promettoit tantôt de faire des merveilles, et disoit par après ouvertement, à la première piqûre de mouche, qu'il serviroit mal, joint ses inégalités ordinaires, devoient être bien considérés en cette occasion, quoique les Français fissent souvent bien, lors même qu'ils parloient mal;

Que le peu de sûreté qu'il y a aux grands, parmi lesquels se trouve peu de capitaines pour faire tête à une armée réglée, composée de vieux soldats, commandée par un tel chef, devoit faire penser mûrement à cet inconvénient;

Qu'il étoit aisé de remédier à l'appréhension que l'on avoit que les Anglais et les Hollandais assistassent La Rochelle en une autre occasion, et qu'en faisant la paix on les pouvoit obliger à seconder le Roi une autre fois à ce dessein, étant certain qu'ils désiroient avec grande passion que les troubles du dedans du royaume s'apaisassent maintenant, et que si l'on leur faisoit connoître que le Roi, mettant sous les pieds ses propres intérêts, vouloit donner la paix à son royaume, pour vaquer plus puissamment aux affaires qu'ils ont contre les étrangers, pourvu qu'ils s'obligent d'en prendre revanche, en assistant ouvertement Sa Majesté, lorsque, par après, il voudra avoir raison de ses rebelles, indubitablement ils s'y porteroient.

Ou si, au contraire, l'on continuoit la guerre et étoit vrai que Buckingham agît par boutades et non par raison, il étoit à craindre qu'il ne leur fit donner quelque secours sous main, qui rendît cette entreprise de longue haleine et par conséquent de douteux événement, vu qu'outre que les Français ne demeurent pas long-temps en même résolution, il pouvoit arriver beaucoup d'accidens qui la feroient changer.

Au reste, quand même la paix seroit faite avec

Espagne, elle ne sauroit être exécutée de six mois, et que c'étoit chose ordinaire aux Espagnols de ne tenir ce qu'ils promettent, et dont ils conviennent par traité, que lorsqu'ils ne s'en peuvent empêcher et que l'on les peut contraindre.

Ce qui montroit bien que la paix étoit nécessaire au dedans, vu que, si elle n'y étoit pas, on seroit si empêché à y vaquer à la guerre, que l'on n'auroit pas lieu de faire exécuter la paix du dehors; et sans doute les Espagnols n'oublieroient rien de ce qui leur seroit possible pour fomenter nos divisions intestines, pource que le traité fait avec eux demeureroit sans effet;

Que les affaires d'Allemagne étoient en tel état, que, si le Roi les abandonnoit, la maison d'Autriche se rendroit maîtresse de toute l'Allemagne, et ainsi assiégeroit la France de tous côtés. Or est-il que, si le Roi avoit la guerre en France, il ne pourroit secourir les princes de la Germanie opprimés; ou, au contraire, s'il avoit la paix dans son royaume, sans entreprendre la guerre de son chef, il pouvoit, en assistant les princes d'argent sous main, et les Anglais de quelque cavalerie, aider à rendre la liberté à ses anciens alliés, restituer la paix à l'Allemagne et y remettre les choses en une juste balance; que, si l'on n'y pourvoyoit présentement, la maison d'Autriche, dans six mois au plus tard, lorsqu'elle n'auroit plus rien à conquérir en Allemagne, tâcheroit de s'occuper en France à nos dépens; et s'il est vrai que l'on tient une place perdue quand tous les dehors en sont gagnés, il seroit à craindre qu'elle nous feroit bien du mal;

Que la calomnie ne dureroit qu'un mois; le bonsuccès que l'on pourroit avoir au dehors l'étoufferoit incontinent, ceux qui sont capables de raison considérant bien qu'ainsi que si le Roi rasoit le fort par la paix, l'on pourroit dire qu'elle seroit honteuse aussi pour la faire honorable; c'étoit assez, pendant que l'on est occupé au dehors, de maintenir les choses au dedans ainsi qu'elles étoient auparavant; de façon que si, passant plus avant, le Roi donnoit la paix après avoir gagné une bataille, conservant les îles qui en sont le fruit et les dépouilles, et réduisant les huguenots à des conditions beaucoup pires qu'ils n'avoient jamais été, elle seroit glorieuse et telle qu'elle ne pourroit être improuvée que de ceux qui seroient aveugles par passion ou par un zèle inconsidéré; n'y ayant homme de jugement qui ne connoisse que quiconque entreprend deux grandes guerres à la fois, se confie plus à son bonheur et à sa fortune qu'à sa conduite et à sa prudence;

Que jamais le Turc, pour puissant qu'il soit, n'a guerre avec le Persan qu'il ne fasse la paix avec les Chrétiens. L'Empereur, ayant maintenant la guerre en Allemagne, n'a rien oublié pour faire la paix avec lui, et a tous les jours des agens à sa Porte pour empêcher qu'elle ne se rompe;

Que si le Roi étoit contraint de faire la paix pour ces raisons, Dieu, qui pénètre les cœurs, connoissant la sainteté de ses intentions, les feroit connoître au monde, et donneroit bon succès à la première entreprise pour faire réussir la seconde;

Que le secours que messieurs du clergé donneroient au Roi ne seroit pas perdu, Sa Majesté en pouvant conserver le fonds, et acquérir une grande réputation et probité de foi du tout nécessaire dans les affaires publiques; si, au cas que pour le présent il ne faisoit point la guerre au dedans, il disoit à ces messieurs qu'il ne vouloit pas toucher leur argent maintenant, mais qu'il désireroit qu'ils le conservassent avec leur bonne volonté, pour s'en aider lorsque les mauvais déportemens des huguenots lui donneroient lieu de s'en servir à propos;

Que, pour conclusion, après avoir considéré tout ce que dessus, toutes raisons de prudence sembloient convenir à n'avoir pas deux guerres à la fois; mais que d'autant que Dieu fait souvent des miracles pour la France, qu'il les falloit particulièrement attendre en ce sujet. Et afin qu'en outre nul ne pût dire qu'on se seroit précipité sur des ombres, il estimoit que le vrai conseil qu'on devoit prendre, étoit de tenir les affaires en état que l'on pût avoir la paix au dedans quand l'on voudroit, et cependant ne la conclure pas pour les considérations suivantes :

Qu'il étoit à propos d'attendre des nouvelles d'Italie, pour savoir comme les affaires auroient succédé, et quelles espérances auroient ceux qui servoient le Roi; d'en attendre aussi de diverses entreprises que l'on avoit en Languedoc, lesquelles il falloit hâter le plus qu'il seroit possible; de savoir ce qu'auroit produit la dernière dépêche que l'on avoit envoyée à Blainville, laquelle lui donnoit pouvoir de parler hautement, s'il jugeoit que les Anglais demeurassent en l'obstination de ne donner point de contentement au Roi, et s'ils étoient disposés à secourir La Rochelle comme il avoit déjà mandé ;

D'attendre des nouvelles de M. de Montmorency,

pour voir si les Hollandais étoient résolus de servir le Roi fidèlement contre La Rochelle, ou si, comme disoit M. de Toiras, ils ne le feroient pas;

De voir aussi ce que diroient sur ce sujet les sieurs Arsens et Buckingham, avant la venue duquel, s'il avoit à venir, il étoit du tout nécessaire de faire parler les députés qui iroient en Languedoc et à La Rochelle pour éviter les importunités et sollicitations qu'il feroit en leur faveur; et, en outre, de faire auparavant séparer l'assemblée du clergé.

Que si l'on avoit de bonnes nouvelles de toutes parts, l'on pourroit continuer la guerre, entretenant toujours quelque pratique secrète de paix; si aussi l'on en avoit de mauvaises, il faudroit faire la paix en effet.

Et pource qu'il seroit fort difficile de tenir les affaires en tel tempérament, que présentement l'on s'exemptât de conclure paix ou guerre avec les huguenots, d'autant qu'étant soupçonneux comme ils sont, ils presseroient fortement une conclusion, toutefois l'on pourroit s'exempter de conclure par le moyen qui s'ensuit:

Qu'il faudroit dire aux députés du Languedoc que le Roi vouloit leur donner la paix, s'ils la savoient prendre; mais que, pour l'honneur et réputation, Sa Majesté ne vouloit pas ouïr parler de la jonction qu'ils prétendoient faire avec ceux de La Rochelle, parce qu'elle témoignoit faction et parti.

Partant, que c'étoit à eux d'accepter la paix sans jonction, ou, s'ils n'en avoient le pouvoir, envoyer quelqu'un d'entre eux pour y disposer leurs provinces.

Que pour porter à ce que dessus les plus mauvais,

il faudroit leur faire connoître bonnement que cette séparation d'union désirée par le Roi ne faisoit pas qu'il ne voulût en effet donner la paix à La Rochelle, pourvu qu'ils la reçussent à des conditions qui pussent compatir avec la dignité et réputation du Roi, qui, autrement, recevroit grand préjudice par la calomnie et le zèle inconsidéré de plusieurs catholiques;

Qu'il faudroit même, pour mieux jouer ce personnage, que quelques-uns des ministres parlassent, non de la part du Roi, mais comme d'eux-mêmes en grand secret; leur donnassent part de quelques-unes des conditions que l'on désiroit en la paix, avec la plus douce sauce qu'ils pourroient, leur disant que l'on désiroit celles qui sembloient les plus rudes, plus pour l'apparence et pour éviter le bruit des catholiques qu'autrement, pourvu qu'au même temps que l'on joueroit ce personnage avec Bellujon et quelques autres qu'on choisiroit, l'on parlât hautement de guerre;

Qu'il y avoit grande apparence que l'on obtiendroit d'eux qu'un de leurs députés de La Rochelle demeurant en cour, l'autre s'en retournât pour faire agréer lesdites conditions, et que Médianne et du Cros iroient pareillement en Languedoc, La Miletière et le baron Laubez demeureroient ici.

Cela étant, si l'on faisoit connoître auxdits Miletière et du Cros que l'on voulût donner la paix à La Rochelle à conditions supportables, desquelles même on leur donneroit en grand secret quelque connoissance, mais que le Roi la leur vouloit donner sans union avec le Languedoc pour éviter la faction et agir avec réputation, sans doute ils rapporteroient contentement.

Tel fut l'avis du cardinal, qui fut agréé du Roi; et il arriva que le peuple mutin de La Rochelle, nonobstant sa foiblesse et l'extrémité en laquelle il étoit réduit, ne voulut pas recevoir la paix à ces conditions, ce qui fit que l'année se passa avant qu'elle fût résolue, et que les ambassadeurs d'Angleterre eurent loisir d'arriver pour servir à les y faire condescendre, espérant par ce moyen fortifier l'effort qu'ils faisoient en Allemagne pour le recouvrement du Palatinat.

Il se fit en Italie, sur la guerre de la Valteline, deux méchans livres, sans nom d'auteur, lesquels, pour déguiser le lieu d'où ils venoient, on fit premièrement distribuer en Flandre, les attribuant sous main à Boucher; qui, par lettre qu'il écrivit à ses amis, s'en excusa. Le premier étoit intitulé *Mystères politiques*, et le dernier portoit pour titre: *Admonition, par laquelle brièvement et fortement on démontre que la France a vilainement et honteusement fait une ligue impie, et mû une guerre injuste, en ce temps, contre les catholiques, qu'elle ne sauroit poursuivre sans préjudicier à la religion.*

Le dedans du livre étoit conforme à la calomnieuse et fausse inscription; on y déduisoit au long, avec un style envenimé, qu'assister les Hollandais contre Espagne, le Palatin contre Bavière, Savoie contre Gênes, Venise contre la Valteline, étoit faire la guerre directement contre les catholiques, violant tout droit divin et humain. L'auteur, parmi son discours, mêloit des injures atroces contre le cardinal, qu'il appeloit le boute-feu de cette guerre, le promoteur du mariage d'Angleterre, et l'auteur de la dernière ligue avec les potentats et autres mauvais catholiques.

Par la suite de la guerre de la Valteline que nous avons représentée, la justice des armes du Roi est aisée à juger; la pureté du dessein du mariage d'Angleterre paroît assez par la dispense que Sa Sainteté en a accordée.

Quant à l'équité de la guerre du Palatinat, elle est assez évidente, en ce que les princes catholiques d'Allemagne mêmes en désirent le rétablissement, et ne se sont jamais arrêtés que sur les conditions de l'accommodement.

L'alliance de Hollande, dont la justice n'est pas moindre, mais qui est la première qui a été calomniée, et en laquelle ils ont eu un prétexte plus trompeur et plus apparent pour décevoir les peuples, mérite bien que nous nous y arrêtions pour les désabuser; mais parce que le discours qui prouve la justice de cette alliance est un peu plus long que la brièveté de cette histoire ne requiert, nous nous contenterons de l'insérer à la fin de cette année (1), laissant à inférer à ceux qui le liront, que les libelles pleins de blâme de la conduite du Roi en la guerre de la Valteline, en l'alliance de Hollande, au mariage d'Angleterre, et ligue avec Venise et Savoie, procédoient, non de la sincérité d'un cœur chrétien, mais de la passion d'une ame intéressée en la faction d'Espagne.

C'est pourquoi, ayant été envoyés et épandus en France, et étant estimés être autant de comètes qui présagent et excitent les orages dans les Etats,

---

(1) *L'insérer à la fin de cette année :* Cette pièce ne se trouve pas dans le manuscrit.

comme nous en avons vu en celui-ci plusieurs exemples en nos brouilleries passées, ils émurent les docteurs de la faculté de théologie de Paris à les faire lire par quelques-uns d'entre eux, députés à cet effet, pour, leur en ayant été fait le rapport, procéder au jugement qu'ils auroient à en faire de la doctrine.

Un mois après, qui fut le 26 novembre, ils déclarent que ce livre étoit rempli de termes très-séditieux, et que, sous le masque de conserver la religion catholique, il exhortoit les grands de ce royaume à une déloyale désertion, et tout le peuple à une rébellion générale;

Divertissoit tous les sujets de l'obéissance due aux puissances séculières;

Abusoit malicieusement des Saintes-Écritures, les interprétant à contre-sens, contre l'intention du Saint-Esprit;

Enfin contenoit beaucoup de choses contraires à la vraie doctrine de l'Eglise.

Pour lesquelles raisons ils supplioient messieurs les prélats et juges séculiers d'interposer leur autorité pour arrêter le cours de la vente de ce livre, et en châtier les auteurs.

L'assemblée générale du clergé, qui se tenoit lors, trouva bon de censurer ce méchant livre, et donna charge à l'évêque de Chartres de rédiger cette censure par écrit. Il en fit imprimer une le 3 décembre de ladite année, dont il y eut beaucoup de bruit, ainsi que nous verrons ci-après.

TABLE DES MATIÈRES

CONTENUES

DANS LE VINGT-DEUXIÈME VOLUME.

MÉMOIRES DU CARDINAL DE RICHELIEU.

Notice sur les Mémoires de Richelieu.	Page 3
Livre XI.	31
Livre XII.	118
Livre XIII.	188
Livre XIV.	238
Livre XV.	284
Livre XVI.	414

FIN DU TOME VINGT-DEUXIÈME.

AVIS AUX SOUSCRIPTEURS.

Avant de mettre sous presse les Mémoires *inédits* du cardinal de Richelieu, nous avons cru devoir collationner le premier volume, le seul qui ait vu le jour, et que nous avons réimprimé dans les tomes 9 et 10 de cette Collection. Ce travail nous a fait reconnoître que l'*Histoire de la Mère et du Fils*, sous le titre duquel il parut en 1730, est inexacte : elle est de plus très-incomplète ; car on y remarque une lacune de six mois dans le récit des événemens de l'année 1615.

Dans l'impossibilité de rectifier, par un errata, ces nombreuses fautes, nous saisissons avec empressement l'idée que nous ont suggérée plusieurs souscripteurs, de réimprimer le premier volume sur le manuscrit même, et de le fournir à ceux qui nous en feront la demande avant qu'il soit sous presse. Il devra être placé immédiatement avant le tome 22 (le deuxième des Mémoires de Richelieu), et formera le tome 21, seconde partie.

Ne voulant point faire une spéculation de ce volume, nous ne le vendrons que 3 f. 50 c. à ceux qui en auront fait la demande avant le mois de juin prochain. S'il en reste quelques exemplaires, on ne les obtiendra qu'au prix de 6 f.

www.ingramcontent.com/pod-product-compliance
Lightning Source LLC
Chambersburg PA
CBHW051356230426
43669CB00011B/1659